ENTRE BORGES Y CONRAD

Estética y territorio en William Henry Hudson

Leila Gómez y Sara Castro-Klarén (eds.)

Colección Nexos y Diferencias

Estudios de la Cultura de América Latina

33

Enfrentada a los desafíos de la globalización y a los acelerados procesos de transformación de sus sociedades, pero con una creativa capacidad de asimilación, sincretismo y mestizaje de la que sus múltiples expresiones artísticas son su mejor prueba, los estudios culturales sobre América Latina necesitan de renovadas aproximaciones críticas. Una renovación capaz de superar las tradicionales dicotomías con que se representan los paradigmas del continente: civilización-barbarie, campo-ciudad, centro-periferia y las más recientes que oponen norte-sur y el discurso hegemónico al subordinado.

La realidad cultural latinoamericana más compleja, polimorfa, integrada por identidades múltiples en constante mutación e inevitablemente abiertas a los nuevos imaginarios planetarios y a los procesos interculturales que conllevan, invita a proponer nuevos espacios de mediación crítica. Espacios de mediación que, sin olvidar los nexos que histórica y culturalmente han unido las naciones entre sí, tengan en cuenta la diversidad que las diferencian y las que existen en el propio seno de sus sociedades multiculturales y de sus originales reductos identitarios, no siempre debidamente reconocidos y protegidos.

La **Colección Nexos y Diferencias** se propone, a través de la publicación de estudios sobre los aspectos más polémicos y apasionantes de este ineludible debate, contribuir a la apertura de nuevas fronteras críticas en el campo de los **estudios culturales latinoamericanos.**

ENTRE BORGES Y CONRAD

Estética y territorio en William Henry Hudson

Leila Gómez y Sara Castro-Klarén (eds.)

Nexos y Diferencias 33

Iberoamericana • Vervuert • 2012

Amor de Dios, 1 — E-28014 Madrid
Tel.: +34 91 429 35 22
Fax: +34 91 429 53 97
info@ibero-americana.net
www.ibero-americana.net

Elisabethenstr. 3-9 — D-60594 Frankfurt am Main
Tel.: +49 69 597 46 17
Fax: +49 69 597 87 43
info@ibero-americana.net
www.ibero-americana.net

ISBN 978-84-8489-644-9 (Iberoamericana)
ISBN 978-3-86527-699-5 (Vervuert)

Depósito legal: M-8659-2012.

Diseño de cubierta: Carlos Zamora

Imagen de cubierta: "Beagle Laid Ashore, River Santa Cruz" de C. Martens y T. Landseer. Del libro: *Narrative of the surveying voyages of His Majesty's Ships Adventure and Beagle Between the Years 1826 and 1836, under the Command of Captain Robert Fitz-Roy. R. N.* London: Henry Colburn, 1839.
Cortesía de la colección de libros raros de la Health Sciences Library, University of Colorado, Anschutz Medical Campus.

Diseño de interiores: Carlos del Castillo Cervantes

The paper on which this book is printed meets the requirements of ISO 9706

Este libro está impreso íntegramente en papel ecológico sin cloro

Impreso en España

Índice

INTRODUCCIÓN*
Imperio y canon en William Henry Hudson

Leila Gómez
University of Colorado, Boulder

En 1941, se publica en Argentina la pionera *Antología de Guillermo Enrique Hudson con estudios críticos sobre su vida y su obra*, con textos de Fernando Pozzo, E. Martínez Estrada, Jorge Casares, Jorge Luis Borges, H. J. Massingham, V. S. Pritchett y Hugo Manning. Fue este uno de los principales hechos editoriales que apuntaban a consagrar a William Henry Hudson en el canon argentino al mismo tiempo que a explicar sus filiaciones identitarias a ambos lados del Atlántico. Setenta años después, los ensayos compilados hoy en *Entre Borges y Conrad: Estética y territorio en W. H. Hudson* revisitan tal inserción de Hudson tanto en el canon intelectual argentino como su articulación en el campo intelectual inglés, en el que compartía el capital simbólico del escritor foráneo junto a Joseph Conrad e Iván Turguenev.

La mayoría de estos ensayos se concentra en el estudio de la producción de Hudson sobre Sudamérica, tanto científica como literaria, principalmente en obras como *The Purple Land* (1885), *Idle Days in Patagonia* (1893), *Green Mansions: A Romance in the Tropical Forest* (1904),

* Parte de esta introducción reproduce el capítulo "Hudson: el gran primitivo" de mi libro *Iluminados y tránsfugas*, publicado por Iberoamericana/Vervuert en 2009.

Far Away and Long Ago (1918), *The Naturalist in La Plata* (1892), y *Birds of La Plata* (1920), entre otros. Aunque el principal foco de interés es la producción del autor sobre América del Sur, los ensayos establecen una perspectiva comparativa con los escritos husdonianos sobre la Inglaterra en la que decidió afincarse desde los treinta y tres años.

Así, el libro examina la problemática de la nacionalidad y la heterogeneidad lingüística en el canon literario, la noción de cosmopolitismo e identidades biculturales, el tema del desarraigo, la emigración y la nostalgia en el relato de viajes. Asimismo aborda el papel de los naturalistas y el evolucionismo en la Inglaterra victoriana, la primitivización de la Otredad en la retórica imperial y la estética de los sentidos en la representación de la naturaleza latinoamericana.

William Henry Hudson (1841-1922) no fue un viajero en el sentido más convencional, como lo fuera el naturalista Alexander von Humboldt o el épico Ulises de Ítaca, aunque Borges lo incluyera en la larga tradición de viajeros ingleses a la Pampa, junto a Richard Burton y Robert Cunninghame Graham. Sabemos que fueron los padres de Hudson quienes emigraron a Argentina desde Estados Unidos antes del nacimiento de sus hijos y que William, después de vivir treinta y tres años entre los gauchos, se radicó definitivamente en Inglaterra. Es cierto que a la muerte de su padre en 1868, cuando todavía vivía en Argentina, su familia se dispersó y William anduvo probablemente de estancia en estancia, llegando a cruzar el Río de la Plata para dirigirse a Uruguay. Allí vivió la experiencia de la montonera y el enfrentamiento entre blancos y colorados, del que saldría el material histórico para *The Purple Land.* De estos años es además su viaje a la Patagonia, entre 1870 y 1871, el que fuera inspiración para su *Idle Days in Patagonia.* A excepción de estos esporádicos viajes a Uruguay y a la Patagonia y sus viajes por la campiña inglesa, no es el itinerario del viaje en sí lo que marcará el relato de Hudson, sino más bien el desarraigo definitivo de un viaje transatlántico sin retorno y la mirada nostálgica al pasado en Argentina.[1]

---

1. La producción de Hudson sobre Sudamérica puede dividirse en dos grupos. Un grupo está integrado por obras de ficción y autobiográficas, entre las que se incluyen *The Purple Land that England Lost* (1885), *Idle Days in Patagonia* (1893), *El ombú* (1902), *Green Mansions: A Romance in the Tropical Forest* (1904), *Far Away*

Esta nostalgia acechará a Hudson durante toda su vida en Inglaterra. El escritor se diferenciará así de los viajeros exiliados por razones políticas: no pesaban sobre él razones rígidas de proscripción. En este sentido, Hudson no fue un viajero del Romanticismo latinoamericano ni un escritor exiliado durante gobiernos militares o totalitarios. Hudson es más bien un viajero emigrado o expatriado en la clásica tipología del viajero propuesta por Edward Said.[2] No obstante, podría decirse que Hudson tiene en común con el escritor exiliado la mirada, si no privilegiada, al menos sí alternativa del escritor en el exterior. Dicha exterioridad lo obliga a no asumir como natural ningún lenguaje, ni el propio ni el ajeno, ni aceptar los prejuicios de ninguna cultura como dogma ni ortodoxia. Como escritor en el exterior, debe revisar constantemente los presupuestos de su propio lenguaje y el del Otro.

Esta es la percepción que tuvieron de él los escritores contemporáneos de su círculo intelectual. En el Londres de la época, existía un reconocimiento general hacia los escritores extranjeros —entre los más prominentes, Joseph Conrad e Iván Turgenev—, quienes parecían redescubrir la "autenticidad" de la lengua inglesa sin el peso de la tradición literaria y el afectado respeto por autores consagrados. John Rodker lo expresa en la sección de homenaje a Hudson en *The Little Review*: "In England Hudson shares only with Conrad the laurels of writing. Both are foreigners. It should by now be an axiom that only foreigners can write a live English. Their senses are not dulled by traditional thought-forms. New institutions give them seriously to think!" (1920: 19).

and Long Ago: A History of my Early Life (1918). Entre las obras autobiográficas hay que mencionar también su diario de viaje: *William Henry Hudson's Diary Concerning his Voyage from Buenos Aires to Southampton on the Ebro* (1958), *Letters from W. H. Hudson, 1901-1922* (ed. Edward Garnett, 1923), *W. H. Hudson's Letters to R. B. Cunninghame Graham* (1941), *Two Letters on an Albatross. W. H. Hudson & R. B. Cunninghame Graham* (ed. Hebert Faulkner West, 1955). El segundo grupo está integrado por sus escritos naturalistas como sus colaboraciones en la revista *Proceedings of the Zoological Society* de Londres, *Argentine Ornithology: A Descriptive Catalogue of the Birds of the Argentine Republic*, con P. L. Scatler (1888-1889), *The Naturalist in La Plata* (1892), *The Book of a Naturalist* (1919) y *Birds of La Plata* (1920).

2. Me refiero a "Reflections on Exile" de Edward Said (2000), donde el autor distingue las diferentes clases del viajero moderno: el exiliado, el refugiado, el expatriado y el emigrado.

Hudson fue leído por sus contemporáneos ingleses como un escritor privilegiado capaz de devolver lo "primitivo" y lo "auténtico" al lenguaje y a las descripciones de la naturaleza. En el campo intelectual inglés, Hudson no solo gozó de la autoridad de quien detenta una habilidad primigenia sobre el idioma inglés, sino también de quien experimentó el "allá lejos y hace tiempo" de la prehistoria de la humanidad en Sudamérica.[3] Así era percibido por el grupo de escritores que se reunía en el restaurante francés, Mont Blanc, de la calle Gerrad en Soho, todos los martes y al que Hudson concurría principalmente invitado por el presidente del grupo, Mr. Edward Garnett. Entre sus amistades se encontraban George Robert Gissing, Thomas Seacombe, R. A. Scott James, Stephen Reynolds, Edward Thomas, W. H. Davis, Hilaire Belloc, Muirhead Bone, Perceval Gibbon, John Galsworthy y Robert Cunninghame Graham. Ford Madox Ford recuerda en sus reminiscencias que Hudson "made you see everything of which he wrote, and made you be present in every scene that he evolved, whether in Venezuela or on the Sussex Downs. And so the world became visible to you and you were a traveler" (1966: 48). Son además conocidas las palabras de Conrad que refuerzan esta percepción primitivista de Hudson en el campo intelectual inglés: "You may try for ever to learn how Hudson got his effects and you will never know. He writes down as the good god makes the green grass to grow, and that is all you will ever find to say about it if you try for ever" (ibíd.: 49).

En este clima intelectual, los libros de Hudson fueron leídos como mediadores entre mundos añorados y perdidos y la civilización inglesa. Hudson era percibido como un americano que conocía a los gauchos y a los ingleses de igual modo y era capaz de traducir un mundo cultural a otro, con plena conciencia de la pérdida y el conflicto que esto implicaba. Hudson representaba la armonía entre la estética y la ciencia, el reservorio del naturalismo del siglo XIX, una forma arcaica

3. In *Thus to Revisit: Some Reminiscences*, dice Ford Madox Ford al respecto: "Hudson had the advantage of seeing the light in a Latin country — at least I suppose nineteenth-century Argentina *was* a Latin country — and so he was among a population who used words for the expression of thoughts. For, among us Occidentals, it is only the Latin races who use words as clean tools, exactly, with decency and modesty" (1966: 75).

de relación con el conocimiento de la naturaleza. Fue conocido por su denuncia al industrialismo y por su polémica con la especialización de la ciencia aplicada. Hudson era el nexo entre la naturaleza y la civilización. Representaba la "armonía imposible" de la biculturalidad.[4]

Esta posición privilegiada es justamente la que le permitirá a Hudson juzgar al imperio británico. Ya desde su juventud en la pampa, Hudson polemizaba con Darwin y la ciencia metropolitana sobre la naturaleza local, a la que él decía conocer mejor por observación y experiencia directa. En este mismo espíritu, Hudson escribirá su primer libro, *The Purple Land that England Lost*, en 1884, entre la fascinación y la crítica hacia lo inglés. Este primer libro de Hudson no tendrá la acogida de sus libros posteriores, principalmente *A Naturalist in La Plata* (1892) al que Alfred R. Wallace encontrará como absolutamente único entre los libros de historia natural (Garnett 1920: 103-111), ni tampoco *Green Mansions* (1904), aclamado por el público norteamericano. *The Purple Land that England Lost* no solo plantea una perspectiva crítica de las intenciones imperialistas inglesas sobre el Río de la Plata y la Banda Oriental del Uruguay sino que construye un sujeto "tránsfuga" que se despoja de su identidad inglesa paulatinamente para asumir una moral cimarrona, reflejo de su pasaje cultural al mundo de los gauchos. La traducción cultural en este libro se torna compleja y es posible que la

4. En "A Poet Scientist", Henry Seidel Canby dice al respecto: "I believe that in this harmony of the scientist and literary instincts is to be found the cause of the great satisfaction which so many derive from these books of Hudson, which are themselves of the greatest simplicity, often no more than notes by the way. The satisfaction, of course, was first Hudson's. He made a harmony with his environment, both physical and intellectual, which later and more scientific naturalists and other and more ambitious men of letters were not to feel. He found a unity in nature for which Thoreau was always searching in a maze of facts, and which modern specialists have given over utterly. He reconciled in himself the mechanisms of nature and the aesthetics spiritual aspirations of man; indeed, it would be more accurate to say that for him they never been irreconcilable. Perhaps when formal philosophy has digested the fruits of modern research it will formulate in categories what I take to be Hudson's inspiration — namely, that fact and feeling are but two aspects of the same world, and that the man who is able to observe and to express has for himself and for his readers turned matter into spirit" (1924: 484).

lectura del mismo les resultara ardua a los contemporáneos ingleses. La exoticidad de *Green Mansions*, por el contrario —con la fuerte erotización de la mujer-pájaro Rima y los ritos ancestrales y peligrosos de los nativos— asume las características del gusto Occidental por lo primitivo. *The Purple Land that England Lost*, todavía proteica y problemática en una identidad liminal, no fue bien recibida por el público inglés, al punto que su autor tuvo que acortar la parte más beligerante de su título para sus reediciones. Así *The Purple Land that England Lost* pasó a ser simplemente *The Purple Land* en su segunda edición.[5]

La novela tiene como protagonista a un viajero inglés, Richard Lamb, deambulando por la Banda Oriental del Uruguay en la época de los enfrentamientos entre blancos y colorados posteriores a las guerras de independencia. Lamb llega al Uruguay desde Buenos Aires huyendo con su flamante esposa, a la que ha desposado contra la voluntad de sus progenitores, tal vez justamente por su condición de extranjero. La primera edición de *The Purple Land* contaba de un paratexto sugerente, en el que el autor explicaba en detalle los acontecimientos históricos y políticos de la Banda Oriental para situar su relato: el descubrimiento y la nomenclatura española de Montevideo, las contiendas entre los imperios español y portugués sobre la Banda Oriental, los enfrentamientos por el mismo motivo heredados por Argentina y Brasil luego de la independencia rioplatense y, por último, las revoluciones que agitaban actualmente al país llamado por ello mismo la "Nueva Troya". Pese a tratarse de un libro de ficción, resulta significativa la necesidad manifiesta en el paratexto de un anclaje histórico y geográfico para el relato, el cual fuera reseñado en la épo-

5. Dice Hudson en el prólogo a la edición de 1904: "Esta obra fue publicada por primera vez en 1885, por los editores Sampson Low, en dos delgados volúmenes, como el título más largo y, para la mayor parte de las personas, enigmático de *La tierra purpúrea que Inglaterra perdió.* Casi cualquier región del globo puede encontrarse en la tierra purpúrea y de lo que debemos llevar cuentas es de lo que ganamos, no de lo que perdemos. En los diarios aparecieron unas pocas notas sobre el libro; uno o dos de los más serios periódicos literarios la reseñaron (no favorablemente) bajo el encabezamiento de 'Viajes y geografías'; pero el público lector no se preocupó por comprarla, y muy pronto cayó en el olvido" (*La tierra purpúrea*: 3).

ca dentro de las colecciones de "Viajes y geografías". En este sentido, Hudson no escapa a la necesidad del sujeto colonial de autoexplicarse ante la mirada metropolitana, de una manera excesiva y desbordante, a la manera de Guaman Poma de Ayala. El sujeto colonial desarrolla así una suerte de autoetnografía en un doble gesto de introspección y exhibición (Pratt 1992: 7).

Borges ha destacado la trayectoria de "desinglesamiento" del personaje inglés en *The Purple Land*. En la novela, las vicisitudes del héroe modifican su identidad al punto de hacerlo abrazar la cultura considerada contrapuesta. El contacto del viajero Richard Lamb con el paisaje, las mujeres, las escaramuzas guerreras y los gauchos de la campiña uruguaya modifica al héroe y lo vuelve un "tránsfuga y un converso" (Borges 1949: 597). En *The Purple Land*, el cambio en la identidad del héroe es palpable en el contraste entre el Lamb del primer capítulo que pronuncia desde el cerro de Montevideo una maldición contra la tierra purpúrea, cuya posesión el imperio británico perdió a inicios del siglo XIX, y el Lamb de los últimos capítulos que, en la cima del mismo cerro, supira al dejar aquella tierra y denuncia los vicios de la "ultracivilizada" Inglaterra.

En las páginas iniciales, un Lamb frustrado por la imposibilidad de conseguir empleo en un Uruguay agitado por revoluciones, lamenta que Inglaterra no hubiera conquistado, ordenado y civilizado dicho país. En los inicios del siglo XIX, Inglaterra había tomado posesión de Uruguay pero tuvo que devolverla a la Confederación del Río de la Plata para cambiarla por prisioneros de guerra en Buenos Aires. Desde el cerro de Montevideo sueña Lamb con una conspiración para recuperar lo perdido:

> Oh, ¡qué no daría por tener aquí conmigo mil jóvenes de Devon y de Somerset, cada uno con un cerebro encendido de pensamientos como los míos! ¡Qué gloriosa hazaña se haría para la humanidad! ¡Qué grandiosos víctores exhalaríamos por la gloria de la antigua Inglaterra que se está muriendo! Correría la sangre por las calles [...] y después habría paz, y el pasto sería más verde y las flores más brillantes por esa lluvia escarlata (*La tierra purpúrea* 11).

Los sueños imperiales, no obstante, son presentados con cierta ironía y el sarcasmo tiñe el discurso patriótico pronunciado por Lamb cuando este, luego de proclamarlo catárticamente exclama:

> Después de despachar esta conminatoria arenga me sentí aliviado en grado sumo, volví a casa en un estado de ánimo excelente para la cena, que esa noche consistía en cogote de oveja, hervido con zapallo, batatas y choclos tiernos, que no venía nada mal para un hombre hambriento (12).

El cierre culinario a la arenga imperialista señala el desdoblamiento del discurso mimético imperial. Se trata de una imitación paródica del discurso del poder que lo desacraliza.[6] La ejecución carnavalesca del discurso imperial por parte del sujeto colonial introduce la ambivalencia, desestabilizando la autoridad y las reglas de autoreconocimiento del imperio. Hacia el final de *The Purple Land*, el personaje se ha aculturado completamente. A tono con el "primitivo" Hudson, Lamb justifica la libertad arcádica y el crimen en la tierra purpúrea, en contra del industrialismo y el progreso civilizatorio.

No resulta extraño que un libro laudatorio de la pérdida imperial en beneficio de las potenciales colonias criollas no fuera aclamado por la crítica ni disfrutado por el gran público en la metrópolis. Para su reedición en 1904, Hudson redujo el paratexto explicativo de la historia uru-

---

6. A partir de una combinación de la noción del discurso de Foucault y la noción de ambivalencia del psicoanálisis, Homi K. Bhabha habla del discurso colonial como híbrido, es decir, como ambivalente. La ambivalencia en la enunciación del discurso colonial se manifiesta en la interacción o fusión inseparable de sus dos niveles: por un lado el nivel de un discurso consciente y disciplinado sobre la Otredad y, por otro, un deseo fantasmagórico inconsciente hacia el Otro. Bhabha utiliza para explicar esta ambivalencia en el discurso colonial el descubrimiento del libro inglés en los territorios colonizados de la India, África y el Caribe. El descubrimiento del libro es para Bhabha, un proceso de desplazamiento que paradójicamente vuelve prodigiosa la presencia del libro en la medida en que es repetido, traducido, malentendido, desplazado (2002: 132). Cuando los nativos indios reciben el texto de la Biblia inglesa traducido preguntan al misionero cuestionando los ritos "caníbales" de la eucaristía: "¿Cómo puede salir la palabra de Dios de las bocas comedoras de carne de los ingleses?" (ibíd.: 146). Así, la presencia del libro inglés, la Ley colonial o la identidad inglesa no puede ser representada plenamente, su significación se desplaza en su reproducción en las colonias. Su reproducción en el contexto colonial, "su duplicación" en un sintagma de saberes diferenciales, alienan la identidad del ser inglés, y producen a la vez nuevas formas de saber, nuevos sitios de poder. Otros saberes "negados" entran así en el discurso dominante, desestabilizando su base de autoridad y cuestionando sus reglas de reconocimiento (ibíd.: 143).

guaya y acortó el título de la novela a solo *The Purple Land*, borrando el recuerdo del fracaso británico. Para entonces Hudson ya era un naturalista conocido por el éxito de su *The Naturalist in La Plata* (1892) y un escritor familiarizado con el gusto de su público. Publicará el mismo año de la reedición de *The Purple Land* un libro de viajes que sí se convertirá en *best seller*, principalmente entre el público norteamericano, *Green Mansions*. La novela narra la historia de un viajero perteneciente a la sociedad criolla venezolana, Abel, enamorado de una mujer-pájaro mítica de los bosques tropicales. A diferencia de la relación consumada de Lamb con Paquita, su esposa, y sus múltiples intercambios eróticos con las mujeres de *The Purple Land*, el viajero inglés de *Green Mansions* nunca podrá concretar su amor con la mujer-pájaro, Rima. Su relación, cargada de erotismo y deseo, no puede ser consumada, puesto que los nativos de Parahuari la queman viva antes que esto se haga posible.

Mary Louise Pratt ha hablado del erotismo en el relato del viaje como una marca de la anti-conquista, es decir, como una estrategia discursiva gracias a la cual el viajero busca asegurar su inocencia con respecto a prácticas imperiales coercitivas (1992: 38-107). En el relato de la anti-conquista existe un desplazamiento del placer, ya que el viajero realiza un voto de celibato y a menudo se presenta como un sujeto andrógino, especialmente si es científico. La concentración de todas sus energías está en la observación y recolección de la naturaleza. Cuando el erotismo es evidente, no obstante, el deseo queda incumplido y el intercambio sexual no llega a concretarse, asegurando el respeto a las leyes del tabú del contacto sexual y asumiendo que este implica siempre relaciones desiguales de poder y comercio. De este modo se manifiesta el narcisismo primal del viajero y su incapacidad para crear lazos afectivos duraderos que le impidan la partida y el regreso al hogar. Esto es lo que sucede entre el viajero Abel y Rima en *Green Mansions*. Algo opuesto ocurre en *The Purple Land*, en donde el viajero, si bien al inicio se mantiene reticente a las insinuaciones y requisiciones de las mujeres que lo albergan durante su deambular por la Banda Oriental, al final accede a los reclamos amorosos de Mónica, Dolores y Cleta. La situación se torna más compleja al considerar que Lamb no solo está casado sino que además ha robado a su mujer del hogar paterno a pesar de la prohibición de su unión. Vemos así a un extranjero que no responde al tipo del viajero de la anti-conquista erótica sino más bien lo contrario. Lamb es un viajero consustanciado con una moral no correspondiente a la Inglaterra victoriana de la época y esto se brinda como un ejemplo más de su "desinglesamiento" y de la poca acogida de *The Purple Land* en el mercado editorial.

A diferencia de *The Purple Land*, el narrador de *Green Mansions* no parece tener problemas con la política británica de la Commonwealth en la Guayana inglesa en la que transcurre el relato. Al modo de las novelas góticas inglesas como *Frankenstein* de Mary Shelley o *She* de Henry Rider Hagard, el marco de la narración lo constituye el diálogo retrospectivo entre dos amigos: el de Abel con un oficial británico en la Guayana. El oficial le reprocha que Abel no confíe en él luego de tantos años de amistad como para contarle el secreto de su vida en los bosques. El relato de Abel se realiza en un gesto de reciprocidad que asegura el vínculo entre los miembros de la sociedad criolla con los agentes imperiales, puesto que su relato consuma la amistad entre ambos y la confianza requerida por las alianzas comerciales. Es de destacar que el vínculo que no puede consumarse entre Rima y Abel tiene su contracara en la relación discursiva con el oficial británico. El relato se configura como la mercancía simbólica de la reciprocidad que constituye la base ideológica del intercambio capitalista. En palabras de Hulme: "only under the fetishized social relations of capitalism does reciprocity disappear altogether, however loudely its presence is trumpeted" (citado en Pratt 1992: 84). Abel cuenta su viaje a la naturaleza como un camino de pruebas, un descenso a los infiernos y un proceso de purificación, y al hacerlo revela su secreto y el de la Otredad, transformándose, como Hudson, en el *connoisseur* espiritualista y "traductor" en boga en los círculos de la Inglaterra victoriana.

Como se ve, la obra de Hudson no está exenta de contradicciones, y se tensa entre el cuestionamiento y la complacencia de un sujeto bicultural. A pesar de haber sido reconocido como el "autor primitivo" en la metrópoli es a la vez uno de sus críticos más sutiles.

En Argentina, las lecturas de Hudson asumen el carácter de la recuperación identitaria. En 1934 Enrique Espinoza escribía para el diario *La Nación* una nota titulada "La reconquista de Hudson".[7] El autor enumera

7. Véase Espinoza (1934).

una serie de actividades institucionales destinadas a entronizar la figura del naturalista angloargentino en la cultura nacional. Entre ellas reconoce, por ejemplo, un trabajo pionero de la traducción al castellano de algunos párrafos de *The Naturalist in La Plata* (1892) por parte del entonces director del Museo de Historia Natural de Buenos Aires, Martín Doello-Jurado, y su publicación en la revista científica *Physis*, entre 1913 y 1916. Espinoza destaca además las conferencias y homenajes de la Sociedad Ornitológica Argentina y la exhibición de las acuarelas originales de las ilustraciones de "Pájaros del Plata" en 1931, con motivo de la cual el gobierno nacional bautiza la estación de ferrocarriles Sud con el nombre de Hudson.[8]

El título de la nota de Espinoza evoca una empresa patriótica. Había que reconquistar lo que se había perdido o más bien había sido usurpado, como se reconquista un territorio o un símbolo sagrado. A primera vista, parece claro que es necesario rescatarlo de su inclusión al canon de la literatura inglesa. Espinoza llama "ironía histórica" al hecho de que Hudson escribiera en la lengua de los "invasores" ingleses de principios de siglo XIX y no en la de los conquistadores españoles, porque Hudson —según el crítico— es "el más criollo de los escritores nacidos a orillas del Plata" (1934: 2). Esta "ironía de la historia" es explicada como el modo en que Inglaterra se vengó de su pérdida bélica y su expulsión del Río de la Plata,[9] algo que Hudson describe también irónicamente en *The Purple Land*.

---

8. Espinoza aclara que, según las investigaciones de Fernando Pozzo, fundador de la Sociedad de Amigos de Hudson, la estación estaría ubicada en el lugar de nacimiento de Hudson en Quilmes.

9. Ya en 1896, Juan Bautista Justo, el fundador del Partido Socialista, se refería de modo similar a las inversiones del capital inglés que comprometían la estabilidad financiera del estado argentino de fines de siglo, amenazando su autonomía. Justo se refiere a otro tipo de "ironía histórica": "Lo que no pudieron los ejércitos lo ha podido entre tanto el capital inglés. Hoy nuestro país es tributario de Inglaterra. Cada año salen para allá muchos millones de pesos oro, para los accionistas de las empresas inglesas establecidas en el país. Nadie puede poner en duda los beneficios que reportan los ferrocarriles, los tranvías, las usinas de gas, los telégrafos y teléfonos. Nadie puede negar a sociedades inglesas el derecho de poseer grandes extensiones de campo en nuestro país, desde que los señores territoriales argentinos tienen el de vivir de sus rentas donde más les plazca. El oro que los capitales ingleses sacan del país, o que se llevan en forma de producto, no nos aprovecha más, sin embargo, que si se volatilizara o se fuera al fondo del mar" (cit. en Romero 1965: 199).

Si la relación de dependencia con el capital inglés, la que perdura más o menos continuamente hasta las primeras décadas del siglo XX (Scalabrini Ortiz 1965), era más difícil de contrarrestar, la "reconquista" de la mercancía simbólica que representaba Hudson se volvía más accesible ideológicamente y como contrapartida de la primera. Para Espinoza, había principalmente que recuperar a Hudson para una intelectualidad rioplatense apática que lo había ignorado, la misma intelectualidad a la que, según el autor, le había tomado cuarenta años leer el *Martín Fierro* y la que estaba tan "necesitada [entonces como ahora] de un intérprete universal de su tierra incógnita" (1934: 2).[10]

Integrar a Hudson como el "gran primitivo" al museo y al canon de la nación argentina fue la tarea de los intelectuales rioplatenses que pensaban en un intermediario locuaz para el ingreso de la nación a la modernidad global. Hudson como bicultural, argentino e inglés, gaucho y viajero, primitivo y naturalista, era el traductor feliz de la "barbarie" al mundo civilizado. Con esta lectura de Hudson, Borges y Martínez Estrada desentronizaban al gaucho Martín Fierro de la épica lugoniana de *El payador* y colocaban en el canon literario la figura de un descendiente de la inmigración anglosajona, la querida por Sarmiento y Alberdi, en contraposición a los italianos, españoles y centroeuropeos que habían transformado a Buenos Aires en una ciudad babélica. Hudson podía leerse a su vez entre los forjadores de la nación como naturalista, integrando el panteón de héroes científicos como

10. También en *La Nación,* una década más tarde, Emiliano Mac Donagh, en su artículo "La ciencia argentina en la vida de Hudson", habla de la necesidad de "reclamar para nuestra tierra [la] gloria de Hudson". Dice Mac Donagh al respecto: "y váyale nuestra gratitud porque nos hizo conocer mejor nuestra tierra, describiéndola como infinitamente más variada y más rica, más ancha que la conoció nuestra contemplación un poco adormecida, no como fue la suya, sagaz y sabia". Conocido científico y divulgador, Mac Donagh señala que Hudson continúa siendo el precursor en las observaciones de los instintos de las aves y su comportamiento para científicos de Cornell y Harvard y hasta para el famoso Julian Huxley. Probidad, curiosidad y mesura son los tres rasgos de la mentalidad científica precursora de Hudson y sus descripciones de las aves rioplatenses, en las que Mac Donagh repara, destacando los hallazgos de Hudson sobre el tordo y su costumbre de depositar los huevos en nidos ajenos (1943).

Florentino Ameghino, el Perito Moreno y Eduardo L. Holmberg. Aunque considerado como el "gran primitivo", el científico Hudson era mercancía del progreso nacional. Hudson era el gaucho bicultural, la unión de lo foráneo culto y lo autóctono argentino. Como gaucho y viajero, fue el nuevo prototipo de la Argentina moderna, una conjunción de nostalgia y progreso.

Los ensayos en esta antología revisan y expanden los temas tratados hasta aquí, siendo sus vertientes fundamentales la compleja identidad de Hudson expresada en su biografía y sus relatos de viaje, la problemática de la agencia y el conocimiento imperial o imperialista y su inserción en el campo tanto inglés como norteamericano y argentino. En consonancia con estas tres vertientes, el libro se divide en tres secciones y cuenta con un epílogo a cargo del historiador Ricardo Salvatore y una coda de Sara Castro-Klarén. Ambos trabajos constituyen un complemento invalorable en esta colección de ensayos.

Ricardo Salvatore provee su lúcida perspectiva de historiador para juzgar los escritos de Hudson, en particular en relación con la población nativa, su distancia con respecto a los escritores románticos y políticos rioplatenses y sus contradicciones con las imágenes imperiales sobre la pampa. Sara Castro-Klarén, por su parte, sitúa por primera vez a Hudson en una tradición latinoamericana a través de su comparación con José María Arguedas. A partir del estudio de la relación de ambos autores con la naturaleza de los Andes y la pampa, Castro-Klarén descubre un pensamiento que transcurre por vertientes no occidentales y se constituye así como contrahegemónico.

Sección I.
La identidad y el devenir. Esquivas territorialidades

En esta sección los autores exploran el elusivo lugar de Hudson —sus escritos y biografía— en las clasificaciones literarias, su pertenencia y disidencias con el romanticismo, la literatura victoriana, los relatos de viajes, el naturalismo y la ciencia. Principalmente, los autores de esta sección analizan la percepción de Hudson como viajero bicultural y la problemática que sus escritos suscitan para las categorías nacionales y la constitución de una identidad manejada desde el estado. Esta oscilación o posición intermedia (*in-between*) de Hudson entre géneros, nacionalidades y disciplinas es vista por los autores de esta sección de dos maneras: por un lado, es entendida como una "carencia", o una imposibilidad de recuperar lo perdido: el hogar de la infancia y con ello, la estabilidad del sujeto. Por otro lado, el constante oscilar de Hudson se asocia a un devenir productivo en el que sujeto potencia sus habilidades creadoras y su contacto con el mundo natural.

Silvia Rosman, en su ensayo "Los pasos perdidos de Guillermo Enrique Hudson", habla de la tensión constante entre el origen, el destino y el movimiento mismo en los escritos de Hudson. Se trata de una economía particular que tiene como agente a un "viajero" no en un sentido convencional pero que sin embargo hizo del relato de viajes el género principal de su obra. Esta tensión se da en, por un lado, querer conciliar destino e identidad y por otro, mostrar la futilidad de tal deseo. Su escritura solo puede reproducir lo que se perdió para siempre: la pampa de la niñez abandonada al morir la madre para pasar el resto de su vida en Inglaterra. Es por esto que los escritos de Hudson fluctúan en la literatura anglosajona y la argentina. Hudson no tiene un lugar fijo ni seguro en ninguna de ellas: no es un Güiraldes inglés, como lo estudió Piglia, ni es un afiliado del romanticismo ni del modernismo. Su escritura y biografía desestabilizan las seguridades de lo nacional.

Retomando la definición de Martínez Estrada sobre el carácter catacrítico de la escritura de Hudson, Rosman habla de la presión deformadora que se encuentra en el lenguaje de Hudson, en el que las palabras son desplazadas de su significado en lengua original al pensarse originalmente en otra lengua y ser traducidas. Esta tensión que causa extrañeza en el seno mismo del lenguaje hudsoniano lo desubica en su lugar de pertenencia y principalmente hace imposible la vuelta al origen, a la cultura y a la lengua madre. No es casual dice la autora, citando a Borges, que el escritor más argentino para algunos, sea el menos nacional. En su ensayo "El libro", Borges sostiene que los poetas nacionales funcionan como un antídoto o contraveneno (*phármakon*) contra los males nacionales ya que son lo menos idiosincráticos entre sus contemporáneos. Hudson llenaría bien esta figura.

En "Espacios de la identidad: escritura, paisaje, lenguaje", Mónica Szurmuk y Amanda Holmes exploran la tensión que se da en la escritura de Hudson en relación con el paisaje. Para las autoras, la literatura de Hudson es un repositorio de fantasías sobre el campo y la naturaleza que señala a nuevos modos de sociabilidad y cultura. Las autoras examinan la dimensión geográfica donde entran en conflicto el espacio abierto en el que la mirada de Hudson se extravía (contemplación o éxtasis preverbal abordado por otros autores en la sección) con el paisaje disciplinado de los barrios privados que rodean el Museo y Parque Nacional Guillermo Enrique Hudson en su actual localidad, en Quilmes, provincia de Buenos Aires. Para hacerlo, Szurmuk y Holmes estudian la autobiografía de Hudson y el modo en que el espacio pampeano de la niñez se define desde la perspectiva del anciano y el modo en que esta perspectiva puede ser contradicha en la resonancia contemporánea de los nuevos *countries*. Aunque el espacio del *country* se construya como refugio y alejado de los procesos de modernización —incluso algunos de los barrios privados llevan algún nombre conmemorativo de Hudson— se trata de una ficción que Hudson desmiente en sus escritos, donde la pampa no está delimitada y el sujeto puede perder su mirada en un espacio impredecible y sin límites.

Hay un movimiento oscilante entre la familiarización y la exotización en las descripciones de la pampa como producto de su subjetividad pampeana e inglesa al mismo tiempo. Es por ello que la infancia de Hudson funciona como el lugar de lo exótico para quien lee en Londres y como autóctono y original para el que vive en las ciudades argentinas pobladas de inmigrantes y sus descendientes.

La perspectiva que se pierde en el horizonte o ante la contemplación de un ser o fenómeno de la naturaleza y provoca un estado de éxtasis preverbal es abordado por Jean-Philippe Barnabé en "Staring at vacancy: notas sobre *Far Away and Long Ago*". El autor remarca cómo en la tierra "bárbara" sudamericana, el espacio abierto le permite a Hudson una íntima familiaridad con una naturaleza esplendorosa e intocada. Barnabé se detiene en la visión epifánica y casi mística de la naturaleza que Hudson explica en "El animismo de un niño" en *Far Away and Long Ago*, en donde el olvido de sí mismo y la singularidad de la experiencia lleva a una consubstanciación con lo observado.

Para Barnabé esta experiencia de pérdida puede originarse en la rememoración del octogenario Hudson que escribe su autobiografía: las imágenes mortuorias que marcan la misma, como la muerte del perro, de Margarita y de su propia madre. La muerte es otro espacio de vacío y desamparo que se conjuga con el "staring at vacancy" por parte de Hudson. La razón de esta consubstanciación genera un movimiento ambivalente que acerca al hombre y la naturaleza, lo animado y lo inanimado en el mundo de los escritos de Hudson.

Roberto Ignacio Díaz retoma esta idea de la carencia en "Hudson, la Patagonia y la nada", especialmente en su estudio de *Días de ocio en la Patagonia.* Se trata de la carencia que genera el espacio patagónico con su "despoblación", aunque la misma deba ser desmentida. En Hudson se produce una suspensión del pensamiento ante el espacio patagónico, una nada pre-verbal que lo emparenta con los salvajes. Hay un estado de suspenso en el que la razón se interrumpe y los ruidos de la modernidad cesan. Así Hudson explora, para Díaz, la experiencia o el cruce bicultural, como un anticipo de los cuentos de Borges, principalmente "El cautivo" y "El etnógrafo". Se trata de una "vital experiencia de la nada".

Díaz sitúa el lugar de Hudson en las definiciones del espacio patagónico, espacio cargado de significaciones por las descripciones de viajeros como Paul Theroux, en *The Old Patagonian Express,* Pigafetta y Faulkner hasta Darwin. Para hacerlo, Díaz estudia los estereotipos de los que Hudson se hace eco con respecto al hombre patagónico y su relación ambivalente con las culturas indígenas, posición que será abordada con mayor detenimiento en la segunda sección de este libro.

Jens Andermann profundiza en el devenir bicultural de Hudson y propone una lectura de la "animalización de la escritura en Hudson" en el último artículo de esta sección: "Pulsión animal: zooliteratura y transculturación en W. H. Hudson". El autor aborda la problemática filosófica del devenir desde diferentes ángulos y el modo en que Hudson se acerca al mundo animal desde la singularidad del encuentro en un tiempo y un espacio dado, construyendo un acercamiento físico y epistemológico. Se establece en este encuentro una reciprocidad hermenéutica con el animal. Se trata del poder de discernir la animalidad tal y como esta se presenta, como un todo vital. Recordando la definición de Deleuze y Guatari de que en el devenir no se es ni uno ni otro, ni la relación entre los dos, sino una zona de entorno e indistinción, Andermann se detiene en aquellos episodios del devenir de lospersonajes en animales como es el caso paradigmático de la mujer Rima que deviene pájaro en *Mansiones verdes* y la cautiva que deviene en Cacui en *Marta Riquelme*, entre otros casos.

Este espacio ambivalente del devenir es el que ocasiona para Andermann la ubicación de la escritura de Hudson entre los géneros de una literatura menor, donde las formas de narrar se instauran en un hiato no solo geográfico, sino también lingüístico e histórico.

Sección II. La ciencia, la literatura y el imperio

Esta sección estudia la ubicación de Hudson en tanto sujeto político, sus avenencias y desacuerdos con el imperio y con las formas de dominación estatal. Resulta imposible separar a Hudson de este debate político como lo prueban la mayor parte de los ensayos de este volumen. Principalmente en esta sección, los autores exploran tanto las formas de resistencia a los mecanismos imperiales expresadas en sus escritos como las complicidades de sus estereotipos y silencios sobre las culturas indígenas pampeanas. Una de las vertientes de análisis principal en esta sección es la que vincula a Hudson con las prácticas disciplinarias del conocimiento metropolitano, y las correspondencias de este con los intereses coloniales de los imperios informales, tanto de Inglaterra como Estados Unidos, en la región.

Javier Uriarte comienza su ensayo "Los espacios de la sangre: imperio informal, guerra y nomadismo en *The Purple Land*" con una útil distinción entre el imperio formal y el imperio informal para su análisis de *The Purple Land*. Siguiendo a autores como John Gallagher y Ronald Robinson, llama a este último el imperialismo del libre comercio, y establece la relación informal y práctica que la metrópoli mantuvo con los gobiernos nacionales de Sudamérica, especialmente con Uruguay. Para Uriarte, la reivindicación de la naturaleza violenta y primitiva de los uruguayos descritos por Hudson durante la guerra civil entre blancos y colorados, está presentada como una violencia contraria a la política tanto imperial como estatal dado que se trata de una violencia desestabilizadora de los intereses normalizadores de los gobiernos.

Para Uriarte, la novela busca precisamente fundar una identidad de la improductividad, al dejar de lado el discurso del trabajo e incorporar el de la aventura y el nomadismo del protagonista, el inglés Richard Lamb. La violencia misma en la que se encuentra la campiña uruguaya permite una constante fluidez en la que la guerra y la revolución se vuelven claves para articular la relación del protagonista con el imperio y el estado.

Desde una perspectiva contraria, en "Entre el naturalismo, la antropología y la arqueología: los múltiples registros de W. H. Hudson en el marco del discurso de la ciencia y la Nación", Gustavo Verdesio retoma esta relación de Hudson con la vocación imperial para sostener que el autor no fue ajeno a su tiempo y que su lucha antindustrial y protoecologista puede entenderse dentro de un romanticismo que concebía al hombre primitivo en una escala evolucionista, donde Occidente siempre se concibe en el estado más avanzado. A Verdesio le interesa explorar la relación de Hudson con la arqueología y la antropología y los estereotipos del hombre sudamericano que estas continuaron al dejar incuestionados los modelos evolutivos.

Verdesio deja clara la relación de Hudson con las instituciones de estas disciplinas en Argentina y Europa. Si bien Hudson no fue un naturalista "estatal" como Francisco P. Moreno, sí fue un activo colaborador de museos como el Smithsonian y el Pitt Rivers. Dicha colaboración lo ubica en un lugar complejo como agente del traslado de los bienes patrimoniales de los pueblos indígenas patagónicos. Sus observaciones sobre los artefactos indígenas con los que se encuentra en *Idle Days in Patagonia* oscilan entre el respecto por los cráneos encontrados pero también por la continuidad de estereotipos sobre la etapa evolutiva de estos pueblos y el total silenciamiento de las grupos contemporáneos, con los que sin duda convivió durante su vida en la pampa y estadía en la Patagonia. Aunque para Verdesio, no hay en Hudson el deseo de dar pábulo a las narrativas nacionales, tampoco hay sin embargo ninguna mención a las campañas perpetradas por el mismo estado nacional para la asimilación y o exterminio de los grupos indígenas.

En "La atracción de lo distante: la obra de Hudson como catálogo y museo", y a partir del estudio de *The Purple Land* (1885-1904), *Birds of La Plata* (1920) y *A Naturalist in La Plata* (1892), Álvaro Fernández Bravo también examina las filiaciones de Hudson con la ciencia metropolitana, en especial con la institución del museo. Para Fernández Bravo, los tres libros pueden ser leídos como catálogos de costumbres y especies organizados dentro de la economía simbólica del museo. El público de Hudson, asimismo, es un público no especializado como el de *Longman'*, *The Gentleman's Magazine*, *The Nineteenth Century*, donde fragmentos de sus escritos naturalistas fueron publicados. Las descripciones de cada animal (o de cada práctica social) pueden ser recorridas como quien transita las exhibiciones museísticas, sobre todo contando con las ilustraciones de Henrik Gronvold, como en *Birds of La Plata*. Para Fernández Bravo, Hudson puede ser leído como un autor funcional del imperialismo, en cuanto sus libros-museos lo ubican como traficante del conocimiento-mercancía, tanto para aportar como para cuestionar el saber metropolitano.

Fernández Bravo sostiene que como coleccionista para sus libros-museos, Hudson se sitúa en el lugar de la constante pérdida y el deseo imposible de recuperación. Es esta pérdida misma a la vez una ganancia como capital simbólico. El mundo perdido de la pampa se vive como la expulsión del paraíso de la niñez y el comienzo de la explotación del trabajo, la industrialización y la explotación de hombres y animales por parte del capitalismo. Su nostalgia y su construcción como representante del mundo primitivo ficcionaliza una cercanía entre hombres y animales que dota al autor del capital simbólico necesario para autorizarse en el campo intelectual inglés.

En "*Mansiones verdes*: colonialismo, naturaleza y sujeto", Fernando Degiovanni estudia las prácticas del imperio informal en la novela *Green Mansions* (1904), la única en el corpus de Hudson y en esta sección que toma lugar en Venezuela y no en el extremo sur del continente. De este modo, Degiovanni explora la relación de la producción de Hudson no solo con el imperio británico en la región, en este caso la Commonwealth en la Guayana inglesa, sino principalmente con la política norteamericana generada con la construcción del Canal de Panamá (1914). Se vuelve así relevante la gran recepción y acogida que tuvo *Green Mansions* en el contexto norteamericano a partir de la segunda edición en 1916 del editor Alfred A. Knopf, y su consagración como *best seller* en dicho mercado. La acción novelística se ubica en un área geográfica y cultural que la administración norteamericana consideraba crucial para el futuro económico de sus relaciones internacionales y por ello impulsó un aparato retórico y discursivo que al mismo tiempo que produjo datos pertinentes para un imaginario imperial, sirvió a los fines de legitimar su lugar en la región.

El modelo para la novela fueron los relatos de viajes decimonónicos como el de H. W. Bates, Alfred Simpson y Everard F. im Thurn. Sin embargo, el romanticismo naturalista de Hudson que a menudo se interpreta como antimperial y antindustrial no es tal para el crítico. Para Degiovanni, el narrador y protagonista de *Green Mansions*, Abel, es un crítico despiadado de la Otredad de los pueblos que considera primitivos —específicamente la comunidad de los Parahuari en la novela— a los que pinta de manera abyecta. Los prejuicios racistas son marcados, sobre todo al idealizar a Rima, la mujer-pájaro, como perteneciente a un mundo ideal o superior por el color de su piel y la antigüedad y extinción de su pueblo. Hay un silencio revelador en la situación imperial de la región y el tono benevolente de Abel hacia Rima afirma para Degiovanni la primacía del conocimiento occidental como eje incuestionable del abordaje material y simbólico de *Green Mansions*.

Sección III. La recepción. Miradas transatlánticas del canon

En esta sección se explora la recepción de las obras de Hudson a ambos lados del Atlántico. Los autores ubican a Hudson en diferentes tradiciones literarias, como el romanticismo, el relato de viajes, el gótico inglés, la novela de la naturaleza y el realismo mágico. El objetivo de los autores de esta sección no es meramente el de hacer un ejercicio literario sino ante todo estudiar las peculiaridades identitarias de escritores que, como Hudson, viven una extranjería lingüística y retórica en cánones, mercados y campos intelectuales que siguen los modelos nacionales.

En "'Los efectos raros' de W. H. Hudson en la literatura argentina", Eva-Lynn Jagoe revisa la inserción que Jorge Luis Borges y Ricardo Piglia hicieron de Hudson en el canon argentino. A pesar de la escritura en la lengua inglesa, estos autores hablan de una criolledad o argentinidad en Hudson que va más allá de la lengua. Se trata de una experiencia del tiempo, el espacio y la interacción humana que Hudson comparte con el canon que tanto Borges como Piglia reivindican. Se trata de la doble pertenencia a linajes dispares: ser argentino significa también ser extranjero o descendiente de extranjeros. Para Borges, ser inglés y criollo; para Piglia significa ser italo-argentino.

Al respecto resulta interesante la polémica entre Roberto Bolaño y Piglia que Jagoe recoge en su ensayo sobre la identidad de los escritores latinos en Estados Unidos. En esta polémica, Piglia prefiere llamarse un "falso argentino", para destacar así la identidad bicultural idiosincrática del Cono Sur. Las discusiones sobre Hudson están para Piglia relacionadas con cuestiones vitales sobre el lenguaje nacional, el linaje, la identidad nacional y la literatura argentina.

Celina Manzoni estudia el éxito de *Green Mansions* en el mercado editorial tanto inglés como norteamericano y apunta a dilucidar las causas del mismo en la heterogeneidad novelística que no es solo lingüística sino también de géneros y de movimientos literarios. En su ensayo "El viaje hacia lo sobrenatural: el escenario fluvial y la selva como espacio de lo maravilloso en *Mansiones verdes*", Manzoni liga la prosa de *Green Mansions* a la tradición literaria del Amazonas, a su literatura de viajes empezando por Humboldt, en donde la naturaleza es paisaje y escenario pero también depositaria de los mitos del Dorado. La novela también se inserta en la tradición de las narraciones del bosque, en las que el héroe debe transitar por un camino de pruebas. Su retórica es la del amor cortés o caballaresco de la lírica medieval europea, y Rima es la ninfa del bosque, encarnación de la pureza, la inocencia y la indefensión.

Más allá de todas estas filiaciones retóricas, Manzoni destaca la pertenencia de *Green Mansions* al gótico inglés, al que caracterizan las efusiones emocionales, excesivas y violentas, la maldad en los otros, el desprecio hacia los nativos, la intensidad de una pasión en un escenario de desmesura y un ambiente exótico y maravilloso. Manzoni explica que la complejidad de tradiciones asignadas a la novela se genera por el dilema de pertenencia del mismo Hudson en el canon transatlántico, el cual se alinea a su vez con la prestigiosa tradición de *La vorágine*, de José Eustasio Rivera, *Los pasos perdidos* de Alejo Carpentier y las obras de autores destacados como Rómulo Gallegos, Arturo Uslar Pietri, Miguel Otero Silva y Gabriel García Márquez.

En "Las aventuras paralelas: el deseo de posesión y la ansiedad de filiación en *The Purple Land* de W. H. Hudson", Peter Elmore, por su parte, aborda el tema de la pertenencias identitarias de Hudson no tanto en relación con la heterogeneidad lingüística de su obra ni sus diferentes aportaciones a géneros y estilos literarios sino principalmente a partir de la representación de la subjetividad de sus protagonistas, sus percepciones de lo propio y lo ajeno en el contacto cultural. Específicamente, Elmore analiza al sujeto Richard Lamb en *The Purple Land* y estudia su trayectoria en lo que Bajtín llama "el cronotopo del camino o el viaje", en el que Lamb cambia radicalmente su visión del Otro y donde cuestiona y revisa sus vínculos con la metrópoli europea, en un periodo de expansión imperialista sobre una periferia pre-moderna convulsionada por la formación de los estados nacionales.

Para Elmore, el relato de aventura y la picaresca que parece describir Lamb lo alejan de los relatos destacados del viaje imperialista. A pesar de que Hudson no tiene ninguna ambición en integrarse al mercado editorial rioplatense sino más bien al londinense, para Elmore, el protagonista de *The Purple Land* es representante de lo que Lukács denomina el anticapitalismo romántico y esto lo ubica —tanto a Lamb como a Hudson— en una posición compleja con respecto a su pertenencia imperialista. No solo Lamb no siempre es reconocido como extranjero en el mundo narrativo: mucha de su peripecia se debe a su capacidad de hacerse pasar por local, sino que en oposición a otros protagonistas pro-imperiales como Charles Gould, en *Nostromo* de Joseph Conrad, Lamb no tiene una fe ciega en el progreso ni cree que los ideales de la civilización sean los que aseguren el bienestar de los pueblos.

Ricardo Gutiérrez-Mouat en "Proyección de Hudson en la narrativa argentina contemporánea: el caso Aira" retoma el tema de la inclusión de Hudson al canon rioplatense, específicamente en el caso de César Aira, y en obras como *La liebre* y *Un episodio en la vida del pin-*

tor viajero, donde se incorpora la figura del naturalista viajero. Gutiérrez-Mouat también estudia algunos episodios de *Ema la cautiva* y *La costurera y el viento*, en donde Aira cita explícitamente *Idle Days in Patagonia*. Aunque las invenciones de esta novela de Aira son surrealistas, al revés de lo que realiza el naturalismo de Hudson, ambos autores hablan en otro país sobre lo exótico de la Patagonia.

El argumento de Gutiérrez-Mouat es, principalmente, que es posible percibir tanto en Hudson como Aira un extranjerismo en la lengua, en el que el exotismo es una cuestión de estilo lingüístico. Dicho exotismo se manifiesta en el uso de una lengua foránea que se recorta contra la lengua materna (que es la misma lengua) al subvertir su función comunicativa. Este fenómeno se da por el bilingüismo de Hudson y por el paródico heterolingüismo de Aira, poliglosia que se corresponde a su vez con una antropología inversa en ambos autores, cuyas miradas originales sobre lo aparentemente natural lo desautomatizan y lo vuelven extraño o "exótico".

Bibliografía

Bhabha, Homi K. *El lugar de la cultura.* Buenos Aires: Manantial, 2002.

Borges, Jorge Luis. "Nota sobre *The Purple Land*". En: *La Nación* (3 agosto 1941).

Canby, Henry Seidel. "A Poet Scientist". En: *The Literary Review of the New York Evening Post* (2 febrero 1924), 483-484.

Espinoza, Enrique. "La reconquista de Hudson". En: Suplemento Cultural de *La Nación* (10 junio 1934), 2.

Ford, Ford Madox. *Thus to Revisit: Some Reminiscences.* New York: Octagon, 1966.

Garnett, Edward. "Una nota sobre el genio de Hudson". En: *Repertorio americano* (febrero 1920), 103-111.

Hudson, William Henry. *La tierra purpúrea; Allá lejos y hace tiempo.* Ed. Jean Franco. Caracas: Biblioteca Ayacucho, 1980.

Mac Donagh, Emiliano. "La ciencia argentina en la vida de Hudson". En: *La Nación* (23 mayo 1943), 3.

POZZO, Fernando, Ezequiel MARTÍNEZ ESTRADA, Jorge CASARES, Jorge Luis BORGES, H. J. MASSINGHAM, V. S. PRITCHETT y HUGO MANNING. *Antología de Guillermo Enrique Hudson precedida de estudios críticos sobre su vida y su obra.* Buenos Aires: Losada, 1941.

PRATT, Mary Louise. *Imperial Eyes: Travel Writing and Transculturation.* London/New York: Routledge, 1992.

RODKER, John. "W. H. Hudson". En: *The Little Review* (mayo-junio 1920), 18-28.

ROMERO, José Luis. *Las ideas políticas en Argentina.* Buenos Aires: FCE, 1965.

SAID, Edward W. "Reflections on Exile". En: *Reflexions on Exile and Other Essays.* Cambridge: Harvard University Press, 2000, 172-186.

SCALABRINI ORTIZ, Raúl. *Política británica en el Río de la Plata.* Buenos Aires: Plus Ultra, 1965.

SECCIÓN I

La identidad y el devenir. Esquivas territorialidades

Los pasos perdidos de Guillermo Enrique Hudson

Silvia Rosman
University of Illinois, Chicago

> Cuando la fragancia es re-encontrada, la recuperación inesperada y repentina de esa sensación perdida nos afecta de alguna manera como si fuera el descubrimiento accidental de una gran cantidad de oro… la sensación recuperada es para nosotros más que una mera sensación, es como si fuera la recuperación del pasado irrecuperable… No puedo pensar en ninguna flor fragante que crezca en mi hogar distante sin verla, y así gozaré para siempre de su belleza, pero su fragancia, ¡ay!, ha desaparecido y ya no vuelve.
>
> WILLIAM HENRY HUDSON, *Idle Days in Patagonia* (*Días de ocio en la Patagonia*)[1]

Tal vez por ese "estar de paso" que, según Juan José Saer, caracteriza los orígenes del Río de la Plata, esta región ha dado lugar a una serie de relatos de viaje que, en la medida en que fueron escritos desde la vuelta, desde esa perspectiva de retorno al hogar del que proviene

1. William Henry Hudson, *Idle Days in Patagonia* (244). La traducción en todos los casos es nuestra.

el viajero, comparten ciertos rasgos en común. Por esta razón, los relatos están, según Adolfo Prieto "más o menos definidos por una audiencia cuyas expectativas el viajero busca satisfacer con el uso de términos e imágenes familiarizadores" (1966: 21). Por supuesto que aquí Prieto no hace más que señalar un elemento constitutivo de la economía del viaje clásico, la que hace del hogar (el *oikos*) el punto de referencia del trayecto; el límite que marca al mismo tiempo el punto de partida y el de retorno. El hogar, origen y fin absolutos del viaje, es el centro desde el cual se define todo movimiento y a través del cual se genera todo sentido. Sin embargo, esta economía de viaje está sostenida por una contradicción estructural, ya que si el origen y el destino fueran estrictamente el mismo no habría viaje posible. Se establece una tensión permanente entonces entre una economía de viaje que busca domesticar y familiarizar lo extraño y otra figura del viaje que, desde siempre inscripta en la primera, transgrede e interrumpe las certezas de aquella, posibilitando el cruce de fronteras, dando rienda suelta a una errancia que hace palpable lo extraño en el corazón mismo de lo familiar. En esta otra versión del viaje, el hogar, en tanto *locus* que impone límites al viaje, constantemente corre el riesgo de ser desplazado y deja de funcionar como el punto de anclaje de toda trayectoria.[2]

¿Pero qué relación puede establecerse entre esta figura del viaje y Hudson, ya que sabemos que aunque este nació en Buenos Aires y vivió más de treinta años en la Argentina, parte a Inglaterra en 1872 y nunca más vuelve a su lugar de origen? ¿Cómo pensar entonces esa economía de viaje que encuentra en Hudson una excepción ejemplar, en tanto que escritor que hizo del relato de viaje el eje de su escritura (aunque esta tome la forma de ficción, autobiografía o descripción naturalista), pero para quien la vuelta es una imposibilidad?

En *Allá lejos y hace tiempo* Hudson relata que el día que se embarca en el viaje que lo apartará para siempre de la Argentina su hermano lo acompaña al puerto de Buenos Aires. Feliz por su inminente partida,

2. Para una discusión más elaborada de estas ideas, véase mi *Dislocaciones culturales: nación, sujeto y comunidad en América Latina* (2003).

Hudson le declara que está por volver a su hogar, al "home" como insiste en llamar a Inglaterra. Pero el texto no solo narra las palabras de Hudson, sino que también se focaliza en la reacción de su hermano, quien, según el narrador/protagonista, escucha esas palabras con "amusement". En inglés dicho vocablo recubre una gama de significados tales como *gracia* o *diversión*, pero además denota *sorna* o una cierta *ironía* respecto a lo enunciado. Ahora bien, que Hudson emplee el término "home" para referirse a Inglaterra, o que la reacción de su hermano sea ambigua puedan tal vez parecernos de valor episódico, pero la inclusión de esos datos, de la mirada y de la voz del otro que le responde: "De todas las personas que conocí, tú eres la única que no conozco" (*Allá lejos y hace tiempo* 265),[3] adquieren un valor significativo. En compañía de un miembro de su propia familia y en el momento mismo de partir para siempre del lugar de nacimiento, Hudson se retrata como un perfecto desconocido que, casualmente, pretende partir rumbo a un destino familiar, un hogar ("home") que nunca ha visto. Ni el hogar le es familiar, ni lo desconocido extraño: "extranjero permanente, exiliado nato" vendría a ser la leyenda que acompaña este retrato de Hudson. Esta escisión palpable y permanente que su escritura exhibe es la que hace de Hudson un escritor predilecto de la crítica. Tal vez sea esta una de las razones por las que seguimos leyéndolo: para interrogarnos, entre otras cosas, sobre el deseo que la escritura de Hudson suscita en el discurso crítico.

Hay en Hudson un deseo de fidelidad al esquema clásico del viaje, de trazar el círculo que uniría destino e identidad, el retorno al hogar que pondría fin al impulso mismo de viajar, mientras que, al mismo tiempo, sus textos registran una y otra vez la futilidad de este deseo, revelando la brecha infranqueable que todo viaje conlleva, la imposibilidad de toda vuelta. En *Días de ocio en la Patagonia*, Hudson relata la historia de Damián, un cristiano blanco que para salvarse de una muerte cierta, opta por vivir con los indios y adaptarse a sus costumbres. Pero la adaptación nunca se realiza del todo y, después de muchos años, Damián se escapa para volver a su pueblo natal. La historia

3. Véase también William Henry Hudson (1958).

le es referida a Hudson por un viejo compañero de armas de Damián, un tal Ventura, de quien Hudson observa que:

> no simpatizaba con él [Damián] y no parecía tener una opinión favorable de su compañero de armas, *pero a mí me emocionó el relato*. Había algo patético en la vida de ese hombre vuelto a su pueblo, *extraño para sus propios paisanos*, sin un *hogar* entre los plácidos viñedos, bosques de álamos y viejas casas de piedra donde había visto por primera vez la luz. Oiría las campanas de la torre de la capilla, como lo había hecho durante su infancia, y quizá por primera vez se diera cuenta, con profunda tristeza, que *no podría rehacer el pasado, ya muerto*" (*Días de ocio* 106; la cursiva es mía).

Esta escena ha sido leída como prueba de que la vida natural (y se supone que aquí vida natural es sinónima de la vida de los indios, aunque esta ecuación no esté del todo esclarecida) es para Hudson preferible a la vida civilizada de los cristianos; la desgracia de Damián radicaría en no comprenderlo.

Sin embargo, se pueden escuchar otras entonaciones en el relato emocionado de Hudson. Patetismo, tristeza: ese es el saldo de una vuelta que no restituye nada. Querer volver al hogar y rehacer el pasado es una ilusión, nos dice Hudson, ya que en él solo se encuentra la muerte. Tal vez sea mejor no volver, como es el caso de Abel, el venezolano exiliado de *Mansiones verdes*. De ser así, entonces, es lícito preguntarnos por qué retoma Hudson una y otra vez su pasado argentino: ¿qué se pone en juego en una escritura que solo empieza a producirse una vez que este se instala en Inglaterra y en la que el esquema del viaje y su retórica tienen un papel decisivo? No olvidemos que, como sus cartas lo registran, su escritura cuajó sobre un fondo de angustia, no solo por la penuria material que padeció, sino también por su convicción de que la vuelta a la Argentina ya no era una opción posible para él, si alguna vez lo fue.

La escritura de Hudson depende de, o más bien, demanda, la imposibilidad de una vuelta al hogar entendido como operador de identidad del punto de origen y de destino y *La tierra purpúrea*, la primera novela de Hudson, es un ejemplo contundente de esta fractura de la economía del viaje clásico. Esta novela narra las errancias incesantes, los rodeos de un viaje que, con cada capítulo, lleva al personaje central, Richard Lamb, más y más lejos de su hogar. Cuando este pone fin a sus errancias por la Banda Oriental y vuelve con su esposa a la Argentina, el retorno está signado por la muerte. De hecho, el relato empieza *après-coup*, años después que los eventos relatados ocurrieron y, especialmente, después de haber sido encarcelado por tres años y tras la muerte de su esposa. El deseo de escribir un relato autogenerado, cerrado y familiar no se concreta, ya que nunca podrá escribirlo en inglés y solo por el placer que este le daría a sus propios hijos, como Lamb le declara soberbiamente a uno de los personajes de la novela. A diferencia del caso paradigmático de *La odisea*, en *La tierra purpúrea* la vuelta al hogar es imposible y el relato de Lamb, la historia que este narra, es el resultado directo de esa imposibilidad.

Días de ocio brinda otro buen ejemplo, cuando el narrador casi al principio del relato nos dice que "[s]i las cosas hubieran marchado bien, si hubiese pasado mis doce meses sobre el Río Negro, como era mi intención, estos capítulos desganados, que podrían ser descritos como el relato de lo que no hice, no se hubieran escrito" (18). La escritura, entonces, sustituye al viaje, o mejor, la escritura equivale a una versión del viaje ya que esta espacializa el tiempo, aquí cifrado como tiempo interrumpido; marca un corte en el viaje pre-planificado y esquematizado según la teleología de la retórica del viaje (principio y fin). La escritura desvía a Hudson, transportándolo a tierras desconocidas. De hecho, *Días de ocio* está enmarcado como el relato de un naufragio, el resultado de un ir a la deriva, o un fracaso. En este mismo texto no solo se establece una ecuación entre viaje y escritura, sino también entre la figura no-económica del viaje y el inconsciente. Esta deriva aparece claramente señalada en el segundo capítulo titulado "Cómo me convertí en un ocioso", en el que el vocablo *idle* (ocioso) denota bien la dimensión no-económica de ese desplazamiento, del relato "de lo que no hice", como lo llama Hudson:

> Nuestra vida conciente a veces parece un sueño, y procede lógicamente hasta que el estímulo de una nueva sensación, viniendo desde adentro o desde afuera, la arroja en una confusión temporaria o suspende su andar. Después prosigue su marcha, pero con nuevos personajes, pasiones y motivos; y con una trama alterada (*Días de ocio* 20).

La trayectoria de Hudson rompe con el esquema clásico, toma un rumbo inesperado y el resultado es una deriva, movimiento crucial de la escritura ya que según el mismo Hudson, este da lugar a nuevos personajes y a una trama alterada.

Vemos entonces que a pesar de sus mejores intenciones, de un itinerario cuidadosamente planificado de antemano, que no es más que un mecanismo defensivo para contener todo viaje verdadero (esa es la lógica de todo itinerario turístico), en Hudson la reapropiación del hogar a través de la escritura se revela imposible, en la medida en que la escritura-deriva no hace más que inscribir la falta, transformando el círculo cerrado del viaje en una elipsis que marca la imposibilidad de toda vuelta. En este sentido el viaje es emblemático de una experiencia traumática por excelencia: la escritura de un texto de viaje solo puede repetir lo que ya se perdió para siempre y, más decisivamente, lo irrepetible: lo que se relata se da de manera desviada, trastocada. En su libro sobre Hudson, Ezequiel Martínez Estrada señala que "es inequívoca la impresión de que la partida de su país a Inglaterra es equivalente a la muerte" (1951: 43), y de hecho, uno debe recordar que en "Pérdidas y Ganancias," el último capítulo de *Allá lejos y hace tiempo*, el viaje a Inglaterra es narrado dentro de una lógica causal que se concatena con la muerte de la madre, la del vientre materno o del primer hogar, como lo llamaba Freud.

En Hudson el retorno a la semilla queda truncado y es la escritura la que va a servir de suplemento, especialmente el material naturalista en el que abundan detalles sobre los orígenes de las raíces de las plantas y de los animales que son el objeto de una observación minuciosa. Tal vez haya ahí otra manera de pensar todo el material naturalista en Hudson: como la expresión del deseo de colmarse (en la ciudad de Londres) de una plenitud natural —de un volverse a sí mismo— desde siempre ya perdida. Hay algo más en estos materiales naturalistas que la simple evidencia del trastocamiento que Hudson lleva a cabo del famoso binomio civilización/barbarie, es decir, la defensa de un salvajismo natural frente a la decadencia del progreso industrial, como lo ha afirmado la crítica con certeza.[4] Para resumir, entonces, a pesar

4. Véanse Franco (1980); Livon-Grosman (2003); Scandizzo (1994) y Collier (1995).

de que el *home* sea precisamente lo que Hudson más añore, y que en él se cifre su más anhelado deseo, este es un deseo que nunca puede concretarse, ni "acá" ni "allá". De ahí el lugar ex-céntrico de Hudson tanto en la cultura argentina como en la inglesa, y aún en la norteamericana misma.

A la luz de estos datos, resulta curioso que la crítica haya sido presa del deseo de Hudson, precisamente de ese deseo de querer instalarse en un lugar seguro y permanente. La crítica no duda en convertir a Hudson en un Güiraldes inglés, en agente del protoimperialismo, en un afiliado al romanticismo inglés y aun al modernismo.[5] Mientras que la crítica busca situar a Hudson, su escritura sugiere que todo proyecto de localización aparece viciado de antemano. Es esta pugna entre dos fuerzas opuestas que constantemente frustra el deseo de la crítica. Pero a pesar de las muchas errancias críticas, incluyendo la nuestra, hubo dos escritores que pudieron leer bien esa escisión constante y nunca resuelta en Hudson, aunque aun en ellos existe todavía el gesto de querer convertir a Hudson en un escritor "representativo"; me refiero a Borges y a Martínez Estrada.

En uno de los mejores trabajos que se hayan escrito sobre Hudson hasta la fecha, *El mundo maravilloso de Guillermo Enrique Hudson* (1951), Martínez Estrada enfatiza la dislocación permanente de los textos de Hudson que el ensayista compara a los de Ascasubi y Sarmiento, al *Matadero* y a *Amalia*, es decir, a una serie de textos y autores que son considerados como "cuerpos extraños" en la literatura argentina. Serie de textos esta que Martínez Estrada transforma en una máquina de guerra contra el nacionalismo imperante de los años cincuenta y que le permite romper con la ideología de una unidad nacional que borra o ignora sus diferencias. Aunque se trata de textos canónicos, estos socavan los cimientos del "ser nacional" al no estar circunscritos a los parámetros de un concepto de lugar. Y es precisamente por esta razón que Hudson forma parte de esa serie. A diferencia de las lecturas sacralizantes de un Lugones que hace del trinomio sangre, tierra, lengua, el eje de su nacionalismo cultural, Martínez Estrada interrumpe la contigüidad entre na-

5. Véase Renzi (1978).

ción y ser y lee en Hudson una figura liminar y desestabilizante, crucial para pensar a la Argentina.

Es el lenguaje literario de Hudson el que, en gran parte, garantiza su lugar ex-céntrico. Martínez Estrada enfatiza: "la inquietante extranjería en su idioma bien castizo" (1951: 137), un desdoblamiento lingüístico que también notaron sus contemporáneos europeos. En un artículo que publiqué hace unos años sobre *La tierra purpúrea* y la lectura que Martínez Estrada hace de esa novela, llamo al lenguaje de Hudson el lenguaje de la traducción, ya que si bien está escrito en inglés, conserva las huellas del castellano del Río de la Plata.[6] Quisiera modificar esas observaciones aquí y sugerir que, tal vez, para Martínez Estrada lo que logra Hudson sea exhibir la otredad del lenguaje en el idioma que uno piensa es el más propio. Es en esta dirección que leo la siguiente observación: "Adondequiera que llegue será un desconocido otra vez. Lo mismo que en su propio país y en su idioma del corazón, el de pensar y no el de escribir" (Martínez Estrada 1951: 88). Para dar cuenta de esa extranjería inscripta en el lenguaje mismo, Martínez Estrada necesita hacer uso de una figura retórica, la catacresis:

> Se establece una tensión permanente, una presión deformadora, en quien usa una lengua para expresar sentimientos e ideas que responden a una información o cultura cuyo órgano de expresión es otra lengua [...]. La palabra sufre así una violencia interior, no en su morfología sino en su sentido, y es el fenómeno universal y extrañísimo de la metamorfosis semántica, en el caso linguístico denominado catacresis (1983: 235).

La catacresis consiste en el uso "indebido" o "impropio" de una palabra para designar otra cosa que su significado "propio" o literal. Esto explica que la catacresis se encuentre tanto dentro como fuera del sistema tropológico, dado que es un uso figural del lenguaje y a la misma vez el nombre literal o propio de una cosa, por ejemplo "falda" de una montaña o "cabeza" de lechuga. La catacresis es una figura que funciona a la vez como nombre propio y como sustantivo común; requiere una traducción y, al mismo tiempo, la imposibilita.

6. Véase Rosman (1998: 17-29) y también Lévesque (1976).

Retomando la ideas sobre el viaje que esbocé más arriba, se podría afirmar que la escritura catacrística pone en cuestión la vuelta al *oikos*, al hogar, ya que interrumpe la economía de viaje que organiza el espacio de la identidad; es decir, socava las bases que hacen posible la postulación de un lugar (el hogar, la patria) como punto de referencia: el principio y el fin absoluto del sentido. Y en la medida en que pone en duda la posibilidad misma de la representación, la catacresis es el nombre de una escritura que se abstiene de funcionar como la morada de identidad alguna. Si como Martínez Estrada lo sugiere, la escritura de Hudson es esencialmente catacrística, es porque no hace más que exponer una escisión, brecha o corte, que nunca puede llegar a cerrarse, a colmarse.

Aunque Borges también se ocupó de Hudson en dos reseñas: "Sobre *The Purple Land*" (1941) y "La tierra cárdena" (1926),[7] quisiera comentar un texto titulado "El libro" ya que creo que aquí Borges no solo resume bien esa posición excéntrica de Hudson a la que Martínez Estrada aludía, sino también porque nos ayudará a pensar las implicaciones que subyacen a los proyectos críticos que quieren hacer de Hudson un escritor representativo. Borges muestra cómo en la selección de poetas nacionales diversos países tienden a exhibir un alto nivel de arbitrariedad, como si el poeta nacional no fuera precisamente quien pudiera representar las características del espíritu de la nación sino, más bien, aquel que subraya, denuncia y declara, monstruosamente, la brecha que existe entre la imaginación y la llamada comunidad nacional. Borges enmarca sus reflexiones dentro de una historia del concepto del libro:

> Tenemos entonces un nuevo concepto, el de que cada país tiene que ser representado por un libro; en todo caso, por un autor que puede serlo de muchos libros. Es curioso —no creo que esto haya sido observado hasta ahora— que los países hayan elegido individuos que no se parecen demasiado a ellos. Uno piensa, por ejemplo, que Inglaterra hubiera elegido al doctor Johnson como representante; pero no, Inglaterra ha elegido a Shakespeare, y Shakes-

7. Jorge Luis Borges: "Sobre The Purple Land", en *Obras completas II* (1974) y "La tierra cárdena", en *El tamaño de mi esperanza* (1993).

> peare es —digámoslo así— el menos inglés de los escritores ingleses. Lo típico de Inglaterra es el understatement, es el decir un poco menos de las cosas. En cambio Shakespeare tendía a la hipérbole en la metáfora, y no nos sorprendería nada que Shakespeare hubiera sido italiano o judío, por ejemplo. Otro caso es el de Alemania; un país admirable, tan fácilmente fanático, elige precisamente a un hombre tolerante, que no es fanático y al que no le importa demasiado el concepto de patria; elige a Goethe [...]. Otro caso aún más curioso es el de España. España está representada por Miguel de Cervantes. Cervantes es un hombre contemporáneo de la Inquisición, pero es tolerante, es un hombre que no tiene ni las virtudes ni los vicios españoles [...].*Es como si cada país pensara que tiene que ser representado por alguien distinto, por alguien que pueda ser, una suerte de remedio, una suerte de triaca, una suerte de contraveneno de sus defectos.* Nosotros hubiéramos podido elegir el *Facundo* de Sarmiento [...] pero no, nosotros hemos elegido como libro la crónica de un desertor, hemos elegido el *Martín Fierro*, que si bien merece ser elegido como libro, ¿cómo pensar que nuestra historia está representada por un desertor de la conquista del desierto? [...](1996: 168-169; la cursiva es mía).[8]

En lugar de facilitar la contigüidad entre lengua y comunidad, Borges sostiene que los así llamados poetas y libros nacionales son síntomas de una relación problemática e imaginaria. El poeta y el libro nacional hablan un idioma extranjero, representan todo lo contrario de lo que la comunidad quiere que representen y lo hacen en un estilo o en una voz que no son propiamente los de la comunidad lingüística que los sanciona como tales. Pero para ser aún más precisos, habría que decir que el poeta o libro nacional funcionan según la lógica del *phármakon*, remedio o antídoto (*triaca* y *contraveneno* son las palabras que utiliza Borges), pero también veneno.[9] Si en la formulación de Borges, el poeta y el libro nacional deberían funcionar como el remedio imaginario capaz de sanar las contradicciones de una supuesta

8. Una primera formulación de esta idea por parte de Borges aparece en la conferencia sobre el *Martín Fierro* de 1953 incluida ahora en *Obras Completas en colaboración* (1997). Otras entonaciones de esta idea se encuentran en "La poesía gauchesca" y en "Sobre los clásicos", ahora en *Obras completas I y II* (1974).
9. Veáse Derrida (1997).

unidad comunitaria, también son, literalmente, la muerte, ya que corroen, acentúan y exacerban esa supuesta unidad nacional.

Empezamos este ensayo con una referencia a Saer y a su libro de viaje, *El río sin orillas*. Resulta curioso que, a primera vista, en este texto, donde el viaje no es más que la recapitulación libresca de otros relatos de viaje, Hudson sea el gran ausente. Aparecen Ebelot, Chatwin-Musters, Darwin, entre otros, pero, sobre Hudson, Saer no dice una palabra. Sin embargo este silencio u omisión no debe leerse como un signo de descuido, olvido o desconocimiento. Quisiera sugerir que esta falta de cita o mención explícita en el texto de Saer habla de otro tipo de relación con el escritor de *La tierra purpúrea*.

Siguiendo y profundizando la lógica que Borges esboza en "El libro", Saer plantea una hipótesis: las culturas del Río de la Plata pudieron anticipar los grandes desplazamientos humanos del siglo xx, las grandes migraciones que han desbaratado el mundo tradicional:

> Esa imposibilidad de reconocerse en una tradición única, ese desgarramiento entre un pasado ajeno y un presente inabarcable, ese sentimiento de estar en medio de una multitud sin raíces, obligados por miedo a naufragar en la inexistencia, a amoldarse a normas de conducta individual y social de las que nadie sería capaz de explicar la legitimidad, esa vaguedad del propio ser tan propia de nuestro tiempo, floreció tal vez antes que en ninguna parte en las inmediaciones del río sin orillas... [por eso] tal vez hoy en día no pueda haber más orgullo legítimo que el de reconocerse como nada, como menos que nada, fruto misterioso de la contingencia, producto de combinaciones inextricables que igualan a todo lo viviente en la misma presencia fugitiva y azarosa. El primer paso para penetrar en nuestra verdadera identidad consiste justamente en admitir que, a la luz de la reflexión [...] ninguna identidad afirmativa ya es posible" (1991: 203-204).

En las reflexiones de Borges y de Saer hay ricas pautas para pensar no solo las errancias de la crítica en relación a los textos de Hudson, sino también los motivos de esa constante "vuelta", es decir, la razón que mantiene la vigencia de sus textos. De Borges retengamos la idea que si bien el nacionalismo cultural propone la equivalencia entre lengua, lugar y literatura, existe simultáneamente un deseo, constante al parecer, de romper con ese esquema, de encontrar una salida, o de viajar. En el viaje que la escritura posibilita se produce una dislocación permanente que deja traslucir la extranjería inscripta en el tejido mismo de lo que se da a pensar como lo más familiar. Hudson encarna, para nosotros, la figura de esa extranjería: extraño para sí mismo, para su lengua, para su país de nacimiento y el de adopción. Su escritura expone una y otra vez la brecha infranqueable que imposibilita toda vuelta al hogar como origen y fin absoluto de la aventura del sentido. Es esa certeza —tal vez difícil de admitir para nosotros mismos— que hace de Hudson tanto la expresión como el fracaso inevitable de nuestro más anhelado deseo.

Bibliografía

BORGES, Jorge Luis. "La poesía gauchesca". En: *Obras completas I.* Buenos Aires: Emecé, 1974, 179-197.

— "Sobre los clásicos". En: *Obras completas II.* Buenos Aires: Emecé, 1974, 150-151.

— "Sobre The Purple Land". En: *Obras completas II.* Buenos Aires: Emecé, 1974, 111-114.

— "La tierra cárdena". En: *El tamaño de mi esperanza.* Buenos Aires: Seix Barral, 1993, 33-37.

— "El libro". En: *Obras completas IV.* Buenos Aires: Emecé, 1996, 165-171.

— *Obras completas en colaboración.* Buenos Aires: Emecé, 1997.

COLLIER, Simon. "The Four Worlds of W. H. Hudson". En: Di Giovanni, N. (ed.). *The Borges Tradition.* London: Constable, 1995, 71-88.

DERRIDA, Jacques. *Of Grammatology.* Trad. G. Spivak. Baltimore: The Johns Hopkins University Press, 1997.

FRANCO, Jean. "Prólogo". En: Hudson, William Henry. *La tierra purpúrea; Allá lejos y hace tiempo.* Caracas: Biblioteca Ayacucho, 1980, ix-xlv.

HUDSON, William Henry. *Idle Days in Patagonia.* New York: E. P. Dutton and Co., 1917.

— *William Henry Hudson's diary concerning his voyage from Buenos Aires to Southampton on the Ebro, from 1 April 1874 to 3 May 1874, written to his brother, Albert Merriam Hudson*. Hanover, N.H.: Westholm Publications, 1958.

— *Allá lejos y hace tiempo*. Trad. Alicia Jurado. Buenos Aires: Emecé, 1999.

Lévesque, Claude. *L'étrangeté du texte*. Montréal: Vlb, 1976.

Livon-Grosman, Ernesto. *Geografías imaginarias. El relato de viajes y la construcción del espacio patagónico*. Rosario: Beatriz Viterbo, 2003.

Martínez Estrada, Ezequiel. *El mundo maravilloso de Guillermo Enrique Hudson*. México: FCE, 1951.

— *Muerte y transfiguración de Martín Fierro: ensayo de interpretación de la vida argentina*. Buenos Aires: CEAL, 1983.

Prieto, Adolfo. *Los viajeros ingleses y la emergencia de la literatura argentina, 1820-1850*. Buenos Aires: Sudamericana, 1996.

Renzi, Emilio. "Hudson: ¿un Güiraldes inglés?". En: *Punto de Vista*, 1, 1 (marzo 1978), 23-24.

Rosman, Silvia. "Of Travelers, Foreigners and Nomads: The Nation in Translation". En: *Latin American Literary Review*, 26, 51 (enero—junio 1998), 17-29.

— *Dislocaciones culturales: nación, sujeto y comunidad en América Latina*. Rosario: Beatriz Viterbo, 2003.

Saer, Juan José. *El río sin orillas*. Buenos Aires: Alianza, 1991.

Scandizzo, Delfor R. "El legado de Guillermo Enrique Hudson". En: *Todo es Historia*, 327, 28 (octubre 1994), 8-22.

Espacios de la identidad: escritura, paisaje, lenguaje

Mónica Szurmuk,
Universidad de Buenos Aires-CONICET

Amanda Holmes,
McGill University

Las instrucciones que el voluntario nos da por teléfono para llegar al Parque Hudson requieren doblar en la rotonda de Alpargatas. Allí, la "A" de la empresa que fue ícono de lo nacional permanece como un recuerdo de otros tiempos cuando el cruce era paso obligatorio hacia el verano en Mar del Plata, y era el umbral de los lugares recreativos de los fines de semana de la década del sesenta: la República de los Niños, el Parque de los Derechos de la Ancianidad, nombre con que el gobierno de Perón rebautizó la estancia expropiada a la familia Pereyra Iraola.[1] Cuando las instrucciones se vuelven confusas y nos perdemos en un laberinto de barrios privados, optamos por salir de la autopista para llamar por teléfono y consultar. Entramos a lo que en Estados Unidos se llama un *strip mall*, un pequeño aglomerado de tiendas de

1. En 1950, durante el primer peronismo, se abre la planta de Alpargatas en Florencio Varela que fue ícono de las empresas estatales nacionales. En 2009, Alpargatas ya no es empresa nacional, representa a empresas internacionales como Nike en el mercado local y la mayoría de las plantas de producción están ubicadas en zonas de desarrollo industrial en el interior del país y en Uruguay.

cadena construidas al lado de la autopista. Este centro comercial no sirve, por supuesto, a los habitantes de las innumerables villas miseria de la zona, sino a los de los inmaculados barrios privados que ostentan nombres con nostalgia de pampa y al gigantesco Abril, uno de los barrios privados más grandes del Gran Buenos Aires.

Nuestro destino —el Parque y Museo Histórico Provincial y Reserva Natural de Uso Múltiple Guillermo Enrique Hudson — está ubicado a mitad de camino entre la ciudad de Buenos Aires y La Plata y a pocos kilómetros del acceso a la ruta a Mar del Plata. En 1929 Fernando Pozzo, médico de la vecina ciudad de Quilmes, enamorado y estudioso de la obra de Hudson, descubrió el lugar e inmediatamente formó una comisión de amigos, con los cuales se dedicó al rescate del solar natal del autor. En 1949 se donaron cuatro hectáreas destinadas al Museo y Parque Evocativo. La provincia de Buenos Aires las aceptó por decreto. Masao Tsuda, embajador del Japón en Argentina (1954) y presidente de la Asociación Hudsoniana de Tokio, junto a la Asociación Amigos de Hudson en Argentina realizaron activas gestiones para rescatar la propiedad. Recién en 1957 la provincia de Buenos Aires creó el Museo y Parque Evocativo Guillermo Enrique Hudson por decreto con dependencia de la Dirección de Museos, Reservas e Investigaciones Culturales. A partir de 1991 se recibió la primera partida de las donaciones gestionadas por Masao Tsuda y el embajador Yoshio Fujimoto, de distintas empresas y de la Asociación de Amigos y Lectores de Guillermo E. Hudson del Japón. En 1996 se obtuvieron donaciones de organismos internacionales de Japón y de la Fundación Lloyds Bank. En diciembre de 2000 se lo declaró Reserva Natural de Uso Múltiple enmarcado dentro de las llamadas "Reservas Urbanas", nombre destinado a designar extensiones naturales relativamente pequeñas, ubicadas en áreas urbanas o cercanas a ciudades. "Cumplen una importante función educativa y demostrativa de procesos naturales y socio-culturales; generando incluso identidad y nuevos hábitos en los habitantes cercanos" (http://www.hudsonmuseoyparque.org.ar). Cuenta con una biblioteca, un salón de usos múltiples, arboretum y un área de acampe. Durante la primera semana de agosto, comunidades aborígenes celebran la tradicional fiesta de la Pachamama, en la que ofrendan y agradecen a la Madre Tierra. Es visitado por gaiteros escoceses, folkloristas y asociaciones gauchescas.

Acuden también al parque lectores empedernidos de Hudson, aficionados a los pájaros, y amantes de la naturaleza que quieren vivir por unos minutos ese espacio que Hudson, en *Far Away and Long Ago*, describe como virgen. Se juntan en el parque la biblioteca y el trabajo de campo, las alpargatas y los libros, tensando la dicotomía peronista —alpargatas sí, libros no—. Aquí están presentes las alpargatas —el campo como lugar de trabajo— y los libros. Está presente también otra dicotomía más sutil apuntada por Piglia pero ya vislumbrada por Borges y Martínez Estrada y que se resume en la respuesta a la pregunta de quién puede ver la pampa, quién puede describir la pampa, en qué idioma y desde dónde se narra. La respuesta es inequívoca: en la pampa escriben solo los viajeros ingleses. Según Piglia la literatura argentina se puede leer a través de una serie de parejas formadas por escritores argentinos y extranjeros: Pedro de Angelis-Echeverría, Soussens-Lugones, Paul Groussac-Miguel Cané, Borges-Gombrowicz y Hudson-Güiraldes (1992: 115-116). Hudson aparece como extranjero aun cuando su viaje fue en sentido inverso: en el buque Ebro, a los treinta años rumbo a Inglaterra desde su tierra natal bonaerense.

Las lecturas de Borges y Martínez Estrada hacen entrar a Hudson por la puerta grande a la literatura argentina. Su libro de juventud *Far Away and Long Ago* inscribe la pampa y cuenta la educación de un niño que crece en esta zona de libertad. El texto cuenta los primeros dieciséis años de la vida de Hudson. Sin embargo, y esto es lo asombroso, la narrativa no es de una infancia, sino de la relación con la naturaleza. La vida del niño se plantea en la relación con la naturaleza y los padres y hermanos fungen en realidad como telón de fondo para las aventuras del niño por el campo.

Nuestro texto comienza y termina en ese espacio de la pampa que fue la inspiración y el motor de gran parte de la literatura de Hudson y que hoy es el repositorio de fantasías sobre el campo y la naturaleza que generan modos nuevos de sociabilidad y cultura. Nos interesa examinar este espacio geográfico donde entran en contacto y conflicto el espacio abierto en el cual la mirada y el paisaje disciplinado del barrio privado se extravían. Volver al libro más leído de Hudson en la Argentina implica volver al momento fundacional de su lectura en el país y también al espacio privilegiado de la cultura argentina para narrar. Como señala Graciela Montaldo con respecto a los espacios argentinos:

> El espesor de lo rural no es simplemente el de un escenario donde se juegan historias: reside en la acumulación —que tiene sentidos y valores— de tradiciones, discursos, figuras, creencias, mitos. El campo (el desierto, la pampa, las estancias o sus metonimias, el pajonal, el rancho) es aquel lugar donde se postula una identidad a través de la extrema diferenciación, es el suelo de una apropiación constante del pasado y de las tradiciones donde cotidianamente se reconstruye nuestra cultura. El campo y lo rural, en suma, son un espacio discursivo que aún sigue proyectándonos sus sentidos (1993: 14).

Nuestro texto tiene dos momentos: el primero es el momento autobiográfico. Desde Inglaterra, cercano a la muerte, Hudson escribe una autobiografía sobre su vida como niño en la pampa argentina. En el segundo momento planteamos las redefiniciones del espacio de la niñez tanto desde la perspectiva del autor como también en la resonancia contemporánea de Hudson en los nuevos *countries*.

Primera parte: paisaje y autobiografía

Simon Schama nos ha enseñado que los espacios tienen su historia y su memoria, que lo que perdura en la geografía es una feliz congelación de espacio y discurso. Observa en *Landscape and Memory* que la naturaleza que conocemos está definida por la percepción humana. Al ser imbuido de cultura cada ambiente natural se convierte en "landscape" o paisaje: "although we are accustomed to separate nature and human perception into two realms, they are, in fact, indivisible. Before it can ever be a repose for the senses, landscape is the work of the mind. Its scenery is built up as much from strata of memory as from layers of rock" (1995: 6-7). El paisaje puede inspirar una reacción espiritual como también se han asociado ciertas topografías con preocupaciones modernas, por ejemplo el concepto del imperio, la nación, la libertad y dictadura (ibíd.: 17). Según Schama, el reconocimiento del legado ambiguo de los mitos de la naturaleza "does at least require us to recognize that landscapes will not always be simple 'places of delight'" (ibíd.: 18).

La conversión de naturaleza en paisaje se percibe como un proyecto personal en la obra autobiográfica de Hudson. El autor/naturalista le otorga sentido personal a los ambientes que describe en su obra. Sin embargo, a través de este proceso de interpretación ocurre un doble movimiento de sentido: Hudson resalta la memoria de su interacción con la naturaleza mientras que la naturaleza simultáneamente adquiere una definición construida por la atención que le da el autor. Lo que complica aún más el lazo entre Hudson y la naturaleza pampeana que conoce como niño es la autodefinición del autor con la nacionalidad inglesa por la cual el paisaje se reconstruye desde la percepción de un forastero. Por lo tanto, la naturaleza que Hudson apropia como suya también la juzga extraña.

En 1951, Ezequiel Martínez Estrada analiza el texto en su *El mundo maravilloso de Guillermo Enrique Hudson*. Martínez Estrada realiza una paráfrasis en un castellano rioplatense diáfano de los relatos sobre su infancia realizados en inglés por Hudson. En el texto de Martínez Estrada se vuelve al castellano lo que Hudson escribió en inglés, traduciendo así paisajes, términos y un estilo de vida. Desde la versión de Martínez Estrada, Hudson entra de lleno en la literatura sobre el campo argentino.

La literatura argentina transforma este texto en una lectura escolar sobre la infancia pampeana, soslayando el hecho de que la perspectiva no es la de un niño sino la de un anciano, que ubica en este espacio lo irrevocablemente perdido. A pesar de que Martínez Estrada nota la diferencia entre las aventuras del niño y el relato del anciano, sitúa cierta verdad original en lo que se recuerda. Los lectores posteriores, las viñetas incluidas en los libros de textos bonaerenses y los múltiples fragmentos del texto que aparecen en antologías no aluden a sus condiciones de producción.

"It was never my intention to write an autobiography" (1) dice Hudson en el primer capítulo de *Far Away and Long Ago*. A los pedidos de sus amigos de que escribiera una autobiografía, Hudson respondía que ya había contado todo lo que tenía que contar sobre su infancia en la Argentina en otros libros. Su reticencia se apoya también en la falta de confianza en su memoria, de la que permanecen de la infancia "nothing, in fact, but isolated spots or patches, brightly illuminated and vividly seen, in the midst of a wide shrouded mental landscape" (2). Sin embargo, durante una convalecencia la infancia reaparece "it was as if the cloud shadows and haze had passed away and the entire wide prospect beneath me made clearly visible" (3). El libro nace durante el reposo físico como parte de un deseo de volver a este lugar de la infancia, a recorrer la pampa, a visitar lugares y paisajes. El paisaje mental se puebla de lugares, colores y paisajes y el texto nace como experiencia y como sucedáneo de la acción.

Siempre consciente del espacio que lo rodea, Hudson pinta en detalle las circunstancias de la redacción de su autobiografía en las primeras páginas del texto. No solo describe explícitamente su ubicación física en el momento de escribir —"propped with pillows I began with pencil and writing-pad to put it down in some sort of order" (4)—, sino que también crea un contraste entre el espacio que redacta en su autobiografía y el que lo rodea en su cama de convalecencia en Inglaterra subrayados por una serie de detalles sobre la naturaleza que siente al momento de escribir. La luz de la sala y la descripción de la enfermera que lo acompaña se contrastan con "the sounds of everlasting wind in my ears, howling outside and dashing the rain like hailstones against the window-panes" (4). A la vez, yuxtapone este espacio con lo que recuerda de Argentina que está describiendo en su obra: "at the same time to be thousands of miles away, out in the sun and wind, rejoicing in other sights and sounds, happy again with that ancient long-lost and now recovered happiness" (4). De esta manera las capas del texto contienen huellas de tres espacios que influencian al autor: la sala de convalecencia; el medio ambiente del cual la casa lo protege mientras escribe; y la pampa argentina de su niñez de la cual escribe.

El vínculo entre la literatura y la enfermedad está presente en toda la obra de Hudson y claramente domina los textos sobre la Argentina. En *Far Away* la literatura reemplaza el paseo, la aventura por la naturaleza, la observación directa. Si la educación sentimental del niño Hudson se realiza a campo abierto, su formación intelectual sustituye las andanzas por el campo. Cuando Hudson se enferma a los quince años tiene la ocasión de leer de la anticuada y desordenada biblioteca familiar y de los nuevos libros que trae su hermano de regreso de un viaje a Inglaterra, incluyendo el *Origin of Species* de Darwin. La crisis de la fe religiosa acompaña el inicio de una formación intelectual profundamente autodidacta y desregulada y que de alguna manera va a relacionar para siempre el espacio natural con la identidad y la escritura.

La formación intelectual de Hudson que es desordenada y poco sofisticada se realiza en inglés. Su educación sentimental sucede en el cruce de ambas culturas y ambos idiomas. Tiene lugar desde la narrativa de Hudson en un incesante cabalgar por la pampa, en la amistad con una variedad de personajes ingleses y criollos y en el conocimiento de la naturaleza. Esto está encuadrado en el libro por un preámbulo personal —la ocasión para la escritura— y un final donde se habla de la madre, de la crisis de fe y del inicio de la formación intelectual. La escritura del libro, realizada ya en la adultez en Inglaterra, recrea el momento de la primera convalecencia y propone el recuerdo y la memoria como sustitutos de la acción, el viaje mental en reemplazo del viaje físico, de la cabalgata por la pampa y la caminata por las sierras inglesas.

El libro está enmarcado por un capítulo que explica el momento de la escritura y dos capítulos que cierran con una reflexión personal. Los veintiún capítulos restantes cuentan anécdotas que pueden funcionar independientemente como viñetas de vida en el campo. El orden intenta ser cronológico aunque hay poco desarrollo del personaje y no se narran los hitos familiares que podrían ordenar cronológicamente los eventos. No hay referencias a nacimientos de los hermanos, enfermedades, ni hay un desarrollo psicológico del niño.

Paradójicamente, la mejor descripción de la organización del libro la da Hudson mismo en su primer capítulo, "Earliest Memories", cuando se refiere a su resistencia a escribir una autobiografía:

> [...] for when a person endeavours to recall his early life in its entirety he finds it is not possible: he is like one who ascends a hill to survey before him on a day of heavy cloud and shadow, who sees at a distance, now here, now there, some feature in the landscape — hill or wood or tower or spire — touched and made conspicuous by a transitory sunbeam while all else remains in obscurity (*Far Away* 1-2).

Esta descripción es una reflexión muy astuta sobre el modo de trabajo de Hudson. En realidad lo que aparece en *Far Away* son momentos iluminados de la infancia enmarcados en la nostalgia, la perdida y también un estilo autoral que ya había adquirido madurez y que combina el detalle en la narración de la naturaleza y cierta generalización en la narración de lo humano. La metáfora de la agrimensura es interesante porque transpone lo espacial con lo temporal. El pasado es un territorio a explorar que se ve desde arriba y que se examina con el capricho de la luz que lo ilumina y posibilita el observar ciertos elementos y obviar otros.

La escritura del libro es entonces una ocasión para revivir un pasado que se convoca y que permite reemplazar la incomodidad física y el dolor por la alegría. La escritura en Hudson funciona de este modo, reemplaza la acción y ocupa el lugar de lo que falta.[2] El guiño a las teorías sobre la memoria aparece (se refiere al psicólogo que leerá el texto y a quien confía le interesará el fenómeno psicológico de recuperación de la memoria) pero Hudson extiende el uso de la metáfora: de pronto el territorio del pasado se abre completamente a la mirada del agrimensor. El pasado es un territorio aprehensible, cognoscible, abierto a la mirada y a la descripción. Durante los seis meses de convalecencia se escribe el libro que luego a lo largo de tres años será abreviado, aunque Hudson mismo apunta que hay cambios necesarios que no llega a hacer.

Desde el título, *Far Away and Long Ago* establece un pacto de lectura desde lo espacial y lo temporal. La infancia establece una distancia en el tiempo y en el espacio. Sin embargo y como vimos con la metáfora elegida para hablar de la memoria: el terreno que es iluminado, la metáfora espacial va ganando partido. El pasado es un territorio. No es casualidad que el lugar elegido para ubicar este pasado sea el del primer capítulo —los veinticinco ombúes— que es el lugar donde transcurre la más temprana infancia. Es la casa donde nació Hudson, una casa rodeada por 25 ombúes y un árbol llamado por los vecinos

---

2. En *Idle Days in Patagonia,* por ejemplo, la escritura ocupa el lugar de la acción. Hudson se propone escribir un libro sobre la Patagonia pero nunca llega a la Patagonia porque un accidente lo obliga a permanecer en cama durante el periodo en que la debería recorrer. No cambia el título del libro y reflexiona sobre lo que ve en la frontera con la Patagonia y especula en base a ideas preconcebidas sobre la naturaleza humana (Szurmuk 2002).

"The Tree". Los ombúes tienen un nombre autóctono, marcan una presencia en una tierra sin árboles y son de por sí "a romance in itself" (*Far Away* 5) según Hudson, árboles inútiles que seguramente serán arrasados por la civilización. El segundo árbol era el único de la zona de ese tipo y por eso merece el nombre singular de quienes lo consideran único en el mundo. Cuando "The Tree" florecía, su perfume se extendía por el campo y los vecinos acudían a solicitar una rama "to take home with them to perfume their lowly houses" (6). La presencia de los veintiséis árboles otorga un aura de idealización a la casa de la infancia, casa cuyos efluvios son deseados por los vecinos. El uso del tiempo presente desdibuja el paso del tiempo.

Ya en el segundo capítulo, el niño Hudson se encuentra en otro lugar, una nueva casa, luego de un recorrido por la pampa. La casa de la más temprana infancia —hasta los 5 años— queda atrás junto con todos los recuerdos irrecuperables de los primeros dos años de vida, recuerdos que Hudson sostiene están perdidos para todos excepto para algunas personas muy excepcionales. Una capa de la memoria se descubre: el espacio de los 25 ombúes, espacio idealizado en el museo, es un espacio casi irrecuperable, de un momento de la infancia que ni el mismo Hudson puede recordar fehacientemente.

Hay otras dos metáforas de la memoria que aparecen en este primer capítulo, ambas coloreadas por discurso de género y raza. La primera está relacionada directamente con la casa: como en toda casa vieja existía el mito de que estuviera embrujada. La historia del embrujo es desgarradora: cincuenta años antes del nacimiento de Hudson, cuando ya los árboles tenían medio siglo de vida, un joven y agraciado esclavo negro se enamoró de la dueña de casa y confundiendo su generosidad y favoritismo "ventured to approach her in the absence of his master and told her his feelings" (7). El esclavo, en castigo, fue "scourged to death by his fellow slaves" (8) en presencia del dueño y la dueña de casa, atado al árbol que los vecinos llamaban simplemente "The Tree". El esclavo negro embruja la casa, o sea, que la habita como resabio de este pasado traumático, de una conexión erótica interétnica y de la violencia con que es castigada.

El deseo entre blancos y negros aparece en otra relación amorosa, que es la de la maternidad. Describiendo la relación de protección de un perro autóctono a quien llamaban Pichecho (sic), con los niños de la familia, Hudson acude a la comparación con una esclava negra que cría niños blancos:

> [...] his [del perro]brown benevolent eyes regarding us with just such an expression as one sees in a faithful old negress nursing a flock of troublesome white children —so proud and happy to be in charge of the little ones of a superior race (10).

La escala de valores de Hudson es clara: la negra no solo no lamenta criar a los niños blancos sino que agradece su rol de guardiana de las crías de una raza superior. Hudson extiende luego la comparación a todas las madres, que como auxiliares de la naturaleza que sabe más, son simplemente "madrastras" para niños de otras razas:

> I am contending that the civilized woman —the artificial product of our self-imposed conditions— cannot have the same relation to her offspring as the uncivilized woman really has to hers. The comparison, therefore, holds good, the mother with us being practically step-mother to children of another race; and if she is sensible and amenable to nature's teaching, she will attribute their seemingly unsuitable ways and appetites to the right cause, and not to a hypothetical perversity or inherent depravity of heart... (11).

En cierto modo esto explicaría la ausencia de la madre (y también del padre) en el cuerpo del texto. El desarrollo del niño europeo en tierra americana se plantea como autónomo, como si la blancura implicara también una independencia de movimiento y de pensamiento que no necesitara ser guiada y educada. Los siete años que se narran en los capítulos 2 hasta el 21 son años de independencia, de bonanza y aparecen solo esporádicamente menciones a los padres y los hermanos. En el capítulo 22, denominado "Boyhood's End" el autor salta tres años, actualiza al lector hasta los quince años de edad y también da un vistazo al libro. Por un lado se observa que hay errores en el libro que el autor decide no corregir. Por otro incluye como introducción a las reflexiones finales un apartado sobre el matadero de Buenos Aires y la insalubridad de la ciudad. Esta reflexión sobre la insalubridad introduce la enfermedad que da lugar a la educación informal de Hudson, a su formación científica y al inicio del interés por la literatura.

Far Away and Long Ago culmina en la separación de la madre que paradójicamente es también uno de los pocos lugares en el libro donde ella aparece, y como observa perceptivamente Martínez Estrada (1951), nunca se menciona su nombre. En el momento de la iniciación a la ciencia se plantea el corte con la religiosidad y la visión de mundo de la madre y el regreso a la mítica casa de la infancia después de la quiebra económica del padre. También es muy crítico con el padre desde el comienzo, mientras que siente un respeto por su madre que culmina después de su muerte cuando conoce a los vecinos que la estiman tanto. La madre es presentada como alguien que aun sabiéndose diferente se siente cómoda en las pampas argentinas y entabla relaciones afectuosas con sus vecinos, criollos o ingleses. Si bien el origen de la madre es Nueva Inglaterra, en la Argentina sus relaciones de amistad más profundas se dan con los miembros de la numerosa comunidad angloargentina que residía en los suburbios de la ciudad. Mientras que casi todos los hermanos de Hudson eligen la identidad híbrida de los angloargentinos, son bilingües, tienen lazos con Inglaterra pero eligen vivir en la Argentina, Hudson corta el lazo con el país y con el idioma y se transforma en un escritor menor en idioma inglés, alguien a quien Jean Franco llama "un exiliado nato." (1980: ix)

Segunda parte: percepciones y construcciones del espacio

El concepto de *home* para Hudson es fluido y depende de la circunstancia que relata. Durante la mayor parte de *Far Away and Long Ago* su *home* es la de su infancia en Argentina, pero al final del texto cuenta de su insistencia en usar la *home* para referirse a Inglaterra, una referencia que divierte a su hermano menor (313). Antes de partir definitivamente de la Argentina a los 30 años, nunca había visitado Inglaterra; además sus padres venían de Nueva Inglaterra, en Estados Unidos, lo cual hace más insólita la identificación con el lejano país europeo.

Su descripción de la naturaleza pampeana revela las ambigüedades que constituyen su identidad. En su autobiografía entra en un proceso dual de personalización y exotización: pinta a un niño encantado por la naturaleza que lo rodea que sin embargo no forma parte de ese mismo ambiente. De esta manera se aprovecha de la percepción de un niño para describir la pampa con un tono de maravilla y asombro similar no solamente al de los primeros cronistas europeos que describían el Nuevo Mundo, sino también a la reacción probable de su público europeo frente a este ambiente argentino. En comparación con las flores del durazno en agosto, no existía nada "in this universe which could compare in loveliness to that spectacle" (55). Hablando del primer encuentro con los flamencos, emplea frases como "*astonishing* number of birds"; "*immensely* tall white-and-rose coloured"; "I was *amazed* and *enchanted* at the sight"; "*angel*-like creature" (78; énfasis nuestro). De modo similar, provoca maravilla con la descripción de las proporciones de la planta "cardoon" que sirve para antropomorfosearla. Explica que el "cardoon" produce "purple blossoms big as a small boy's head" y que tiene "stalks [...] thick as a man's waist" (148).

La distancia que por el desconocimiento crean estos términos entre el espectador y la escena permite a Hudson construir un puente de experiencia entre él y su lector europeo. Como su lector enfrentado con las descripciones de este espacio, el niño Hudson —como cualquier niño que se asombra frente a lo nuevo— tampoco conocía antes lo que veía. Sin embargo, para combatir la falta de autoridad que puede tener la voz de un niño vinculado con un forastero, Hudson subraya también el lazo íntimo que tiene con respecto a este espacio. Explica una y otra vez que el asombro del niño se convierte después de un tiempo en el mero placer de un nativo frente a la naturaleza esperada y entendida. De este modo, inmediatamente después de la descripción de su maravilla frente al primer encuentro con el flamenco, declara que "later I have seen it [el flamenco] scores and hundreds of times, at rest or flying, at all times of the day and in all states of the atmosphere, in all its most beautiful aspects" (79). Termina la descripción con una vuelta al asombro del niño —"but the delight in these spectacles has never equalled in degree that which I experienced on this occasion when I was six years old" (79)— y, de este modo, intenta recuperar la maravilla del lector.

Desde la perspectiva de Hudson, la naturaleza pampeana no se limita al ambiente físico, sino también los vecinos pintorescos se incorporan al espacio natural. Tres capítulos en el medio del libro pintan a los vecinos como parte del paisaje que rodea al niño Hudson. A veces los lazos entre ser humano y naturaleza son explícitos: la voz del gaucho Barboza se compara con el "carrion-crow when that bird is most vocal in its love season and makes the woods resounds with its prolonged grating metallic calls" (137). Aún como niño, Hudson se distancia de y toma una actitud condescendiente hacia los habitantes nativos —"I was angry at being rebuked by an ignorant ruffianly gaucho, who like most of his kind would tell lies, gamble, cheat, fight, steal, and do other naughty things without a qualm" (175)— pero también se siente atraído por la cultura de los gauchos y reconoce sus propios atributos de extranjero: "little by little I found out that the people were invariably friendly towards a small boy, even the child of an alien and heretic race" (133). Juzga la vida de la pampa como primitiva pero, desde la perspectiva de Hudson, son los europeos quienes destruyen la tierra. Los inmigrantes, especialmente los italianos, matan los pájaros nativos y cultivan maíz para el mercado europeo (199-200).

Este proceso dual de personalización y exotización es evidente por sus referencias y comparaciones entre Argentina e Inglaterra y/o Europa: a veces Hudson es inglés, a veces es argentino. Usa los adjetivos posesivos para asociarse o con los ingleses o con los argentinos. Por ejemplo, Hudson observa que el "mulberry" es la misma especie que "our English mulberry" (49). Sin embargo, cuando habla sobre el cucú, crea una distancia explícita con el inglés al mismo tiempo que subraya una similitud entre la naturaleza y la infancia en los dos países: "Year after year I listened for its deep mysterious call [...] in late September, even as the small English boy listens for the call of *his* cuckoo in April" (61; énfasis original). En otro episodio, mantiene que sabe más que Darwin sobre los códigos de los gauchos: Darwin "says that if a gaucho cuts your throat he does it like gentleman: even as a small boy I knew better —that he did his business rather like a hellish creature revelling in his cruelty" (125). Acá muestra su íntimo conocimiento del territorio, pero con la referencia a Darwin, afirma también su vínculo con Europa y su conciencia de las experiencias y las probables lecturas de su público europeo.

Hoy la casa de infancia de Hudson está rodeada por algunos de los *countries* más lujosos del país, un ejemplo del enorme crecimiento desde la dictadura de este estilo de vida en las afueras de la capital. Según Guy Thuillier, en el área metropolitana de Buenos Aires, había 350 barrios cerrados —de diferentes estilos— que cubrían 300 km^2 de tierra, 100 km^2 más que el tamaño de la ciudad en sí (2005: 255). Modelados en gran medida en los suburbios de la Norteamérica anglosajona, los barrios privados argentinos tienen, sin embargo, una historia autóctona. Las quintas que se desarrollaron a finales del siglo XIX, primero para los privilegiados y después también para la clase media, crecieron en paralelo a la introducción de los deportes ingleses jugados al aire libre como el fútbol, el polo, el golf, el criquet y el remo. El primer *country*, que se caracterizaba por la combinación de club de deporte y vivienda, Tortugas, se fundó en 1932, pero la transformación de los *countries* en residencias permanentes comenzó recién durante la dictadura de los años setenta. En Argentina los barrios privados se han desarrollado en especial en las zonas marginales que rodean la ciudad, una ubicación que subraya fuertemente los contrastes económicos. La política neoliberal menemista fomentó la construcción de los *countries* para los privilegiados que se beneficiaron de las políticas económicas de los noventa. Sin embargo, después del crisis de 2001, la población que puede aprovechar de una vida distanciada y aislada de la ciudad ha disminuido. El uso de un término inglés para referirse a este tipo de vivienda apunta hacia la relación con el ambiente natural que tienen los *countries*. Además de perder su sentido gramatical, si fuera traducido literalmente al castellano, el término, *country* (que proviene del inglés "country club" —club exclusivo de deportes—), perdería la alusión a la vida privilegiada anglosajona. Con la introducción de estas viviendas, el "campo"—con toda la acumulación histórica de sentido para la Argentina— se ha convertido en una copia de lo estadounidense que conlleva alusiones a los valores idealizados del sistema político capitalista. Es decir, el "*country*" invierte y a la vez complementa el significado del "campo" argentino.

Como el pueblo "Guillermo E. Hudson," muchos de los barrios cerrados cercanos al Parque Hudson asumen un nombre asociado con el naturalista —"Los ombúes de Hudson"; "Los altos de Hudson"; "Las acacias de Hudson"; "Pampas Pueblo de Hudson" —. Quizás sea oblicua en algunos casos la referencia al naturalista y lo hayan empleado como referencia geográfica que ubica al barrio cerrado cerca del pueblo. Sin embargo, la elección del nombre para designar una aglomeración de vivienda estilo suburbano norteamericano no deja de ser irónica. Se ha observado que los *countries*, como también los barrios suburbanos de Norteamérica, bautizan sus calles y el lugar con nombres de lo que han destruido para poder ser creados.[3] En los casos de los barrios privados "Hudson", el nombre del que apreciaba tanto la naturaleza pampeana ha sido apropiado póstumamente para representar una aglomeración de viviendas que destroza el ambiente natural. Lejos de la sutileza con la que representa Hudson la naturaleza cuando la convierte en paisaje descrito en su autobiografía, los *countries* encierran, encuadran y ajardinan la naturaleza al extremo de convertirla en un lugar completamente apaisado. No hay más ambiente natural; todo hasta los últimos detalles queda controlado.

Conclusión

Cuando Hudson miró por última vez la ciudad de Buenos Aires, se despedía de su ciudad natal, de su tierra natal y de un futuro argentino que fue el que eligieron sus hermanos y la mayoría de los hijos de extranjeros que llegaron al mundo en algunas de las solares de las pampas donde transcurrió su infancia. Hudson se marchaba a un home-hogar donde siempre sería extranjero, donde la prueba de pertenencia estaría ubicada en la piel o la lengua pero no en el lugar de nacimiento ni en el de filiación. El "home" de Hudson era irrevocablemente diferente del de la comunidad angloargentina que preservó hasta hace muy poco tiempo el uso del término "home" como referencia a una

3. Últimamente han aparecido varias novelas y películas críticas con este estilo de vida. Las más notables son la novela *Las viudas de los jueves* (2005), de Claudia Piñeiro, el film *Una semana solos* (2008), dirigido por Celina Murga, y el cortometraje *La ciudad que huye* (2006), dirigido por Lucrecia Martel.

herencia cultural contra la cual se construía el imaginario argentino de la vida cotidiana. Al establecerse en Inglaterra, Hudson se condenó a sí mismo al exilio constante, a la vida de nostalgia por ese territorio de la infancia que finalmente reconstruye casi obsesivamente en *Far Away and Long Ago*. La geografía de la infancia se recobra con la nostalgia que acompaña la rememoración de lo perdido, del espacio temporal al que no se puede regresar, a lo que se agrega la extrañeza del que eligió el alejarse, del que ya no ha regresado ni regresará a ese espacio físico. Este peso nostálgico empapa las lecturas que hicieron de Hudson quienes lo incorporaron al canon argentino. Con Hudson entra la pampa vista por el que la habitó y la mamó (recargando la metáfora materna que aparece en el texto) pero que decidió abandonarla. En el momento que la literatura rural cumple el rol de proveer un espacio argentino originario para crear un pasado argentino para millones de inmigrantes, esta narrativa de la infancia perdida cumple el rol de proveer ese pasado a la vez que lo carga de lo irremediable de la pérdida. Jens Andermann observa que "el artificio de [la relacion entre territorio e identidad] consiste en borrar, en un primer instante, del territorio (del mapa y del paisaje) las huellas de cualquier asentamiento e imaginario como cohesión natural previa a toda intervención humana" (2000: 17). La imagen del niño blanco autosuficiente cabalgando por la pampa funciona como pasado exótico para el que lo escribe en la pensión del pueblo inglés en medio del invierno y como autóctono u original para quien lo lee desde las ciudades argentinas industrializadas y modernas.

El paisaje que describe Hudson a principios del siglo XX desde Inglaterra ya estaba irremediablemente perdido para el momento de su traducción al castellano en la década de 1940. En otros textos de las primeras décadas de ese siglo que narran infancias transcurridas en el campo como *Los gauchos judíos* de Alberto Gerchunoff y *Don Segundo Sombra* de Ricardo Güiraldes, el campo es sinónimo de lo nacional. La Argentina se elige porque se ama al campo y el campo es metáfora de argentinidad; cualquier inmigrante puede ser argentino si elige imaginarse en el campo o disfrazarse de gaucho. Hudson elige el campo pero rechaza la Argentina. Los procesos de inmigración, modernización e industrialización, criticados pero vistos como irreemplazables para crear un futuro argentino moderno por Gerchunoff y Guiraldes, son despreciados por Hudson. Es el *outsider* más consagrado. Quizá por eso, como nos recuerda Piglia (1980), puede escribir la pampa, y quizá por eso aún hoy puede ser rescatado por proyectos de organización urbana que se presentan como independientes de un proyecto nacional, donde la privatización del espacio se hace eco de objetivos de privatizar destinos.

Bibliografía y recursos electrónicos

ANDERMANN, Jens. *Mapas del poder. Una arqueología literaria del espacio argentino.* Rosario: Beatriz Viterbo, 2000.

FRANCO, Jean. "Prólogo". En: Hudson, William Henry. *La tierra purpúrea; Allá lejos y hace tiempo.* Caracas: Biblioteca Ayacucho, 1980, ix-xlv.

HUDSON, William Henry. *Far Away and Long Ago: A History of My Early Life.* New York: E. P. Dutton and Co., 1918.

MARTÍNEZ ESTRADA, Ezequiel. *El mundo maravilloso de Guillermo Enrique Hudson.* México: FCE, 1951.

MONTALDO, Graciela. *De pronto, el campo. Literatura argentina y tradición rural.* Rosario: Beatriz Viterbo, 1993.

PARQUE Y MUSEO HUDSON. <http://www.hudsonmuseoyparque.org.ar> (22 de abril 2009).

PIGLIA, Ricardo. *Respiración artificial.* Buenos Aires: Pomaire, 1980.

SCHAMA, Simon. *Landscape and Memory.* New York: Vintage Books, 1995.

SZURMUK, Mónica. "Visto, oído, recordado: William Henry Hudson viaja a la Patagonia". En: *Ciberletras,* 5 (2001 <http://www.lehman.cuny.edu/ciberletras/v05/szurmuk.html>). (22 de abril 2009).

THUILLIER, Guy. "Gated Communities in the Metropolitan Area of Buenos Aires, Argentina: A Challenge for Town Planning". En: *Housing Studies* 20, 2 (2005), 255-271.

"Staring at vacancy": notas sobre *Far Away and Long Ago*

Jean-Philippe Barnabé
Universidad de Picardie (Francia)

I

Al final del segundo capítulo de *Hampshire Days*, el libro en el que rememora sus andanzas por la "New Forest" del sur de Inglaterra, Hudson suspende momentáneamente sus observaciones sobre la flora y la fauna de la región para referir una experiencia de otro orden, vivida en el transcurso de aquellos mismos días. Una tarde, a pesar de la oscuridad que ya lo cerca y del viento que lo hace temblar de frío, el paseante se demora bajo uno de los antiguos túmulos funerarios diseminados a su alrededor. Imprevistamente, el lugar y la hora propician una amplia meditación sobre los hombres que desde tiempos inmemoriales habitaron las tierras en donde yacen ahora, a comienzos del siglo XX, olvidados —cuando no menospreciados— por sus lejanos descendientes. Estos, recluidos ahora muy cerca de allí en artificiales conglomerados urbanos, obnubilados por urgencias vanas y deseos inconsistentes, mal podrían comprender, reflexiona entonces Hudson, la concepción del mundo propia de sus antepasados, fundada en la convicción de que todos los órdenes de la creación se integran armónicamente en un todo solidario e indisoluble. A contrapelo de las divisiones, las dudas y los cuestionamientos de una modernidad que no comprende, o más bien, que rechaza, Hudson se identifica plenamente con esta concepción. La nueva e insidiosa idea de una "alienación del mundo" ("world-strangeness"), tan "cacareada", según añade con ironía, por ciertos poetas ingleses del momento, le resulta profundamente extraña. Porque así como para los primitivos pobladores de la comarca,

> The blue sky, the brown soil beneath, the grass, the trees, the animals, the wind, and rain, and sun, and stars are never strange to me; for I am in and of and am one with them; and my flesh and the soil are one, and the heat in my blood and in the sunshine are one, and the winds and tempests and my passions are one (*Hampshire Days* 51).

La concisa e idiomática fórmula central ("For I am *in* and *of* and am *one with* them") sintetiza un sentimiento de profunda consubstanciación con la naturaleza que constituye, como se sabe, un basamento mayor de la obra de Hudson. Por esta razón, el pasaje ha sido citado con cierta frecuencia, comenzando por John Galsworthy, en su prólogo a *Far Away and Long Ago* para la edición de las obras completas publicada al año siguiente de la muerte de Hudson.

El puente así tendido entre los dos libros no es casual. En sustancia, puede decirse, la autobiografía de 1918 —uno de los textos más frecuentemente reeditados, traducidos y celebrados de nuestro escritor— ilustra el paulatino desarrollo, durante la infancia sudamericana, de ese sentido de comunión y de pertenencia que muchos años más tarde, en una pradera inglesa, el adulto reivindicará como un valioso legado de sus ancestros. Y al igual que para el narrador de *Hampshire Days* este sentido se asocia, para el de *Far Away and Long Ago*, a una época desvanecida en las brumas de un pasado remoto: en este caso, el de una pampa aún no afectada por la avasallante expansión agro-ganadera que en la segunda mitad del siglo XIX impulsó la transformación de la Argentina y su rápida incorporación al orden económico internacional.

Si bien este mundo resulta ya casi inimaginable hasta para los argentinos de su tiempo (*Far Away* 251, 264-265),[1] la detallada evocación

---

1. De aquí en adelante, la paginación indicada entre paréntesis después de cada cita de *Far Away and Long Ago* remite a la edición original de 1918. Todas las cursivas son mías.

que de él hace Hudson se dirige ante todo, al igual que su referencia a los antiguos habitantes de Hampshire, a sus lectores ingleses. Para ellos, la pampa de 1850 no podía ciertamente aparecer más que como una tierra "semi-bárbara" (153, 236), en la que, entre otras cosas, los prisioneros de una cruenta guerra civil eran degollados sin piedad (123-124), los duelos sangrientos eran moneda corriente (136-146), y podía fácilmente asistirse al desaforado espectáculo de los mataderos bonaerenses (286-288), promovido por el monótono imperio de una dieta exclusivamente carnívora. Pero al mismo tiempo, y es claro que esta es la idea a la que, sin formularlo explícitamente, apunta el conjunto de la descripción, esta "barbarie" iba aparejada a la feliz ausencia del poder normativo, uniformizador y represivo de la "civilización" —una palabra usualmente despojada de todo matiz valorativo en la obra de Hudson—. Este espacio "bárbaro" era en efecto también, por contrapartida, un espacio en el que desde su primera infancia le era dado al hombre vivir en íntima familiaridad con una naturaleza inalterada, entregándose cotidianamente a una jubilosa fiesta sensorial, y atesorando vivencias muy diferentes de las de los reprimidos niños ingleses de la actualidad (295). En el plano social, asimismo, este ámbito de libertad no regulada generaba la variedad de figuras marginales y atípicas que pueblan las páginas del libro, y componen la pintoresca galería de personajes que el narrador va recorriendo con evidente ternura. Alejándose un tanto de lo meramente personal, la historia individual del joven William Henry se funde así en el retrato de un tiempo y de una sociedad cuyas peculiares coordenadas proyectan, por contraste, una luz crítica sobre el presente del narrador, el de un continente supuestamente "civilizado", pero que sin ir más lejos acababa, en 1918, de desangrarse en los feroces enfrentamientos de la primera guerra mundial.

En cierta medida, *Far Away and Long Ago* también se aleja de una autobiografía "clásica" en el plano formal. Primero, porque tal como lo indica el subtítulo (*A History of my Early Life*), la historia es parcial y no se extiende más allá de la adolescencia del autor; luego, porque la narración tiende, desde su inicio mismo, a saltar caprichosamente hacia adelante o hacia atrás, desentendiéndose de la exposición lineal y cronológicamente ordenada de los hechos que suele inducir el género. A las incesantes digresiones, a los numerosos comentarios marginales tan característicos de sus diversas crónicas naturalistas, Hudson añade aquí el desorden específico que provoca el carácter impredecible del proceso rememorativo. Las primeras líneas del texto se preocupan por justificar de antemano la sinuosa andadura de esta "autobiografía", comparando la difícil posición del hombre abocado a recomponer los distintos (y ya distantes) momentos de su juventud con la limitada perspectiva de la que puede gozar un caminante que ha llegado a lo alto de una colina, en un día nublado que no le permite distinguir más que algunos elementos aislados del paisaje. Para este caminante, así como para el memorialista, "there is no order, no sequence or regular progression —nothing, in fact, but isolated spots or patches, brightly illumined and vividly seen, in the midst of a wide shrouded landscape" (*Far Away* 2). Sin preocuparse mayormente por la ordenada disposición del abundante material que va acudiendo a la memoria del narrador, el texto adopta entonces un decurso desenfadadamente rapsódico, y pasa a desplegar una extensa serie de viñetas que se van agrupando, mal que bien, en sucesivos núcleos temáticos. Más que *una* historia, *Far Away and Long Ago* propone en realidad una acumulación de anécdotas y de episodios prácticamente autónomos, como bien lo percibió Fernando Pozzo, el primer traductor del libro al español, al optar en 1938 por este plural indefinido en su versión del subtítulo (*Relatos de mi infancia*).

No es imposible, sin embargo, considerar que los hilos en apariencia inconexos de este relato se anudan en torno al magnetismo de ciertos momentos particularmente gravitantes, que si bien son referidos de manera incidental, y relativamente breve, sin énfasis discursivo particular, se responden unos a otros, como si cada uno de ellos constituyera la particular modulación de una misma situación fundamental. Se trata de una serie de momentos de silenciosa y expectante inmovilidad, en los que el niño sosiega el inquieto afán que lo lleva a recorrer sin descanso, a pie o a caballo, la inmensa llanura, para detenerse ante un espectáculo natural de inconmensurable belleza, y experimentar por primera vez el sentimiento de identificación que muchos años más tarde explicitará, con todas sus letras, el paseante de Hampshire.[2]

2. El libro, como lo observa Jean Franco, "no es tanto un intento de autobiografía, sino más bien una serie de experiencias intensamente sentidas" (1980: xxvii).

Así sucede, por ejemplo, en el capítulo IV, que describe una plantación de árboles visitada a lo largo de las cuatro estaciones del año, pero que revelaba su mayor esplendor en agosto, en el mágico momento de la floración de los durazneros:

> There was then nothing in the universe which could compare in loveliness to that spectacle [...]. Even now when I recall the sight of these old flowering peach trees, with trunks as thick as a man's body, and the huge mounds or clouds of myriads of roseate blossoms seen against the blue ethereal sky, I am not sure that I have seen anything in my life more perfectly beautiful (*Far Away* 55-56).

El deslumbramiento se reitera en primavera, cuando los "macachines" despliegan súbitamente su manto amarillo sobre las praderas. También aquí el recuerdo se concentra en una visión cautivante, que provoca una completa inmovilidad:

> It was then a pretty sight, and often held me motionless in the midst of some green place, when all around me for hundreds of yards the green carpet of grass was abundantly sprinkled with thousands of little yellow blossoms all swaying to the light wind (*Far Away* 174).

La fascinación se extiende a los animales, y en primer lugar, claro está, a los pájaros. En el capítulo titulado "Some bird adventures", Hudson recuerda la larga caminata que emprendió un día en dirección a un río en cuyas márgenes esperaba encontrar una abundante avifauna. Entre todos los pájaros que logra avistar al llegar allí, la hierática procesión de tres grandes flamencos que vadean lentamente y con solemnidad el río forma una imagen destinada a grabarse para siempre en su memoria. No se menciona aquí la inmovilidad del observador, pero esta parece sutilmente reflejada en la del objeto de su mirada:

> I was amazed and enchanted at the sight, and my delight was intensified when the leading bird stood still and, raising his head and long neck aloft, opened and shook his wings. For the wings when open were of glorious crimson colour, and the bird was to me the most angel-like creature on earth (78).

A pesar de la insistencia en la belleza de todas estas imágenes, la experiencia trasciende para Hudson a todas luces lo meramente estético. Todo un capítulo de *Far Away...* ("A Boy's Animism") se centra, debe recordarse, en la tendencia que lleva instintivamente al niño —así como al hombre primitivo— a atribuirle un "alma" a las criaturas y fenómenos naturales, y a percibir en ellos la presencia de lo sobrenatural.[3] Por eso, más que de una imagen ("sight") cabría hablar aquí de una *visión*, en el sentido propiamente espiritual, casi místico, de la palabra. Como la de los durazneros, como la de los macachines, la maravillada contemplación de los flamencos constituyen un momento epifánico, en que el observador parece atento al silencioso lenguaje de una divinidad oculta, en tren de revelarle, a través de sus mensajeros ("angel-like creaturas"), una verdad de orden superior, que lo marcará indeleblemente.[4]

Al recrear, al comienzo del capítulo VII, sus solitarios paseos por las calles de Buenos Aires, durante las ocasionales visitas familiares a la ciudad, Hudson menciona la preocupación de su madre por su marcada propensión al aislamiento, y agrega:

> Then she began to keep an eye on me, and when I was observed stealing off she would secretly follow and watch me, standing motionless among the tall

---

3. Sobre este tema del animismo, infantil o "primitivo", véase también el capítulo de *Idle Days in Patagonia* titulado "La nieve y la blancura", en el que Hudson sostiene que el sobrecogedor efecto de una mañana nevada en la Patagonia no deriva (contrariamente a lo que sostenía Melville en el famoso capítulo 52 de *Moby Dick*) de una propiedad específica del color blanco, sino de una inclinación innata que nos lleva a pensar que ciertos fenómenos naturales excepcionales expresan un mensaje específico. Con la silenciosa nevada matinal la naturaleza, propone Hudson, parecería querer comunicarnos que por un tiempo se callará, y nos abandonará a nuestro solitario destino.
4. No en vano Hudson señala en este mismo libro (36, 235) su predilección por ciertos "poetas metafísicos" ingleses del siglo XVI, tales como Thomas Traherne. "*The Salutation* is one of the most wonderful things ever written", le había escrito a uno de sus amigos (Faulkner West 1947: 4), aludiendo a un poema de Traherne que celebra la unión sensorial con el mundo visible como una manera de acceder a lo divino ("The earth, the seas, the light, the day, the skies / The sun and stars are mine if those I prize").

> weeds or under the trees by the half-hour, *staring at vacancy*. This distressed her very much; then to her great relief and joy she discovered that I was there with a motive which she could understand and appreciate: that I was watching some living thing [...] or some such beautiful thing (*Far Away* 93).

"Staring at vacancy": en su posición sintáctica subalterna, estas palabras bien podrían pasar desapercibidas, pero condensan inmejorablemente la esencia de las tres escenas citadas anteriormente. Lejos de connotar algún grado de obsesión, o hasta de alteración de las facultades psíquicas, como parecería temerlo en primera instancia la madre, la "fijeza" de esta mirada "perdida" en el "vacío" (para emplear los términos a los que debe forzosamente recurrir una versión española de la expresión) señala, por el contrario, el acceso a una plenitud. Traduce el deliberado y gozoso *vaciamiento* de un sujeto que suspende todo trajín físico, que acalla todo discurso interior, que intenta olvidarse de su singularidad y de su condición temporal, para sentirse acogido en una envolvente totalidad cósmica, integrado al puro fluir de un presente perpetuo.[5]

Hacia el final del libro, en el capítulo "Boyhood's End", en un párrafo de sorprendente lirismo que intenta definir el tenor exacto de la pérdida que significaba para él en ese momento el abandono de la casa familiar de Chascomús, Hudson termina situando su infancia entera bajo el signo de esta permanente posibilidad de absorción en un entorno físico de primigenia belleza. En esta síntesis, los mismos elementos vuelven a conjugarse: la sobrecogedora belleza del mundo natural, el silencio y la postura expectante del observador, la suspensión del flujo temporal, y más que nada, el deleitable ejercicio de la visión.

---

5. Hudson ya se había referido a esta misma experiencia en un capítulo de *Idle Days in Patagonia*; véase en este sentido mi trabajo "Días de ocio en la Banda Oriental" (2005: 187-198). A este respecto, es interesante contrastar la fuerte valoración de la experiencia interior del "vacío" de las llanuras patagónicas que hace Hudson en *Idle Days...* con la visión "colonial" de Darwin (su gran antagonista, por otra parte, al final de *Far Away...*), quien interpreta el vacío de los paisajes sureños tan solo en términos negativos, como expresión de una absoluta e irredimible carencia. Sobre este punto, véase el capítulo VI ("Negation") del libro de David Spurr, *The Rhetoric of Empire* (1993: 92-108).

A la pregunta que inicia el párrafo ("What, then, did I want? —what did I ask to have?"), Hudson responde mediante una larga cadena de frases paralelas, todas ellas encabezadas por un infinitivo sinónimo de "ver": "to look out", "to watch", "to let my sight dwell and feast", "to see", "to gaze". La intensidad emocional del discurso va aumentando gradualmente, hasta llegar al clímax exclamativo de la última frase, en la que la experiencia "extática" de la *vacancy* (declinada aquí como *void*) es asimilada a una completa (y "luminosa") disolución de un sujeto ya completamente ingrávido, "flotante":

> To lie on my back on the rust-brown grass in January and gaze up at the wide hot whity-blue sky, peopled with millions and myriads of glistening balls of thistledown, ever, ever floating by; to gaze and gaze until they are to me living things and I, *in an ecstasy*, am with them, *floating in that immense shining void*! (293-294).[6]

II

Aunque recurrentes, estos instantes de arrobamiento están bastante lejos, a pesar de todo, de imponerse en la rememoración. En realidad, la difusa melancolía del título, que mediante un sutil juego rítmico y sonoro alude a una doble distancia ya infranqueable, constituye una tónica mayor del libro.[7] El capítulo "Death of an old dog" se abre

---

6. El pronunciado lirismo de esta página no es sin duda ajeno a su elección por parte del compositor británico Michael Tippett (1905-1998) como texto de su cantata para tenor y piano titulada "Boyhood's End" (1943).
7. Alrededor del eje de simetría del conector "and" se distribuyen dos grupos de idéntica conformación silábica y acentual, unidos por la asonancia (Away / Ago) y a la vez diferenciados por la predominancia de la vocal "a" en el primero, y "o" en el segundo. El hallazgo verbal se pierde inevitablemente en la traducción usual al español (*Allá lejos y hace tiempo*), que destruye buena parte de estos paralelismos al introducir dos categorías gramaticales disímiles (un adverbio y un sustantivo), junto con una forma verbal ausente en el sintagma inglés. La variante del traductor español Miguel Temprano García (Barcelona: El Acantilado, 2004), *Allá lejos y tiempo atrás*, tiene el mérito de restablecer cierta simetría y de prescindir del verbo.

con el episodio de la muerte del querido perro Caesar, seguida por su entierro y la sombría oración fúnebre del preceptor,[8] instancias todas que causan una fuerte impresión en el niño. La "eternal note of sadness" (32) que con la muerte del animal muy pronto se introduce en su vida se ve luego modulada de múltiples maneras. Para empezar, el tema invade todo el resto de este capítulo III. Tras haber señalado que el espectáculo de la muerte era entonces una realidad de todos los días,[9] Hudson pasa a describir la matanza de las vacas a la usanza "bárbara" de la época,[10] y luego a recordar otras imágenes, de efecto no menos impactante y duradero sobre su frágil sensibilidad: la del forastero que parece haberse ahogado, y cuyo cuerpo inmóvil el niño contempla con horror,[11] o la del cadáver de la joven muchacha tuberculosa, reposando en una pieza en la que, a la diferencia del resto de su familia, no se atreve a penetrar.[12]

La concentrada tensión dramática de este capítulo, con su cúmulo de imágenes mortuorias, se diluye luego un tanto en el recuento de las múltiples formas del alborozo suscitado por la vida al aire libre, que conforma el cuerpo central del libro. Pero la aguda conciencia de la finitud y de la muerte no se aparta nunca del todo del horizonte emocional del niño, ni se borra, por supuesto, de la memoria del narrador adulto, en la que vuelve periódicamente a aflorar. Así sucede, por tomar solo un par de ejemplos, en el capítulo que retrata a "Mr. Royd" (X), un vecino inglés cuya divertida historia se interrumpe con la mención de su repentino suicidio y de la disolución de su familia,

---

8. "That's the end. Every dog has his day and so has every man; and the end is the same for both. We die like old Caesar, and are put into the ground and have the earth shovelled over us" (34).
9. "There was seldom a day on which I did not see something killed" (40).
10. "To me it was an awful object-lesson, and held me fascinated with horror. For this was death!" (41).
11. "The shock to me was just as great and the effect as lasting as if he had been truly dead" (42).
12. "To look on Margarita dead was more than I could bear" (43). Una imagen análoga (no expresamente de muerte, pero sí relacionada con ella) ya lo había impresionado fuertemente poco antes: la de un asesino capturado y atado a un poste —"What I had seen in the barn was not forgotten" (21)—.

o como cuando Hudson trae a colación una rencilla con uno de sus mejores amigos de los nueve años, y para subrayar la intrascendencia del conflicto intercala abruptamente, dentro de la breve semblanza que hace del niño, esta amarga consideración: "Now hat boy —that is to say, the material part of him— is but a handful of grey ashes, long, long ago at rest" (145-146).[13]

En los tres últimos capítulos del libro, el tema vuelve a imponerse (ya desde los mismos títulos: "Boyhood's End", "A Darkened Life", "Loss and Gain") de un modo ahora avasallante. Esta sección, que cambia abruptamente de registro en relación con todo lo que antecede, al punto de conformar casi un texto aparte, expone la serie de dolorosos trances afectivos que marcan los quince años del joven William Henry, y reafirma, ya prácticamente sin modificación alguna, la angustiosa tonalidad del tercer capítulo, convertida así en una suerte de grave y desolado marco del conjunto de la rememoración. Al llegar a la adolescencia, el muchacho se ve confrontado a un conjunto de quiebres casi simultáneos, que lo expulsan despiadadamente del edénico jardín de su infancia: una penosa enfermedad, que cercena sus recursos físicos; el forzado abandono de la amada propiedad de Las Acacias; el fin de la bonanza económica de su padre; el grave resquebrajamiento de su fe, consecutivo a una lectura de Darwin a instancias de su hermano mayor; y por encima de todo, la más álgida de la pérdidas, la de su adorada madre. El libro se cierra con este arduo pasaje a una etapa en la que las variadas figuras de la muerte dejan de ser solo imágenes, por más crudas que sean, de un dolor ajeno, y se convierten en vivencias personales. La vida del narrador parece detenerse, como privada de toda perspectiva de futuro, y la narración de su "historia" se interrumpe en este punto, como si la experiencia del duelo, realizada en carne propia, excediera ya cualquier palabra, y paralizara el impulso autobiográfico.

---

13. "Los extraños y excéntricos personajes, que a menudo recuerdan *Almas muertas* de Gogol, son entrevistos en algún momento característico pero siempre al borde de algún vacío creado por la muerte", observa acertadamente Jean Franco (1980: xxviii).

La situación emocional del adolescente al término del relato se asemeja bastante, al fin y al cabo, a la de dos personajes del libro a quienes las vicisitudes de la existencia, según había sido relatado antes, habían llevado a un estado de sufrimiento y de desconcierto expresado, en ambos casos, por miradas tan inmóviles y absortas como la del niño frente a los esplendores del mundo natural, pero que no remitían ya a ninguna plenitud, a ninguna comunión, sino, inversamente, a una ausencia irredimible, y a un vacío —esta vez sí- estéril—. La primera de estas historias era la de Cipriana, la hija mayor del estanciero Evaristo Peñalva. Para finalizar el capítulo que le está dedicado ("A Patriarch of the Pampas"), Hudson menciona un reencuentro casual con el otrora imponente y opulento Evaristo, al que luego de varios años vuelve a visitar en su estancia, y halla envejecido, enfermo, casi inválido. Aun más penosa, sin embargo, le resulta en ese momento la transformación de Cipriana: la atractiva muchacha, fijada hasta entonces en su recuerdo en una imagen de radiante felicidad, la de una mañana veraniega en que la había visto cabalgando gallarda y risueña con su enamorado, se ha convertido ella también en otra persona. Abandonada por su novio, Cipriana se encuentra ahora sumida en un pena que la vuelve irreconocible, y la lleva a actitudes desconcertantes:

> Every evening during my stay [...] she would go out from the gate to a distance of fifty or sixty yards, where an old log was lying on a piece of waste ground overgrown with nettles, burdock, and redweed, now dead and brown, and sitting on the log, her chin resting in her hand, *she would fix her eyes* on the dusty road half a mile away, and *motionless* in that dejected attitude she would remain *for about an hour*. When you looked closely at her you could see her lips moving, and if you came quite near her you could hear her talking in a very low voice, but *she would not lift her gaze* from the road nor seem to be aware of your presence. The fit or dream over, she would get up and return to the house (*Far Away* 188).

Los ribetes de enajenación que se perfilan en su comportamiento reaparecen más tarde, de manera notablemente paralela, en el de un viejo gaucho que expone con cierta sorna su ateísmo al niño, y trata de persuadirlo de que no hay vida de ultratumba. Para demostrárselo, le cuenta su reacción ante el prematuro fallecimiento de su madre, que lo dejaba, todavía muy joven, solo en el mundo. Bien puede verse, en el vacío infinito de la llanura en la que tanto él como Cipriana clavan largamente una mirada postrada, la materialización de la ausencia que atormenta a estos dos seres, una concreción de la "vacancia" que los invade y por poco les arrebata el juicio:

> When it was dark I went out alone and sat at the end of the house, and spent hours waiting for her [...] Sometimes I would go up the ladder, always standing against the gable so that one could go up, and standing on the roof, *look out over the plain* and see where our horses were grazing. There I would *sit or lie on the thatch for hours*. And I would cry: "Come to me, my mother! I cannot live without you! Come soon —come soon, before I die of a broken heart!" That was my cry every night, until worn out with my vigil I would go back to my room. And she never came, and at last I knew that she was dead and that we were separated for ever —that there is no life after death (309-310).

Si bien Hudson cierra *Far Away...* refiriendo su propia experiencia iniciática de la pérdida, no llega verdaderamente a equipararse a estos dos personajes, es decir, a mostrarse reducido a una mirada cuya fijeza no es indicio de éxtasis, sino de soledad, de desamparo, de melancolía. Pero en cierto modo lo hace (o mejor dicho, ya lo había hecho) en un breve fragmento confesional de *The Land's End*, la crónica de 1908 en la que relataba sus paseos por los alrededores del pueblito de pescadores de St. Ives, en el extremo sudoeste de Inglaterra. El curioso pasaje, que nos ofrece algo así como un elemento del silenciado resto de la "autobiografía" de 1918, surge como si resultara de una asociación de ideas puramente fortuita, y tanto por su posición al final de un capítulo como por la escena "interior" que describe (o hasta por sus circunstancias), hace pensar en la meditación crepuscular de *Hampshire Days*.

En este sexto capítulo de *The Land's End*, Hudson evoca su primera excursión a Gurnard's Head, uno de los varios promontorios rocosos de la costa. Al declinar el día, ya fatigado por el esfuerzo físico de la mañana, el naturalista se recuesta un rato a descansar sobre la hierba, frente al mar. Pronto se entrega a un agradable estado de somnolencia en que lo asaltan imágenes y recuerdos muy dispares, entre los que sobresalen los olvidados versos de un poema leído durante sus años infantiles, "The Hunter's Vision". El poema, explica Hudson, cuenta la historia de un cazador que se detiene en un recodo de la escarpada montaña que ha estado escalando, y que desde allí tiene la fantástica visión de una reunión milagrosa con sus seres queridos, fallecidos desde hace tiempo. Como llevando a cabo un pudoroso pero lúcido ejercicio de auto-análisis, Hudson sugiere a continuación la razón por la que este poema pudo haber regresado a su memoria precisamente en aquel *finisterre* de Cornwall, mientras se hallaba absorto en la contemplación del Atlántico —el inmenso mar que lo separaba de su tierra natal—, y que es más que tentador equiparar, en tanto figuración de una "vacancia", a la desierta llanura que contemplaban fijamente Cipriana y el viejo gaucho de *Far Away...*:

> It is a story to be told, whether in verse or prose, in the simplest, directest manner; for is there a more poignant grief than that of the lonely, weary man, especially in some solitary place, who remembers his loneliness, *that he is divided by dearth and change and absence from his own kin who were dearer than all the world to him*? And just as his thought is the saddest, so the dream of a return to and reunion with the lost ones is assuredly the most blissful he can know.
>
> Now, on the verge of sleep, seeing that picture pass before me —the ineffable sadness of the lonely hunter in the wilderness, the vision, the unutterable joy, and the fearful end, I thought (for thought now came to me) of my own case —*my loneliness, for I, too, was lonely, not because I was there by myself on that promontory, but because a whole ocean and the impassable ocean of death separated me from my own people*. Then it came to my mind that I, too, fast falling into oblivion, would experience that blissful vision; that the hoarse sound of the sea far below on the rocks would sink and change to the sound of the summer wind in the old poplars, that I would see the old roof and all those I first knew and loved on the earth —see them as in the old days "returned in beauty from the dust" (*The Land's End* 72-73).[14]

---

14. Si bien Hudson no lo indica, el texto pertenece al poeta norteamericano William Cullen Bryant (1794-1878). En su prólogo a *Allá lejos y hace tiempo*, Cunninghame Graham ensaya una sugerente recreación imaginaria de lo relatado aquí por Hudson, centrada en la mirada "fija" y "perdida en el 'vacío'" de su amigo: "En Cornwall, cuyas bravías costas y riqueza de aves acuáticas tenían tanto atractivo

III

"Loss and gain": el título del último capítulo de *Far Away and Long Ago* articula, a modo de conclusión y de balance de esta peculiar autobiografía, la insalvable dualidad que signa la existencia. Por sus contenidos diametralmente opuestos, todas las miradas "fijas" y "ausentes" que han sido convocadas aquí parecen figurar la misma dualidad, ya que pueden trasuntar tanto la apertura como el ensimismamiento, la comunión como la soledad, el deleite como el desamparo, la plenitud como el vacío. La confusión, en un mismo gesto (en un mismo "significante") de dos sentimientos (de dos "significados") tan contradictorios no deja de sorprender. ¿No podría, acaso, pensarse en una relación entre los dos polos? ¿No podría la "extática" fusión con el mundo natural que tan afanosamente perseguía el niño en la pampa argentina —como más tarde el adulto en la campiña inglesa— representar una manera intuitiva de olvidar, de conjurar, de negar el angustioso "espectro de la muerte" (324), de esa muerte tan tempranamente frecuentada, y cuya ominosa sombra recorre todo el libro, como si la perennidad del mundo natural, en el que cada primavera florecen los macachines, es decir, que repite *ad infinitum* sus ciclos vitales, representara un consuelo ante la irremediable caducidad de todo lo humano?

Es, quizá, lo que parecería sugerir otra escena, sobre la que nos detendremos para terminar, dejando resonar toda su densidad poética. Esta no figura en ninguno de los libros publicados por Hudson, sino en su correspondencia personal. La delinean apenas unas pocas líneas fugaces, y en apariencia casi triviales, al final de la carta que le escribe a su amigo Algernon Gissing el 22 de junio de 1921. Hudson, por ese entonces ya seriamente disminuido, le refiere a Gissing su reciente visita al cementerio de Worthing para ver la tumba de su esposa, falleci-

---

para él, frecuentemente se sentaba en una roca; y así pasaba largas horas, fumando y mirando el mar. Quiero imaginarme que *no veía nada de la escena*, y que los gritos penetrantes de las gaviotas volando en lo alto le traían a la memoria el grito también penetrante de los chajaes de Quilmes y Chascomús" (1938: 13; mi énfasis).

da unos meses antes, así como para asegurarse de ser él mismo, llegado el día, enterrado a su lado, tal como había sido acordado entre ambos. Su deseo de obtener un lugar en el sector más antiguo del cementerio, cerca de donde reposa su admirado Richard Jefferies, no puede ser satisfecho, y otra ubicación le es propuesta a cambio, que Hudson acepta sin embargo de buena gana. Estas son las escuetas líneas con las que justifica su complacencia, y concluye la carta:

> However it is a good spot to lie where the graves were got and I have spent two mornings at the graveside in the shade of a well grown pine tree, with turtle doves crooning all round me and a warbler slipping in and out of its nest a few yards away. Its nesting bush was draped in ivy and bryony in full flower (Shrubsall/Coustillas 1985: 83-84).

El niño cuyas solitarias excursiones pampeanas tanto preocupaban a su madre es ahora un anciano de ochenta años, que intuye ya cercano el término de sus días. Pasar dos largas mañanas junto a la tumba donde sabe que pronto reposará puede no parecer la mejor manera de ahuyentar el espectro. Pero el visitante no ve la tumba, ni atiende a lo que esta le anuncia. Bajo el umbroso pino de este cementerio inglés, solo cuentan para él la bandada de tórtolas que lo rodean canturreando en la mañana, o el pajarillo que muy cerca de allí entra y sale continuamente de su nido, recubierto de hiedra en flor. El tiempo se detiene, y una vez más, su mirada queda absorta en la revelación de esta vida perpetuamente renovada, tan absorta como la del niño que se extasiaba ante unos durazneros en flor, allá lejos y tiempo atrás.

Bibliografía

Barnabé, Jean-Philippe. "Días de ocio en la Banda Oriental". En: Vegh, Beatriz y Jean-Philippe Barnabé (coords.). *William Henry Hudson y* La tierra purpúrea. *Reflexiones desde Montevideo.* Montevideo: Linardi y Risso, 2005, 187-198.

Cunninghame Graham, Robert B. "Prólogo". En: Hudson, William Henry. *Allá lejos y hace tiempo*. Buenos Aires: Jacobo Peuser, 1938, 11-17.

FAULKNER WEST, Herbert. *W. H. Hudson's Reading*. Hanover, N. H.: Privately Printed, 1947.

FRANCO, Jean. "Prólogo". En: Hudson, William Henry. *La tierra purpúrea; Allá lejos y hace tiempo*. Caracas: Biblioteca Ayacucho, 1980, ix-xlv.

HUDSON, William Henry. *Hampshire Days*. London: Longmans, Green and Co., 1903, 51.

— *The Land's End. A Naturalist's Impressions in West Cornwall*. London: Hutchinson & Co., 1908.

— *Far Away and Long Ago*. London/Toronto: J. M. Dent and Sons, 1918.

SHRUBSALL, Dennis y Pierre COUSTILLAS (eds.). *Landscapes and Literati. Unpublished letters of W. H. Hudson and George Gissing*. Salisbury: M. Russell, 1985.

SPURR, David. *The Rhetoric of Empire*. Durham/London: Duke University Press, 1993.

Hudson, la Patagonia y la nada

Roberto Ignacio Díaz
University of Southern California

> Acá nada
> lluvia y hielo
> acá y rachas
> y nosotros yámanas
> y nada más
>
> Acá el viento
> es el país
> las islas
> sus piltrafas
> y nosotros yámanas
> y nada más. [...]
>
> Acá todo
> canoas altas
> ropa y casa
> fuego en el agua
> cruces blancas
> y nosotros yámanas
> ya no más
>
> IGNACIO BALCELLS, "Yámanas"

Las obras completas de W.H. Hudson se publicaron en Londres a principios de los años veinte en veinticuatro grandes tomos forrados en verde con el clásico perfil dorado del autor en las portadas. En las contraportadas, entre dibujos de árboles y pájaros y venados, aparece la siguiente inscripción:

> W.H. Hudson
> Born on the South American Pampas
> Natus Circa 1846 — Obiit London 1922

Esas pocas palabras que encapsulan la vida del autor recuerdan, de alguna manera, el juicio de Joseph Conrad, quien, según Ford Madox Ford, parece ver en Hudson un autor cuya práctica de la escritura es una suerte de acto natural: "He writes as the grass grows" (1921: 70).

La inscripción de las contraportadas ubica el origen de Hudson en un espacio sin historia: no se menciona el nombre de ese país de las pampas, ni tampoco se precisa la fecha de su nacimiento. A esa geografía vaga en el tiempo se antepone la especificidad del Londres del decenio de 1920: la gran metrópoli, la modernidad inmediata, la acción literaria cuyo emblema más evidente son los libros que sostiene en sus manos el lector anglófono. En ese recatado y minúsculo grabado se sugiere también un curioso tránsito: del espacio al tiempo, de la naturaleza a la ciudad, de la barbarie a la civilización. Se trata de un gesto visual a través del cual Hudson parece alejarse simbólicamente de la Argentina para ubicarse, si bien como indicio de esas latitudes, en el seno de la literatura inglesa. Muchos argentinos, por supuesto, nunca olvidaron a Hudson, y es bien conocido el juicio de Borges en torno a la primera obra del autor: "*The Purple Land* es fundamentalmente criolla" ("Sobre *The Purple Land*" 1996: 112). Pero las palabras de John Galsworthy, desde las letras inglesas, son también enfáticas: "A very great writer; and —to my thinking— the most valuable our Age has possessed" (cit. en Miller 1990: 4). Más allá de la pertenencia de Hudson tanto a uno como a otro cuerpo literario, o de los azares paratextuales que marcan sus libros—empezando con su doble nombre, W. H., o Guillermo Enrique, Hudson— es significativa la manera en la que la escritura de ese autor bicultural y bilingüe, nacido en la pequeña Quilmes de padres norteamericanos y emigrado a Inglaterra con más de treinta años, describe o al menos sugiere la posibilidad de un mundo en el que las viejas estructuras nacionales y lingüísticas se debilitan o incluso desaparecen, al menos por un breve tiempo, ante una común humanidad. Se trata, como veremos, de un pasaje literario en el que se desvanecen las consabidas fórmulas de civilización y barbarie al igual que la separación entre un mundo de raigambre europea y otro, más primitivo, al que aluden no sin cierto afán de exotismo las portadas de la edición londinense. Si aquello que surge de esa desaparición no es otra cosa que una extraña *nada,* lo cierto es que es que esa *nada* logra disminuir o incluso borrar los temibles efectos de las fronteras entre culturas, lenguas, naciones.

Ese sentimiento de la intrínseca unidad humana más allá de las divisiones tradicionales, esa experiencia sobrecogedora de una nada igualitaria, es palpable de modo claro en las páginas de *Idle Days in Patagonia*, un libro acaso menos conocido que *The Purple Land* o *Green Mansions* o bien *Far Away and Long Ago,* pero cuya aparente extrañeza recuerdan y elogian vívidamente algunos escritores consagrados. Una conversación memorable es la que registra Paul Theroux en uno de los últimos capítulos de *The Old Patagonian Express,* la crónica de un viaje iniciado en las afueras de Boston y que ha de concluir, miles de kilómetros después, en Esquel, el último término ferroviario de la desolada llanura patagónica y del menguante continente sudamericano.[1] Es Borges, en su departamento de Buenos Aires, quien le recuerda a Theroux la índole deshabitada de una Patagonia cuyo cronista principal, al menos en la mente del hombre de letras, es el viejo Hudson:

> "We don't say Patagonia," said Borges. "We say Chubut or Santa Cruz. We never say Patagonia."
>
> "W.H. Hudson said Patagonia."
>
> "What did he know? *Idle Days in Patagonia* is not a bad book, but you notice there are no people in it —only birds and flowers. That's the way it is in Patagonia. There are no people there. The trouble with Hudson was that he lied all the time. That book is full of lies. But he believed his lies and soon he couldn't tell the difference between what was true and what was false." Borges though a moment, then said, "There is nothing in Patagonia. It's not the Sahara, but it's as close as you can get to it in Argentina. No, there is nothing in Patagonia" (Theroux 1979: 377).

Más allá de la veracidad de Hudson, o sobre todo la del autor de *Ficciones*, importa esa imagen borgeana en la que la Patagonia y la nada se vinculan de modo ineludible en un curioso lector de *Idle Days in Patagonia.* Si bien Borges se equivoca —el libro de Hudson contiene "personas", aunque acaso las más memorables, como veremos,

---

1. El análisis más completo de las diversas figuraciones de la Patagonia en el relato de viajes, desde Pigafetta y Falkner hasta Darwin, Moreno y Hudson lo hace Livon-Grosman en *Geografías imaginarias* (2003). Un estudio sobre los naturalistas ingleses en Sudamérica en el siglo XIX, con lecturas indispensables de los escritos de Darwin y Hudson sobre la Patagonia es la obra de Schmitt, *Darwin and the Memory of the Human* (2009).

estén muertas— lo cierto es que ese texto sí trata en gran parte sobre la soledad del paisaje patagónico y la ausencia de humanos en esa remota extensión de tierra.[2] El origen de esa identificación entre la Patagonia y la nada se remontaría al menos a Darwin, quien, en *The Voyage of the Beagle*, habiendo concluido la circumnavegación del planeta y conocido sus más diversos rincones, rememora las llanuras de la región en términos de una carencia que, si bien es indicio de improductividad material, es a la vez el motor de una vital experiencia imaginativa. Las palabras de Darwin, muy citadas, resuenan de modo tácito, como veremos, en el texto de Hudson:

> In calling up images of the past, I find that the plains of Patagonia frequently cross before my eyes; yet these plains are pronounced by all wretched and useless. They can be described only by negative characters; without habitations, without water, without trees, without mountains, they support merely a few dwarf plants. Why, then, and the case is not peculiar to myself, have these arid wastes taken so firm a hold on my memory? Why have not the still more level, the greener and more fertile Pampas, which are serviceable to mankind, produced an equal impression? I can scarcely analyze these feelings: but it must be partly owing to the free scope given to the imagination (2001 [1839]: 450).

En Darwin, esa tábula rasa —ese reiterado *without* que indica falta o ausencia— da pie a una breve reflexión sobre la duración del planeta y las posibilidades del conocimiento. En Hudson, quien dedica un libro entero a su estadía en la región, la Patagonia es el espacio donde se imagina el olvidado pasado indígena del continente. En esa nada primordial, Hudson encuentra numerosos huesos y artefactos pertenecientes a los primeros habitantes de la región. Por un lado, el texto establece un diálogo con el discurso darwiniano sobre los salvajes; por otro, leído en el contexto de las letras argentinas, *Idle Days in Patagonia* presenta una tentativa original para borrar las diferencias

---

2. Barnabé examina el origen de la palabra *idle* y su sentido "si bien no positivo, pero sí al menos neutro" (2005: 190). Sobre la conversación entre Borges y Theroux en torno a la Patagonia, veáse también Livon-Grosman (2003: 46-47).

entre los humanos. Ante las viejas reliquias, en un gesto que rememoraría (por ejemplo) al hablante de "Alturas de Macchu Picchu", el autor parece adoptar inicialmente el ímpetu testimonial de gran parte de la literatura hispanoamericana. Pero en vez de cumplir con el axioma planteado por Neruda y muchos otros escritores de dar voz a los silencios de la historia, Hudson, al cabalgar con ímpetu por los desiertos de la Patagonia, descubre que su mente alcanza la suspensión del pensamiento, una suerte de nada preverbal que, según el autor, es propia de los salvajes y que él describe, en efecto, como a "keen feeling of savage joy" (214). Así, al optar por los silencios de la barbarie, *Idle Days in Patagonia* contradice tanto la postura de Sarmiento, quien veía en los espacios deshabitados de la Argentina una nada que la civilización europea debía llenar, al igual que el gesto testimonial, consagrado en diversos contextos de la escritura latinoamericana, de hablar por los muertos, a quienes el texto valora precisamente por su silencio, por estar callados, por no decir nada.[3] Más allá de las palabras que lo conforman y de los estereotipos que parece adoptar, el texto, a pesar de su espléndida vitalidad verbal, invoca acaso paradójicamente la opción por un cierto mutismo, por un cierto no juzgar, de dos textos de Borges ubicados en el encuentro entre el mundo europeo y el indígena. El silencio de Hudson recuerda la reticencia explícita de "El etnógrafo" e "Historia del guerrero y de la cautiva" de Borges, y, en ese sentido, prefigura una actitud notable en el narrador argentino: la renuncia a todo discurso que intente fijar a ciencia cierta el carácter de otras etnias. Nótense, por ejemplo, las últimas palabras de "Historia del guerrero y de la cautiva" y la identificación que realizan entre el deseo del guerrero por la civilización romana y el de la

3. Mi lectura coincide con la de Livon-Grosman, quien examina las diversas connotaciones del término *wilderness* en Hudson: "Hudson retoma la conocida dicotomía civilización y barbarie para transformarla en naturaleza (wilderness) y en un mismo movimiento cambiar la valoración de los términos" (2003: 168). Para una lectura de *Idle Days in Patagonia* que intenta recuperar el texto, a través de sus conexiones con Sarmiento y Neruda, para las literaturas argentina e hispanoamericana, véase Díaz (1991: 159-197). Para la relación entre Hudson y la literatura argentina, véanse entre otros, Rosman (1998) y Díaz (2002:124-142).

cautiva por la barbarie indígena: "Acaso las historias que he referido son una sola historia. El anverso y el reverso de esta moneda son, para Dios, iguales" (Borges 1996b: 560). Recuérdese asimismo el silencio antropológico por el que opta el protagonista de "El etnógrafo" tras conocer "el secreto" de los pueblos con quienes él convive: "Ahora que poseo el secreto, podría enunciarlo de cien modos distintos y aun contradictorios. No sé muy bien cómo decirle que el secreto es precioso y que ahora la ciencia, nuestra ciencia, me parece una mera frivolidad" (Borges 1996a: 368). Acaso el silencio borgeano sea la expresión de una actitud aprendida en ciertas páginas discretas de Hudson.

Según el propio Hudson, es la pasión del ornitólogo (*Idle Days* 5) lo que lo mueve a emprender el viaje a la Patagonia, pero tras sufrir un accidente que lo deja convaleciente por buen tiempo, su atención se desvía hacia otras cosas y adquiere el hábito de visitar a sus vecinos y escucharlos hablar sobre "the story of their small unavian affairs" (20). Hudson tambien desarrolla el hábito del ocio y su obra, en vez de ser el tratado ornitológico que había planeado, se convierte en otro tipo de historia: "If things had gone well with me, if I had spent my twelve months on the Rio Negro, as I had planned to do, watching and listening to the birds of that district, these desultory chapters, which might be described as a record of what I did not do, would never have been written" (18). Esos capítulos desganados que se anuncian, ya con cierto eco irónico del Darwin siempre ocupado, como la crónica de las cosas no hechas, como el registro de una suerte de nada, son en realidad una apasionante investigación de las posibles conexiones anímicas con personas a las que Hudson, sin ningún reparo, denomina salvajes. El decimoprimer capítulo, por ejemplo, se titula "Sight in Savages", y esa caracterización no tarda en afirmarse desde un ángulo comparativo en el que resuena, al menos en primera instancia, el prejuicio etnográfico y la identidad fundamentada en la otredad: "In the present chapter I shall confine myself to the subject of vision in savages and semi-barbarous men as compared with ours" (160). Los años de la infancia y la juventud pasados en el mundo sudamericano se mencionan para otorgar autoridad al discurso: "I happen to know something of savages from experience" (167). Más aún, al hablar de los europeos que en América destruyeron a los pueblos indígenas, llama a aquellos "a superior race" (39). Al igual que Colón en el *Diario de abordo* y tantos otros, Hudson a menudo contempla a los indígenas como parte de la naturaleza: "a great wilderness, waterless and overgrown with thorns, peopled only by pumas, ostriches, and wandering tribes of savage men" (74).[4] ¿O acaso no sería posible afirmar que, en el contexto del naturalista Hudson, el verbo *to people*, cuyo sujeto son tanto los animales como las personas, en realidad no animaliza a las personas sino que humaniza, en el buen sentido de la palabra, a los pumas y a los avestruces? Si así fuera, ¿cuál sería entonces, en última instancia, el valor de la palabra *savage* en la escritura de Hudson?

Al igual que otros escritores argentinos, o al igual incluso que los viejos cronistas de la conquista de América, Hudson escribe historias de cautivos en las que se confronta, como suelen pedir las convenciones del género, la dicotomía entre civilización y barbarie. Una de las narraciones intercaladas en *Idle Days in Patagonia* es la historia de un cautivo, Damian, quien finalmente logra regresar al mundo de los blancos. Rememorando, por ejemplo, la historia de Aguilar y Guerrero contada por Bernal Díaz del Castillo en la *Historia verdadera de la conquista de la Nueva España,* o invocando *avant la lettre* la ficción de la cautiva inglesa de "Historia del guerrero y la cautiva", Damian también ha olvidado el idioma europeo de su infancia y ha adoptado las costumbres de los indígenas. "Thirty years of exposure to the sun and wind of the desert had made him so brown, while in manner and speech he had grown so much like an Indian, that the poor amateur savage found it hard at first to establish his identity" (101-102). Al igual que la cautiva de Borges, Damian ingiere la sangre de los animales, una escena que Hudson describe con la precisión del etnólogo

4. Livon-Grosman analiza la representación de los indígenas patagónicos en varios autores, entre ellos Falkner (2003: 51-53) y Moreno (ibíd.: 111-121). Los encuentros entre europeos e indígenas, señala Livon-Grosman, se resisten a ciertas conceptualizaciones, como las de Mary Louise Pratt en *Imperial Eyes:* "Sin embargo la definición de Pratt no logra incluir la fragilidad del intercambio entre dos jesuitas a varios días de viaje de cualquier poblado y una o varias tribus que se desplazan con mayor flexibilidad que los misioneros jesuitas dentro del territorio que intentan cristianizar" (ibíd.: 52-53).

o la del naturalista, pero también con la compasión de quien estima a todos los seres vivos, incluidos los humanos que realizan extrañas acciones que algunos denominarían bárbaras:

> When the hunters were unlucky, it was customary to slaughter a horse for food. The wretched animal would be first drawn up by its hind legs and suspended from the branches of a great tree, so that all the blood might be caught, for this is the chief delicacy of the Patagonian savage. An artery would be opened in the neck and the sprouting blood caught in large earthen vessels; then when the savages gathered round to the feast, poor Damian would be with them to drink his share of the abhorred liquid, hot from the heart of the still living brute (104).

Pero esa visión de los hábitos de los indígenas en la que se resalta lo salvaje —Damian, al contrario de la inglesa borgeana, parece resistir el gusto de la sangre— es solo un aspecto parcial de esas culturas originarias; en todo caso, la postura levemente del Hudson que contempla la escena es del todo distinta a la del hablante de "La cautiva" de Echeverría, quien se regodea verbalmente en otro pasaje en que se narra el consumo de sangre equina:

> Aquél come, éste destriza,
> más allá alguno degüella
> con afilado cuchillo
> la yegua al lazo sujeta,
> y a la boca de la herida,
> por donde ronca y resuella,
> y a borbollones arroja
> la caliente sangre fuera,
> en pie, trémula y convulsa,
> dos o tres indios se pegan
> como sedientos vampiros,
> sorben, chupan, saborean
> la sangre, haciendo mormullo,
> y de sangre se rellenan (1990: 137).

Más allá de la fórmula de civilización y barbarie, Hudson también advierte y admira la habilidad de los indígenas, al contrario de los europeos, para sobrevivir en la selva o la llanura. Si en un territorio selvático el europeo no pasaría un día antes de ser mordido por una serpiente, el indígena desnudo o semidesnudo, armado solo de flechas, es capaz de obtener el sustento que necesitan los suyos. Para Hudson, es el desarrollo del órgano de la vista lo que le permite al indígena habitar esos territorios hostiles.

En otros fragmentos, la humanización del indígena ocurre a través de la representación de sus sentimientos. En el episodio del cautivo, tras la descripción de sus costumbres salvajes, se narra el regreso de Damián al mundo de los blancos. Ese "poor returned wanderer" (*Idle Days* 106), como se lo llama, se siente extraño ante los viñedos bien plantados y las sólidas casas de piedra del poblado y comprende que el mundo no volverá a ser como él lo recordaba. Ahora está, además, el recuerdo de su esposa india, a quien ha debido abandonar:

> Possibly also, the memory of his savage spouse who had loved him many years would add some bitterness to his strange isolated life. For, far away in their old home, she would still wait for him, vainly hoping, fearing much, dim-eyed with sorrow and long watching, yet never seeing his form returning to her out of the mysterious haze of the desert.
>
> Poor Damian, and poor wife! (106-107)

El uso del adjetivo *savage* para describir a la mujer es predecible, pero el contexto afectuoso y nostálgico del episodio parece mitigar y transformar la severidad con la cual suele esgrimirse el concepto. ¿Cómo llamar salvaje a una mujer capaz de experimentar los sentimientos minuciosamente descritos en el texto? O por decirlo de otro modo, ¿cuán salvaje, o bien cuán diferente, puede en realidad ser alguien que vigila el horizonte con la esperanza de divisar el cuerpo amado? Al detenerse en el amor mutuo entre Damian y su mujer, al narrar con detalle la pena de esta, Hudson subvierte y enriquece el significado de la palabra *savage*.

Una misma actitud humanizante se advierte en el tercer capítulo, "Valley of the Black River", en el que Hudson recorre a pie el territorio de la Patagonia y visita algunas viejas aldeas indígenas que la sequía ha desenterrado. Las delicadas enumeraciones de Hudson son significativas. En ellas ve "arrow-heads, flint knives and scrapers, mortars and pestles, large round stones with a groove in the middle, pieces of hard polished stone used as anvils, perforated shells, fragments of pottery, and bones of animals" (37). Los objetos enumerados son, en efecto, los restos de la cultura material de un mundo desaparecido: "Here were the remains of the two great periods of the Stone Age, the last of which continued down till the discovery and colonization of the country by Europeans" (38). En otra de las aldeas, al descubrir pequeñas flechas talladas con piedras de colores, reconoce que para esos pueblos existía el concepto de belleza: "It was impossible to take half-a-dozen of these stones and not be impressed with the idea that beauty had been as much an aim to the worker as utility" (186). Por un lado, las palabras de Hudson reflejan los consabidos prejuicios occidentales, al concluir "that the mind was not wholly dormant in them, and that they were slowly progressing to a higher condition" (39). Por otro, con entusiasmo, se reconoce la posibilidad de que esos pueblos llamados salvajes hayan mostrado elementos de civilización. Ante esos artefactos culturales, Hudson reflexiona sobre la inevitable desaparición de los indígenas de la Patagonia, cuya sangre seguirá fluyendo mezclada con otras en nuevas generaciones, pero cuya "raza" terminará por extinguirse del todo, como los pueblos que construyeron las grandes ciudades de Yucatán y América Central (39-40). Más adelante, el pronóstico del autor es absoluto; las guerras contra los indígenas conducen irremediablemente a la extinción cultural: "Now the red man's spirit is broken; in numbers and in courage he is declining. During the last decade the desert places have been abundantly watered with his blood, and, before many years are over, the old vendetta will be forgotten, because he will have ceased to exist" (75).

Si recordamos, por ejemplo, la postura relativamente amistosa de Lucio V. Mansilla en *Expedición a los indios ranqueles,* podemos comprobar que la atención que presta Hudson a las aflicciones de los indígenas no es única en las letras argentinas. En un gesto sorpendente, Mansilla proclama la pertenencia de los indígenas a la nación: "¡Vivan los indios argentinos!" (1993: 268). Pero Hudson va más allá de cualquier discurso sobre la nación al proponer un grado de identificación con los indígenas mayor que el que se advierte en otros autores del siglo XIX. En vez de limitarse a lamentar la destrucción ya consumada, el texto resalta el deseo de saber cómo eran esos pueblos, tanto sus hábitos externos como su mundo interior, lo que Hudson denomina "the outer and inner life of the long-vanished inhabitants" (*Idle Days* 39). Se trata de una búsqueda que inicialmente desemboca en el fracaso, pero el autor no se da por vencido. A pesar de reconocer la imposibilidad de imaginar la totalidad de un mundo perdido, Hudson, esa figura romántica desplazada a los confines del planeta, visita los cementerios de los indígenas y trata de conocerlos a través de sus huesos:

> As a preference I would go to the largest and most populous, where half an acre of earth was strewn thick with crumbling skeletons. [...] And here I would sit and walk about on the hot barren yellow sand—the faithless sand to which the bitter secret had so long ago been so vainly entrusted. [...] The polished intensely white surfaces of such skulls as had been longest exposed to the sun reflected the noonday so powerfully that it almost pained the eyes to look at them. In places where they were thickly crowded together, I would stop to take them up and examine them, one by one, only to put them down carefully again; and sometimes holding one in my hand, I would pour out the yellow sand that filled its cavity; and watching the streaming sand as it fell, only the vainest of vain thoughts and conjectures were mine (41).

Extraños relojes de arena, los huesos de los indígenas no revelan ningún secreto alautor que los contempla desde el presente, pero el texto, con pocas palabras, nos adelanta una suerte de comprensión futura que, si bien es pasajera, no es por eso menos real: "For a while I saw nature as the savage sees it" (40).[5]

---

5. Concuerdo con las observaciones de Schmitt: "A vast thanatopia, Patagonia functions for Hudson as a *lieu de mémoire* in the sense I am using the term in the book: a place that by virtue of its own perceived archaism returns those who traverse it to the past" (2009: 140). Compárese con el discurso de Hudson el texto de Roger Caillois, quien también deambula por la Patagonia y encuentra huesos de animales, aunque no de humanos, quienes servirían como fuerza organizadora de la naturaleza hostil: "Un cadavre manque à l'ossuaire: celui de l'homme, qui recueille les restes de ses compagnons et qui s'aplique à conserver a leurs dépouilles sa forme particulière. Il défends sa propre ressemblance contre les carnassiers, le ressac et le vent. Il veille en vain sur une intégrité que tout attaque et désagrège. Que prodige que ce soin!" (1982: 98-99).

Desde el punto de vista de Hudson, se trata de una sensación de plena compenetración con los indígenas, descrita con absoluto rigor psicológico en el capítulo decimotercero, titulado —acaso rememorando la frase de Darwin, y como si fuera un resumen de todo el texto— "The Plains of Patagonia". Al cabalgar todo el día por la gris llanura deshabitada, Hudson descubre que su mente puede alcanzar la ausencia total de pensamientos. Si bien el autor recurre a un largo análisis poblado de palabras, el propósito es representar una suerte de nada interior, un mundo maravilloso en el que la identidad del hombre que es Hudson se desplaza hacia un territorio anímico nuevo y desconocido, familiar y a la vez ajeno:

> But during those solitary days it was a rare thing for any thought to cross my mind; animal forms did not cross my vision or bird-voices assail my hearing more rarely. In that novel state of mind I was in, thought had become impossible. Elsewhere I had been able to think most freely on horseback; and on the pampas, even in the most lonely places, my mind was always most active when I traveled at a swinging gallop. This was doubtless habit; but now, with a horse under me, I had become incapable of reflection: my mind had suddenly transformed itself from a thinking machine into a machine for some other unknown purpose. To think was like setting in motion a noisy engine in my brain; and there was something there which bade me be still, and I was forced to obey. My state was one of *suspense* and *watchfulness:* yet I had no expectation of meeting with an adventure, and felt as free from apprehension as I feel now when sitting in a room in London. The change in me was just as great and wonderful as if I had changed my identity for that of another man or animal; but at the time I was powerless to wonder at or speculate about it; the state seemed familiar rather than strange, and although accompanied by a strong feeling of elation, I did not know it—did not know that something had come between me and my intellect—until I lost it and returned to my former self—to thinking, and the old insipid existence (209-210; el énfasis es del original).

El pensamiento, que Hudson coloca en el centro de su identidad como hombre que pertenece a la cultura occidental, aparece simplemente como un ruido mental, descrito en una metáfora en la que se invocan las terribles máquinas del progreso y la industria. Los límites entre un hombre y otro, o bien entre el humano y la bestia, se deshacen ante la emoción inducida por la prolongada cabalgata patagónica. La civilización, invocada en el acto de escribir en una habitación londinense, es del todo insípida ante la vital experiencia de la nada. Hacia el final de *Idle Days in Patagonia,* Hudson reexamina su aventura y resalta que se trata de "a revelation of an unfamiliar and unsuspected nature hidden under the nature we are conscious of" (210) o, de modo más específico, "an instantaneous reversion to the primitive and wholly savage mental conditions" (210). Estas "reversiones", explica el autor, se advierten tambien en los oficios del militar, el navegante y el cazador, o bien entre los que dedican sus vidas a los viajes y la aventura; un ejemplo claro sería la emoción que siente el soldado antes de entrar en la batalla. Los niños asimismo experimentarían una sensación parecida al adentrarse en un bosque, y ella se asociaría también con la búsqueda del alimento, como en el caso de Thoreau, a quien Hudson cita con admiración: "'As I came through the wood [...] I caught a glimpse of a woodchuck stealing across my path, and felt a strange thrill of savage delight, and was strongly tempted to seize and devour him raw; not that I was hungry then, except for the wildness which he represented" (251).

Las palabras ilustres de Thoreau abren "Higher Laws", uno de los capítulos de *Walden,* y si bien parecerían ser una fuente del texto de Hudson, lo cierto es que el autor norteamericano no parece llegar tan lejos como el angloargentino en el elogio del abandono de la propia humanidad y en la absoluta compenetración con el mundo animal.[6] La sensación que Thoreau confiesa experimentar en las inmediaciones de Walden Pond es sin duda poderosa, pero no es frecuente y no se confunde con otros rasgos de la personalidad; al contrario, lo salvaje en *Walden* sigue siendo una categoría claramente distinta y distinguible de lo espiritual, como se revela en la pequeña narración que sigue a la oración citada por Hudson:

6. Walker comenta los lazos que unen a Hudson con cuatro autores norteamericanos —Emerson, Thoreau, Hawthorne y Melville— y analiza la presencia del trascendentalismo de Nueva Inglaterra en *Idle Days in Patagonia:* "In the solitude of Patagonia Hudson had gone back to see and feel things with the eye of the primitive, as Emerson then Thoreau advocated" (1986: 36).

> Once or twice, however, while I lived at the pond, I found myself ranging the woods, like a half-starved hound, with a strange abandonment, seeking some kind of venison which I might devour and no morsel could have been too savage for me. The wildest scenes could have become unaccountably familiar. I found in myself, and still find, an instinct toward a higher, or, as it is named, spiritual life, as do most men, and another toward a primitive rank and savage one, and I reverence both (185).

La experiencia vital de Hudson en la Patagonia, por otro lado, no tiene nada que se le compare, y las llanuras patagónicas, por lo tanto, constituyen para él un espacio tan memorable como lo son para Darwin, cuyas frases resuenan sobre el carácter indeleble de la región en *Idle Days in Patagonia.* La experiencia de lo salvaje surge seductoramente como un viaje al pasado, como un retroceso, como el rescate de una conciencia perdida, y todo ello a la vez se graba para el futuro en la mente del individuo:

> It was elation of this kind, the feeling experienced on going back to a mental condition we have outgrown, which I had in the Patagonian solitude; for I had undoubtedly *gone back;* and that state of intense watchfulness, or alertness rather, with suspension of the higher intellectual faculties, represented the mental state of the pure savage. He thinks little, reasons little, having a surer guide in his instinct; he is in perfect harmony with nature, and is nearly on a level, mentally with the wild animals he preys on, and which in their turn sometimes prey on him. If the plains of Patagonia affect a person in this way, even in a much less degree than in my case, it is not strange that they impress themselves so vividly on the mind, and remain fresh in memory, and return frequently (216; el énfasis es del original).

En el recuerdo de la Patagonia, en el tránsito a un estadio anterior de la experiencia humana, Hudson, delicadamente, invierte de modo tácito la fórmula de la civilización y la barbarie. Ese pasaje textual, como es evidente, contradice la escritura decimonónica argentina representada por Sarmiento y se aproxima de modo claro al espíritu (por así decirlo) de "El Sur" de Borges. Juan Dahlmann, el protagonista del famoso relato, parece elegir para sí el destino de su abuelo militar, "el de muerte romántica" (Borges 1996: 524); antes que morir en un hospital de la civilizada Buenos Aires, prefiere hacerlo, acaso imaginariamente, en un combate en una llanura austral, en un episodio marcado por cierto salvajismo ancestral: "Sintió, al atravesar el umbral, que morir en una pelea a cuchillo, a cielo abierto y acometiendo, hubiera sido una liberación para él, una felicidad y una fiesta, en la primera noche del sanatorio, cuando le clavaron la aguja" (ibíd.: 528-529). En afinidad con ese sentimiento final, Hudson llega a una conclusión parecida: "The civilized life is one of continual repression, although it may not seem so until a glimpse of nature's wildness, a taste of adventure, an accident, suddenly makes it seem unspeakably irksome" (*Idle Days* 215-216).[7] Dahlmann, en su elección, en un aparente vislumbre de la naturaleza salvaje, se acerca a ese mundo de aventuras que simboliza el gaucho del almacén, y el misterioso final de "El Sur" puede leerse así como el curioso matrimonio de Sarmiento y Hudson: "Desde un rincón, el viejo gaucho extático, en el que Dahlmann vio una cifra del Sur (del Sur que era suyo), le tiró una daga desnuda que vino a caer a sus pies. Era como si el Sur hubiera resuelto que Dahlmann aceptara el duelo" (Borges 1996: 195). Hudson afirma: "We learn a kind of emasculated language in the nursery, from schoolmasters, and books written indoors" (*Idle Days* 78). La frase, de nuevo, resuena en "El Sur". Hasta el momento de su muerte, el lenguaje de Dahlmann pertenece a un mundo libresco y sedentario y, de alguna manera, desprovisto de la masculinidad más convencional; su elección de una muerte violenta obedece al romanticismo de su educación literaria, pero es una forma del coraje y la hombría. Desde

---

7. También Barnabé advierte una correspondencia entre Hudson y Dahlmann, aunque su enfoque no es el viaje de aquel a la Patagonia, sino su emigración voluntaria a Inglaterra: "el viaje de Hudson desde su país natal a la lejana tierra de sus antepasados, de la que por un designio que sigue desconcertando a sus biógrafos no regresará nunca, tiene mucho en común con ese otro viaje 'al pasado y no solo al Sur' que emprende el protagonista del relato de Borges, procurando él también resolver la 'discordia de sus dos linajes'"(2005: 9). Véase también Díaz (1991: 177-179). Resulta interesante asimismo que los "días de ocio" de Hudson en la Patagonia sean el resultado de un accidente, espejo del cual parecería ser el de Dahlmann antes de iniciar su viaje al "Sur". Para un análisis del legado de Hudson en Borges, Martínez Estrada y Piglia, véase Jagoe (2008: 128-168).

otro ángulo, es también un retorno al "estado mental del salvaje puro" que Hudson recupera y estima.

Si por un lado el menoscabo de la civilización acerca a *Idle Days in Patagonia* a "El Sur", el aprecio del mundo indígena parece relacionar el texto con algunas de las posturas de Neruda en "Alturas de Macchu Picchu". Lector de los libros ornitológicos de Hudson,[8] Neruda crea en su poema un hablante que se ubica en la prestigiosa ciudad perdida de los incas e intenta ser la voz de los indígenas desaparecidos de América. Algunas de las estrofas del poema son emblema del compromiso social de la escritura latinoamericana; los múltiples objetos, los detalles precisos —las cuidadosas enumeraciones nerudianas— colman la nada secular en la que parecen haberse hundido las antiguas civilizaciones del continente y las rescatan del olvido con un fervor próximo de la arqueología:

> Mostradme vuestra sangre y vuestro surco,
> decidme: aquí fui castigado,
> porque la joya no brilló o la tierra
> no entregó a tiempo la piedra o el grano:
> señaladme la piedra en que caísteis
> y la madera en la que os crucificaron,
> encendedme los viejos pedernales,
> las viejas lámparas, los látigos pegados
> a través de los siglos en las llagas
> y las hachas de brillo ensangrentado.
> Yo vengo a hablar por vuestra boca muerta. (347)

No se trata de influencia directa de Hudson en Neruda, sino de una interrelación que, pese a la extraterritorialidad lingüística de Hudson, permite acercar *Idle Days in Patagonia* al cuerpo oficial de la

8. Según Frank Riess, Neruda parece haber consultado *Birds of La Plata* de Hudson al escribir *Canto general* (1972: 87). Recordemos que Neruda es también al autor de *Arte de pájaros*. Uno de sus traductores al inglés, Jack Schmitt, se refiere al amor del poeta-ornitólogo por el sur de Chile: "Several of the most nostalgic poems are those dedicated to the birds of the Far South" (1985: 11).

literatura hispanoamericana, aunque con una diferencia importante. En el cuarto capítulo, "Aspects of the Valley", tras expresar el deseo de saber más acerca de los indígenas de la época anterior a las exploraciones europeas, la voz de Hudson imagina una visión del río y del valle desde la perspectiva de esos primeros habitantes. Al contrario de Neruda, el narrador no resalta el dolor del oprimido ni se ocupa los objetos que habrían sido parte de su cultura material, sino que recrea un pueblo desprovisto de todo salvo la naturaleza redentora de esa región del planeta, un mundo disuelto en la nada de la Patagonia. Como una suerte de Hamlet austral, Hudson contempla los cráneos hallados en el cementerio y se plantea una pregunta que concierne tanto a su capacidad imaginativa como a su práctica de la escritura: "If by looking at the empty cavity of one of those broken unburied skulls I had been able to see, as in a magic glass, an image of the world as it once existed in the living brain, what should I have seen?" (42). Esta es la imagen que Hudson se representa, una imagen en la que la fuerza natural del río difumina e incluso destierra los valores de toda civilización, ya sea esta occidental o indígena:

> In the cavity, extending from side to side, there would have appeared a band of color, its margins gray, growing fainter and bluer outwardly, and finally fading into nothing; between the gray edges the band would be green; and along this green middle band, not always keeping to the center, there would appear a sinous shiny line, like a grass. For the river must have been to the aboriginal inhabitants of the valley the one great central unforgettable fact in nature and man's life. If as nomads or colonists from some cis- or trans-Andean country, they had originally brought hither traditions, and some supernatural system that took its form and color from a different nature, these had been modified, if not wholly dissolved and washed away in that swift eternal green current, by the side of which they continued to dwell from generation to generation, forgetting all ancient things. [...] All things were reflected in its waters, the infinite blue sky, the clouds and heavenly bodies; the trees and tall herbage on its banks, and their dark faces; and just as they were mirrored in it, so its current was mirrored in their minds (42-43).

Para Schmitt, la postura de Hudson podría sugerir que la desaparición del indígena no empobrece al mundo, pues su espíritu subsistiría en la experiencia de un hombre como él; por otro, la memoria de la pérdida que transmite el texto podría contribuir a la creación de ciertas metas políticas (2009: 126-127).[9] Visto dentro del discurso sobre la literatura hispanoamericana, el gesto recuperador de Hudson, aunque tenga lugar en el contexto no ficcional de un relato de viajes, es por supuesto tan idealista como la tentativa del hablante nerudiano. La diferencia radica en el despojo, la nada, en la que Hudson se describe a sí mismo en comunión con los muertos. Los indígenas que él imagina dejan los Andes, abandonan todas sus cosas, se instalan en la vacua llanura patagónica; sus mentes absorben la nada redentora de la naturaleza. El autor habla por esas bocas muertas en la medida que anhela residir en la misma tierra vacía donde yacen sus huesos, que *pueblan* el texto; la identificación de Hudson con los indígenas es menos la del portavoz que la de un hombre que, al menos temporalmente, se siente unido al salvaje, igual a él.

En los versos que forman el epígrafe de este artículo, Ignacio Balcells, el poeta chileno, crea un hablante que invoca a los yámanas o yaganes, los indígenas extintos de Tierra del Fuego, el último confín de la Patagonia y del continente. El *Leitmotiv* de Balcells es también la nada: la desolación de la naturaleza, la soledad en la que viven los yámanas, y en última instancia la ausencia total que entraña su extinción como pueblo. Pero la nada que invoca Balcells se ubica claramente en la historia de la conquista y la exploración de América, uno de cuyos últimos episodios transcurre en la lejana Tierra del Fuego. Se trata de una historia en la que participa Darwin al llegar a ese confín del planeta y apuntar sus impresiones. En un pasaje inquietante de *The*

---

9. En su lectura de *A Hind in Richmond Park,* la última obra de Hudson, Schmitt resalta el lamento por la extinción de una especie de ave no solo como actitud nostágica sino como discurso ecológico: "the lost species are lost for all time, and a thousand years of the strictest protection [...] would not restore the still existing bird life to the abundance of half a century ago. The beautiful has vanished and returns not" (cit. en Schmitt 2009: 149). En este contexto, *A Hind in Richmond Park* al igual que *The Naturalist in La Plata* and *Idle Days in Patagonia* funcionarían "both as instigations to remembering and prosthetic memories in themselves" (ibíd.: 150).

Voyage of the Beagle, el naturalista, atento a las culturas por las que viaja tanto como al mundo natural, describe a esos indígenas cuya existencia es del todo precaria y cuya cultura al parecer casi nula, pues sus cuerpos de aspecto salvaje y sus extraños hábitos —Darwin los llama bárbaros— hacen pensar de modo inevitable en los patrones del mundo animal:

> These poor wretches were stunted in their growth, their hideous faces bedaubed with white paint, their skins filthy and greasy, their hair entangled, their voices discordant, and their gestures violent. Viewing such men, one can hardly make one's self believe that they are fellow-creatures, and inhabitants of the same world. It is a common subject of conjecture what pleasure in life some of the lower animals can enjoy: how much more reasonably the same question may be asked with respect to these barbarians! (2001 [1839]: 190).

En las páginas que siguen, Darwin examina esa interrogante, una pregunta de cuya respuesta parece depender en cierto modo la humanidad reconocible de los yámanas, y concluye que, en efecto, los indígenas de Tierra del Fuego, por extraño que parezca, han de conocer su propia forma de la felicidad: "There is no reason to believe that the Fuegians decrease in number; therefore we must suppose they enjoy a sufficient share of happiness, of whatever kind it may be, to render life worth having. Nature by making habit omnipotent, and its effects hereditary, has fitted the Fuegian to the climate and the productions of his miserable country" (ibíd.: 193). Pese a ser fácilmente criticables por el tono de superioridad, las palabras de Darwin son también una tentativa de comprender a un pueblo cuyas aparentes carencias materiales y políticas son en cierto sentido una forma de la nada, pero no en el sentido extremo en el que Hudson invoca ese concepto.[10] Pero si

10. Para una lectura distinta de este pasaje, veáse Livon-Grosman, quien resalta "el doble estándar de las observaciones etnográficas de Darwin" (2003: 77). Schmitt examina el interés sostenido de Darwin en los habitantes de Tierra del Fuego, que reaparecen en varios escritos, en el contexto más complejo de la memoria y de la teoría de la evolución: "For seeing them [los fueguinos] causes Darwin to indulge in the quintessentially Victorian speculation that he might be face to face, if not literally with his own ancestors, at least with people very like them. And the

los indígenas de Darwin y Balcells no pueden sino insertarse en una historia occidental de imperios y repúblicas, de ciencias y conciencias, los muertos que Hudson imagina y con los que se ve a sí mismo en sublime comunión residen en un tiempo anterior y exterior a las cronologías oficiales.

Después del viaje de Darwin, el espacio remoto de los yámanas se poblará de europeos y de sus descendientes, entre ellos el angloargentino Lucas Bridges, quien en *The Uttermost Part of the Earth* describirá la compleja plenitud de ese mal comprendido mundo indígena. En las quinientas páginas de esa espléndida crónica y autobiografía, Bridges relata la historia de la colonización de Tierra del Fuego, desde las primeras exploraciones del *Beagle* en 1826 hasta la fundación de Ushuaia y la evangelización de los yámanas por su padre, Thomas Bridges, de la Patagonian Missionary Society, terminando hacia 1947, un año antes de la publicación del libro. Al inicio del relato, Bridges cuenta cómo los expedicionarios del *Beagle,* bajo el mando de Robert Fitzroy, regresan a Inglaterra con cuatro yámanas, a quienes llaman Boat Memory, York Minster, Fuegia Basket y Jimmy Button. El primero muere de viruela en ese país lejano y los otros aprenden carpintería y jardinería. Después de nueve meses, el Capitán Fitzroy y los tres indígenas sobrevivientes son convocados a St. James's Palace, pues se han difundido ciertos rumores que es preciso explicar: "The Fuegians lived, it was said, practically naked in their wretched bark canoes, eating seals, birds and fish, when not eating one another" (Bridges 1987: 30-31). La desnudez de los habitantes de Tierra del Fuego, en la que también Darwin insiste reiteradamente, es signo de carencia y rasgo de salvajismo en los discursos coloniales.[11] El presunto canibalismo de los yámanas, según Bridges, tendría que ver con la imposibilidad de los indígenas de comunicar en inglés la verdad de su cultura, que él mismo sí conoció de modo íntimo:

---

thought is not a happy one, for even 'domesticated animals' appear preferable to these inexplicable and backward creatures, hideous skeletons in the familial closet. It is, however, haunting: Darwin would never forget it" (2009: 41). Para un análisis de los debates en torno a Darwin en la Argentina, véase Gómez (2008).

11. Para una análisis de los significados de la desnudez de los nativos en el contexto imperial británico, véase Levine (2008).

> We who later passed many years of our lives in daily contact with these people can find only one explanation for this shocking mistake. We suppose that, when questioned, York Minster, or Jimmy Button, would not trouble in the least to answer truthfully, but would merely give the reply that he fel was expected or desired. In the early days their limited knowledge of English would not allow then to explain at any length, and, as we know, it is much easier to answer "yes" than "no" (ibíd.: 33).

En esa disyuntiva entre la afirmación y la negación, entre decir o callar, Bridges opta por la detallada representación de la cultura indígena. A la impresión de algunos europeos de que el idioma de los yámanas constaba tan solo de unas cien palabras, Bridges ofrece una corrección precisa: "We who learned to speak Yahgan know that, within its limitations, it is infinetely richer and more expressive than English or Spanish" (ibíd.: 34). Su propio padre, nos recuerda, fue el autor del *Yahgan-English Dictionary,* en el que se recogen 32 000 palabras e inflexiones. En ese idioma que Bridges describe en una nota al pie de la página se descubre una visión de mundo radicalmente distinta de la que ofrece Darwin:

> The Yahgans had, at the very least, five names for "snow". For beach they had even more, depending on a variety of factors: the position of the beach in relation to that of the speaker, the direction in which it faced, whether the speaker had land or water between it and himself—and so on. Words varied with the situation of the speaker. A word used in a canoe might differ from that used to describe the same thing when the speaker was on dry land. Further variations were brought in by the compass direction of the hearer and whether he, too, was ashore or afloat (ibíd.: 34-35, n.1).

Los yámanas parecerán habitar casi de modo inconsciente un espacio casi del todo vacío, pero la complejidad de su lengua es testimonio de una abundancia conceptual que sorprendería a Darwin.[12]

---

12. Para una lectura de *Uttermost Part of the Earth* dentro el cuerpo de las literaturas argentina e hispanoamericana a partir de ciertos paralelos con Neruda (y Hudson), véase Díaz (1991: 194-197). Livon-Grosman (2003) también comenta esta sección de la crónica de Bridges.

Muchos años después, como relata en *In Patagonia,* Bruce Chatwin visita en Tierra del Fuego la Estancia Harberton, perteneciente aún a los descendientes de Thomas Bridges, y percibe en ese lugar cierta semejanza con los espacios de otra isla en otro confín del planeta: "Coming into Harberton from the land side, you could mistake it for a big state in the Scottish Highlands, with its sheep fences, sturdy gates and peat-brown trout streams" (1988: 134). Esos aires de familia se respiran también en la casa, traída de esas otras antípodas: "The house, imported long ago from England, was of corrugated iron, painted white, with green windows on a soft red roof. Inside, it retained the solid mahogany furniture, the plumbing and the upright presence of a Victorian parsonage" (ibíd.: 134). Es en esa casa donde se termina la redacción del diccionario de la lengua yámana, una magna obra que, irónicamente, como advierte Chatwin, sobreviviría a la extinción de los indígenas para convertirse en un monumento a ellos (ibíd.: 135). Hay cierta ironía también en imaginar la presencia y el efecto de esa apacible casa inglesa si se piensa en las palabras con las que Hudson, rememorando en Europa sobre las llanuras de la Patagonia, imagina el horror de una muerte sedentaria en el encierro de un espacio doméstico: "The man who finishes his course by a fall from his horse, or is swept away and drowned when fording a swollen stream, has, in most cases, spent a happier life than he who dies of apoplexy in a counting-house or dining-room; or who, finding that death which seemed so infinitely beautiful to Leigh Hunt (which to me seems so unutterably hateful), drops his white face on the open book before him" (*Idle Days* 23). En una conferencia ante la Royal Geographic Society en la que Chatwin y Theroux conversan sobre los diversos viajeros que han escrito sobre la Patagonia, Theroux cita ese pasaje al recordar la muerte de Hudson en la reducida Inglaterra. Chatwin, por su parte, advierte cómo el espacio de la Patagonia, que Hudson había vaticinado siempre sería un desierto, no tarda en llenarse de estancias y ranchos de ovejas (Chatwin 1988: 23). Un leve residuo de la Patagonia vacía del autor, sin embargo, pervive en las páginas de *Idle Days in Patagonia,* en las minuciosas descripciones de las cabalgatas por la llanura y en los efectos que estas provocan. Pero esa nada primordial, curiosamente, se transmite por medio de una larga serie de lógicas palabras escritas, un pensamiento razonablemente expresado de modo verbal, y el contraste entre el estado de ánimo deseado por Hudson y el apretado texto de su libro no es un mero problema de representación. La práctica de la escritura y el acto de la lectura, esas meditadas acciones que ocurren por lo general a puerta cerrada, contrastan en efecto con la nada de los vertiginosos espacios abiertos; pero esa mera literatura donde la nada se inscribe en la página se alza, acaso paradójicamente, como monumento perdurable a una fugaz aventura, o bien, mejor aun, como manual de instrucciones para lectores en busca de paraísos perdidos.

Bibliografía

BALCELLS, Ignacio. "Yámanas". En: *Oficio de olas.* Santiago de Chile: La Noria, 1989, 75-77.

BARNABÉ, Jean-Philippe. "Días de ocio en la Banda Oriental". En: Vegh, Beatriz y Jean-Philippe Barnabé (coords.). *William Henry Hudson y* La tierra purpúrea: *Reflexiones desde Montevideo.* Montevideo: Linardi y Risso, 2005, 187-198.

— "Introducción". En: Vegh Beatriz y Jean-Philippe Barnabé (coords.) *William Henry Hudson y* La tierra purpúrea: *Reflexiones desde Montevideo.* Montevideo: Linardi y Risso, 2005, 9-24.

BORGES, Jorge Luis. "El etnógrafo". En: *Obras completas II.* Barcelona: Emecé, 1996, 367-368.

— "Historia del guerrero y de la cautiva". En: *Obras completas I.* Barcelona: Emecé, 1996, 557-560.

— "Sobre *The Purple Land*". En: *Obras completas II.* Barcelona: Emecé, 1996, 111-114.

— "El Sur". En: *Obras completas II.* Barcelona: Emecé, 1996, 524-529.

BRIDGES, Lucas. *Uttermost Part of the Earth.* London: Century, 1987.

CAILLOIS, Roger. *Le Rocher de Sisyphe.* Paris: Gallimard, 1982.

CHATWIN, Bruce. *In Patagonia.* New York: Penguin, 1988.

— y Paul THEROUX. *Patagonia Revisited.* Salisbury/Wiltshire: Michael Russell, 1985.

DARWIN, Charles. *The Voyage of the Beagle: Journal of Researches into the Natural History and Geology of the Countries Visited During the*

Voyage of H. M. S. Beagle Round the World. New York: The Modern Library, [1839] 2001.

DÍAZ, Roberto Ignacio. "La habitación contigua: Extraterritorialidad y multilingüismo en la literatura hispanoamericana". Tesis doctoral. Harvard University, 1991.

— *Unhomely Rooms: Foreign Tongues and Spanish American Literature.* Lewisburg/London: Bucknell University Press/Associated University Presses, 2002.

ECHEVERRÍA, Esteban. *El matadero / La cautiva.* Madrid: Cátedra, 1990.

FORD, Ford Madox. *Thus to Revisit: Some Reminiscences.* New York: E. P. Dutton & Co., 1921.

GÓMEZ, Leila. "Darwin, la piedra del escándalo: Ciencia, política y literatura". En: *La piedra del escándalo: Darwin en Argentina (1845-1909).* Buenos Aires: Simurg, 2008. 11-37.

HUDSON, William Henry. *Idle Days in Patagonia.* Berkeley: Creative Arts Book Co., [1893] 1979.

JAGOE, Eva-Lynn Alicia. *The End of the World as They Knew It: Writing Experiences of the Argentine South.* Lewisburg: Bucknell University Press, 2008.

LEVINE, Philippa. "States of Undress: Nakedness and the Colonial Imagination". En: *Victorian Studies,* 50, 2 (2008), 189-219.

LIVON-GROSMAN, Ernesto. *Geografías imaginarias: El relato de viajes y la construcción del espacio patagónico.* Rosario: Beatriz Viterbo, 2003.

MANSILLA, Lucio V. *Una excursión a los indios ranqueles.* Madrid: Instituto de Cooperación Iberoamericana, 1993.

MILLER, David. *W. H. Hudson and the Elusive Paradise.* New York: St. Martin's Press, 1990.

NERUDA, Pablo. "Alturas de Macchu Picchu". *Obras completas.* Buenos Aires: Losada, 1967. I: 335-48.

RIESS, Frank. *The Word and the Stone: Language and Imagery in Neruda's* Canto general. London: Oxford University Press, 1972.

ROSMAN, Silvia. "Of Travelers, Foreigners and Nomads: The Nation in Translation". En: *Latin American Literary Review,* 26, 51 (enero-junio 1998), 17-29.

Schmitt, Cannon. *Darwin and the Memory of the Human: Evolution, Savages, and South America.* Cambridge/New York: Cambridge University Press, 2009.

Schmitt, Jack. "Translator's Introduction". En: Pablo Neruda. *Art of Birds.* Trad. Jack Schmitt. Austin: University of Texas Press, 1985, 9-12.

Theroux, Paul. *The Old Patagonian Express: By Train Through the Americas.* Boston: Houghton Mifflin Harcourt, 1979.

Thoreau, Henry David. *A Week on the Concord and Merrimack Rivers / Walden; or, Life in the Woods / The Maine Woods / Cape Cod.* New York: Library of America, 1985.

Walker, John. "W. H. Hudson, Argentina, and the New England Tradition". En: *Hispania,* 69, 1 (1986), 34-39.

Pulsión animal: zooliteratura y transculturación en W. H. Hudson

Jens Andermann
Birkbeck College, University of London

A Pedro, Margarita, Natalia y Javier

Es propio de los niños un tipo de visión que, en lugar de abarcar al objeto como algo externo, se acerca a este con el afán de poseerlo *intrínsecamente*; es decir: convergiendo con él en un mismo plano de potencialidad. Aquello que los adultos nos apresuramos en llamar juego (y que, para Freud, sobreviviría en nosotros apenas en la forma tácita del fantaseo), para ellos es, en cambio, lo que mejor resume la experiencia misma de la niñez: la mutabilidad constante del propio ser en cualquier otra cosa. "Crecer" no es sino una forma de referirse a la posibilidad de volverse pirata, perro, hada, princesa, como si existiera de antemano una finalidad única y predeterminada. Las "memorias de infancia", como parte del género autobiográfico, tienen como misión producir aquello que Deleuze y Guattari (1988) llaman el "niño molar" —aquello que tiene como futuro al adulto—. Pero existe también un "niño molecular", incluso como efecto de desterritorialización en el interior mismo de la escritura reterritorializadora de las "memorias de infancia", que se superpone a la temporalidad progresiva y acumulativa de la autobiografía mediante la inscripción de salidas laterales, líneas marginales de fuga.

Así, por ejemplo, nos cuenta Hudson en el capítulo XIV de *Far Away and Long Ago*, cómo al escalar uno de los árboles que rodeaban la casa paterna le nació por primera vez "el deseo de tener alas": "Here, too, in this tree, I first felt the desire for wings, to dream of the delight it would be to circle upwards to a great height and float on the air without effort, like the gull and the buzzard and harrier and other great soaring land and water birds" (*Far Away* 190). No se trata, prosigue Hudson, de un deseo genérico de volar, deseo que sería posible satisfacer mediante tecnologías prostéticas ("I have never wished to fly in a balloon or airship, since I should then be tied to a machine and have no will or soul of my own", ibíd.). Más aún, ese anhelo de tener alas, de volverse ave y experimentar la sensación muscular del vuelo, inmediatamente se individualiza, pasando de la idea abstracta del vuelo y de las aves voladoras a la fisonomía y hábitos concretos de un pájaro particular, ese que se le asemeja más al niño en peso y estatura y que, por lo tanto, es el más idóneo por encarnar la metamorfosis soñada:

> But from the time this notion and desire began to affect me I envied most the great crested screamer, an inhabitant then of all the marshes in our vicinity. For here was a bird as big or bigger than a goose, as heavy almost as I was myself, who, when he wished to fly, rose off the ground with tremendous labour, and then as he got higher and higher flew more and more easily, until he rose so high that he looked no bigger than a lark or pipit, and at that height he would continue floating round and round in vast circles for hours, pouring out those jubilant cries at intervals which sounded to us so far below like clarion notes in the sky. If I could only get off the ground like that heavy bird and rise as high, then the blue air would make me buoyant and let me float all day without pain or effort like the bird! (*Far Away* 190-191).

Nótese cómo, a través de la composición cinematográfica de planos y contraplanos, la escritura no solo reproduce ese vaivén entre la mirada y oído del niño confinado a la tierra y la del ave escalando, con un placer triunfante, la espiral de los vientos. Ella también materializa, de esta manera, en su propia sustancia, la transformación gradual del laborioso despegue en majestuoso vuelo que es la marca particular del animal: aquello que lo asemeja y, a la vez, lo distingue irremediablemente del niño que lo mira con anhelo. Y es en ese intervalo, precisamente, ese lapso entre la situación de partida (el niño en el árbol) y la síntesis que vuelve a poner en su lugar a ambos, niño y pájaro, en el que, según la frase convencional, la imaginación alza vuelo confundiéndolos en un solo *devenir-pájaro*. Devenir que abre una zona de intensidad que no se confunde con el ser-pájaro ni con la subjetividad expansiva del yo deseante sino que es propia de la *constelación molecular* en la que entran ambos en ese lapso extemporáneo y en el que comparten el goce de una potencialidad.

Hudson no es el primero en advertir que existe una afinidad particular entre niños y pájaros que los predispone a tales ensamblajes: "Birds certainly gave me more pleasure than other animals, and this too is no doubt common with children, and I take the reason of it to be not only because birds exceed in beauty, but also on account of the intensity of life they exhibit — a life so vivid, so brilliant, as to make that of other beings, such as reptiles and mammals, seem a rather poor thing by comparison" (*Far Away* 205). Pero se trata precisamente de una predisposición, una potencialidad, y no de una esencia o calidad congénita, de la misma manera en que la intensidad se transmite a través de la escritura pero no reside en esta (el lenguaje que narra la escena conmemorada es, como la de casi toda la obra de Hudson, de una sencillez y modestia casi excesivas; no es un lenguaje extático o pasional). Es que la literatura de Hudson puede ser pensada, en una de sus vertientes, como una escritura del duelo; escritura que produce la irrecuperabilidad de lo que nombra en el mismo acto de nombrarlo: nombrar es tratar de fijar algo que es esencialmente esquivo y furtivo (el tiempo, la niñez, la naturaleza, la vida). Aquí me interesa enfocarme apenas en una dimensión de este gesto hudsoniano, gesto que tiene que ver con lo animal como objeto y a su vez como pulsión interior de una escritura que oscila entre descripción y narración —entre el informe naturalista y la ficción—, oscilación que, quisiera sugerir, inclina a la obra de Hudson hacia aquello que Deleuze y Guattari (1988) llaman "literatura menor". Y es precisamente lo escurridizo de la animalidad que produce (o provoca) en esta obra los efectos de indeterminación que la alejan de las corrientes y los géneros "mayores", tanto en el campo de las ciencias naturales como en el de la ficción literaria. Lo animal se convierte así en uno de los nodos donde convergen varias líneas de tensión, como el conflicto entre niñez y vida adulta, experiencia y memoria, periferias y centros imperiales, sociedad pastoril y modernidad industrial. Trataré primero de ubicar a Hudson en este campo de tensiones, para después pasar a discutir cómo la problemática de los animales subyace a todas ellas, como una línea de fuga, un horizonte que apunta a lo abierto de un devenir.

Viajero de pequeñas cosas

Ya desde los últimos años de su vida, cuando finalmente sus libros habían conseguido el éxito popular y los elogios de Ezra Pound, Virginia Woolf y T. E. Lawrence, entre muchos otros, la literatura de Hudson se entrelazó inextrincablemente con el mito del autor que esta obra y su crítica se empeñaban a producir en partes iguales. Si nada en *Far Away and Long Ago* delataba a su fecha de publicación —el año 1918— esa condición aparentemente anacrónica era precisamente la clave de su éxito inmediato: la añoranza de un pasado más auténtico y vital cuya pérdida irremediable la guerra del gas y los bombardeos aéreos acababan de confirmar. Si bien el tópico era harto conocido en el ámbito inglés desde los ataques de Wordsworth y Shelley a los "molinos satánicos", culminando en la profecía sombría de *The Storm Cloud of the Nineteenth Century* de Ruskin, la biografía sudamericana de Hudson así como los hábitos ambulatorios de su vida en Inglaterra figuraban como garantes de una auténtica "primitividad" ya inalcanzable para sus contemporáneos. Ahora, no obstante, esa sensibilidad "premoderna" del anciano criado "allá lejos y hace mucho tiempo" podía entablar un diálogo con el propio afán modernista para devolver a las formas expresivas una simplicidad elemental, así como con las primeras manifestaciones de una filosofía existencial y un pensamiento ecológico emergentes. "No es precisamente simplicidad —sostiene Galsworthy en el prólogo de 1915 a *Green Mansions*—

> ya que la mente del escritor es sutil y fastidiosa, sensitiva a cada pulsión de vida natural y humana, pero su sensibilidad es de algún modo diferente, incluso hostil, a la de nosotros que estamos sentados puertas adentro, mojando nuestras plumas en tonalidades de sentimientos. La mente de Hudson es

> parecida al vuelo de los pájaros que son sus grandes amores, no parece haber entrado nunca en una casa sino más bien haber recorrido el aire desde que nació, bajo lluvia y sol, o haber visitado el pasto y los árboles (1944: vi-vii; la traducción es mía).

En el ámbito argentino, además del temprano elogio de Borges a *The Purple Land*, fue sobre todo Ezequiel Martínez Estrada, en varios ensayos y un libro publicado por primera vez en 1951, quien pujaba por incluir a Hudson en el canon literario, agregándole además algunas modificaciones importantes al mito literario inglés. En primer lugar, si bien se suscribe al retrato del "hombre primitivo y puro [...] que conserva su inmenso amor a la tierra donde nació y a sus cosas" (2001 [1951]: 85) argumenta que es por eso, precisamente, que su personalidad y su obra padecen un doble destierro, no solo del país físico donde se crió sino, además, de la nación que este país construyó en base a una literatura que nunca supo estar a la altura de la suya: "Hudson es, en primer término, un autor fuera de esa —nuestra— literatura [...]. Su verdadera extranjería no consistió en escribir en inglés y en haberse radicado para siempre en Inglaterra, sino en no pertenecer a la familia intelectual sudamericana" (Martínez Estrada 1967: 138). Pero esa misma extranjería es, para Martínez Estrada, la salvación de Hudson. Si la literatura argentina, salvo contadas excepciones, se agota en la pose y la imitación, en un estado de alienación respecto del país real y vivido, es en cambio el relativo aislamiento en que transcurre la infancia y juventud de Hudson el que, para el crítico bahiense, infunde a su escritura una capacidad revelatoria. Una y otra vez Martínez Estrada vuelve sobre esa doble extranjería (del niño frente al mundo de los adultos y del forastero frente a la sociedad rural criolla): "Las impresiones que Hudson conserva de personas conocidas en la niñez siempre son de desconocidos o de individuos con los que no tienen amistad los de su casa; y observaba en ellos las excentricidades, que son los rasgos auténticos de la personalidad" (2001 [1951]: 40). Marginado del entorno social por "la dificultad del idioma extranjero" y la diferencia más general de costumbres (que hace que, siempre que acuden a los juegos ecuestres del pago, los niños Hudson salgan perdiendo ante la picardía superior de sus pares criollos), la formación de Hudson transcurrió ante todo en una íntima relación con la naturaleza y los animales: "El primer plano y el último es la naturaleza en que también [los hombres] viven como integrantes de un paisaje y un hábitat" (ibíd.: 206). De ahí la costumbre de "observar la vida como naturalista, la vida en general sin distingos de categorías fuera del interés intrínseco de cada una de ellas" (ibíd.: 110). Hablando de pájaros, "cuenta lo que ve como si se tratara de un cuento con personajes y acción dramática [...] con un mismo estilo abarca objetiva e imparcialmente el mundo humano y el animal" (ibíd.: 258). Lo maravilloso del mundo infantil adviene del asombro que cada cosa, animal o persona despierta gracias a su irreductible singularidad: no hay posibilidad de síntesis, una vez que cada "ser viviente expresa ante todo su propia vida" (ibíd.: 134). Por eso son frecuentes, en *Far Away and Long Ago*, las oscilaciones entre los relatos de pájaros y la descripción de los vecinos en cuyos campos estos anidan, como si se tratara de un solo entorno o ensamble social y natural; y aun en un relato de la vejez como *Idle Days in Patagonia* el retrato psicológico más complejo no le corresponde a ningún vecino de Patagones sino al viejo perro Major.

Entonces, el hecho de que Hudson haya dejado esa Arcadia pampeana justo antes de la consolidación del Estado agroexportador moderno, tiene para Martínez Estrada dos consecuencias: en primer lugar, una división biográfica nítida entre la vida activa y la escritura que no hace más que conmemorar esa vida y ese mundo que ya solo existe en el acto que la invoca: "I only know —dice por ejemplo Hudson en *Far Away and Long Ago* respecto de una estancia vecina— that the old place is now possessed by aliens, who destroy all wild bird life and grow corn on the land for the markets of Europe" (189). Para Hudson —sostiene Martínez Estrada— la vida propiamente dicha termina una vez que cambia la Argentina por Inglaterra, tras la muerte de su madre y el "derrumbamiento de su propio hogar" que se convertirá de ahí en adelante en "el *leitmotiv* de todos sus cuentos" (2001 [1951]: 51). Pero así, también, esa escritura que, a partir de entonces, intentará inútilmente retener o suplantar el ámbito vital perdido, será ante todo un gran ejercicio de "salvar incólume la infancia, llevándola a sus totales posibilidades de desarrollo sin desnaturalizarla", un desarrollo consciente y respetuoso del *saber de la niñez*: "Si entendemos por cancelación de la niñez la adopción de normas éticas convencionales, el paso de la vida libre a la vida censurada, entonces la niñez de Hudson se extiende hasta sus últimos días" (ibíd.: 102). Si la extranjería de Hudson le permite entender y describir el país desde la materialidad concreta de las cosas y la tierra, por fuera de las construcciones ideológicas y proyectos letrados que ignora, es su compromiso constante con el niño que ha sido, según Martínez Estrada, el que de verdad convierte su obra en la revelación singular del "mundo maravilloso" anterior a la consolidación del Estado-nación, como una suerte de infancia perdida del país entero que ha quedado sumergida una vez que "lo ilusorio reemplazó a lo verdadero" (1986 [1933]: 14).

Aquello que el mito literario inglés había entendido como la marca de lo argentino —lo colonial y primitivo— en la escritura hudsoniana, para Martínez Estrada era precisamente lo que diferenciaba a Hudson de la cultura argentina, convirtiendo a su obra, en cambio, en la *promesa de una literatura* que el país aún no supo tener. Más recientemente, Jason Wilson ha sugerido que ese desencuentro de deseos cruzados entre "centro" y "periferia" ya estaría inscrito en la propia obra hudsoniana, como tensión irresoluble entre saber y experiencia, que se manifiesta, por ejemplo, en la conflictiva relación de Hudson con Darwin. La lectura de Wilson hace hincapié, antes que en la decisión de trasladarse a Inglaterra (de la que Hudson se arrepentirá notoriamente en la correspondencia con sus hermanos), en la coincidencia temporal de los dos hechos que lo habrían impulsado a esta decisión: la muerte de su madre en 1859 y la lectura de *The Origin of Species* en ese mismo año. Si la muerte materna no solo claudicaba definitivamente el espacio-tiempo de la niñez (ninguno de los hermanos se quedaría a vivir en la casa familiar de Chascomús), sino que también privaba a Hudson del único ser que compartía su pasión por los animales y las plantas (solían comunicarse en silencio, cuenta Hudson en *Far Away and Long Ago*, a través de obsequios de flores silvestres), el texto de Darwin le revelaba en cambio una posibilidad de convertir esa pasión en una identidad profesional. El problema residía, según Wilson, en que la doctrina de la selección sexual chocaba abiertamente con el protestantismo materno, infundiéndole al naturalista nóvice, recién llegado a la capital del imperio y sin educación formal alguna, un sentimiento de culpa mezclado con el rencor que le provocaba el menosprecio de su saber vivencial por un medio científico en plena etapa de profesionalización disciplinaria (Wilson 1981: 14-23).[1]

Aquello que Hudson juzgaba su capital simbólico principal —la experiencia de primera mano de la fauna y flora sudamericanas—, en un medio afanoso por distinguirse del naturalista viajero de una época previa y establecer la autoridad del laboratorio como centro de producción de saber, lo identificaba como *amateur* pre-científico, incapacitado para el pensar teórico (Wilson refiere el episodio, anterior aún al arribo de Hudson a Inglaterra, en que este intentaba refutar la hipótesis darwiniana a partir de la observación del carpintero pampeano, pájaro que Darwin había descrito erróneamente como anidando en el suelo debido a la falta de árboles en el medio local. Darwin, en una de las pocas respuestas a sus críticos, admite la posibilidad de una modificación en los hábitos del carpintero argentino respecto de su par uruguayo que había podido observar, pero niega terminantemente cualquier incidencia de esta cuestión de detalles sobre el propio modelo de la selección hereditaria). Pero así, sostiene Wilson, Hudson comparte la problemática de la literatura latinoamericana y de las literaturas "menores" en general, de tener que escribir desde un lugar de enunciación de antemano desautorizado por las mismas categorías de las que se tiene que valer para construir su enunciación. Como lo pone el mismo Hudson, en las páginas iniciales de *Nature in Downland*, "it will be, I imagine, a small unimportant book, not entertaining enough for those who read for pleasure only, nor sufficiently scientific and crammed with facts for readers who thirst after knowledge" (6).

Para Wilson, ese desencuentro biográfico y profesional con la ciencia y con la sociedad inglesa depara en la obra de Hudson dos estrate-

1. Sobre el proceso de profesionalización de las ciencias naturales en la segunda mitad del siglo XIX, véase Felix Driver (2001); Dorinda Outram (1996). Desarrollé el problema de la distancia como dimensión epistemológica, y su probemática incorporación en la naciente museología latinoamericana del siglo XIX en *The Optic of the State. Visuality and Power in Argentina and Brazil* (2007: 28-30, 36-38).

gias complementarias. Por un lado, la insistencia en la validez de un naturalismo "menor" que, si bien acepta a regañadientes el sistema darwiniano, no deja pasar oportunidad alguna para señalar sus limitaciones, ante todo su incapacidad de contemplar la belleza como un rasgo *a priori* del universo natural. La noción de la vida como lucha a muerte entre competidores por un espacio limitado (noción que, como es sabido, en Darwin se construye en base a símiles y metáforas extraídos del léxico de la economía nacional contemporánea) desatiende, según Hudson, la variedad de casos individuales contrarios, como aquel de la serpiente venenosa hibernando junto a una familia de roedores que cuenta en *Far Away and Long Ago*. Para Hudson, estos fenómenos de delicadeza, sin contradecir de manera alguna la doctrina del *struggle for life*, apuntan no obstante hacia una idea superior de "armonía" que sería precisamente aquello que los sonidos y olores naturales expresan de un modo que queda fuera de alcance para el lenguaje: "[...] bird music, and indeed bird sounds in general, are seldom describable. We have no symbols to represent such sounds on paper, hence we are as powerless to convey to another the impression they make on us as we are to describe the odours of flowers" (*Idle Days* 97). Por otra parte, en sus escritos ficcionales Hudson introduce elementos de fábula y de cuento popular, justamente para re-aproximar lo animal y lo humano y así colmar la distancia epistemológica que una disciplina de laboratorio había erigido en condición de su saber y autoridad. De esta manera, siguiendo el argumento de Wilson, la empatía con el mundo animal y su ficcionalización tendrían en Hudson la doble función de resolver —como línea de fuga— el destierro o extranjería que este padece en el medio inglés como antes lo había padecido en el argentino, y de significar la sencillez perdida del mundo de la niñez (pérdida de un estado biográfico de cercanía a lo animal y telúrico —"I only remember myself as a common little boy —just a little wild animal running about on its hind legs, amazingly interested in the world in which it found itself" (*Far Away* 17)— así como de un mundo rural previo a su vinculación con los mercados europeos y la modernidad). Los animales, para Hudson, por decirlo de otra manera, están en el centro de una problemática tanto biográfica como histórica; problemática alrededor de la cual gira toda su escritura.

Aventuras entre pájaros

En un bello y sagaz ensayo, Maria Esther Maciel introduce la noción de *zooliteratura* como "espaço de reflexão crítica sobre a questão animal num mundo em que o homem se define a partir da dominação que exerce sobre os viventes não-humanos" (2008: 18) al tiempo que proyecta lo animal como figura de nuestro propio "posible ilimitado". En esta tensión, ella distingue dos linajes de la escritura moderna del animal, el primero de los cuales se remontaría a las *fábulas* moralizantes de Esopo (donde el animal es construido como metáfora de lo humano), mientras el segundo —el *bestiario*, o "abordagem minuciosa que conjuga pesquisa, esforço taxonômico e imaginação criadora" (ibíd.)— se inauguraría con la *Historia de los animales* de Aristóteles. Mientras que los bestiarios, género sobre el que se fundaría todo un pensamiento taxonómico y una "ciencia natural", indagan las particularidades de cada animal a partir de la diferencia y, así, también implicarán una tentativa por establecer la distintividad de lo humano, las fábulas juegan con la subversión e ironización de tales límites, enfatizando en cambio la fluidez y la transferencia de rasgos entre animales y hombres. Todo el espacio de la zooliteratura puede ser pensado como vaivén o combinatoria entre estas dos vertientes, cada una de las cuales llega en su borde más radical a imaginar la inversión de su propia mirada en una suerte de "visión animal" sobre lo humano.

No es difícil encontrar ambas variantes de zooliteratura en la obra de Hudson, ante todo y en el sentido más obvio en la distinción ya mencionada entre su producción ficcional y los textos de carácter descriptivo o enciclopédico, como *Ornitología argentina* o *The Naturalist in La Plata*. La crítica Francisque Liandrat, en una tesis citada por Martínez Estrada, dividía la obra hudsoniana en "libros sobre pájaros de la América del Sur", "libros sobre pájaros de Inglaterra" y "novelas y cuentos"; clasificación que a pesar del acierto en señalar la centralidad del animal alado —quizás por su capacidad de sobreponerse a la división espacial que divide la obra del escritor— también parece confiar en demasía en la posibilidad de una distinción nítida entre narración y descripción, cuando quizás lo más original en Hudson hayan sido las formas de imbricarse una en la otra. Es más, podríamos aventurar la hipótesis de que lo animal en Hudson siempre abre una zona de indistinción entre la ficción y la descripción "objetiva", como un modo de afrontar la irreductibilidad del animal al lenguaje. Esa indistinción, que hace también a la ineludible actualidad de la obra hudsoniana, tiene peligrosas consecuencias para ambas variantes genéricas. Al cargar de fabulaciones al lenguaje descriptivo y sintetizador del bestiario, es borrada la distancia física y epistemológica que autorizaba al saber naturalista, a la vez que producía a lo humano como un *punto de vista* desligado de aquello que contempla.[2] En cambio, la infusión de un saber y una mirada propios del informe naturalista al relato ficcional debilita al estatuto "fantástico" de este último, su modo de hablar solo "como si fuera verdad". La indistinción genérica, en otras palabras, provoca un otro tipo de indistinción, o desdibujamiento de diferendos, entre lo animal y lo humano, precisamente al intentar aproximar al lenguaje de aquello que este toma como su objeto (aquello que, quizás, fue su primer objeto; aquello que, al nombrar, convertía en objeto, en su otro).

Entre todos los escritos no-ficcionales de Hudson, quizás sea *Idle Days in Patagonia* el más audaz en su avance hacia los límites del saber y decir naturalista. Relato (descripción) de una expedición frustrada, el texto tiene que inventar una "mirada alternativa", propia del naturalista postrado tras un accidente de caza. Esta mirada se sostiene sobre el reemplazo del *viaje* como hilo temporalizador linear y progresivo del relato (modelo que, como el propio Hudson no deja de recordarnos en varios momentos del texto, culminó en el viaje darwiniano del Beagle) por el del *ocio*, tiempo digresivo y fragmentario y que, a diferencia de aquel, carece de toda dimensión épica (el trayecto en el espacio como tiempo de acumulación de saber).[3] En cambio, el saber

2. Sobre la historia natural como producción/enunciación de lo humano, véase Giorgio Agamben (2006: 53-59).

3. Gabriela Nouzeilles ha leído ese desvío del relato naturalista en *Idle Days* en el contexto del auge de un "turismo alternativo" a fines del siglo XIX y principios del XX, relacionándolo con la crisis de un tipo de masculinidad figurada precisamente en el viaje heroico a los confines imperiales. Véase su "El retorno de lo primitivo. Aventura y masculinidad" (2002: 181-185).

del ocioso es momentáneo, errático e inconsecuente, imagen fiel del baile de las moscas que pueblan la habitación del convaleciente:

> Lying helpless on my back through the long sultry midsummer days, with the white-washed walls of my room for landscape and horizon, and a score or two of buzzing house-flies, perpetually engaged in their intricate airy dance, for only company, I was forced to think on a great variety of subjects, and to occupy my mind with other problems than that of [bird] migration. These other problems, too, were in many ways like the flies that shared my apartment, and yet always remained strangers to me, as I to them, since between their minds and mine a great gulf was fixed. Small unpainful riddles of the earth; flitting, sylph-like things, that began life as abstractions, and developed, like imago from maggot, into entities: I always flitting among them as they performed their mazy dance, whirling in circles, falling and rising, poised motionless, then suddenly cannoning against me for an instant, mocking my power to grasp them, and darting off again at a tangent (*Idle Days* 21).

Aquí, a pesar de la distancia "abismal" que media entre las moscas y la mirada cautiva por su vaivén caprichoso (o más bien, el abismo entre esa mirada y aquella de la mosca que contempla al cuerpo inmóvil del escritor), un cierto *devenir-mosca* se abre nuevamente en la escritura que narra ese instante como el de su propia condición de ser. O, también, un devenir-pensamiento de las moscas; espacio *inter* que no va desde el uno hacia el otro sino que es en cierto sentido como la línea zigzagueante en la que ambos coinciden: el devenir, escriben Deleuze y Guattari, "no es ni uno ni dos, ni relación de los dos, sino entre-dos, frontera o línea de fuga, de caída, perpendicular a las dos. Si el devenir es un bloque (bloque-línea) es porque constituye una zona de entorno y de indiscernibilidad, un *no man's land*, una relación no localizable que arrastra a los dos puntos distantes o contiguos, que lleva uno al entorno del otro" (1988: 293). El devenir es el desliz, lo tercero que se desprende del agenciamiento entre dos entes. En *Idle Days*, Hudson vuelve una vez más sobre el tópico, esta vez para interrogarse sobre los efectos que produce sobre el pensamiento el andar a caballo, en un medio que, como el desierto patagónico, carece en absoluto de estimuladores externos. Y concluye que ese agenciamiento es contingente al *lugar* en donde se produce; que la percepción siempre ya es parte del ensamblaje en que entra con un otro en un paisaje dado:

> Elsewhere I had always been able to think most freely on horseback; and on the pampas, even in the most lonely places, my mind was always most active when I travelled at a swinging gallop. This was doubtless habit: but now, with a horse under me, I had become incapable of reflection: my mind had suddenly transformed itself from a thinking machine into a machine for some other unknown purpose. [...] My state was one of *suspense* and *watchfulness*: yet I had no expectation of meeting with an adventure, and felt as free from apprehension as I feel now when sitting in a room in London. The change in me was just as great and wonderful as if I had changed my identity for that of another man or animal; but at the time I was powerless to wonder at or speculate about it; the state seemed familiar rather than strange, and although accompanied by a strong feeling of elation, I did not know it —did not know that something had come between me and my intellect— until I lost it and returned to my former self —to thinking, and the old insipid existence (*Idle Days* 133).

Pocas veces la mirada etiológica se ha posado con semejante lucidez analítica sobre los hábitos del propio naturalista: estos son, en última instancia, el verdadero objeto de *Idle Days in Patagonia*, y así no es sorprendente que Hudson sea capaz de reconocerse él también objeto de *otras miradas*, miradas animales que estudian su comportamiento con curiosidad y, tal vez, con aprehensión ("Merciful heavens! what is that suspiciously human-looking object seventy yards away amongst the bushes? Ah, relief inexpressible, it is only the pretty hare-like *Dolichotis patagonica* [...] gazing at me with meek wonder in his large round timid eyes" [93]).

En el naturalismo de Hudson se percibe entonces un intento por afrontar el pensamiento sistémico o estructural del naturalismo científico de cuño darwiniano mediante una *hermenéutica ambiental* que busca comprender lo animal a partir no solo de la observación de su fisonomía y sus hábitos sino, además y sobre todo, a partir de su modalidad de interpelar al yo observador (aquello que reclama mi comprensión a pesar de no serme dirigido en ningún momento como acto comunicativo, a no ser apenas como *catachresis* de lo viviente). Para Wilson, ese pensamiento no-sistémico que intenta acercarse a lo animal desde la singularidad del encuentro en un tiempo y espacio dado, inscribe en la obra hudsoniana la disidencia del escritor periférico (el que, física y epistemológicamente, está "más cerca de la naturaleza"). El "devenir-animal", en un texto como *Idle Days in Patagonia*, es una forma de abrirse a marcos de potencialidad y contingencia que permiten la auto-observación del propio yo observador en una relación de reciprocidad hermenéutica con el "otro animal". En cambio, en las obras de ficción ese devenir-animal está narrado explícitamente como fábula de metamorfosis, principalmente en la serie de 'cuentos de mujeres-aves' en la que podemos incluir a "Marta Riquelme" y el romance *Green Mansions*, así como el temprano cuento "Pelino Viera's Confession" (1883), el primer texto de ficción publicado por Hudson. Aquí, como más tarde en "Marta Riquelme", Hudson recurre al universo de creencias populares del mundo criollo o mestizo, en esta ocasión para contar la trama fantástica de un marido que sorprende a su joven esposa en prácticas de brujería y termina por matarla en pleno bacanal, transformada en harpía:

> Rosaura rose and threw off her night-dress, then, taking ointment from the pot and rubbing it on the palms of her hands, she passed it rapidly over her whole body, arms, and legs, only leaving her face untouched. Instantly she became covered with a plumage of slaty-blue colour, only on her face there were no feathers. At the same time from her shoulders sprang wings which were incessantly agitated. She hurried forth, closing the door after her; once more the walls trembled or seemed to tremble; a sound of rushing wings was heard, and, mingling with it, shrill pearls of laughter; then all was still ("Pelino Viera's Confession" 119-120).

La relación figurativa entre animalidad y sexualidad en este cuento es harto transparente: la suave y sumisa doncella que se convierte, ungüento cremoso de por medio, en un cuerpo emplumado y rabiosamente agitado que termina por levantar vuelo, es una suerte de pesadilla de una sexualidad femenina devoradora, encarnada en la monstruosa expansión púbica hasta cubrir el cuerpo entero. La mujer es una "niña velluda", devoradora de carnes masculinas según el tópico ovidiano. Aquí como en "Marta Riquelme", empero, la metamorfosis no parece sino devolver en forma 'monstruosa' la propia mirada deseante que el yo narrador ha lanzado sobre ese cuerpo cuando aún estaba intacta su "inocencia" infantil. Si bien, en el caso de Marta, la horrible transformación en *kakué* —el ave de la tristeza— recién sobreviene al cabo de una serie de desengaños amorosos y de las violaciones y sufrimientos soportados a manos de los indios, la propia organización narrativa del texto también sugiere una relación estrecha con el deseo del padre Sepúlveda hacia Marta y su represión lograda solo al precio de retirarle a ésta su protección pastoral.

La gran originalidad de *Green Mansions*, en cambio, es su manera de romper con la lógica convencional de lo siniestro de los cuentos anteriores, donde lo animal es reducido a una figuración exteriorizada y "monstruosa" del deseo sexual que el propio yo narrador le inscribe al cuerpo femenino. Lo animal, en esos cuentos, no es sino aquello que queda forcluido (entre-dicho) en la descripción que el narrador nos hace de la niña angelical, y que retorna a tomar posesión del cuerpo de esta. *Green Mansions* invierte —y así, complica— a esta dramaturgia: Rima —la niña-pájaro— entra en escena como animal esquivo, canto de ave desconocida ("a low strain of exquisite bird-melody, wonderfully pure and expressive, unlike any musical sound I had ever heard before" [42]), y solo gradualmente, a fuerza de artimañas y teatrales golpes de efecto para despertar su celo, Abel el narrador consigue, primero, otorgarle a este "wandering tricksy being" (54) un cuerpo y, después, a inscribirle a este cuerpo un deseo, *su* deseo ("now that the sweet sickness of love has infected you" [166]). Nuevamente, entonces, es la inscripción del deseo a través de la mirada masculina, la sexualización del cuerpo infantil, la que provoca el desenlace trágico; pero aquí, en lugar de la animalización de la niña transformada en harpía lúgubre, ese desenlace adviene de la humanización (edipalización) de la niña-pájaro, proceso que ha completado su ciclo en el momento en que esta desiste resignadamente de sus intentos por comunicarse con Abel en su propia "lengua".[4] Proceso sistemático y progresivo de

4. Véase Wilson (1981: 10-11) para una lectura sugerente de la cuestión de la lengua en *Green Mansions* a partir de las asociaciones del nombre Rima con la lengua castellana y la poesía.

des-encantamiento de Rima es también el que termina provocando su final atroz a manos de los indios: pero es al morir, también, "burnt to ashes like a moth in the flames of a fire," (*Green Mansions* 300) que ella recupera, en un último acto de resistencia triunfal, esa animalidad perdida.

Green Mansions también comparte con "Marta Riquelme" la inscripción genérica en la distopía colonial; el relato de frontera como el lugar donde la violencia conquistadora retorna en forma siniestra desde el mismo corazón de las tinieblas. En ambos relatos hay una relación estrecha entre la transformación física que se opera sobre el cuerpo femenino (animalización de Marta, corporalización/humanización de Rima) y la metamorfosis que tiene lugar en y sobre la mente del narrador/protagonista masculino: los vaivenes entre lo humano y lo animal del cuerpo femenino alegorizan, al menos desde la óptica del padre Sepúlveda y de Abel, el drama de la perdición o salvación de su propia "alma". Sobre todo en *Green Mansions* (como también, en un plano diferente, en *The Purple Land*) el modelo genérico del relato de iniciación, además, permite leer el texto como una novela en clave sobre la ruptura biográfica en la vida del propio autor (aquello que, en *Far Away and Long Ago*, figura apenas como una elipsis entre el ayer y el hoy). La trayectoria de Abel es un pasaje por sucesivas etapas de transformación previa al encuentro con Rima en el bosque: la huida forzada de Caracas por motivos políticos, la frustrada tentativa de reinventarse a sí mismo, primero, como etnógrafo y naturalista, después como empresario pionero de explotación minera, y finalmente como converso cultural entre los indios. Tras el episodio con Rima (que también culmina en un viaje iniciático hacia el lugar al borde de las tierras desconocidas donde había sido encontrada la madre de esta), sobreviene la segunda serie de transformaciones: la venganza exterminadora contra la tribu de Runi, la convivencia en el bosque con arañas e insectos, perseguido por la voz alucinada de la amada muerta, el afiebrado y delirante viaje de retorno que termina en el exilio guayano, habiendo logrado finalmente apaciguar los recuerdos de la pasión.

De un modo mucho más complejo y contradictorio que los cuentos, *Green Mansions* narra, desplazando al bosque tropical conocido solamente por lecturas naturalistas, la problemática del propio destierro hudsoniano, su desencuentro con la patria sudamericana como con la europea y con los valores simbólicos que ambos pasan a adquirir en el proceso. En un nivel ese desplazamiento puede leerse como proyección a una naturaleza dicotómica de la tensión que sobrevuela la trayectoria del mismo Hudson: tal y como el bosque es al mismo tiempo el refugio de la perfección angelical de Rima y de la abyección "salvaje" de los indios (cuyo retrato, aquí como en "Marta Riquelme", nunca se salva de los peores estereotipos coloniales), el propio mundo animal aparece escindido entre los polos totémicos de lo celestial (los pájaros) y lo terrestre (arañas, serpientes, insectos). Pero más allá del recurso a estas representaciones arquetípicas del mundo animal, propias de la tradición del bestiario (y tal vez producto de la falta de conocimiento de primera mano del ambiente selvático), la novela también comparte con el resto de la obra cierta sobreabundancia de observaciones sobre la apariencia y el comportamiento de especies individuales que escapan a cualquier constelación rígida. Y es que, en cuanto novela-clave de exilio, *Green Mansions* también se deja leer como cifra del desencuentro con una "ciencia natural" entendida como sistematización normativa de una naturaleza que para Hudson no podía someterse sin más a tal afán clasificatorio.

De ahí que, en la recurrencia de figuras de metamorfosis en la ficción hudsoniana, también es posible leer una suerte de reinscripción de la noción de singularidad en la que fundaba su desacuerdo con las corrientes dominantes de la historia natural. Si hay una esencia de lo animal, es precisamente su no-esencialidad, aquello que se resiste a la síntesis clasificatoria, porque pertenece al instante en que es encontrado, para preservarse en la mente del observador solo como efecto o repercusión: "To know the creature, undivested of life or liberty or of anything belonging to it —dice Hudson en *The Book of a Naturalist*— it must be seen with an atmosphere, in the midst of the nature in which it harmoniously moves and has its being, and the image it casts on the observer's retina and mind must be identical with its image in the eye and mind of other wild creatures that share the earth with it" (150). Devenir-animal, entonces, como la condición misma de poder ver, observar a los animales, tal y como estos se insertan en la naturaleza como un todo vital. Es por eso, más allá de las posibilidades que el tópico de la metamorfosis podría ofrecer a una lectura en clave de psicología autorial, que lo realmente interesante del devenir-animal en Hudson está ligado más bien al carácter "menor" de su escritura, y así a la misma condición de posibilidad de esta. Por fuera de las lecturas patologizantes podríamos tratar de entender esas ficciones de la sexualidad como crisis y de la animalidad como horizonte de fuga, como formas de narrar el hiato entre dos mundos del que surge la literatura de Hudson; hiato no solo geográfico y lingüístico sino, sobre todo, histórico. La crisis de la que nos habla la obra de Hudson es ante todo la que inscribe la historia en la naturaleza. El tema común de los textos ficticios y los de carácter naturalista no es otro que la propia historia natural de la modernidad.

Bibliografía

AGAMBEN, Giorgio. *Lo abierto. El hombre y el animal.* Trad. Flavia Costa y Edgardo Castro. Buenos Aires: Adriana Hidalgo, 2006.

ANDERMANN, Jens. *The Optic of the State. Visuality and Power in Argentina and Brazil.* Pittsburgh, PA: University of Pittsburgh Press, 2007.

DELEUZE, Gilles y Félix GUATTARI. *Mil mesetas. Capitalismo y esquizofrenia.* Trad. J. Vásquez Pérez. Valencia: Pre-Textos, 1988.

DRIVER, Felix. *Geography Militant. Cultures of Exploration and Empire.* Oxford: Blackwell, 2001.

GALSWORTHY, John. "Foreword". En: Hudson, William Henry. *Green Mansions.* New York: Illustrated Modern Library, 1944, v-x.

HUDSON, William Henry. "Pelino Viera's Confession". En: *Tales of the Pampas.* New York: Alfred A. Knopf, 1916, 95-133.

— *The Book of a Naturalist.* London: Hodder & Stoughton, 1919.

— *Nature in Downland.* London: J. M. Dent & Sons, [1900] 1925.

— *Far Away and Long Ago. A Childhood in Argentina.* London: Century, [1918] 1985.

— *Idle Days in Patagonia.* London: Nonsuch Publishing, [1893] 2005.

MACIEL, Maria Esther. *O animal escrito. Um olhar sobre a zooliteratura contemporânea.* São Paulo: Lumme Editor, 2008.

Martínez Estrada, Ezequiel. "*La Tierra Purpúra*, una novela clave". En: Espinoza, Enrique (comp.). *Para una revisión de las letras argentinas*. Buenos Aires: Losada, 1967, 145-150.

— *Radiografía de la pampa*. Buenos Aires: Hyspamérica, [1933] 1986.

— *El mundo maravilloso de Guillermo Enrique Hudson*. Rosario: Beatriz Viterbo, [1951] 2001.

Nouzeilles, Gabriela. "El retorno de lo primitivo. Aventura y masculinidad". En: Nouzeilles, Gabriela (comp.). *La naturaleza en disputa. Retóricas del cuerpo y el paisaje en América Latina*. Buenos Aires: Paidós, 2002, 181-185.

Outram, Dorinda. "New Spaces in Natural History". En: Jardine, N., J. A. Secord y E. C. Spary (eds.). *Cultures of Natural History*. Cambridge: Cambridge University Press, 1996, 249-265.

Wilson, Jason. *W. H. Hudson: The Colonial's Revenge*. London: University of London/Institute of Latin American Studies, 1981.

SECCIÓN II

La ciencia, la literatura y el imperio

Los espacios de la sangre: imperio informal, guerra y nomadismo en *The Purple Land*

Javier Uriarte
Stonybrook University, EEUU
Universidad de la República, Uruguay

En la segunda mitad del siglo XIX y en los primeros años del XX el imperio británico llegó a extenderse a lo largo de los cinco continentes e incluyó territorios de grandes dimensiones como India, Sudáfrica, Australia o Canadá. Aunque América Latina no fue nunca formalmente parte de estos dominios, existió allí una profunda penetración económica que llegó casi a dominar algunas economías nacionales. Dicha influencia se manifestaba a través de lo que se ha llamado *informal empire,*[1] una manera de controlar determinadas regiones o naciones a través de medios económicos, independientemente de la efectiva apropiación política del territorio. El título del conocido artículo "The Imperialism of Free Trade" (1953), de John Gallagher y Ronald Robinson, da nombre a esta modalidad de explotación, que fue la mayor forma de actividad imperial en el siglo XIX. Los autores insisten en la interconexión entre acciones y objetivos políticos y económi-

1. El término fue usado por primera vez por C. R. Fay en *Cambridge Histoy of the British Empire* (1940).

cos: "it is the politics as well as the economics of the informal empire which we have to include in the account. Historically, —the relationship between these two factors has been both subtle and complex" (7).

Teniendo en cuenta entonces que el imperio informal constituyó la modalidad predominante de la presencia británica en América Latina, estudiaré la relación entre las dinámicas de poder —estatal e imperial— y la representación de territorio y personajes en la novela *The Purple Land* (1885), de William Henry Hudson (1841-1922). Uno de los elementos más notorios de este texto, frecuentemente señalado por la crítica, es la transición del protagonista desde una posición imperialista hasta un discurso que, hacia el final, cuestiona esa lógica desde la mirada opuesta, que reivindica una cierta vida natural y primitiva. Si bien esta valorización positiva de la naturaleza y la crítica a la idea de progreso son clave en toda la poética hudsoniana y han sido en ese sentido reiteradamente discutidos, la conexión entre esa filosofía y la posibilidad de una cierta agencia violenta individual que la misma implica no ha sido estudiada en profundidad. Se trata de una violencia que se opone a las formas también violentas de opresión estatal por un lado, y a la presencia imperial por otro. Es importante pensar en profundidad no solo el lugar de la violencia en la escritura de Hudson, sino particularmente las relaciones entre la guerra —una forma particular de esa violencia— y la retórica del viaje que se articulan en *The Purple Land*. En esta novela, como en ningún otro texto de Hudson, se incorporan la violencia y la guerra a ese lazo entre viaje y naturaleza que atraviesa casi toda su obra.

Aquí se narra el recorrido de Richard Lamb, álter ego del autor, por el extremadamente violento territorio uruguayo de los años 1860 y comienzos de la década siguiente,[2] donde vive múltiples aventuras

---

2. Felipe Arocena establece que en 1868 habría viajado a Uruguay y que seguramente recorrió buena parte de su territorio (2000: 45). El biógrafo no establece sin embargo con precisión la fecha de su retorno a Argentina. Rubén Cotelo, por su parte, afirma que Hudson permaneció en Uruguay "de mediados de 1868 a marzo de 1869" (1999 [1922]: 12). Sin embargo, la ficticia batalla de São Paulo, sobre la cual volveré, parece ser una referencia a la Revolución de las Lanzas

y corre innumerables peligros. Al ser *The Purple Land* la narración de un recorrido, el movimiento es central a la trama, y la retórica del viaje aparece como uno de los ejes estructurales del relato. El desplazamiento adquiere también un valor simbólico dado que instala diversos tipos de inestabilidades que van creciendo en importancia a medida que la narración avanza. Es por esto que propongo leer la primera novela de Hudson en diálogo con la idea de nomadismo que han teorizado Deleuze y Guattari. Los diferentes elementos que pondré de manifiesto en este artículo y que constituyen mi argumentación —la violencia como natural, la naturaleza como violenta, la centralidad de la guerra, la crítica de la lógica del Estado moderno, el constante desplazamiento geográfico, la cada vez más fluida y móvil identidad del protagonista, la presencia de lo rural y el borramiento del espacio urbano— son parte importante de lo que estos filósofos han denominado la máquina de guerra y el espacio nómade. Estas ideas permiten leer la fuerte fluidez e inestabilidad en *The Purple Land* como formas de resistencia al discurso violentamente homogeneizante y centralizador que se impondría ya en Uruguay a mediados de la década de 1870.

En *A Thousand Plateaus,* Deleuze y Guattari discuten las relaciones entre el aparato estatal y los grupos nómadas que se oponen al mismo. ¿Cómo es la relación de la máquina de guerra (y del Estado) con el espacio? El movimiento de las piezas en el ajedrez y el juego del Go ilustran diferentes formas de concebir el movimiento y el espacio:

> in chess, it is a question of arranging a closed space for oneself, thus of going from one point to another [...] In Go, it is a question of arraying oneself in an open space, of holding space [...] the movement is not from one point to another, but becomes perpetual, without aim or destination, without departure or arrival. The "smooth" space of Go, as against the "striated" space of chess. The *nomos* of Go against the State of chess, *nomos* against *polis* (1987 [1980]: 353; la cursiva es el original).

El Estado busca codificar el territorio, leerlo e interpretarlo, asignarle direccionalidades, puntos de partida y de llegada, rutas. Dominar los

---

(1870-1872) de Timoteo Aparicio, caudillo blanco con el cual se ha identificado al personaje del General Santa Coloma en la novela.

espacios (y el movimiento en ellos) le resulta esencial. El Estado no es concebible sin límites precisos y una extensión concreta, sin territorio donde aplicar su poder. El espacio estriado es para Deleuze y Guattari un espacio surcado por líneas que lo miden y lo dividen (por ejemplo, rutas, caminos, límites políticos, hitos que marcan los kilómetros, que recuerdan hechos históricos o que indican finales o comienzos): "It is the difference between a *smooth* (vectorial, projective, or topological) space and a *striated* (metric) space: in the first case 'space is occupied without being counted', and in the second case 'space is counted in order to be occupied'" (ibíd.: 361-362). Me pregunto en este sentido cómo se mueve el personaje en *The Purple Land*, qué relación establece con el territorio, cómo viaja, cómo "ocupa el espacio".

La necesidad estatal de contar el espacio para luego ocuparlo, referida en la cita anterior, dialoga con las ideas de James C. Scott, quien en *Seeing Like a State* ha analizado las operaciones de legibilización y simplificación que el Estado lleva adelante como manera de medir, controlar y cobrar impuestos sobre la naturaleza, los espacios y sus habitantes. Estudiaré las formas en que el texto de Hudson pone en evidencia críticamente esas miradas apropiativas y transformadoras del Estado sobre los espacios, que Scott sostiene que se producen particularmente en "times of war, revolution, depression, and struggle for national liberation" (1998: 5). En *The Purple Land* la guerra y la revolución serán clave en articular una nueva relación del protagonista con el Estado uruguayo y con el imperio británico. ¿Qué complejidades incorpora al texto la ficcionalización de la guerra y el viaje desde una distancia témporo-espacial que surge por las condiciones *desplazadas* de publicación de la obra?

En Hudson algunos elementos biográficos establecen una primera zona de extrañamiento. Nacido en Quilmes (Argentina) de padres estadounidenses,[3] el autor vivió y trabajó varios años en su país natal,

3. Emilio Irigoyen ha trabajado la presencia del país de origen de los padres desde la idea del desvío, poniéndola en diálogo con el lugar que tiene la por él llamada "Banda Oriental" en su escritura: "La presencia de esta otra Banda, que no es ninguna de sus patrias, pero que representa hasta cierto punto un rol de origen en su obra pública (novelesca), es simétrica de la ausencia de ese otro origen y de esa otra madre patria (familiar): los Estados Unidos [...] (2005: 89).

viajó a Uruguay y a la Patagonia, y en 1874 abandonó Sudamérica para nunca volver. Se radicó en Londres, donde vivió hasta su muerte. Allí publicó —siempre en inglés— toda su obra. Pero los desplazamientos no solo fueron geográficos, sino también lingüísticos, ya que si bien escribió en inglés, lo hizo con frecuencia sobre regiones de habla hispana:[4] la lengua española es una interferencia en su discurso anglosajón. También el título sufrió importantes cambios entre las dos ediciones de la novela en vida de Hudson (1885 y 1904).[5] Propongo que estos múltiples desplazamientos buscan subvertir la lógica de la acumulación capitalista que sustenta el imperialismo informal y que no solo imponía Gran Bretaña sino que penetraría en el país a través de las políticas del moderno Estado uruguayo. Con el uso de ciertas estrategias narrativas como lo que Anne McClintock ha llamado *passing*, el texto desestabiliza el "unproblematic subject" que caracteriza para Jean Franco los textos de viajeros ingleses en la primera mitad del siglo XIX:

> The unified subject [...] is mobile, progressive, and yet unchanging. The diversity it encounters can be accommodated within the predominantly linear narrative form only insofar as the teleology remains undisputed. When, as in the case of [Francis Bond] Head, disturbing moral and aesthetic values are

4. Se trata de una vuelta incompleta, de un querer volver *en otra lengua*, de una añoranza que mantiene sin embargo una distancia como condición de la propia escritura. Se escribe queriendo volver a través del recuerdo, pero sin narrar un retorno concreto, sin nunca llegar. Sobre los problemas que este desplazamiento lingüístico implica para la definición de los límites de una literatura nacional o hispanoamericana, véase Díaz, quien en su capítulo sobre Hudson discute cómo *The Purple Land* traslada su carácter intersticial a su lector implícito, que permanece, como el autor, entre dos espacios culturales (2002: 124-142).
5. Cierta nostalgia imperial —ironizada en el texto, es cierto— es palpable en el título de la primera edición, *The Purple Land that England Lost*, que, previsiblemente, fue ignorada por público y crítica. En la posterior edición el título se abreviaría para conservar la primera parte, *The Purple Land*, aunque el autor agregaría un largo subtítulo, que enfatiza las ideas del viaje y la aventura: *Being a Narrative of one's Richard Lamb's Adventures in the Banda Orientál [sic], in South America, as Told by Himself.*

allowed to traverse the discourse, then the way is opened for a critique of the imperialist enterprise (1995: 145).

Antes de analizar las modalidades que adopta esa crítica de la empresa imperial en Hudson examinaré las formas de esta presencia imperial "informal" en América Latina y las condiciones políticas de Uruguay en los momentos en que Richard Lamb recorre sus territorios.

The Purple Land entre el imperio informal y la guerra civil

Si la influencia del imperio británico en Latinoamérica fue principalmente informal, hay intentos concretos de penetración política en algunas regiones sudamericanas que acaso no hacen más que probar la mencionada cercanía entre los aspectos políticos y económicos. Las invasiones inglesas de 1806 y 1807 en el Río de la Plata son particularmente relevantes en relación con los problemas que discuto aquí. Gallagher y Robinson también señalan los casos de Brasil y Argentina. Los británicos, después de ayudar al monarca portugués a escapar de la invasión napoleónica escoltándolo a la colonia sudamericana en 1808, vieron garantizadas enormes preferencias comerciales con el país latinoamericano.[6] Aquí no se trata de un intento concreto de dominación política, aunque los beneficios económicos están fuertemente ligados a eventos políticos. En Argentina y Uruguay la libre navegación del Río de la Plata y otras vías fluviales fue una razón que

6. Alan Knight explica brevemente la importancia de Gran Bretaña en el siglo XIX brasileño: "Threatened by Napoleon, protected and prompted by Britain, the Braganza royal family fled to Brazil. Trade was liberalized and the British secured a highly favourable commercial treaty. In 1821-22 the Braganza dynasty bifurcated, when Pedro I proclaimed Brazil's independence, founding a new world empire which endured to 1889. Brazil thus won its independence by means of a peaceful, monarchical transition, aided and abetted by British diplomacy and maritime power; as a result, for the next generation Brazil displayed an unusual combination of political stability and successful British economic penetration" (1999: 127).

justificó la intervención británica en numerosas guerras durante las décadas de 1830 y 1840. Gallagher y Robinson sostienen que Juan Manuel de Rosas, el caudillo que gobernó Argentina por casi veinte años (1829-1831 y 1835-1852) y se opuso ferozmente a la penetración extranjera, fue desalojado del poder más por las perspectivas que ofrecía el comercio inglés que por concretas intervenciones británicas (1953: 9).

Estos dos autores olvidan, sin embargo, la que acaso sea la más directa intervención británica en la historia del siglo XIX latinoamericano: la creación de Uruguay. Dado que la guerra entre Argentina y Brasil por la posesión del territorio de lo que hoy es Uruguay había ya durado años sin que ninguno de ellos mostrara intenciones de renunciar a sus intereses, el diplomático inglés Lord Ponsomby propuso la creación de un nuevo Estado que le garantizaría a Gran Bretaña beneficios comerciales y la libre navegación de los ríos. Alan Knight se refiere al episodio como una forma de imperialismo no "tradicional", ya que no se buscaba la anexión ni el dominio político directo:

> British political and military efforts to establish Uruguay as an independent buffer state between the hostile republics of Argentina and Brazil, and thus to keep the Plate open to British commerce, would, by virtue of its coercive, interventionist, and political nature, constitute some sort of imperialism, even though the goal was not Uruguayan annexation but Uruguayan survival (1999: 123).

Peter Winn ha insistido en la independencia de Uruguay como paradigmática del *modus operandi* del imperio informal: "The establishment of the new republic represented both the triumph and the quintessence of British informal empire" (1976: 103). De acuerdo con la historiografía uruguaya no sería apropiado afirmar que la diplomacia británica creó directamente el Estado uruguayo, aunque parece innegable que jugó un papel central en este proceso.[7] Este episo-

---

7. "Se ha afirmado más de una vez que la imaginación de la diplomacia británica creó el Uruguay independiente. Si bien es cierto que la concreción mucho debió al hábil juego de lord Ponsomby, también resulta indiscutible que, como acabamos de

dio muestra de qué modos la intervención política directa aparecía a veces escondida bajo una retórica diplomática como la mejor forma de obtener beneficios económicos. A través de estas diferentes formas de imperio informal, el Reino Unido mantuvo una relación cercana con América Latina: "By 1913, in Latin America as a whole, informal imperialism had become so important for the British economy that £999 000 000, over a quarter of the total investment abroad, was invested in that region" (Gallagher/Robinson 1953: 9-10).

Sin embargo, los esfuerzos por estabilizar el sub-continente para volver a atraer la inversión extranjera encontraron obstáculos, ya que muchos países sudamericanos vivieron inmersos en guerras civiles hasta el último cuarto del siglo. Uruguay no fue una excepción al respecto. Por los tiempos en que ocurren los eventos narrados en *The Purple Land* (cuando Hudson visitó Uruguay) la violencia era una fuerte presencia en la vida política del país. José Pedro Varela, el responsable de la mayor reforma educativa uruguaya, realizada durante el proceso de modernización que comenzó en la década de 1870, concluyó, luego de analizar las revueltas armadas entre 1830 (el primer año de la existencia independiente de Uruguay) y 1876: "Así pues, en 45 años, ¡18 revoluciones! Bien puede decirse sin exageración que la guerra es el estado normal en la República" (cit. en Barrán 1989: 40).[8] La Revolución de las Lanzas (1870-1872), con la que se ha relacionado la batalla de São Paulo en la que participa Lamb, fue una de los

señalarlo, el proceso de su vida histórica dio a la región una fisonomía diferenciada, más marcada que la que existió entre otras regiones del virreinato [...]. Así como Gran Bretaña no inventó la emancipación de la América española, pese al apoyo que en todo momento supo darle; así como lord Strangford no fue el gestor de la revolución del Río de la Plata, pese al papel significativo que le cupo en su desarrollo, tampoco el simple juego de la diplomacia británica determinó el surgimiento de esta nueva república, pese al decidido apoyo que supo prestarle" (París de Oddone 1973: 48-49).

8. Barrán agrega: "La Constitución de 1830 establecía la permanencia del Presidente de la República en su cargo por cuatro años. Si consideramos las 17 cabezas del Poder Ejecutivo desde 1830 a 1876 [...] la duración promedio de esos titulares apenas alcanza a 2 años y 8 meses. De estas 17 cabezas, el cien por ciento soportó levantamientos armados y el 35% fue derribada por motines montevideanos o revueltas rurales [...]" (ibíd: 40).

más importantes del siglo xix: "[b]aste decir que los ejércitos regulares y las partidas sueltas de ambos bandos llegaron a sumar más de 16 000 hombres, en un Uruguay que tenía alrededor de 400 000 habitantes" (Barrán 2007: 123). Constituyó además el último conflicto bélico que revistió características pre-modernas (de ahí su nombre).

Exactamente en 1876 (el año referido en la cita de Varela) comienza el periodo conocido como "militarismo", una sucesión de gobiernos militares que se extendió —con un brevísimo interludio de gobierno civil— hasta 1890. Durante ese periodo se llevó adelante la modernización del país y su inserción en el mercado internacional. Hasta esos años la economía uruguaya era casi precapitalista.[9] Se trataba de un sistema predominantemente agrario que carecía de una lógica capitalista de producción y acumulación. La influencia política central que el imperio británico había tenido en los primeros años de la independencia sería ahora económica: en los primeros años del "militarismo" se desarrolló el sistema ferroviario y los trenes alcanzaron la mayoría del interior del país. El gobierno poseía ahora rifles Remington para pacificar la campaña donde, además, las propiedades se delimitaron claramente con alambre. Hasta entonces la posesión de ganado era incierta: los animales atravesaban los campos libremente, con gran riesgo de ser robados o simplemente matados como forma de alimentación de los gauchos que recorrían la campaña. En el paisaje cultural del medio rural uruguayo, una de las consecuencias más drásticas de esta transformación de la propiedad rural en una unidad de producción capitalista fue precisamente la extinción del tradicional

9. La historiografía uruguaya ha usado reiteradamente los adjetivos "pastoril" y "caudillesco" para referirse al Uruguay independiente anterior a estos años. Véase Barrán (2007) y Lucía Sala de Tourón (1973). Acerca del modo de producción del país que caracterizó a este periodo, véase también Sala de Touron (1978). José Pedro Barrán rearticuló parcialmente esta diferenciación al referirse, con lenguaje foucaultiano, al "disciplinamiento" posterior a la década de 1860 en el segundo tomo de su importante *Historia de la sensibilidad en el Uruguay* (1990). Aquí Barrán también reutiliza la famosa dicotomía sarmientina para referirse al Uruguay "bárbaro" de los primeros años que siguen a la emancipación y al "civilizado" que lo sucede.

gaucho nómade. Es esta una de las cosas de las cuales Lamb se queja hacia el final de *The Purple Land.* Es importante para mi argumentación recordar este punto porque la acción de la novela ocurre en los últimos años del periodo pre-capitalista, aunque esta se haya publicado en 1885, cuando todos los cambios referidos ya se habían impuesto y Uruguay estaba convirtiéndose en un país moderno.

Violencia y configuración identitaria en *The Purple Land:* hacia un sujeto nómade

Franco examina diferentes estrategias discursivas por las que los textos de los viajeros ingleses hacen exactamente lo opuesto de lo que anuncian: evitan describir, escuchar, ver (1995). La voz narrativa establece una perspectiva fija desde el comienzo que no cambia en ninguna dirección. Esta perspectiva coincide con lo que Mary Louise Pratt ha llamado la "vanguardia capitalista": los viajeros que llegan a Sudamérica después de Alexander von Humboldt, y cuya perspectiva es la del imperio informal. Estos hombres viajaban en busca de recursos naturales que podían otorgar ganancias. Su mirada se dirige únicamente en esa dirección, y deja de lado todo lo que podría desviarlos de la lógica de acumulación capitalista que los lleva a detectar elementos explotables. Discutiré los elementos que convierten a la novela de Hudson en una crítica de esta lógica, a pesar de que al mismo tiempo considero problemático su proyecto, que construye con nostalgia el espacio oriental y lo conduce a adoptar una perspectiva conservadora que entiende saludable la vuelta al sistema colonial (acaso la forma de dominación pre-moderna frente al imperialismo modernizador). El enemigo indiscutible en el texto de Hudson es la modernización,[10] contra la que propone la violencia abierta como un antídoto ante la penetración ex-

10. No me refiero aquí a la modernidad liberal, sino al proceso de modernización (transformación en los modos de producción y en la estructura institucional y económica fundamentalmente, modificaciones del aparato estatal) que se llevó a cabo en América Latina entre fines del siglo XIX y comienzos del XX.

tranjera, como un espacio de independencia y construcción identitaria del personaje y del país. El narrador no ignora que la práctica de la guerra es una constante en la presencia exterior del imperio británico, pero en el texto parece pensar sobre todo en la existencia de una violencia institucional e imperceptible que avanza por canales económicos y caracteriza los modos de penetración del imperialismo informal. El texto propone tanto la guerra como la posibilidad de la agencia individual para contrarrestar tanto esa violencia como el advenimiento del Estado moderno, que es percibido como parte del mismo fenómeno. Se trata de una guerra que no se inicia desde el Estado, sino que se opone al mismo: "just as Hobbes saw clearly that *the State is against war*, *war is against the State*, and makes it impossible. It should not be concluded that war is a state of nature, but rather that it is the mode of a social state that wards off and prevents the State" (Deleuze/Guattari 1987 [1980]: 357; la cursive es del original). Si en el caso de América Latina es fácil argüir en contra del comienzo de la cita, esta me permite leer la guerra en *The Purple Land* como un espacio de resistencia. Sin embargo, la novela de Hudson contradice la oposición deleuziana entre guerra y estado de naturaleza, ya que la operación que realiza es casi identificatoria, como veremos.

En *The Purple Land* se va operando, en diálogo con esa guerra resistente, un cambio fundamental en la manera de mirar, así como en el lugar desde donde se mira. Una vez que el viaje —y, con él, la inestabilidad— comienza, la voz narrativa abandona su intención inicial de narrar desde una visión abarcadora. En este sentido, examinaré los dos momentos en los que Lamb sube al Cerro de Montevideo, que abren y cierran la novela respectivamente, otorgándole una estructura circular. Los dos momentos son simétricos y opuestos en relación con los sentimientos y opiniones hacia el país que el protagonista expresa. Sin embargo, este paralelismo antitético propone fundamentalmente *formas de mirar* antagónicas, que pautan un tránsito en la relación con el territorio recorrido. La diferencia clave no radica en la manera en que el personaje dice sentirse en cada una de las subidas al Cerro, sino de hecho en lo que él *ve*. Si en ambas ocasiones se dispone a dar una visión total, solo en la primera puede realmente describir y apropiar en el mismo gesto:

> "Whichever way I turn", I said, "I see before me one of the fairest habitations God has made for man: great plains smiling with everlasting spring; ancient woods; swift, beautiful rivers; ranges of blue hills stretching away to the dim horizon. And beyond those fair slopes, how many leagues of pleasant wilderness are sleeping in the sunshine, where the wild flowers waste their sweetness and no plough turns the fruitful soil, where deer and ostrich roam fearless of the hunter, while over all bends a blue sky without a cloud to stain its exquisite beauty? (*The Purple Land* 8).

El modo en que este discurso consigue dominar mediante el acto de la descripción recuerda a lo que Pratt ha llamado "the monarch-of-all-I-survey trope": la autora da ejemplos de este tipo de discursos en casos de viajeros ingleses en África y muestra cómo la descripción y estetización del paisaje en el marco del discurso del "descubrimiento" permite la subsiguiente apropiación de lo descrito (1992: 201-208). En este fragmento, el discurso construye un espacio vacío. No hay signos de seres humanos; cuando estos aparezcan, serán mostrados como incapaces de aprovechar esa tierra virgen que los rodea y de la que en realidad no se distinguen. Esto es importante porque en gran medida la mirada del viajero en *The Purple Land* tiene que ver con el lugar que el hombre ocupa en relación con el espacio natural, con su distancia respecto de este: estos hombres no sacan provecho del mismo, son incapaces de explotarlo, de dominarlo, son sus pares y no buscan situarse por encima de él (no hay que olvidar que Lamb está mirando, precisamente, desde *arriba*).

El paisaje que el ojo describe parece ser mucho más amplio de lo que este realmente puede ver desde su punto de observación. Es como si a partir de lo visto, el entusiasmo generado por el vacío imaginara la totalidad del territorio uruguayo, su fauna e hidrografía. Así, esta apropiación no se basa en aquello que el ojo *ve*, sino en lo que imagina: el discurso crea la fantasía de una tierra salvaje que duerme mientras espera que la civilización la despierte. La lógica capitalista en la que esta visión se enraíza ve a la naturaleza como improductiva y, en esa medida, como intolerable. En este sentido, la creación discursiva de un desierto es la condición necesaria para su apropiación. La mera mención a la ausencia de fuerzas productivas podía ser entendida por cualquier lector como un reclamo de extender hacia esas tierras el imperio informal. La atribución del ocio y la improductividad a las poblaciones nativas es parte de una operación de legitimación de la incorporación política o —ya en los años del imperio informal— de la dominación económica del territorio. Adoptada por las elites letradas latinoamericanas, pasará también a ser un discurso de exclusiones hacia dentro del espacio nacional: "El *ocio* es la práctica más preocupante para la mirada racional-modernizadora del hombre de negocios pues es la forma de una amenaza: en la sociedad productivista, quien no tiene función, no tiene identidad" (Montaldo 2004 [1999]: 62-63, la cursiva es del original). A pesar de que al comienzo Lamb parece acompañar enteramente esta lógica, *The Purple Land* propondrá exactamente lo opuesto: fundar una identidad en la improductividad dejando de lado el discurso del trabajo e incorporando el de la aventura, la violencia y la desobediencia a la ley del Estado moderno. El texto propone que la razón por la que los uruguayos no son productivos es la inminencia de la violencia, que se sitúa así en el centro del texto desde el mismo comienzo. Hacia el final de *The Purple Land,* en un original gesto metaliterario, Lamb le dice a otro personaje que una vez que regrese a Inglaterra escribirá un libro sobre Uruguay que llevará ese título, "for what more suitable name can one find for a country so stained with the blood of her children?" (234).[11] La violencia es concebida en el texto como esencial al territorio y sus habitantes, y será también un elemento estructurante del propio protagonista, quien transitará desde una desaprobación visceral de la violencia abierta de que es testigo hasta la incorporación de la misma como un elemento fundante de su identidad.

En las primeras páginas, sin embargo, la guerra es descrita como un obstáculo para la vanguardia capitalista que Lamb representa. La violencia política y, específicamente, las constantes revoluciones, son los elementos que, para el narrador, generan incertidumbre y no constituyen un buen signo para los hombres de negocios. Lamb, en los

11. En su primer prólogo a la novela, fuertemente didáctico, Hudson explica el título, refiriéndose a Uruguay, y dice que "the dark stains on her feet, washed ever with her children's blood, give her a better title to that sad epithet" (1885: I, 2-3).

primeros capítulos, intenta encontrar un trabajo, busca ser *productivo*, pero el ambiente no lo ayuda. Así, la insistencia en que "business was [...] in a complete state of paralysis" (*The Purple Land* 6) muestra que el verdadero problema que presenta la guerra es económico. Así, la obtención de pingües ganancias es en realidad el único interés desde la perspectiva del imperio informal, que busca evitar las complicaciones que implica la dominación política formal, como sugieren convincentemente Gallagher y Robinson. La conexión entre violencia y política, con las correspondientes consecuencias desastrosas para el comercio y los "negocios" (Hudson usa insistentemente el término *business*) aparecen resaltadas, entonces, desde el primer capítulo.[12]

En la novela hay un tránsito desde lo que Said llamó "the fundamentally static notion of *identity* that has been the core of cultural thought during the era of imperialism" (*The Purple Land* xxv) hacia una subjetividad más compleja, que incorpora la violencia para socavar ese sujeto inicial estático y no problemático. Cuanto mayor es la experiencia que Lamb comparte con los uruguayos su subjetividad más se desplaza hacia un espacio inestable. La crítica a una identidad británica fija aparece también a través de la operación por la cual Lamb se mira a sí mismo en sus connacionales. El primer ejemplo de esto se lee en el encuentro con un grupo de ingleses que viven en la campaña y que aparecen representados como un conjunto de seres perezosos, violentos y alcohólicos. Son ellos el paradigma de la impro-

---

12. Por ejemplo: "The expected change and tempest is a political one. The plot is ripe, the daggers sharpened, the contingent of assassins hired, the throne of human skulls, styled in their ghastly facetiousness a Presidential Chair, is about to be assaulted. It is long, weeks or even months, perhaps, since the last wave, crested with bloody froth, rolled its desolating flood over the country; it is high time, therefore, for all men to prepare themselves for the shock of the succeeding wave" (*The Purple Land* 8-9). Estas palabras parecen referirse a un día particularmente violento en la historia uruguaya: el 19 de febrero de 1968, conocido como "el día de los cuchillos largos", cuando tanto el presidente Venancio Flores como el líder del opositor Partido Blanco fueron asesinados en Montevideo. Cuesta imaginar que, si Hudson realmente visitó Uruguay a fines de la década de 1860, este episodio excepcionalmente sangriento no le haya sido referido o haya llegado de algún modo a su conocimiento.

ductividad y la violencia. Al mostrar que los ingleses no se encuentran lejos de lo que él cree que son los habitantes locales, Lamb identifica los dos grupos, socavando el discurso que propone la existencia de una clara dicotomía entre ambos. Al final del capítulo, el protagonista termina por escapar de ellos para salvarse.

En las últimas páginas del libro esta estrategia de identificación especular aparece con el personaje opuesto, el "un-Scotched Scotchman" (*The Purple Land* 183) John Carrickfergus. Cuando Lamb lo conoce, destaca que no posee los elementos del "típico" escocés. Refiriéndose a sus hijos, dice: "All we think about in the old country are books, cleanliness, clothes; what's good for soul, brain, stomach; and we make 'em miserable. Liberty for everyone —that's my rule. Dirty children are healthy, happy children" (181). Esta mirada desafía abiertamente la obsesión higienista de fines del siglo XIX y propone una visión casi rousseauniana de la educación. Este personaje es la imagen de Lamb en ese momento de la narración: un ser desterritorializado que ha abandonado ciertos principios culturales para adoptar otros nuevos y contrapuestos a aquellos. Pero es también un personaje del margen del imperio, de las tierras conquistadas por Inglaterra. Si Escocia es parte de las islas Británicas, lo es sin duda de un modo marginal, contradictorio, conflictivo. El tránsito desde los sórdidos ingleses hasta Carrickfergus es también un tránsito desde el centro a la periferia, un movimiento que culmina con la adopción de ese entre-lugar que habitará Lamb y que es también el espacio desde el que Hudson escribe.

Oscilaciones identitarias: guerra y huida

Un ejemplo de estas inestabilidades puede verse en los momentos que preceden a la batalla de São Paulo. La participación de Lamb en ella es significativa porque se trata de la experiencia de la violencia desde "adentro", pero sobre todo porque genera una discusión acerca de su identidad en la cual la nacionalidad se usa como una razón para su participación en la batalla o —según quien argumente— como una excusa para evitarla. Para conseguir esto último, Lamb "took refuge in the argument that I was a foreigner, that I loved my country with an ardour equal to hers, and that by taking arms in the Banda Orientál I should at once divest myself of all an Englishman's rights and privileges" (*The Purple Land* 133). La participación en el conflicto significaría un desplazamiento temporario de su nacionalidad inglesa hacia la uruguaya, como si la nacionalidad pudiera modificarse por eventos específicos.

Sin embargo, más allá de tono jocoso del personaje, es precisamente eso lo que sucede: la inminencia de la guerra provoca la emergencia de una identidad que podríamos llamar móvil. Una vez que ha decidido ir a la guerra, Lamb manifiesta que su "uruguayidad" durará lo que el conflicto: "once this oppressive, scandalous, and besotted Colorado party is swept with bullet and steel out of the country, as of course it will be, I shall go to Santa Coloma to lay down my sword, *resuming by that act my own nationality*" (136: el énfasis es mío). A pesar de que el protagonista sugiera que como ciudadano británico no puede penetrar en el campo de batalla, ya que se trata de un acto aberrante y bárbaro desde una mirada civilizada, lo que hace el texto es precisamente reivindicar la lógica contraria. Por un lado, establece una diferenciación entre lo que podríamos llamar violencia institucionalizada y violencia nómade. La segunda es contraria a la primera, a la cual se opone y combate. Es decir, hay una fuerte conciencia del sustrato violento del discurso modernizador, y no solo de las guerras a través de las que se impone; la violencia subyacente a la penetración y explotación económicas que suponía el imperio informal es casi expresamente combatida. La novela mostrará, por otro lado, que el acto de reasumir la nacionalidad inglesa al dejar las armas ya no será posible. La fluidez identitaria definitiva que el acto fundador de la guerra otorga a la oscilación ya existente dará lugar a una identidad que llamaré nómade en un sentido deleuziano. El texto juega con el horror inglés a la guerra, que no es tal. La guerra no es para Inglaterra una experiencia insoportable o inconcebible, sino una práctica de dominación casi cotidiana, aunque no sea la característica principal de su presencia en América Latina. Lamb, luego de esta intervención en la guerra, será un fugitivo y su tránsito por el territorio deberá leerse en términos de huida, de fuga.

El momento en que toma las armas simboliza la adquisición de esa nacionalidad "otra" y puede en este sentido pensarse como un ejemplo de lo que Anne McClintock llamó "colonial passing" al estudiar *Kim* (1900-1901), de Rudyard Kipling: "Kim is a switcher. Throughout the narrative, he switches effortlessly from 'a complete suit of Hindu kit', to the clothes and identity of a white sahib, back to 'the likeness of a low-caste Hindu boy – perfect in every detail', then back to sahib, 'he would be a sahib again for a while'" (McClintock 1995: 69). Lamb es comparado con un verdadero "oriental": "'Richard, you were made for an Oriental', he said, 'only nature at your birth dropped you down in the wrong country [...] the Castilian gravity you have recently assumed is, I fancy, only *a passing mood*'" (ibíd.: 145; el énfasis es mío). Así, lo que no es uruguayo en Lamb es solo una disposición pasajera; se trata exactamente de la idea opuesta a la que expresa el propio protagonista antes de ir a la guerra, como hemos visto. Estos ejemplos muestran la habilidad del personaje para cambiar de lugar casi imperceptiblemente, incluso si esta operación no se dirige —como sostiene McClintock que sucede en Kipling— a reforzar la estructura (neo)colonial. Si la idea de *passing* me es útil para mostrar los procesos de ida y venida entre identidades, la emergencia de una identidad pasajera en el texto, para McClintock el "colonial passing" no implica una inestabilidad o el socavamiento del poder colonial. Sucede de hecho lo contrario, ya que el personaje que usa esta estrategia es "the colonial who passes as Other the better to govern" (ibíd.: 70).

La batalla de São Paulo importa también por su desenlace. La discusión identitaria previa y la presencia de ese extranjero *uncanny* en el campo de batalla contribuyen a generar expectativa en el lector acerca de la inminente narración del conflicto. Sin embargo, aparece aquí un límite, una cierta imposibilidad de narrar. En un reciente artículo, Fredric Jameson categoriza formas de representar la guerra, la que en último término sería irrepresentable como tal (2009: 1533), y propone pensarla como un universo espacial. Me pregunto entonces cómo se modifica la relación con los espacios en y a partir de la experiencia de la guerra. El único relato de los sucesos bélicos consiste en un diálogo entre Lamb y uno de los enemigos que lo ofende al llamarlo francés. Más allá del tono humorístico, aparece en medio de la escena el problema de la identidad nacional, que continúa escapando a una definición precisa (en teoría, Lamb no es inglés en el campo de batalla). Luego llega la retirada, elemento común en la Revolución de las Lanzas.[13] Reinan entonces el desorden y la falta de claridad en la mente del narrador. Su intervención directa en el conflicto existe, y sin embargo, no es narrada, permanece en la sombra:

> how I ever got out of it all without a scratch is a mystery to me. More than once I was in violent collision with Colorado men, [...] and several furious blows with sword and lance were aimed at me, but somehow I escaped them all. I emptied the six chambers of my Colt's revolver, but whether my bullets did any execution or not I cannot pretend to say. In the end I found myself surrounded by four of our men who were furiously suprring their horses out of the fight (*The Purple Land* 150-151).

Tanto el momento del ataque como el de la defensa son inexplicables. No hay ningún enfrentamiento narrado como tal; los ataques propios carecen de preparación y su blanco es desconocido, así como sus consecuencias. No se describen detalles; en *The Purple Land* la guerra es narrada desde un silencio, es aquello que *no* está en el texto. La mezcla de azar y cobardía en el protagonista, su confusión e inexperiencia generan una sensación de testimonio y no de intervención directa. El narrador atraviesa el conflicto intacto y sigue desconociendo las leyes que lo rigen. No hay ninguna disciplina en este guerrero nómade. Deleuze y Gutattari dicen que la máquina de guerra se caracteriza por "a fundamental indiscipline of the warrior, a questioning of hierarchy, perpetual blackmail by abandonment or betrayal, and a very volatile sense of honour, all of which, once again, impedes the formation of the State" (1987 [1980]: 358).

La batalla de São Paulo no es la primera experiencia violenta del protagonista, y no será tampoco la última. Cuando escapa luego de

13. Las batallas no eran conclusivas, y al mismo tiempo parecían sumamente breves, mientras el conflicto general se alargaba: "Combates entre caballerías eternizaban la lucha al no ser nunca decisivos, pues los ejércitos, antes de ser cercados, huían" (Barrán 2007: 123).

la rápida derrota de las fuerzas de Santa Coloma en la lucha, es reconocido y atacado por un gaucho. Lamb reacciona entonces matando al hombre con su cuchillo. Este es, en mi lectura, el último y definitivo paso hacia el espacio de la violencia. Este comportamiento no es nunca cuestionado por el protagonista; de hecho, él está orgulloso de su reacción: "not a shade of regret did I feel at his death. Joy at the terrible retribution I had been able to inflict in the murderous wretch was the only emotion I experienced when galloping away into darkness —*such joy that I could have sung and shouted aloud* had it not seemed imprudent to indulge in such an expression of feeling" (*The Purple Land* 176; el énfasis es mío). Ya no es posible volver atrás, y las tinieblas hacia las que se dirige son claramente simbólicas, aunque se trata de una oscuridad añorada, buscada. Propongo leer este asesinato como un acto emancipador, como la reivindicación de una agencia violenta individual en contra de la violencia institucionalizada del Estado y el poder imperial. Si la huida del campo de batalla implica una primera asunción de una identidad de prófugo frente a la ley, esa categoría se hace ahora definitiva. Por eso la oscuridad es también un espacio de autodescubrimiento, una suerte de *anagnórisis* o reconocimiento. Es en realidad —más allá de la aparente contradicción— un momento de iluminación, una revelación. La oscuridad como ausencia de ley es el lugar que el personaje habitará de ahora en adelante.[14]

De la imposibilidad de mirar

En contraste con su primera visita al Cerro, cuando el tropo que Pratt (1992) llamara "the-monarch-of-all-I-survey" podía ser leido con

14. Esta liberación se vincula también con la persistencia en ese espacio de la naturaleza y la violencia. Según Graciela Montaldo, la naturaleza representada por Hudson "no está marcada por la belleza sino, más frecuentemente, por la violencia" (2004 [1999]: 128). En este sentido, si se identifican de acuerdo a la lógica de Hudson violencia y naturaleza (Montaldo habla de una "violencia 'natural'" (ibíd.: 128), la primera puede leerse como una experiencia liberadora, a través de la cual el sujeto rescata su condición de tal y se construye como opuesto a la ley.

facilidad, al volver a subir Lamb rechaza la propia idea de *mirar*: "I did not gaze admiringly on the magnificent view that opened before me, nor did the wind, blowing fresh from the beloved Atlantic, seem to exhilarate me. My eyes were cast down and I dragged my feet like one that was weary" (*The Purple Land* 242-243). Esta vez Lamb ya no ve ni describe nada. Ya no hay ningún "magnífico panorama" que admirar.

La comparación de estos dos momentos permite ver el viaje de Lamb como un proceso de *ilegibilización* del territorio. El sujeto incorpora una forma de mirar que implica la imposibilidad de descifrar lo visto, de ofrecer una explicación totalizante y legibilizadora del paisaje. Deleuze y Guattari caracterizan el espacio liso como aquel cuyos rasgos "do not meet the visual condition of being observable from a point in space external to them" (1987 [1980]: 371). Ya no es posible abarcar la totalidad de Uruguay de un vistazo. Pienso en este sentido en las nociones de simplificación y legibilidad con las que James C. Scott ha caracterizado la mirada del Estado, que mira el territorio desde un punto de vista cuantitativo: la naturaleza se torna recursos naturales y la idea de paisaje desaparece para convertirse en espacio medible, divisible, contable.[15] En *The Purple Land*, las formas en que Lamb da cuenta del territorio muestran un paulatino alejamiento de estos "state maps of legibility" (Scott 1998: 3) para empezar a ver elementos que permanecían en lo que llamé zonas de invisibilidad para la mirada modernizadora. Entrar en aquella zona de oscuridad luego del crimen es, simbólicamente, una forma de negar el proceso simplificador al que el Estado somete los territorios.[16]

Paralelamente, la imaginación es reemplazada por los recuerdos de las aventuras y los habitantes del territorio: "After my rambles in the interior, where I carried about in me only a fading remnant of that old time-honoured superstition to prevent the most perfect sympathy between me and the natives I mixed with, I cannot say that I am of

---

15. Aquí coinciden la mirada imperial y la que adoptará el Estado uruguayo en los años posteriores a la mirada de Hudson.

16. Colocar a la naturaleza cerca de la guerra es otra forma empleada por Lamb/Hudson para negar lo que Scott llamó "the administrative ordering of nature and society" (1998: 4).

that opinion now" (*The Purple Land* 243). Estas palabras reemplazan la idea de descubrimiento por el conocimiento de primera mano que implica la experiencia del viaje. Se trata de "corregir, desde la experiencia, el saber letrado, es decir, darle lugar, en la literatura de divulgación, a los saberes de los vecinos" (Montaldo 2004 [1999]: 125). Quien "sabe" ahora es Lamb, ya que es capaz de apartarse del discurso letrado de la ciencia y el progreso. El discurso cientificista con el que Inglaterra se identificaba no es suficiente para dar cuenta de la realidad americana, sino que se asocia en el último Lamb con el prejuicio y la ignorancia (habla de los "anteojos ingleses").

Las ideas de Lamb en su última visita al Cerro de Montevideo concluyen con un elogio de la violencia, el desorden y las pasiones sobre el orden, la estabilidad política y el progreso. Lamb asume —de modo problemático— que la pre-moderna Banda Oriental era un espacio de igualdad y armonía: "If this absolute equality is inconsistent with perfect political order, I for one should grieve to see such order established" (*The Purple Land* 245). La insistencia del narrador en referirse a Uruguay como la Banda Oriental, el nombre del país bajo el régimen colonial español, es otro ejemplo de los muchos desplazamientos que se producen en el texto, y puede leerse como un intento nostálgico de recuperar un "paraíso perdido" de la pre-modernidad.[17] Esta añoranza de la pre-modernidad y de un cierto primitivismo puede leerse aquí como una crítica al Estado moderno, que simboliza todo aquello que el narrador rechaza hacia el final del libro: ya no hay espacio para la modernidad, el orden y aquello que se ha llamado progreso, sino solo la nostalgia de un mundo en el cual las pasiones, los instintos y la violencia reinan.[18] El crimen y la violencia son, hacia el final de la novela, concebidos como necesarios para la existencia de una sociedad "salu-

17. Hay que recordar, en este sentido, que Uruguay no se llamaba ya Banda Oriental desde 1828, unos treinta años antes de la fecha aproximada del viaje de Hudson por el país.
18. Hay que notar que la dirección misma de esta nostalgia ha cambiado. Al comienzo, esta se dirigía hacia la posibilidad de poseer esos territorios que Gran Bretaña había perdido. Como comenté arriba, la misma idea estaba presente en el título de la primera edición de la novela, *The Purple Land that England Lost.*

dable": "A community in which there are not many crimes cannot be morally healthy" (*The Purple Land* 245). La asociación entre violencia y una moralidad positiva es en sí misma violenta para el Estado moderno, que institucionaliza el orden como forma de mantener una aparente armonía al tiempo que condena a la ilegalidad toda forma de violencia que no se origina en él mismo y que se resiste a adoptar las formas disciplinadas autorizadas por él. Esta violencia, en Hudson, está claramente conectada con la naturaleza:

> I do not wish to be murdered; no man does; yet rather than see the ostrich and deer chased beyond the horizon, the flamingo and black-necked swan slain on the blue lakes, and the herdsman sent to twang his romantic guitar in Hades as a preliminary to security of person, I would prefer to go about prepared at any moment to defend my life against the sudden assaults of the assassin (244).

Esta mirada protoecológica y fuertemente romántica entiende esencial la existencia de una conexión íntima entre el hombre y la naturaleza, y asume que la destrucción de la última es una consecuencia de la idea de progreso. Por esto, la elección parece ser entre un mundo en el cual el hombre puede vivir libremente incluso si se encuentra rodeado de violencia, y un mundo en el cual el progreso —no menos violento— se basa en la destrucción de la naturaleza y la vida salvaje.

La absoluta predominancia de los espacios rurales en el punto de vista y en los hechos narrados hace de *The Purple Land* una novela eminentemente rural, donde la ciudad no es más que el lugar en el cual el viaje comienza y termina, pero cuya presencia se borra a lo largo del texto. Las inestabilidades y desplazamientos señalados aparecen cuando el protagonista parte de la ciudad, donde quedan su esposa y sus posibilidades de trabajo (la parte "institucional" en su vida) para ser rápidamente olvidados por lector y personaje tan pronto como comienzan las aventuras de este último en la campaña. El texto identifica, sinecdóquicamente, a la totalidad del país con sus zonas rurales, y a los uruguayos con los gauchos que Lamb encuentra en su viaje. Esta concepción del país no deja espacio al proyecto ilustrado y modernizador: en el paraíso primitivo de Lamb no hay lugar para la ciudad y sus intelectuales y profesionales liberales. Cuando el desempleo y las terribles condiciones en que el proletariado vivía y trabajaba, así como la enorme migración del campo a la ciudad, se vuelven en Inglaterra claras consecuencias de la revolución industrial del siglo anterior, y cuando el campo se ha vuelto invisible para muchos ingleses, Hudson reivindica como necesaria y saludable la presencia del espacio rural y la naturaleza en la vida nacional.[19] Y es necesario recordar, en este contexto, que el lector implícito de esta novela fue siempre inglés.[20]

La oposición entre *nomos* y *polis*, a la que se refieren Deleuze y Guattari (1987 [1980]), sugiere cierta identificación entre las operaciones que la ciudad y el Estado ejercen sobre los espacios. La ciudad es por excelencia el lugar que busca canalizar, ordenar y medir el movimiento, donde los desplazamientos están diagramados y planificados. Allí las distancias se miden siempre en minutos o en cuadras. Y en su relación con el afuera, la ciudad es muchas veces un punto de llegada o de partida desde el cual se puede leer —y encerrar, interrumpir— el desplazamiento. De ahí que el borramiento de lo urbano pueda leerse como una forma de anular el Estado. Ya Martínez Estrada, en su bella biografía intelectual del escritor, notaba que a Hudson "no le interesaba ninguna de las formas institucionales, jurídicas o económicas que estructuran la nación, el estado, la riqueza [...] Se puede afirmar que Hudson ha ignorado toda la vida qué sean la nación, el estado y la ciudadanía" (2001 [1951]: 326).

A modo de conclusión: *The Purple Land* y la "visión consolidada"

Desde la lógica del imperio, este discurso implica la negación del proyecto imperial como un todo. Sobre el final, Lamb anhela la ausencia

19. Hubo otros escritores en Gran Bretaña que se volvieron hacia lo rural durante la Revolución Industrial. No es mi intención sostener que la mirada de Hudson es única en este sentido, aunque ciertamente no fuera la regla. Véase al respecto el clásico libro de Raymond Williams *The Country and the City* (1973).

20. De ahí la invisibilidad del texto en Inglaterra, a la que volveré a referirme. Véase más arriba mi referencia al trabajo de Díaz (2002) acerca del narratario insterstición que la novela propone.

futura de fuerzas imperiales británicas en ese territorio: "may the invaders of the future fare on your soil like those of the past and leave you in the end to our own devices; [...] may the blight of our superior civilisation never fall on your wild flowers, or the yoke of our progress be laid on your herdsman —careless, graceful, music-loving as the birds— to make him the sullen, abject peasant of the Old World!" (*The Purple Land* 247-248).

Lo que para el lector de hoy podría resultar un discurso excesivamente romántico, resultaba en el siglo XIX casi ilegible. Sucede que, como ha afirmado Edward Said, el mundo no era concebible entonces en otros términos que los del imperio. Se trata de lo que este autor llamó "consolidated vision": la idea de que, incluso si la dominación imperial podía ser reconocida como opresiva e injusta por los escritores ingleses de la segunda mitad del XIX, no hay en sus textos ninguna alternativa al sistema; el imperio aparece en sus novelas como inevitable:

> the nineteenth-century English novels stress the continuing existence (as opposed to revolutionary overturning) of England. Moreover, they *never* advocate giving up colonies, but take the long-range view that since they fall within the orbit of British dominance, *that* dominance is a sort of a norm, and thus conserved along with the colonies (1993: 74; la cursiva es del original).

Si existe una interdependencia entre novela e imperio, si "the novel, as a cultural artefact of bourgeois society, and imperialism are unthinkable without each other" (ibíd.: 70-71), entonces la operación que realiza *The Purple Land* resulta notable, al negar la legitimidad del proyecto neocolonial en el Uruguay. Jean Franco señala algunos límites al alcance último de este discurso y afirma que se trata en realidad de "una versión idealizada de la propia política imperialista británica que destinaba el Uruguay a la independencia aparente en tanto aseguraba su dependencia económica" (1980: xxxvii). Franco argumenta que lo que el imperio informal buscaba eran precisamente sociedades primitivas y violentas que garantizaran grandes mercados al poder ser explotadas sin resistencia. Si, en sus palabras, "Hudson [...] no percibía que el anacronismo no constituía una verdadera oposición al sistema" (xxxvii), es también cierto que la violencia y la guerra sí eran percibidas como obstáculos importantes. Acaso Franco espera que la novela realice una operación imposible para su horizonte cultural e ideológico sin considerar que, a fines del siglo XIX, había ideas que no podían aún pensarse.

Hay otro aspecto que problematiza la idea de "consolidated vision". Esta se centra en gran medida en la consideración de los territorios colonizados como algo que no puede ser enteramente aprehendido, como algo radicalmente diferente de la voz narrativa y que, en consecuencia, solo puede ser narrado desde un afuera:

> For the British writer, "abroad" was felt vaguely and ineptly to be out there, or exotic and strange, or in some way or other "ours" to control, trade in "freely", or suppress when the natives were energized into overt military or political resistance. The novel contributed significantly to these feelings, attitudes, and references and became a main element in the consolidated vision, or departmental cultural view, of the globe (Said 1993: 74).

La perspectiva misma del narrador en *The Purple Land*, la manera en la que este comparte su experiencia con aquellos a quienes encuentra, así como la fuerte presencia de la primera persona, generan la sensación de que este territorio no está "ahí afuera", de que la visión que se trasmite aquí no es dominadora sino construida desde adentro. No se trata entonces de una visión "consolidada", sino de una perspectiva móvil, esencialmente desterritorializada.

Un texto que examinara las cuestiones del imperio bajo esta luz crítica, publicado en Londres, no podía generar demasiada atención, ya que esta no se centraba en el "allá" de los territorios poseídos, sino en el "acá", el centro imperial. *The Purple Land*, aunque escrita desde la metrópolis y dirigida a lectores residentes en ella, desestabiliza fuertemente el discurso neocolonial. Me pregunto —y acaso sea un buen tema de investigación para un próximo ensayo— si es esa la razón para su inclusión en el canon uruguayo.

Bibliografía

AROCENA, Felipe. *De Quilmes a Hyde Park. Las fronteras culturales en la vida y la obra de W. H. Hudson*. Montevideo: Banda Oriental, 2000.

BARRÁN, José Pedro. *Historia de la sensibilidad en el Uruguay. Tomo 1. La cultura "bárbara" (1800-1860).* Montevideo: Banda Oriental/Facultad de Humanidades y Ciencias, 1989.

— *Historia de la sensibilidad en el Uruguay. Tomo 2. El disciplinamiento* (1860-1920). Montevideo: Banda Oriental/Facultad de Humanidades y Ciencias, 1990.

— *Apogeo y crisis del Uruguay pastoril y caudillesco.* Montevideo: Banda Oriental, [1974] 2007.

COTELO, Rubén. "El libro que Inglaterra perdió. Prólogo". En: Hudson, William Henry. *La Tierra purpúrea.* Montevideo: Banda Oriental, [1992] 1999, 5-22.

DELEUZE, Gilles y Félix GUATTARI. *A Thousand Plateaus. Capitalism and Schizophrenia.* Minneapolis/London: University of Minnesota Press, [1980] 1987.

DÍAZ, Roberto Ignacio. *Unhomely Rooms: Foreign Tongues and Spanish American Literature.* Lewisburgh/London: Bucknell University Press/Associated University Presses, 2002.

FRANCO, Jean. "Prólogo". En: Hudson, William Henry. *La tierra purpúrea; Allá lejos y hace tiempo.* Trad. Idea Vilariño. Caracas: Biblioteca Ayacucho, 1980, ix-xlv.

— "A not so Romantic Journey. British Travelers to South America, 1818-28" [1979]. En: *Critical Passions. Selected Essays.* Ed. e intr. Mary Louise Pratt y Kathleen Newman. Durham/London: Duke University Press, 1999, 133-146.

GALLAGHER, John y Ronald ROBINSON. "The Imperialism of Free Trade". En: *The Economic History Review,* 2ª serie, VI, 1 (1953), 1-15.

HUDSON, William Henry. *The Purple Land that England Lost. Travels and Adventures in the Banda Oriental, South America.* London: Sampson Low, Marston, Searle, and Rivington: 1885. 2 vols.

— *The Purple Land: Being the Narrative of One Richard Lamb's Adventures in the Banda Orientál, in South America, as Told by Himself.* Intr. Ilan Stavanas. Madison, Wisconsin: University of Wisconsin Press, [1904] 2002.

IRIGOYEN, Emilio. "El tiempo de una visita, el espacio de un desvío". En: Vegh, Beatriz y Jean-Philippe Barnabé (coords.). *William Henry Hudson y* La tierra purpúrea. *Reflexiones desde Montevideo.* Montevideo: Linardi y Risso, 2005, 79-90.

Jameson, Fredric. "War and representation". En: *PMLA,* 124, 5, (octubre 2009), 1532-1547.

Knight, Alan. "Britain and Latin America". En: Porter, Andrew (ed.). *The Oxford History of the British Empire, Vol. III. The Nineteenth Century*. Oxford/New York: Oxford University Press, 1999, 122-145.

Martínez Estrada, Ezequiel. *El mundo maravilloso de Guillermo Enrique Hudson.* Rosario: Beatriz Viterbo, [1951] 2001.

McClintock, Anne. *Imperial Leather. Race, Gender and Sexuality in the Colonial Contest.* New York/London: Routledge, 1995.

Montaldo, Graciela. *Ficciones culturales y fábulas de identidad en América Latina.* Rosario: Beatriz Viterbo, [1999] 2004.

París de Oddone, Blanca. "Colonia y revolución". En: París de Oddone, Blanca, Lucía Sala de Tourón y Rosa Alonso. *De la colonia a la consolidación del Uruguay.* Montevideo: Banda Oriental, 1973, 7-62.

Pratt, Mary Louise. *Imperial Eyes: Travel Writing and Transculturation.* London/New York: Routledge, 1992.

Said, Edward W. *Culture and Imperialism.* New York: Random House, 1993.

Sala de Touron, Lucía. "El Uruguay pastoril y caudillesco (1830-1875)". En: París de Oddone, Blanca, Lucía Sala de Tourón y Rosa Alonso. *De la colonia a la consolidación del Uruguay.* Montevideo: Banda Oriental, 1973, 63-96.

— "El Uruguay caudillesco y pastoril: un 'modelo' de país dependiente y de estructura precapitalista". En: *Latinoamérica. Anuario de estudios latinoamericanos,* 11 (1978), 159-177.

Scott, James C. *Seeing Like a State. How Certain Schemes to Improve the Human Condition Have Failed.* New Haven: Yale University Press, 1998.

Williams, Raymond. *The Country and the City.* New York: Oxford University Press, 1973.

Winn, Peter. "Informal Empire in Uruguay in the Nineteenth Century". En: *Past & Present,* 73, 1976, 100-126.

Entre el naturalismo, la antropología y la arqueología: los múltiples registros de W. H. Hudson en el marco del discurso de la ciencia y la Nación

Gustavo Verdesio
University of Michigan

Uno de los temas que ha ocupado la atención de numerosos críticos que han abordado la obra de William Henry Hudson es la inestable situación de enunciación de la voz autorial o, en muchos casos, la del autor mismo. Muchos de estos trabajos ponen especial énfasis en las vicisitudes e itinerarios personales de Hudson, como si estos fueran una clave que permitiera explicar los vaivenes y peripecias, las inestabilidades y errancias de los textos publicados bajo el nombre de dicho autor. En este contexto, el tema de la nacionalidad de Hudson (o al menos la forma en la que él representa su pertenencia o no a diversos Estados-nación) ha recibido enorme atención y ha llenado numerosas y a veces eruditas páginas. Sin negarle importancia a este tipo de preocupaciones, mi interés va más por el lado de otras formas de pertenencia: la forma o formas en las que se relacionaba Hudson con, por un lado, ciertas corrientes de pensamiento, y por otro, con ciertas disciplinas.

Para enmarcar este estudio sobre la relación de Hudson con las diversas disciplinas entre las que su discurso y sus intereses se movían me parece útil prestar especial atención a la relación de este autor con dos de los objetos de estudio principales de las ciencias naturales y lo que en algún tiempo se llamaron las ciencias del hombre: la naturaleza y el ser humano—y en especial un tipo particular de ser humano: el indígena—. Un buen punto de partida para el tipo de reflexión que estoy proponiendo es el que encontramos en Felipe Arocena, cuyo punto de partida es su inquietud sobre los orígenes y naturaleza de la sociología, que nace bajo una doble égida: la de la literatura y la de la ciencia, o dicho en otras palabras, la del romanticismo y la ilustración (2000: 12-14). Como también le interesa Hudson como objeto de estudio, extiende la pregunta a este autor y reflexiona sobre cuán científico y cuán romántico era ese autor. Según Arocena, la obra de Hudson nace también entre esos dos fuegos que alumbraron el nacimiento de la sociología: es un romántico tardío pero practica la ciencia, es un naturalista pero también un escritor (ibíd.: 14).

Esta forma de encarar el estudio de Hudson tiene varias virtudes pero también, me parece, algunas limitaciones. Las virtudes son, creo, evidentes: nos sacan del sempiterno y ya bastante trillado asunto de las diversas posibles nacionalidades de Hudson y ponen al autor en un marco histórico que permite apreciar mejor su mirada y su posicionamiento en la época que le tocó vivir. Esta historización de Hudson y su escritura es ya un paso adelante hacia una comprensión más cabal de su obra. Sin embargo, la presentación de sus lealtades o preferencias ideológicas o disciplinarias en esos términos dicotómicos (literatura/ciencia, romanticismo/ilustración) es, de alguna manera, una simplificación, porque esas dos matrices no son las únicas a tener en cuenta en un momento en que el conocimiento se estaba reorganizando en el mundo central y, poco a poco, se iba filtrando, de distintas maneras, en las jóvenes repúblicas latinoamericanas.

Pero tal vez la limitación que me parece más interesante explorar y, si es posible, superar, es la de reducir las opciones de Hudson en materia disciplinaria. Digo esto porque para mí está claro, como se verá a lo largo de este trabajo, que Hudson no era solo un naturalista sino que su mirada estaba teñida, también, de rasgos más compatibles con la antropología y, en ocasiones, con la arqueología. El propio Arocena ve que la mirada de Hudson era un poco más compleja que la del literato/naturalista que nos presenta al comienzo de su libro y sugiere que su escritura además mostraba algunos rasgos que bien podrían llamarse sociológicos (2000: 27). Pero a pesar de esta intuición, su análisis se centra sobre todo entre las supuestas contradicciones que aquejaban a Hudson, quien según dicho crítico se debatía entre la literatura romántica y el discurso iluminista.

El iluminismo sostenía que la naturaleza puede ser revelada (es decir, que se pueden conocer sus secretos) a través de las leyes que rigen el mundo natural (ibíd.: 20). Esta forma de ver el mundo de lo natural postula a la naturaleza como regularidad: existe un orden racional y universal. El romanticismo, en cambio, creía que la naturaleza guarda sus secretos (ibíd.: 21). Por ello, los románticos proponían una actitud contemplativa y no práctica ante la naturaleza, postura que los aleja del iluminismo más puro (ibíd.: 21). Otra diferencia que Arocena marca entre iluminismo y romanticismo es que el primero tenía una fe exagerada en el progreso y por lo tanto proponía el presente como una especie de punto cero del tiempo (ibíd.: 25), en tanto que el segundo estaba más interesado en el pasado y en la fantasía (ibíd.: 26).

Hudson, quien como todo el mundo afirma era un escéptico en relación a la idea de progreso, siente una gran nostalgia por lo que él construye como momentos anteriores en el desarrollo de la especie (ibíd.: 26). En otras palabras, es un romántico que piensa al ser humano en términos de especie y no de individuo (ibíd.: 27). Lo romántico también se manifiesta en su interés por el sentido de lo sobrenatural en la naturaleza (ibíd.: 42). Todo esto hace que en Hudson coexistan todo el tiempo misterio y razón, el artista y el científico, la belleza y el conocimiento (ibíd.: 51).[1] Esto, que Arocena parece presentar como algo bastante excepcional, no era tan infrecuente entre los científicos

1. Esta condición dual de Hudson podría estar detrás de la ferviente reivindicación hecha por los literatos Ezequiel Martínez Estrada y Jorge Luis Borges, quienes, según Leila Gómez, veían a dicho autor como una amalgama perfecta de nostalgia y progreso que serviría de modelo o prototipo de la Argentina moderna (Gómez 2009: 27).

de la época, como veremos más adelante al hablar de Alexander von Humboldt.

En el presente, las ideas de Hudson con respecto a lo que él llama el hombre primitivo están muy desprestigiadas, entre otras cosas porque, como bien señala Arocena, el hombre en estado de naturaleza no existe ni existió nunca: no hay ser humano sin cultura ni hay cultura que no se contraponga a la naturaleza, porque una de las funciones de la cultura es ofrecer una interpretación de la naturaleza (ibíd.: 148-149). La idea de hombre primitivo (o sociedades primitivas) fue muy importante para la antropología de segunda mitad del siglo XIX y, según Adam Kuper, fue un concepto fundamental para el desarrollo de la antropología como ciencia—momento en el que la disciplina se empezó a hacer preguntas relacionadas con la pregunta darwiniana sobre los orígenes de la humanidad (2005: xi). La creencia en la que está basado el interés despertado por las "sociedades primitivas" es la siguiente: todas las sociedades tienen un punto de origen en común y los salvajes son, por lo tanto, el punto de partida de la historia humana (ibíd.: 31). Para Darwin y para otros exploradores/naturalistas del siglo XIX, los "salvajes" de hoy son el espejo de nuestros progenitores: según Darwin los aborígenes fueguinos que él se encontró durante su famoso viaje en el *Beagle*, son nuestros ancestros (cit. en Kuper 2005: 32).[2] Esta actitud de poner al indígena del presente en una temporalidad que no es la nuestra, en un pasado remoto, es lo que Johannes Fabian ha llamado *denial of coevalness* o negación de la contemporaneidad. Mediante ese simple procedimiento que consiste en asignar al indígena un lugar en el pasado en el marco de una escala evolucionista de la humanidad, se les niega

2. Desde entonces, los antropólogos siempre han estado tentados de ver poblaciones del presente (es decir, contemporáneas al observador, tales como los !kung o bosquimanos) como "stand ins" para las sociedades de la Edad de Piedra (Kuper 2005: 7). El problema es que en realidad no existen hoy sociedades en un estado prístino o puro, sino que se trata de poblaciones que ya han estado en contacto (como las que se encuentra Hudson en la pampa y la Patagonia) con enclaves occidentales con los que han interactuado en mayor o menor medida (ibíd.: 9-10).

presencia en el presente y se los relega al pasado de la especie.[3] Como veremos al analizar ciertos pasajes de *Idle Days in Patagonia*, Hudson no será inmune a algunos de estos vicios que caracterizaron a los antropólogos del pasado y que aún acechan, cuando uno menos se los espera, a los trabajos y esfuerzos de los antropólogos del presente.

Otra forma, más positiva, de ver este posicionamiento de Hudson a favor de la vida natural o del hombre primitivo es entenderlo como una operación intelectual de resistencia cultural ante la expansión tecnológica de la civilización occidental sobre la naturaleza en su sentido más amplio (mineral, vegetal, animal, etcétera), sobre las formas de vida rural y sobre otras culturas no-occidentales (Arocena 2000: 152). Vista desde este ángulo, su postura anti-tecnología no sería muy diferente a aquella esbozada, décadas después de su muerte, por Martin Heidegger en su conocido texto "La pregunta por la técnica", donde el filósofo alemán nos presenta un mundo en el cual la voluntad de dominio sobre la naturaleza por medio de la tecnología ha desvirtuado nuestro relacionamiento con la naturaleza. La naturaleza como espacio disponible, como *disponibilité* (o como *standing reserve*, en términos heideggerianos), típica del discurso naturalista representado por Humboldt (Pratt 1992: 130), es una concepción que predomina en investigadores como Francisco Pascasio Moreno (Andermann 2000: 124), pero que encuentran una firme oposición en Hudson.

En algunos aspectos, la forma en que Hudson ve a la naturaleza no difiere demasiado de aquella que Arocena caracterizaba como típicamente romántica. Para él, la naturaleza puede ser vista como una mujer que puede guardar un secreto (*Idle Days* 33). Esta feminización de la naturaleza americana no es solo de cuño romántico, sino que también recuerda, en algunas de sus características, a aquella que ofrecían los primeros cronistas de Indias. Hace ya muchos años, Michel de Certeau produjo un seminal análisis de un famoso grabado de Stra-

3. Esta operación es similar a la que Jens Andermann ve en Moreno y que él llama paleontologización (Andermann 2000: 125) y fosilización y fisiologización (ibíd.: 126) del indígena, que tiene como fin evitar las consecuencias desagradables del contacto tete a tete con el indígena de carne y hueso que aún era un problema para la sociedad criolla en aquellos tiempos.

danus (Van der Straet) en el cual aparecía Amerigo Vespucci llegando a América, representada alegóricamente como una mujer desnuda en una hamaca, quien reacciona ante la llegada del hombre (varón, macho) que viene con la misión de despertarla y fecundarla (de Certeau xxv). Pero hay aspectos en los que la visión de Hudson difiere con esa mirada conquistadora y fecundadora de los primeros europeos en las Américas: para el naturalista argentino/inglés, la naturaleza, si bien es una mujer, no necesariamente debe ser fecundada o explotada. El la ve más bien como un desafío: en esta forma de ver las cosas, las mujeres esconden sus tesoros, guardan sus secretos. Es allí donde hace entrada el naturalista que viene a descifrarla. Como veremos en otra parte, esa forma de ver la naturaleza como mujer que guarda secretos no es incompatible con aquella que sostiene que en la naturaleza hay un orden y que ese orden tiene leyes que pueden ser descifradas (Pratt 1992: 31).

La visión romántica de la naturaleza que tiene Hudson le debe no poco a los textos de Alexander von Humboldt sobre la fuerza de la naturaleza americana. Este gran naturalista se propuso retratar la maravilla, la majestuosidad del paisaje americano que él resumió en algunas imágenes: las nieves eternas, las selvas tropicales y las vastas llanuras (ibíd.: 125). En esas descripciones siempre hay algo de aquel estado del alma que se conoce como lo sublime —una especie de estupefacción ante la enormidad, la grandeza, lo maravilloso de la naturaleza—.[4] En *Idle Days in Patagonia*, Hudson nos habla de un estado mental (o del alma, para seguir con una terminología más cara a los románticos) que tiene ciertos puntos de contacto con lo sublime. Me refiero a aquellos pasajes en los que habla de su amor por la soledad (*Idle Days* 208). Allí nos narra sus visitas al campo abierto, donde nada ni nadie podía perturbarlo, y adonde ningún fin u objetivo lo llevaba, ya que no iba a cazar ni a contemplar el paisaje, que según él no era demasiado bello (211). Lo que buscaba, en realidad, era la soledad y el silencio (215). En esos momentos de soledad, no pensaba en nada: su mente quedaba en blanco y así le era posible alcanzar

4. Un estado del alma que, según Gabriela Nouzeilles, también se puede apreciar en la prosa de Francisco Pascasio Moreno (Nouzeilles 2002; 177).

ciertos estados de conciencia (o falta de ella) que, a juzgar por la forma en que los describe, se asemejaban a estados de trance (216). Pero según el propio Hudson, el estado que alcanzaba en esos momentos era una regresión a los estados mentales salvajes (217) y ese retorno iba acompañado por algo que él llama "elation" o exaltación (221). Esa búsqueda en el pasado de la especie (que tiene su inspiración en el mito de la sociedad primitiva y el hombre natural, como ya vimos) no implica, según Jean-Philippe Barnabé, pérdida alguna sino más bien una recuperación: la de la armonía original entre sujeto y mundo, entre el ser humano y la naturaleza (2005: 194). Por eso Hudson declara que había viajado hacia atrás, hacia el estado mental del salvaje puro, que está casi a la altura de las bestias: razona poco y está en perfecta armonía con la naturaleza (*Idle Days* 222).

El interés de Hudson por la naturaleza tiene, también, un lado que hoy podríamos identificar (si se nos permite el anacronismo) como conservacionista. Esto queda bien claro en uno de los temas en los que Hudson se interesó: el de los cambios operados por la intervención del sujeto europeo en los territorios dominados por los poderes coloniales occidentales. Lamenta el aspecto alterado de esas tierras, lo que lleva a la desaparición de innumerables especies tanto del reino vegetal como del animal (*The Naturalist* 1).[5] Esas especies han sido reemplazadas por otras de origen europeo o al menos no autóctono (pueden ser africanas o asiáticas o australianas) pero la pregunta relevante es: ¿Cuántas especies locales han sido destruidas para siempre? (2). En las pampas la situación es, según Hudson, peor que en Norteamérica, Nueva Zelandia y Australia (2). Durante mucho tiempo los indígenas fueron capaces de rechazar los intentos de colonización con su forma de guerrear que Hudson llama primitiva, pero a partir de 1879 el Estado argentino decidió deshacerse de los indígenas y ahora la pampa está disponible para el inmigrante (3). Según Hudson, los indígenas ya no están allí; se han mudado para un territorio más remoto llamado en su propia lengua (no dice cual es, pero parecería que se

5. También se ocupa de las especies americanas sustituidas por las del Viejo Mundo en algunos pasajes de *Far Away and Long Ago*.

tratara de un vocablo mapuche) Ahucmapú, un lugar que ni siquiera los geógrafos conocen (3). Este destino geográfico es, claramente, un invento de Hudson, quien le agrega un toque misterioso y si se quiere hasta mítico a la situación indígena generada como consecuencia de la campaña del desierto.

Hudson continúa con su caracterización de la situación en la región: las campañas de Roca abrieron camino a los cambios en las pampas en los últimos diez años —cambios que exceden en magnitud a aquellos producidos por tres siglos de ocupación europea (*The Naturalist* 3) —. Las especies, por su parte, son vistas como eslabones en una cadena, como ramas en el árbol de la vida, con raíces en el pasado remoto; si no fuera por nuestras acciones, seguirían floreciendo (29). Al matarlas, estamos sufriendo una pérdida en nuestra propia herencia: seremos recordados (nos dice, irónicamente) como esta era humanitaria e iluminada que debería tener como lema "matemos a todas las cosas nobles y bellas, porque mañana vamos a morir" (30).

El tema indígena, por su parte, aparece en repetidas ocasiones en la obra de Hudson, a veces directa y a veces indirectamente. Una de las formas indirectas en las que aparece es en la de una ausencia. En estos casos, la ausencia del indígena, si leemos el texto a contrapelo, se nos manifiesta como una traza en el sentido derrideano, como una ausencia que es, en realidad, constitutiva del discurso que aparentemente la produce como tal. La traza en sentido derrideano es nada más y nada menos que eso: un componente integral del discurso central o hegemónico que se autopresenta como presente y que deja afuera, en apariencia (pero solo en apariencia), a ciertos elementos representados como ausentes.[6]

En las primeras páginas de *Idle Days in Patagonia*, Hudson nos ofrece una descripción del paisaje que nos habla de un desierto que siempre fue desierto, lo cual implica olvidar la presencia del ser humano, del indígena (es decir, implica volverlo una ausencia), en ese territorio considerado desierto (6). Esto llama la atención debido a que para la época en la que Hudson visita la región del Río Negro, no

6. Para una explicación del concepto de traza véase Derrida (1977 [1972]: 36).

solo había indígenas en la zona, sino que además él mismo relata un incidente, al comienzo del libro, en el que los indígenas tienen fuerte protagonismo. Me refiero al fragmento que describe sumariamente un asentamiento criollo que Hudson y sus acompañantes encuentran abandonado no bien llegados a la Patagonia. Más tarde se enterarán de que ese asentamiento había sido atacado y destruido por los indígenas de la zona —a quienes no nombra ni describe (*Idle Days* 8)—. Si bien la presencia de estos innominados indígenas es evidente —las consecuencias materiales de su existencia son innegables— Hudson hace de cuenta, en pasajes como el citado más arriba (en el que describe al desierto como un lugar que siempre estuvo desierto), que la presencia humana autóctona (aborigen) no existe en la zona.

Es interesante señalar que esa ausencia es mucho más conspicua en la primera novela de Hudson. Lindsey Cordery nos recuerda que los indígenas apenas aparecen en la Banda Oriental descrita en *The Purple Land* (148). Apenas se hace alusión a que el personaje llamado Margarita tenía, claramente, sangre charrúa —aunque eso solo da testimonio de que el ADN charrúa todavía podía percibirse en algunos habitantes de la campaña después del genocidio de Salsipuedes— pero no hay mención a indígenas que se autodenominen como tales. No me refiero solamente a los charrúas, sino también a los guaraníes y a los indígenas de otras etnias. Aparentemente, para Hudson, todos los habitantes de la Banda Oriental parecen ser criollos.

En cambio, en otras obras de ficción, tales como "Marta Riquelme" o "Niño Diablo" (incluidas en *El ombú*) los indígenas aparecen de diversas formas y bajo diferentes luces. Por ejemplo, en la segunda narración breve mencionada, la voz autorial llama "invasores" a los indígenas cuando atacan poblados criollos (105). El relato está narrado desde una perspectiva totalmente pro criolla, en la cual los indígenas son no solo invasores sino además salvajes que raptan niños y mujeres para llevárselos a sus tolderías. El protagonista del cuento, el joven apodado *Niño Diablo*, fue precisamente una de esas víctimas criollas al ser raptado por los indígenas cuando tenía seis años —indígenas que como de costumbre en Hudson permanecen innominados: no se sabe quiénes son, dónde moran, ni a qué etnia pertenecen—. Luego de cinco años de cautiverio, logra escaparse y desde entonces se lo conoce con el apodo de *Niño Diablo*—apodo que los propios indios le asignaran (115)—.

Este joven es conocido precisamente por aquellas características que los observadores occidentales les atribuyen a los indígenas: gran agilidad, excepcional sentido de la audición, sutileza y velocidad en el desplazamiento, gran capacidad para entrar y salir de sitios sin ser vistos, enorme destreza como jinetes, y un largo etcétera. Por ejemplo, los perros no ladran cuando se aproxima Niño Diablo y los caballos más indómitos, más bravos, le obedecen incondicionalmente (115). Si bien todas esas habilidades y características les son, como decía, atribuidas generalmente a los indígenas, lo paradójico es que en el relato Niño Diablo usa todas ellas contra los indígenas mismos cuando se le encomienda ir a rescatar a otro cautivo blanco. Aunque Hudson nunca dice que el protagonista ha aprendido todas esas destrezas entre los indígenas, todo parece indicar que sí, lo cual convierte la situación en una especie de espejo invertido: en esta historia, los indígenas son los engañados con artimañas usualmente atribuidas a ellos mismos.

En este como en otros textos de Hudson, los indígenas del presente son presentados como enemigos de los protagonistas o como seres más bien indeseables. Recordemos que incluso en textos no ficcionales como *Idle Days in Patagonia* los aborígenes aparecen como una amenaza, como elementos del paisaje contra los cuales el colono está (o estaba, al menos antes de las campañas del General Roca) en guerra (78). En otros textos de ficción incluso aparecen como mero decorado o como seres indolentes que vegetan más bien que viven, como por ejemplo en "Marta Riquelme". En ese relato, los indígenas quechua hablantes que componen la enorme mayoría de la población del pueblito al que fue asignado el sacerdote que narra la historia, son como fantasmas de cuya presencia nos enteramos solamente porque el sacerdote los menciona, genéricamente, en su discurso. Ese mismo narrador los considera estéticamente desagradables, cosa que queda clara cuando se pregunta si Marta Riquelme no le resultará tan bella solamente porque en comparación con la fealdad y la grosería de las mujeres indígenas sus rasgos no pueden sino resaltar (147). Pero los otros indígenas que aparecen en la historia, aquellos que no viven en el pueblo y compran a Marta Riquelme para hacerla esposa de un cacique (es decir, los indios infieles, los no reducidos a la religión católica), son presentados como salvajes, impiadosos, graves y malhumorados (154). Si bien es cierto que estas cosas las dice el narrador, parecería que Hudson no desaprueba demasiado este tipo de caracterización de los indígenas. De hecho, en un texto de corte no ficcional, Hudson sostiene que los indígenas, debido al tipo de vida salvaje que llevan, están en realidad más cerca (la comparación, implícita, es con el "hombre civilizado") de la bestia sobre la que cabalgan (*The Naturalist* 354). Todo parece indicar que el interés de Hudson por el indígena del pasado, que él identifica con el hombre primitivo, se desvanece cuando se trata de indígenas del presente —esos mismos indígenas que tuvo que combatir o al menos vigilar durante su estadía en el fuerte de Azul unos años antes de que comenzara la campaña del desierto (Arocena 2000: 19)—.

Pero volvamos al indígena como ausencia o como traza. Así como a veces lo indígena es convertido en ausencia por el discurso de Hudson, en otras ocasiones aparece filtrado a través de la toponimia. Por ejemplo, cuando describe el Río Negro, Hudson señala que su nombre viene del que le dan los indígenas locales en su lengua (*Idle Days* 35). Otra vez, si bien admite la existencia de aborígenes, omite mencionar a cuáles se está refiriendo —pareciera que todos los indígenas son iguales para él o que no merecen el esfuerzo de describirlos o presentarlos al lector europeo—. Pero hay otros encuentros con lo indígena en la obra de Hudson que nos pueden ayudar a intentar echar luz sobre otros aspectos de su posicionamiento como escritor.

En *Idle Days in Patagonia* hay un pasaje que me parece fundamental para poder entender algunos de los registros de la prosa de Hudson. Me refiero a aquel en el que describe su experiencia con los restos de unos antiguos asentamientos indígenas. En una de sus caminatas, el autor se topa con numerosos restos de asentamientos indígenas que han sido dejados al descubierto debido a que las pasturas europeas que han reemplazado a las locales son más débiles y permiten que el viento tenga un efecto más devastador sobre los suelos (*Idle Days* 37). Este momento es interesante porque marca una transición entre el discurso naturalista que se detiene en explicarnos detalles sobre las características de las antiguas y nuevas pasturas y un discurso que aún no calificaremos que se concentra más bien en los restos de utensilios y vida humana que encuentra en esos asentamientos. Este punto de inflexión señala un momento iluminador en el que coinciden, al menos a nivel de contigüidad, el discurso naturalista y el antropológico y/o, como veremos, arqueológico.

Esos restos de asentamientos, que Hudson llama "villas," aparecen con enorme frecuencia en un breve espacio o extensión de tierra (*Idle Days* 37). Esto cuestiona, directamente, la afirmación anterior de Hudson sobre el carácter desértico del desierto desde tiempos inmemoriales. La densidad de población que la cantidad de sitios arqueológicos sugiere no ameritaría ese tipo de afirmación: para un observador desapasionado, queda claro que la zona ha estado poblada desde tiempos muy remotos —pero Hudson no se hace cargo de esta contradicción—. En esas "villas" encontró numerosos utensilios que enumera prolijamente (37). Consciente de la riqueza del yacimiento con el que se ha topado, declara que seguramente sería un festín para los antropólogos (37).

Recogió muchos objetos, entre los cuales se encontraban 300 o 400 puntas de flecha. Esos objetos que coleccionó terminaron en la colección Pitt-Rivers de Oxford, pero los objetos más preciados para él se perdieron en el viaje (38). Es interesante notar que Hudson no menciona los objetos "más preciados" de su colección, lo cual deja abierta la interrogante sobre este punto. Lo que sí está claro es que no se trataba de restos humanos. Encontró también huesos de animales de distintas especies que fueron, aparentemente, comida de los habitantes del sitio, entre las cuales se encontraban: cavy (que es un tipo de roedor parecido, según Hudson, a los conejillos de indias), tucu-tucu, armadillo, ñandú, guanaco, ciervo, peccarí, vizcacha, liebre, y otros. De todos ellos, los más numerosos eran los cavy y los tucu-tucu (38). Esta abundante fauna sugiere un amplio espectro en la dieta de los habitantes de los sitios explorados por el autor, pero nada dice sobre las implicancias de estos hallazgos —por ejemplo, no especula sobre la ingesta de proteínas, sobre el modo de subsistencia (¿Cazadores? ¿cazadores recolectores?), etcétera—.

Entre las puntas de flecha que halló se destacan dos tipos: una no muy trabajada, que supone paleolítica, y otra de terminación más sofisticada, que supone neolítica (38). La clasificación misma que usa lo lleva a pensar que los restos provenían de los dos periodos en que los arqueólogos y antropólogos europeos dividían la Edad de Piedra —cosa que lo lleva a afirmar que los indígenas al tiempo del contacto con los invasores europeos estaban en el período neolítico (38). Las puntas de flecha más abundantes en el valle eran las que Hudson atribuye a la época neolítica (38), en tanto que las que supone paleolíticas se encuentran al pie de las colinas (39). Esta operación intelectual que realiza Hudson (esto es, la alegre imposición, sin beneficio de inventario, al Nuevo Mundo, de clasificaciones usadas para comprender el pasado humano en el Viejo Mundo) es muy frecuente incluso hoy, de modo que no debe sorprendernos que aparezca también en un escritor de la segunda mitad del siglo XIX.

La actitud de Hudson en este pasaje revela que algunas de las ideas que orientaban la práctica antropológica y arqueológica en su tiempo no le eran ajenas. Esto queda claro, por ejemplo, en su interpretación de las puntas de flecha y demás utensilios: cuanta mayor complejidad en la factura, mayor grado de evolución de la cultura de sus productores —o mayor cercanía de ellos con el (su) presente—. Y queda claro también que tenía alguna idea básica de estratigrafía, ya que supone que uno de los sitios, debido a su gran profundidad, debió de haber sido más antiguo que los otros. También llama la atención que haga comentarios sobre la posible división del trabajo en la sociedad que construyó esos utensilios, la posible autoría individual de los objetos, y el posible gusto estético de los productores. Del estudio de las puntas de flechas, además, deduce que la belleza fue uno de los objetivos del que las produjo (*Idle Days* 39). Todos estos elementos sugieren que su mirada está muy cerca, al menos en este pasaje, a la de un arqueólogo.

Sus razonamientos sobre los restos indígenas hallados en los sitios arqueológicos de la zona, sobre las diferencias en la talla de piedra, sobre la profundidad temporal y sobre otros temas, lo llevan a concluir que los indígenas del presente son descendientes de esos talladores de piedra que habitaron esos sitios en el pasado remoto, pero con una aclaración: los indígenas de hoy han cambiado mucho. Tanto han cambiado, que sus ancestros no los reconocerían (40). Esto se debe a que, como en Norteamérica, en Argentina, el contacto con una civilización superior los ha degradado hasta el punto de que su inminente destrucción está asegurada (40). En su opinión, los indígenas de Patagonia van a desaparecer en pocas décadas, como desaparecieron los constructores de montículos (Mound Builders) de Norteamérica y los Mayas de América Central (40).

Estamos aquí, una vez más, ante el mito del "vanishing Indian" que predominó durante muchos años tanto en América del Norte como en la del Sur.[7] La situación que describe Hudson es la siguiente: hace veinticinco años, todavía era posible ver indígenas que tenían poder frente al colono de origen europeo, pero hoy (es decir, cuando escribió el libro) su espíritu está doblegado, su número y su corazón están declinando. Las masacres de indígenas llevadas a cabo por el ejército regular del Estado-Nación argentino hacen que el indígena vaya a desaparecer (78).

El episodio que narra las múltiples visitas que hiciera a esos sitios arqueológicos contiene, además, una serie de reflexiones que sugieren que la mirada y la cosmovisión de Hudson eran verdaderamente complejas. En ese sentido, tal vez uno de los momentos más interesantes de estos pasajes de *Idle Days in Patagonia* sea el que nos presenta a Hudson intentando imaginarse la vida de los habitantes, ya extinguidos, de esos sitios arqueológicos indígenas (40). Declara que llegó a ver la naturaleza como la ven los salvajes pero sin el aspecto sobrenatural que caracteriza la mente de los indígenas (41). En ese proceso de tratar de pensar, sentir y percibir como un otro, se da cuenta de que no es posible ponerse en los zapatos del otro porque es imposible escaparse a la propia cultura y sus concepciones. A tal punto le resultaba imposible hacerlo, que a veces se deprimía por no poder imaginarse la mirada del indígena, por no poder ponerse en su lugar (42). Esta mirada, que revela un fuerte componente de empatía hacia los indígenas del pasado, como veremos luego, no es muy típica entre sus contemporáneos.

También encontró objetos de ajuar funerario que acompañaban a los muertos en sus sepulturas, lo cual indica que algunos de los sitios

7. Para un estudio de este mito en Estados Unidos, véase Deloria (1998).

dejados al descubierto por el viento eran cementerios indígenas. En ese contexto mortuorio, Hudson se comportaba con mucho cuidado —hasta delicadeza, diría, si se lo compara con la actitud de muchos de sus contemporáneos— ya que tenía cuidado de no tocar mucho los huesos humanos (sobre todo los cráneos, que son las piezas óseas de las que hace mención (42). Y si bien declara haber tocado algunos cráneos para examinarlos, lo cierto es que dice que los volvió a poner, con cuidado, en el lugar en el que los encontró (43). Se limitaba, a veces, a llenarle las cavidades de arena y a pensar o reflexionar (43) mientras lo hacía —algo así como ciertos sepultureros inspirados por la calavera de Yorick—.

Es interesante constatar que Hudson explícitamente aclare que no visitaba los sitios arqueológicos con espíritu científico: no iba ni como coleccionista ni como arqueólogo (44). Es decir, no coleccionaba cráneos como, digamos, Francisco Pascasio Moreno (o el mismísimo Franz Boas [Thomas 2000: 59]) y la mayoría de los estudiosos de su época, quienes se desesperaban cada vez que se enteraban de la existencia de un yacimiento de restos humanos indígenas o de una masacre de aborígenes perpetrada por el ejército nacional —cosa que ocurría frecuentemente tanto en Norteamérica como en Argentina—.[8] Pero cabe aclarar que esta actitud sobria y respetuosa de abstenerse de coleccionar solo se aplica, en el caso de Hudson, a los restos humanos: cuando se trata de colectar objetos producidos por los indígenas (aunque fueran de origen funerario), el autor no duda en hacerlo: debemos recordar que envió cientos de objetos a la colección Pitt-Rivers.

Esto nos sugiere que tal vez valga la pena reflexionar un momento sobre la relación de Hudson con los museos. Veamos, ante todo, qué estatus tenían los museos, y qué funciones cumplían, por los tiempos en que Hudson estaba produciendo y publicando su obra. En ese mo-

8. El fanatismo de Moreno, Boas y tantos otros prohombres de aquella época y posteriores tenía su base en una fe ciega en la tarea de medir cráneos a fin de "leer" los fósiles humanos y aprender sobre el pasado y el presente de la especie —una fe que estaba basada en aquella otra operación mental que tuvo lugar en el siglo xviii francés: la desacralización del cuerpo humano gracias a la cual este se convirtió en data, en un espécimen a ser estudiado y observado (Bieder 2000: 20)—.

mento histórico, los museos eran, para algunos, las instituciones que más produjeron y difundieron conocimientos (Mantegari 2000: 298). Esta relación entre museos y producción de conocimiento científico está asociada, en buena medida, a aquella función que, como ya vimos, se le asignaba al naturalismo: la de poner orden en un mundo caótico. En ese sentido, los museos, al domesticar el caos sometiéndolo al orden de la clasificación, eran asociados a una concepción de la ciencia que presentaba una narrativa en el que se pasa del error a la verdad y en la que al final se impone una humanidad triunfante sobre el caos originario (ibíd.: 299).

Hudson no solo le vendió una colección de utensilios indígenas a la Pitt-Rivers, sino que también le ofreció otra de pájaros embalsamados a la Smithsonian (institución que lo puso en contacto con la Zoological Society de Inglaterra, que terminó por adquirir dicha colección de aves). De modo que si bien es cierto que, como afirma Pedro Navarro Floria, la relación de Hudson con la academia y sus templos del saber fue siempre difícil (el crítico mencionado dice "conflictiva" [2004: 3]), y que su formación fue la de un autodidacta, también lo es que no fue ajeno a los contactos con esas instituciones.[9] El mismo Navarro Floria reconoce que a pesar de su conflictiva relación con la academia, Hudson fue, en definitiva, un sujeto funcional al programa de la historia natural: proveyó de colecciones a museos, contribuyendo a adecuar el orden de la naturaleza al orden del discurso colonialista e imperialista que emanaba de los centros de poder (ibíd.: 4). Por ello, creo que le cabe razón a Leila Gómez cuando sostiene que no se puede estudiar a Hudson (ni a los otros viajeros extranjeros que visitaron la Argentina) sin tener en cuenta que están vinculados, de alguna manera, a la noción de imperio informal (2009: 15-16); es decir, al tipo de imperialismo que llevan adelante los súbditos de un imperio en las áreas del conocimiento o de la producción cultural —en otras

9. En cuanto a la relación de Hudson con los museos, es interesante señalar que existe hoy, en Argentina, un museo que lleva su nombre. Para un análisis de algunas de las paradojas que esto implica, ver el artículo de Mónica Szurmuk y Amanda Holmes en este mismo volumen.

palabras, se está hablando de una "relación de poder indirecta que el imperio instaura en relación al colonizado" (Gómez 2009: 16).[10]

Los dichos de Navarro Floria deben entenderse en el marco conceptual que ve a la historia natural como una disciplina o un quehacer que concibe al mundo como caos en el cual la ciencia puede producir un orden —de modo tal que la ciencia natural se convierte en un instrumento para dar orden al mundo (Pratt 1992: 30-31)—. De este modo, los nuevos lugares descubiertos por las potencias europeas sufren un proceso de familiarización mediante su incorporación a un sistema que les da un orden y un sentido (ibíd.: 31). En ese contexto, la expresión naturaleza llegó a significar "regiones y ecosistemas del mundo no dominados por europeos" (ibíd.: 38). La expansión europea, de la mano de la historia natural trajo, entonces, un tipo de dominación basada en la autoridad científica de un sujeto blanco, masculino y letrado sobre el resto del mundo (ibíd.: 38). El naturalista no conquista como el conquistador o el general, pero igual conquista: a través de su mirada que solo ve paisajes vacíos que significan solo en términos de su posible futuro capitalista (ibíd.: 61). Es por estas razones que Navarro Floria caracteriza a Hudson, en su condición de naturalista, como un sujeto funcional a cierto proyecto expansionista, colonial e imperial.

Este puede ser un buen momento para historizar un poco la noción de historia natural y para ubicarla, además, geográficamente. Me refiero a la necesidad de echar un vistazo a lo que estaba ocurriendo en Argentina, en la periferia del mundo occidental, por los años en que Hudson vivió en ese país y por la época, un tanto posterior, en que empezó a escribir y publicar sus escritos. Ante todo, cabe señalar que la ciencia latinoamericana ha sido y sigue siendo vista, hasta cierto punto, en términos de subordinación o dependencia con respecto a

10. Digo esto porque, a pesar de que Hudson no parece estar directamente vinculado a imperio alguno —al menos no es, cuando manda sus primeras colaboraciones desde Argentina, un ciudadano de otro país que no sea ese desde el que escribe—, en última instancia, cumple la misma función que los ciudadanos de países imperiales, ya que les está enviando información que le puede interesar a dichas naciones (por ejemplo, a Inglaterra o a Estados Unidos).

los países del capitalismo central (Onna 2000: 57; Weinberg 1998: 20).[11] En el siglo XIX, la dependencia en relación a Europa tomaba muchas formas, pero una de ellas era la venta de colecciones de especímenes autóctonos de Latinoamérica a instituciones europeas. Esto fue algo muy frecuente en ese siglo y tiene que ver con una organización colonial o imperial del conocimiento que llevaba a que, siguiendo el modelo del imperialismo económico, salieran de América Latina las materias primas para ser "elaboradas" (en este caso, estudiadas) como conocimiento en las instituciones europeas productoras de saber.[12]

Una de las razones por las que se la ve así es que la especialización es un fenómeno muy reciente en Latinoamérica debido a que buena parte de sus científicos del siglo XIX se dedicaban, también, a la vida política (Weinberg 1998: 28). De este modo, esos prohombres de los nacientes Estados-Nación postergaban su carrera científica (Onna 2000: 58). Por ello y por otras razones (por ejemplo, la debilidad institucional de las universidades hasta la segunda mitad del siglo XIX (Weinberg 1998: 44), muchos de los científicos de esta época tuvieron una formación o capacitación deficiente.[13] Por lo tanto, el autodidactismo no fue la excep-

---

11. En Argentina, el primer director del Museo de Ciencias Naturales Bernardino Rivadavia, Germán Burmeister, fue uno de los primeros que se abocó a importar el modelo de investigación científico europeo a la Argentina (Sauro 2000: 339). Ese mismo científico europeo fue el encargado de contratar profesores extranjeros (léase europeos) para dos nuevas instituciones científicas fundadas en la ciudad de Córdoba en la segunda mitad del siglo XIX (Tognetti 2000: 348). Burmeister fue, además, el impulsor de la publicación de los Anales del Museo, a fin de garantizarle a la institución no solo un contacto fluido con sus pares europeos sino también la obtención gratuita (por medio del intercambio) de las publicaciones de los mejores museos del mundo (Lopes 2000: 282).
12. Por eso no debe extrañarnos ver la fiebre compradora de las instituciones museísticas europeas durante el siglo XIX que los llevaba a competir por las colecciones de fósiles de la megafauna del pleistoceno (Podgorny 2000: 310). La disputa entre museos de diferentes naciones por los fósiles era, entre otras cosas, una lucha por el acceso a esa materia prima que esperaban trasmutar en conocimiento (ibíd.: 311).
13. Es conveniente recordar, además, que las corporaciones universitarias no eran las principales formadoras de científicos: también estaban los museos. Para agravar la situación, cabe señalar que los museos y las universidades no se llevaban demasiado

ción sino la regla. Digo esto porque muchas veces se presenta a Hudson como un autodidacta que sería algo así como una excepción —al menos así leo las caracterizaciones que hacen de él Navarro Floria (2000: 4) y Arocena (2000: 20). Esto está relacionado con otras afirmaciones de algunos estudiosos que le asignan a Hudson una actitud negativa hacia la ciencia. Arocena, por ejemplo, sostiene que Hudson desconfía de la ciencia (ibíd.: 20) y Marcelo Montserrat se hace eco de las afirmaciones de Morley Roberts (un amigo de Hudson), quien afirmaba que Hudson no era un científico ni nunca pretendió serlo (2000: 208).

Ante todo, cabría preguntarse que querría decir ser científico en los años 70 y 80 del siglo xix. Seguramente no quería decir lo mismo que hoy, dada la debilidad institucional de las universidades y del marcado autodidactismo predominante entre los hombres de ciencia de aquella época. Creo que Hudson encaja bastante bien en el modelo de científico de aquellos tiempos y que, además, no es muy cierto que nunca haya querido ser científico. Hay varias razones para pensar que sí quería ser parte del mundo de la ciencia. La primera y tal vez más evidente es que intentó (y logró) publicar artículos en revistas especializadas,[14] lo cual sugiere que Hudson, al igual que otros científicos rioplatenses de la época, era consciente de que para ser oído en el mundo científico (lo cual casi equivalía decir: Europa) era necesario publicar en los lugares adecuados: aquellos legitimados por la comunidad científica.[15]

---

bien, al menos en la Argentina de segunda mitad del siglo xix —lo cual era un obstáculo para la producción coordinada de conocimiento y, por lo tanto, para la acumulación en ese sentido—. Esa rivalidad entre instituciones se debía a que, como bien afirma Mantegari, la universidad, con su énfasis en la diversidad, atentaba contra la visión del mundo como unidad que proponían los museos (2000: 302). Por otro lado, la difusión de la ciencia en la sociedad dejaba también mucho que desear, con lo cual no había un público muy ávido de consumir conocimiento científico. Prueba de esa falta de difusión es el hecho de que en los textos de enseñanza científica de la escuela primaria todavía predominaba, hasta el año 1910, una mirada creacionista por sobre la ya bien establecida teoría de la evolución (Gvirtz 2000: 161).

14. Por ejemplo, en los *Proceedings de la Zoological Society* de Londres (Gómez 2009: 66).

15. En su estudio sobre los científicos rioplatenses Vilardebó y Muñiz, Onna afirma que uno de los grandes problemas para los hombres de ciencia de aquella época

Existe otro tipo de evidencia que muestra a las claras que Hudson tenía una relación no tan conflictiva con la ciencia (o por lo menos con una de sus ramas: el naturalismo). Me refiero a algunas declaraciones que pueden encontrarse en algunos de sus libros más conocidos. Entre otros, puede verse lo que dice en *Idle Days in Patagonia*, donde declara sin vacilaciones que fue el entusiasmo o pasión por la ornitología lo que lo llevó a viajar a esa remota región. Su objetivo, entonces, era de corte científico: estudiar los pájaros de esa región (5). Su móvil, su motivación, incluía, además, un toque de narcisismo y de pretensión de originalidad: tenía la esperanza de encontrar una especie nueva que llevara su nombre (6). Esto no solo está indicando su adhesión a la forma en que funcionaba la ciencia ornitológica en aquel entonces, sino también un deseo o intención de pertenecer a ese mundo del saber —un mundo en el que la producción de conocimiento no está reñida con la vanidad ni con el nombre propio—. Por último, una prueba más de que Hudson se consideraba un científico es su deseo de polemizar con Charles Darwin sobre un pájaro del territorio argentino (Gómez 2009: 63-67). Es muy probable que con ese tipo de intercambio intelectual público Hudson buscara una mayor legitimación en el mundo de la ciencia metropolitana.

Pero volvamos al estado de la ciencia en la segunda mitad del siglo XIX en la Argentina. En ese periodo existe un gran optimismo que proviene no solo del proyecto de la ilustración sino también del positivismo (Weinberg 1998: 30). La necesidad de lograr una paz duradera para restablecer el orden en la república luego de prolongadas luchas intestinas, a fin de lograr un marco propicio para el desarrollo de la idea de progreso en el territorio, fueron sugiriendo e imponiendo el positivismo como la receta para lograr todos esos fines (ibíd.: 55). En esos tiempos (décadas del 70 y del 80), algunos veían a las ciencias naturales como agentes de la renovación social y cultural (ibíd.: 80). Es en ese marco

era encontrar lugares con legitimación científica donde poder publicar sus hallazgos y aportes. Tanto Vilardebó como Muñiz terminaron publicando la mayoría de sus trabajos en periódicos y otras publicaciones no especializadas (Onna 2000: 67, 69). Moreno, en cambio, se propuso (y lo logró) publicar en Francia en sitios de gran legitimación científica (Montserrat 2000: 210).

donde las jóvenes repúblicas invitan a científicos extranjeros que, lamentablemente, casi no dejaron discípulos y que contribuyeron más a su propia tradición científica que a la de los países latinoamericanos que los contrataron (ibíd.: 37). Y si bien es cierto que los antropólogos y naturalistas europeos interactuaron de manera activa con los investigadores y autoridades locales en los procesos de construcción nacional en los países latinoamericanos de segunda mitad del siglo XIX, no se sabe muy bien hasta qué grado pudieron estos últimos apropiarse de esos modelos provenientes de los países del capitalismo central, dado que ese proceso no está muy bien estudiado aún (Quijada 1998: 2). En medio de esta difícil situación de dependencia de Europa y de debilidad de las instituciones locales, se funda la Sociedad Científica Argentina en 1872 con fines instrumentalistas y utilitarios (todo lo opuesto a la concepción que Hudson tenía de la ciencia) y a partir de ella se logran algunos resultados, tales como la expedición de Florentino Ameghino, algunos congresos, etcétera (Weinberg 1998: 75).

Si bien es cierto que hasta aquí he tratado de demostrar que Hudson estaba vinculado de manera si no orgánica al menos continuada con las instituciones que producían y divulgaban el saber originado por las ciencias naturales, también lo es que su actitud contrasta de manera significativa con la de otros naturalistas y estudiosos de la época. Para dar cuenta de ello, pasemos a ver el modus operandi de otro gran investigador de la época, quien se convirtió en un personaje mucho más hegemónico y poderoso que Hudson. Me estoy refiriendo al Perito Francisco Pascasio Moreno, cuyo accionar tuvo un fuerte impacto en las narrativas de la Nación en un momento en que la República argentina había perdido la fe en la educación de las masas como medio para hacer desaparecer la heterogeneidad de la población. La idea en esta fase de construcción de la nacionalidad es eliminar aquellos elementos que aparezcan como obstáculos al proceso civilizatorio (Quijada 1998: 3).[16] Este momento (segunda mitad del siglo XIX)

16. Y, para hombres como Moreno, el paso siguiente a la derrota de la barbarie que obstaculiza el proceso de civilización en la Argentina es poner a dicha barbarie en una vitrina (Podgorny/Lopes 2009: 178). Esto se debe a que el proceso de conquista va unido, según Podgorny y Lopes, al de coleccionar, a fin de establecer un

coincide con las ideas raciales y antropológicas elaboradas en Europa y con las campañas de exterminación de indígenas de Roca, que tenían como principal objetivo la afirmación de la soberanía estatal sobre el vasto territorio nacional (ibíd.: 3).

Moreno participa activamente en el estudio de los indígenas entendidos como "salvajes" debido a que le interesaban como fósiles vivientes —actitud que como ya vimos, era común a los estudiosos (Hudson incluido) de la época—. A partir del estudio de los indígenas pampeanos y patagónicos, Moreno se propone entender mejor a la humanidad "primitiva". Y es a partir del estudio de cráneos que este investigador se abre camino en Europa y logra publicar más de un artículo en revistas especializadas de ese continente. El "Patagón" antiguo que Moreno, más que estudiar postuló o inventó, le dio a Argentina, un país sin un pasado precolombino tan glorioso o atractivo (en términos occidentales, se entiende) como el de Perú o México (a tal punto que los próceres de la independencia habían tenido que "tomar prestada" la herencia inca para incorporar su sol a la bandera patria), un "altar" cultural precolombino: el fósil humano de supuesta gran antigüedad, el hombre patagónico, el primer eslabón de la larga cadena evolutiva del hombre argentino (Quijada 1998: 9).[17] La prehistoria se convierte, como afirma Jens Andermann, en parte del bildungsroman de la elite conservadora (2000: 120): es algo así como (si se me permite el símil futbolístico) el puntapié inicial del buildungsroman de la Nación criolla.

Según Ernesto Livon-Grosman, en Moreno y el museo de La Plata (su magna obra) se funden el estudio de la naturaleza y la etnografía, de ahí que en sus escritos los indígenas aparezcan frecuentemente como parte del paisaje (2003: 21).[18] Esta forma de ver al aborigen fue

---

inventario de lo conquistado por la sociedad a la que se quiere celebrar —procedimiento que desde Plinio, según la misma autora, hace que los museos sirvan de símbolo de la capacidad de poseer que ostenta esa sociedad (Podgorny/Lopes 2009: 20).

17. Esto va de la mano de una concepción de la recolección de fósiles como paso hacia la reconstrucción de un origen (Livon-Grosman 76).

18. Esta fusión entre etnografía y ciencias naturales, si bien no es tan evidente en otros museos del mundo, se da de alguna manera. Por ejemplo, en el museo Pitt-

instrumental para las narrativas de la nación, que por algo fomentó otra fusión: la de las campañas militares y los estudios naturalistas y etnográficos (ibíd.: 24). Como bien afirma Jens Andermann, existió una estrecha relación entre ciencia y conquista militar, en la cual el viaje naturalista y la anexión territorial son actos complementarios del mismo proyecto que amplía la soberanía estatal y somete el espacio a un orden (2000: 122). Un orden que el museo organizará al poner, como señala Irina Podgorny, al desierto en una vitrina (Podgorny 2008; 13). La obra y el proyecto de Moreno, entonces, son una mutación criolla de la especie aquella de viajeros extranjeros (como, por ejemplo, Charles Darwin) que venían a buscar materias primas a las Américas para procesarlas en Europa y así convertirlas en conocimientos útiles para la humanidad. Los viajeros y exploradores científicos criollos se proponen, en cambio y sobre todo, contribuir a las narrativas y proyectos de la nación propuestos por las elites criollas. En esto sí es evidente la diferencia entre la actitud de Hudson y la de, digamos, Moreno (quien según Livon-Grosman emprende sus expediciones como sucesivos actos de soberanía sobre el territorio nacional (2003: 104[19]): no hay en el primero un intento de dar pábulo a las narrativas

---

Rivers de Oxford, el edificio dedicado a la colección etnográfica se construyó en las proximidades inmediatas del ya existente museo de Ciencias Naturales, y la dirección del nuevo museo etnográfico se le encomendó al Jefe del Departamento de Zoología y Anatomía Comparada de la Universidad de Oxford (véase The Pitt-Rivers Museum). La conexión entre etnografía y ciencias naturales es explícitamente reconocida por la Smithsonian Institution en la sección de su sitio web donde se describe la misión de la institución: "We inspire curiosity, discovery, and learning about nature and culture through outstanding research, collections, exhibitions, and education", y más abajo, donde se describe la "visión" de la misma: "Understanding the natural world and our place in it" (véase Smithsonian Institution). Esa fusión es declarada hoy explícitamente, en el sitio web del Museo de la Plata: "El Museo de La Plata es un museo de Ciencias Naturales y a diferencia de otros museos de este tipo, incluye Ciencias del Hombre como Arqueología, Antropología, Etnografía, etc." (véase Museo de la Plata).

19. Varios autores, entre ellos Graciela Montaldo, han señalado cómo el espacio y el territorio están en la base de toda reflexión sobre lo nacional y cómo la identidad se define como el vínculo con la tierra (1999: 116-117).

de la nación. Otra gran diferencia entre estos dos naturalistas es que Moreno, a diferencia de Hudson, estaba vinculado a círculos gubernamentales (Livon-Grosman 2003: 110). Sin ánimo de cometer un anacronismo conceptual, creo que podría ser útil ver a Moreno como intelectual orgánico del Estado-Nación argentino y a Hudson como un investigador independiente del aparato estatal.

Pero tal vez una de las diferencias más llamativas entre Moreno y Hudson es que el primero estaba obsesionado con la recolección de restos indígenas (tanto antiguos como contemporáneos), convirtiendo así a los indígenas en un producto arqueológico viviente. Moreno era consciente del sacrilegio que estaba cometiendo en nombre de la ciencia (Livon-Grosman 2003: 119; Podgorny/Lopes 146) pero eso no fue suficiente para detener su ímpetu profanador. Por su parte, Hudson, como se recordará, se negaba a recolectar restos óseos humanos y tenía buen cuidado (al menos eso declara, y no hay razón ni prueba fáctica ni documental para creer lo contrario) de devolverlos a los lugares donde los encontraba. Otra gran diferencia entre estos dos estudiosos se da en el marco de la dicotomía civilización/barbarie. Para algunos críticos como Livon-Grosman, Hudson privilegia a la segunda por sobre la primera (2003: 168). Esta es la versión "fuerte" de su hipótesis, pero yo prefiero la enunciación más matizada que propone antes en su libro: Hudson subvierte la ecuación entre civilización y barbarie al revalorizar la naturaleza (ibíd.: 33) —en textos como *Idle Days in Patagonia*, por ejemplo—. Esto, en el país donde esa dicotomía sarmientina vio la luz, y donde se siguió pensando en esos términos por mucho tiempo, no es una característica menor: Hudson se ubica así, aparentemente, por fuera de las narrativas de la nación que buscan legitimar la soberanía del Estado en todo el territorio nacional por todos los medios, incluyendo la investigación científica. [20]

---

20. Y sin embargo, esto tal vez no sea totalmente así. Monica Szurmuk señala, con acierto, que el libro *Idle Days in Patagonia* se escribe justo en el momento en que el Estado argentino está promocionando la Patagonia en Europa con el fin de vender tierras y atraer colonos (2002: 2). Esto le sugiere a la autora la posibilidad de que el texto pudiera tener como función dar información específica sobre la región y funcionar, de ese modo, como una invitación a establecerse allí (ibíd.: 2).

Pero si bien es cierto que Moreno tuvo buena relación no solo con el Estado sino también con las instituciones productoras y difusoras de saber, cabe señalar que en realidad no tuvo formación científica formal: al igual que Hudson, era un autodidacta.[21] En eso sí se parecen, lo cual sugiere que la excepcionalidad que algunos autores han querido ver en Hudson por su condición de autodidacta no es tal a la luz de esta evidencia: hasta el científico más canonizado por las narrativas de la Nación lo era.

En cuanto a la relación de Hudson con la mirada antropológica y con la antropología como disciplina en particular, se puede decir que no tuvo un vínculo directo con instituciones en las que se practicara o impartiera ese tipo de conocimiento. Lo que sí puede decirse, aunque es discutible, es que su mirada en textos tales como los cuentos de la colección *El ombú* y la novela *The Purple Land*, tiene rasgos que lo emparentan con la de un antropólogo. Ana Inés Larre Borges, por ejemplo, señala el sesgo antropológico de la visión de Hudson de los habitantes de la Banda Oriental, dado que la novela *The Purple Land* sería, para esta crítica, una interpretación de la cultura en ese territorio (2005: 35), opinión similar a la de Axel Gasquet, quien ve en la novela

---

Además de que la segunda parte de su argumento no es tan convincente como la primera (es difícil imaginarse que la representación que Hudson hace de la Patagonia —donde abundan los adjetivos como "fea," "vacía," y otros del mismo tenor— le resulte atractiva a alguien con ganas de emigrar a tierras más prósperas y atractivas que las suyas en las cuales pueda enriquecerse), tampoco suena verosímil que a esos futuros inversores y cazadores de riqueza les interesen demasiado los silencios y el retorno a la vida primitiva que tanto cautivaban a Hudson. Parece más adecuada la caracterización que hace del libro Pedro Navarro Floria, que lo ve como un artefacto mediador entre una audiencia europea y el territorio americano descrito en él, cosa que lo convertiría en una especie de precursor de la literatura turística (2004: 2). Juicio que tiene puntos de contacto con lo que un par de años antes había dicho Gabriela Nouzeilles cuando decía que Hudson había sido una especie de turista sentimental (2002: 181) y un precursor de los turistas alternativos (esos que van en busca de lo natural no mediado) que abundan en el presente (2002: 184-185).

21. Y también lo fue ese otro gran científico argentino de la época, Florentino Ameghino.

un estudio de las costumbres sociales de los habitantes locales (2005: 185). Esos paisanos, esos habitantes rurales de la Banda Oriental son representantes de un tipo de vida que el progreso y la "civilización" (un término que Hudson usaba sin comillas) estaba haciendo desaparecer en todo el mundo.[22] Los valores que cautivan y convierten al protagonista Richard Lamb (la solidaridad, la fluidez de las relaciones personales, la libertad, cierto tipo de igualdad, etc. (Landau 2005: [56]) son los mismos que Hudson admira en los habitantes de la Banda Oriental,[23] un lugar donde se vive una vida más natural y más primitiva (Barnabé 2005: 198).

La mirada de Hudson es benevolente ante la sociedad rural que se despliega ante él y su modo de observar parece no distar mucho del de un antropólogo que participa en la sociedad que está observando.[24] Pero se trata de un observador con una agenda política, con una utopía, que a diferencia de la de sus contemporáneos los socialistas, no está en el futuro sino en el pasado (Gasquet 2005: 184). Y su programa también incluye una teoría sobre el mirar y el ver: para él, la única forma de aproximarse a su objeto de observación es la errancia, que en inglés se designaría con términos tales como "to ramble" o

22. Digo esto porque no creo que la vida natural para Hudson fuera solamente sinónimo de la vida indígena, como afirma Silvia Rosman (2005: 44).

23. Son esos los valores de un mundo precapitalista que permite la realización de un modelo de integración a una comunidad natural según Fermín Rodríguez (2005: 104). Cabe señalarse que a pesar de su manifiesto amor por los valores de la cultura "bárbara", Hudson decidió, como bien afirma Emilio Irigoyen, vivir el resto de su vida en la "civilización" (2005: 87).

24. Algunos críticos, como Ariana Huberman, han querido ver en el modus operandi de Hudson una especie de traducción que deslocaliza y universaliza la flora y fauna (y por qué no, al ser humano) de la Banda Oriental (2005: 138). De este modo, los elementos de la naturaleza y del imaginario local aparecen clasificados de acuerdo a las reglas "universales" de las ciencias naturales —cuyo paradigma, según Huberman, sería el sistema de Linneo (ibíd.: 139) —. Honestamente, no soy capaz de ver esa operación de corte linneano en la prosa de Hudson. Lo que sí es compartible es su afirmación de que las traducciones de Hudson, al buscar un referente equiparable en la cultura receptora, domestican de algún modo, convirtiéndolos en souvenirs, a los elementos de la cultura local que sufren la traducción (ibíd.: 142).

"to idle", como bien señala Jean-Philippe Barnabé (2005: 198). Ese errar y caminar sin rumbo que vemos en su viaje a la Patagonia es el mismo que tiene lugar en el escenario provisto por la Banda Oriental, solo que en este último lugar lo salvaje o primitivo se traslada al ámbito de lo social (ibíd.: 198). Allí también el personaje central, la voz autorial, se traslada en el espacio sin rumbo aparente —o al menos siguiendo itinerarios que no dependen totalmente de su voluntad o que no persiguen fin práctico consciente alguno—. Ese traslado en el espacio se da para observar un escenario natural, en el caso de Patagonia, y social, en el de la Banda Oriental, lugares ambos que Hudson claramente identifica como primitivos o al menos como parte del pasado de la especie humana.

Una de las características de la pintura de la vida social en la Banda Oriental que ofrece Hudson es el de estar situada históricamente: la visita se produce un tiempo después del sitio de Montevideo que dividiera a la sociedad uruguaya no solo en Blancos y Colorados (las divisas tradicionales) sino también en campo y ciudad —el enclave urbano, "civilizado", opuesto a la montonera o barbarie rural—. La descripción de algunos personajes tales como Santa Coloma, el líder blanco en cuyas filas Lamb termina enlistándose, trata de reflejar con cierta fidelidad no solo las características más salientes de esos líderes carismáticos que eran los caudillos, sino también las de sus seguidores —una larga lista de personajes delineados con detalle y cuidado no exentos de afecto—.[25] Pero este situarse en el momento histórico que se da en *The Purple Land* no ocurre en *Idle Days in Patagonia*, libro en el cual, según Szurmuk, está ausente el registro del cambio sociopolítico marcado por la campaña del desierto (2002: 3). En palabras de Mariela Rodríguez:

> Mientras que el texto de Hudson refiere a los indígenas como "vidas desvanecidas", omite dar cuenta de la intensidad del periodo en el que se los

25. En la primera edición de la novela había una explicación aun más extensa de la historia reciente y de la situación política de la Banda Oriental en la época en la que se desarrolla la novela (Gómez 2009: 68).

> sometió mediante su incorporación forzosa: (a) 1871-1879: en este periodo, a partir de negociaciones diplomáticas, grupos indígenas firman una serie de "tratados" con los estados chileno y argentino; a su vez, la Ley 817 de "inmigración y colonización" (conocida como Ley Avellaneda), promulgada en 1876, proponía una estrategia de avance militar sobre la "tierra de indios" los cuales, suponía, irían desapareciendo por la influencia de la "civilización", (b) 1879-1885: periodo en los que las campañas militares (Conquista del Desierto) sobre los territorios indígenas dejan sin efecto las cláusulas convenidas en dichos tratados y (c) 1885-1904: etapa caracterizada por humillaciones, deportaciones masivas, campos de concentración, tortura, asesinatos, obligación de trabajar para el ejército en calidad de baqueanos, itinerancia, incertidumbre y pobreza (s/f: 1).

Es decir, lo que llama la atención es que en su libro sobre la Patagonia Hudson habla de la situación de la tierra y de sus habitantes originarios sin abundar demasiado sobre las razones, los antecedentes históricos, y el contexto político, que subyacen o sobrevuelan a la llamada conquista del desierto emprendida por el Estado argentino en la década de los ochenta, cuyos detalles (sinópticamente enumerados en el texto de Rodríguez arriba citado) le son escatimados por completo al lector. En otras palabras: Hudson parece estar bien informado de la situación política y de los actos de violencia en la Banda Oriental, pero no hace mención alguna de la violencia que implicaba la campaña del desierto cuando habla de la Patagonia.[26]

Esto es significativo por varias razones, pero una de ellas es que la violencia que le interesa a Hudson es aquella que él concibe como rasgo premoderno. Es en este sentido que la observación que hace Javier Uriarte adquiere importancia y valor explicativo: la violencia es el rasgo premoderno que predomina en la Banda Oriental visitada por Lamb y en esa novela el sujeto se constituye a partir de la experiencia de la violencia (2005: 70). Y, en coincidencia con Livon-Grosman,

---

26. Campaña militar a la que no llama por el nombre con que se la conoció en su época ni describe más allá de la breve mención a masacres de indígenas que menciona en aquel pasaje de *Idle Days in Patagonia* (78) que comentamos en las primeras páginas de este artículo.

sostiene que Hudson subvierte la dicotomía civilización/barbarie, pero agrega algo muy significativo: esa subversión de la dicotomía se produce a partir de la experiencia de la violencia en un lugar donde existe una identificación entre patria y violencia —un lugar donde la guerra aparece identificada con la Nación (ibíd.: 70-71) —. Pero tal vez el argumento más sugerente de Uriarte es el que sostiene que esa violencia que constituye a Lamb como sujeto es una violencia concebida como resistencia al Estado-Nación, de modo que no es difícil dar el paso siguiente en el razonamiento y afirmar que esa violencia, entonces, parece tener un origen nómade —en el sentido que le daban Deleuze y Guattari en *A Thousand Plateaus* (1987 [1980]: 75). En este contexto de enfrentamiento entre una máquina de guerra (el Uruguay rural) y el aparato de captura estatal, lo nómade (representado por las montoneras del partido Blanco lideradas por Santa Coloma) se resiste a las identidades fijas que el Estado busca imponer, intentando una resistencia que tiene como fin preservar un pasado premoderno que la civilización y el Estado buscan hacer desaparecer (Uriarte 2005: 76).

El análisis de Uriarte sobre el nomadismo anti-Estatal de las fuerzas rurales es no solo interesante sino también iluminador de algunos de los aspectos del pensamiento de Hudson, pero es aun mucho más interesante por lo que no dice con respecto a las fuerzas nómades que aparecen en otras obras de Hudson. Me refiero, obviamente, a los indígenas en la obra de Hudson en general y en *Idle Days in Patagonia* en particular. En los cuentos que aparecen en *El ombú*, como ya vimos, la representación de los indígenas no es muy halagüeña que digamos —son enemigos de los colonos, se comportan de manera violenta o salvaje, y apenas son descritos por la voz narrativa—. Aparecen como fuerza nómade opuesta al Estado, sí, pero sobre todo como amenaza para la civilización, para los enclaves occidentales en los vastos territorios argentinos. Su nomadismo, entonces, no merece la atención detallada que Hudson le dedica a los nómades rurales de origen criollo de la Banda Oriental. Por el contrario, los indígenas aparecen como integrantes de un todo indiferenciado, sin nombres propios y sin adscripción a etnia alguna —excepción hecha, como vimos, de los indígenas quechua-hablantes que sirven de telón de fondo al relato "Marta Riquelme"—.

Parecería, entonces, que no todo nomadismo anti-Estatal, que no toda máquina de guerra tiene el mismo valor en el universo de Hudson. Esto puede deberse a varias razones, una de las cuales (acaso la más obvia) pueda tener que ver con cierto racismo típico entre los criollos y europeos de la época, que veían en el indígena no solo a un enemigo sino también a un ser primitivo —a un relicto o residuo de un momento anterior en el desarrollo de la especie—. Es aquí cuando nos enfrentamos a la dualidad de criterios en relación al indígena americano que vemos repetirse una y otra vez en los discursos criollos y occidentales (u occidentalizadores): el indígena del pasado es admirable, o al menos objeto de apreciación nostálgica, pero el del presente es menos querible y defendible, entre otras razones porque se opone al o a los proyectos de la sociedad a la que pertenece el sujeto de la enunciación. El enfrentamiento real, concreto, de las tropas del Estado apostadas en la frontera con el "desierto," con los indígenas de carne y hueso, debe de haber sido una experiencia definitoria en relación a los sentimientos de Hudson —quien estuvo, como se recordará, apostado en un fuerte de frontera en Azul— con respecto al aborigen contemporáneo. Seguramente, para Hudson debía de ser mucho más cómodo y placentero ocuparse de la vida y cosmovisiones de los indígenas del pasado remoto que de aquellos que lo rodeaban, literalmente, en la vida real. Los cráneos indígenas encontrados en la Patagonia, como la calavera de Yorick en Hamlet, eran un buen punto de partida para la reflexión sobre el pasado remoto de la humanidad, pero los indígenas del presente eran un material reflexivo mucho menos agradable, no solo porque tomaban la forma de un temible enemigo militar, sino también porque obligaban a reflexionar sobre la sistemática disminución de su número causada por las políticas del Estado argentino —políticas que Hudson, como ya vimos, no quiere ni siquiera explicar, conformándose con mencionar, apenas, la existencia de una campaña de exterminio—. Esta estrategia discursiva de Hudson se parece mucho a la de la escritura científica en general (de la cual son buen ejemplo aquellos fragmentos en los que Hudson especula sobre la organización de las "sociedades primitivas" que habitaron los sitios arqueológicos que él visitara en Patagonia), la cual según Jens Andermann pone distancia entre ella y la violencia que la circunda (2000: 122). De este modo, el Hudson científico que se interna a estudiar las remotas tierras de la Patagonia se construye a sí mismo como sujeto no-participante en la expansión capitalista dentro de la cual su empresa se inscribe (ibíd.: 122).

De esta forma, la estrategia discursiva de Hudson en relación a la violencia ejercida por la expansión capitalista se parece mucho a aquella de los naturalistas europeos que analiza Pratt, quienes según dicha autora se afanan en demostrar que ellos nada tienen que ver con la empresa imperial o colonial que hace posible la exploración que el naturalista está relatando (1992: 57).[27] Las grandes diferencias entre el discurso de Hudson y el de esos exploradores europeos de la primera hora (fines del siglo XVIII-principios del XIX) es que aquel no responde a poder estatal alguno en forma directa —ni ha recibido financiación estatal para su empresa científica— y que la violencia sobre la que guarda silencio es la del Estado argentino y no la de una potencia imperial. Aparte de eso, su actitud de desligarse de la conquista (en este caso la del "desierto") que hace posible (por abrir el terreno al hombre blanco) su empresa de investigación, es, mutatis mutandis, la misma que la de los naturalistas de las potencias europeas que dominaron el continente americano.

En la Banda Oriental, donde las fuerzas del nomadismo que resiste al aparato estatal de captura son descritas (y elogiadas) en detalle, como ya vimos, no aparece un solo indígena. Algunos deducirán que esto se debe a que la masacre de Salsipuedes, que diezmó de manera monstruosa la demografía indígena en territorio uruguayo, y la campaña de exterminio que la siguió, ya habían tenido lugar varias décadas antes (en los años 1831-1832). Esto es históricamente correcto, pero aun así, es esperable, en un periplo como el de Richard Lamb a través del Uruguay profundo, encontrarse con alguno de los sobrevivientes de la masacre de la campaña de exterminio, o al menos con algún indígena

27. Según Pratt, el naturalista dependiente de un poder imperial siente culpa por la conquista y siente, además, algo así como una nostalgia por la posibilidad de una posesión sin violencia —de ahí su intento permanente de poner distancia con la conquista que hace posible su empresa de exploración e investigación naturalista— una empresa de la que es, indudablemente, parte (1992: 57).

de origen guaraní, que según algunos autores eran la etnia indígena en territorio uruguayo por esos tiempos (véanse González/Rodríguez Varese [1990]). Su considerable poder de observación, su elogiada mirada antropológica o etnográfica desaparece cuando se trata de dar cuenta de su semejante, el indígena contemporáneo de carne y hueso.

En este itinerario por parte de la obra de Hudson he intentado explorar su relación con la naturaleza y el naturalismo, con el indígena y con el criollo, con las disciplinas tales como las ciencias naturales, la antropología y la arqueología, y con algunas matrices culturales tales como la ilustración y el romanticismo, a fin de complejizar un poco la imagen de este escritor en apariencia tan difícil de encasillar y tratar de entender su posicionamiento con respecto a varios temas y problemas. A lo largo de dicho itinerario me he propuesto resaltar no solo la peculiaridad u originalidad de este autor, sino también sus puntos de contacto con algunos de sus contemporáneos —especialmente con aquellos a quienes se presenta, usualmente, como opuestos, o al menos como cualitativamente diferentes a Hudson—. He partido de la base siguiente: muchas de las supuestas peculiaridades de Hudson se postulan desde una especie de vacío que no tiene en cuenta el marco histórico de las disciplinas con las cuales se lo quiere relacionar o de las cuales se lo pretende desvincular. Es a partir de un análisis que preste un poco más de atención a los contextos históricos, ideológico y disciplinario en los que se desarrollaron la vida y la obra de Hudson que podremos tener una idea más acabada tanto de su originalidad como de las similitudes que existían entre él y sus contemporáneos. Así, su oscilación entre diferentes matrices culturales, entre valores que pertenecen a distintas escuelas de pensamiento, caracterizadas por miradas muy divergentes entre sí (pero que sin embargo coinciden o toman cuerpo en él —o al menos en su discurso—), parece menos inusual: no era el único en su época que se adhería a los principios de las ciencias naturales al mismo tiempo que tenía una mirada romántica (Humboldt es el ejemplo más notorio, pero también podría agregarse a Darwin y a muchos otros); tampoco era el único que creía que los indígenas de su presente eran, al mismo tiempo, los ancestros de la especie humana (Darwin, como se recordará, lo dijo antes que él); no era tampoco el único naturalista y antropólogo que era autodidacta (casi todos lo eran en la Argentina de aquella época); por último, no era el único viajero que sentía la necesidad de desvincular su empresa de investigación de las acciones de conquista que la enmarcaban o hacían posible.

En definitiva, lo que he intentado en estas páginas es producir un análisis acaso menos celebratorio, pero no por ello menos justo, que el que habitualmente se hace, desde el Río de la Plata, de este polifacético escritor. La imagen que empieza a tomar forma a final del mismo parece prestarse menos para el bronce que otras producidas anteriormente, pero tal vez sea una que nos permita vislumbrar un poco mejor su rostro —un rostro forjado en buena parte por el cincel de la ciencia y el martillo de la sociedad occidental—.

Bibliografía y recursos electrónicos

Andermann, Jens. *Mapas de poder. Una arqueología literaria del espacio argentino*. Rosario: Beatriz Viterbo, 2000.

Arocena, Felipe. *De Quilmes a Hyde Park. Las fronteras culturales en la vida y la obra de W. H. Hudson*. Montevideo: Banda Oriental, 2000.

Barnabé, Jean-Philippe. "Días de ocio en la Banda Oriental". En: Vegh, Beatriz, y Jean-Philippe Barnabé (coords.). *William Henry Hudson y* La tierra purpúrea. *Reflexiones desde Montevideo*. Montevideo: Linardi y Risso, 2005, 187-198.

Bieder, Robert E. "The Representations of Indian Bodies in Nineteenth-Century American Anthropology". En: Mihesuah, Devon A. (ed.). *Repatriation Reader. Who Owns American Indian Remains?* Lincoln: University of Nebraska Press, 2000, 21-36.

Cordery, Lindsey. "Lost in Translation". En: Vegh, Beatriz, y Jean-Philippe Barnabé (coords.). *William Henry Hudson y* La tierra purpúrea. *Reflexiones desde Montevideo*. Montevideo: Linardi y Risso, 2005, 145-152.

De Certeau, Michel. *The Writing of History* Trad. Tom Conley. New York: Columbia University Press, 1988

Deleuze, Gilles y Félix Guattari. *A Thousand Plateaus. Capitalism and Schizofrenia*. Trad. Brian Massumi. Minneapolis/London: University of Minnesota Press, [1980] 1987.

DELORIA, Philip J. *Playing Indian*. New Haven: Yale University Press, 1998.

DERRIDA, Jacques. *Posiciones*. Valencia: Pre-Textos, [1972] 1977.

FABIAN, Johannes. *Time and the Other. How Anthropology Makes Its Object*. New York: Columbia University Press, 1983.

GASQUET, Axel. "Hudson y el universo pastoril: naturalismo y utopía". En: Vegh, Beatriz, y Jean-Philippe Barnabé (coords.). *William Henry Hudson y* La tierra purpúrea. *Reflexiones desde Montevideo*. Montevideo: Linardi y Risso, 2005, 181-186.

GÓMEZ, Leila. *Iluminados y tránsfugas. Relatos de viajeros y ficciones nacionales en Argentina, Paraguay y Perú*. Madrid/Frankfurt am Main: Iberoamericana/Vervuert, 2009.

GONZÁLEZ RISSOTTO, Luis Rodolfo y Susana RODRÍGUEZ VARESE. *Guaraníes y paisanos. Nuestras raíces 3*. Montevideo: Nuestra Tierra, 1990.

GVIRTZ, Silvina. "Los usos políticos de las ciencias naturales en la escuela: Argentina, 1870- 1950". En: Montserrat, Marcelo (comp.). *La ciencia en la Argentina entre siglos. Textos, contextos e instituciones*. Buenos Aires: Manantial, 2000, 157-170.

HEIDEGGER, Martin. "The Question Concerning Technology." En: *The Question Concerning Technology and Other Essays*. Trad. William Lovitt. New York: Harper Torchbooks, 1977, 3-35.

HUBERMAN, Ariana. "W. H. Hudson: Una lectura oblicua de lo gauchesco". En: Vegh, Beatriz y Jean-Philippe Barnabé (coords.). *William Henry Hudson y* La tierra purpúrea. *Reflexiones desde Montevideo*. Montevideo: Linardi y Risso, 2005, 133-143.

HUDSON, William Henry. *The Naturalist in La Plata*. New York: Dover, [1892] 1988.

— *Idle Days in Patagonia*. London: Chapman and Hall, 1893.

—"Marta Riquelme". En: *El ombú*. London: Duckworth, [1902] 1927.

— "Niño Diablo". En: *El ombú*. London: Duckworth, [1902] 1927.

— *The Purple Land*. Intr. William McFee. New York: Random House/The Modern Library, [1885/1904] 1927.

— *Far Away and Long Ago*. London: Everyman's Library, [1918] 1967.

IRIGOYEN, Emilio. "El tiempo de una visita, el espacio de un desvío". En: Vegh, Beatriz y Jean-Philippe Barnabé (coords). *William*

Henry Hudson y La tierra purpúrea. *Reflexiones desde Montevideo.* Montevideo: Linardi y Risso, 2005, 79-90.

KUPER, Adam. *The Reinvention of Primitive Society. Transformations of a Myth.* London/New York: Routledge, 2005.

LANDAU, Aaron. "Decolonizing Travel in W. H. Hudson's *The Purple Land*". En: Vegh, Beatriz y Jean-Philippe Barnabé (coords.). *William Henry Hudson y* La tierra purpúrea. *Reflexiones desde Montevideo.* Montevideo: Linardi y Risso, 2005, 55-68.

LARRE BORGES, Ana Inés. "Fuera de lugar: Hudson y *La tierra purpúrea*". En: Vegh, Beatriz y Jean-Philippe Barnabé (coords.). *William Henry Hudson y* La tierra purpúrea. *Reflexiones desde Montevideo.* Montevideo: Linardi y Risso, 2005, 29-40.

LIVON-GROSMAN, Ernesto. *Geografías imaginarias. El relato de viaje y la construcción del espacio patagónico.* Rosario: Beatriz Viterbo, 2003.

LOPES, Maria Margaret. "Nobles rivales: estudios comparados entre el Museo Nacional de Rio de Janeiro y el Museo Público de Buenos Aires". En: Montserrat, Marcelo (comp.). *La ciencia en la Argentina entre siglos. Textos, contextos e instituciones.* Buenos Aires: Manantial, 2000, 277-296.

MANTEGARI, Cristina. "Museos y ciencias: Algunas cuestiones historiográficas". En: Montserrat, Marcelo (comp.). *La ciencia en la Argentina entre siglos. Textos, contextos e instituciones.* Buenos Aires: Manantial, 2000, 297-308.

MARTÍNEZ ESTRADA, Ezequiel. *El mundo maravilloso de Guillermo Enrique Hudson.* México: FCE, 1951.

MONTALDO, Graciela. *Ficciones culturales y fábulas de identidad en América Latina.* Rosario: Beatriz Viterbo, 1999.

MONTSERRAT, Marcelo. "La sensibilidad evolucionista en la Argentina decimonónica". En: Montserrat, Marcelo (comp.). *La ciencia en la Argentina entre siglos. Textos, contextos e instituciones.* Buenos Aires: Manantial, 2000, 203-221.

MUSEO DE LA PLATA. <http://www.fcnym.unlp.edu.ar/abamuse.html>, (23 de mayo 2009).

NAVARRO FLORIA, Pedro. "William H. Hudson en la naturaleza patagónica (1870 y 1893): último viajero científico y primer turista posmoderno". En: *THEOMAI*, 10 (2004): <http://revista-theomai.unq.edu.ar/numero10/artnavarrofloria10.htm>.

NOUZEILLES, Gabriela. "El retorno de lo primitivo. Aventura y masculinidad." En *La naturaleza en disputa. Retóricas del cuerpo y el paisaje en América Latina*. Buenos Aires: Paidós, 2002, 163-186.

ONNA, Alberto F. "Estrategias de visualización y legitimación de los primeros paleontólogos en el Río de la Plata durante la primera mitad del siglo XIX: Francisco Javier Muñiz y Teodoro Miguel Vilardebó". En: Montserrat, Marcelo (comp.). *La ciencia en la Argentina entre siglos. Textos, contextos e instituciones*. Buenos Aires: Manantial, 2000, 53- 70.

PODGORNY, Irina. "Los gliptodontes en París: Las colecciones de mamíferos fósiles pampeanos en los museos europeos del siglo XIX". En: Montserrat, Marcelo (comp.). *La ciencia en la Argentina entre siglos. Textos, contextos e instituciones*. Buenos Aires: Manantial, 2000, 309-327.

— "Palabras preliminares." En: Irina PODGORNY y Maria Margaret LOPES. *El desierto en una vitrina. Museos e historia natural en la Argentina, 1810-1890*. México: Limusa, 2008. 11-17.

PODGORNY, Irina y Maria Margaret LOPES. *El desierto en una vitrina. Museos e historia natural en la Argentina, 1810-1890*. México: Limusa, 2008.

PRATT, Mary Louise. *Imperial Eyes. Travel Writing and Transculturation*. London/New York: Routledge, 1992.

QUIJADA, Mónica. "Ancestros, ciudadanos, piezas de museo: Francisco P. Moreno y la articulación del indígena en la construcción nacional argentina (siglo XIX)". En: *Estudios Interdisciplinarios de América Latina y el Caribe*, 9, 2 (1998): <http://www.tau.ac.il/eial/IX_2/quijada.html> (15 de mayo 2009).

RODRÍGUEZ, Fermín. "La tierra purpúrea: Los límites de un aprendizaje". En: Vegh, Beatriz y Jean-Philippe Barnabé (coords.). *William Henry Hudson y* La tierra purpúrea. *Reflexiones desde Montevideo*. Montevideo: Linardi y Risso, 2005, 91-105.

RODRÍGUEZ, Mariela. "*Idle Days in Patagonia*: la complicidad del 'vacío'", s/f (manuscrito inédito facilitado por la autora).

ROSMAN, Silvia. "Las vueltas de William Henry Hudson: errancias de la crítica y desplazamientos de la memoria". En: Vegh, Beatriz y

Jean-Philippe Barnabé (coords.). *William Henry Hudson y* La tierra purpúrea. *Reflexiones desde Montevideo.* Montevideo: Linardi y Risso, 2005, 41-54.

SAURO, Sandra. "El Museo Bernardino Rivadavia, institución fundante de las ciencias naturales en la Argentina del siglo XIX". En: Montserrat, Marcelo (comp.). *La ciencia en la Argentina entre siglos. Textos, contextos e instituciones.* Buenos Aires: Manantial, 2000, 329-344.

SMITHSONIAN INSTITUTION. <http://www.mnh.si.edu/about/mission.htm> (23 de mayo 2009).

SZURMUK, Mónica. "Visto, oído, recordado: William Henry Hudson viaja a la Patagonia". En: *Ciberletras, 5* (2002): <http://www.lehman.cuny.edu/ciberletras/v05/szurmuk.html> (15 de mayo 2009).

THE PITT-RIVERS MUSEUM. <http://www.prm.ox.ac.uk/Kent/musantob/prmhist.html> (22 de mayo 2009).

THOMAS, David Hurst. *Skull Wars. Kennewick Man, Archaeology, and the Battle for Native American Identity.* New York: Basic Books, 2000.

TOGNETTI, Luis. "La introducción de la investigación científica en Córdoba a fines del siglo XIX: La Academia Nacional de Ciencias y la Facultad de Ciencias Físico-Matemáticas (1868-1878)". En: Montserrat, Marcelo (comp.). *La ciencia en la Argentina entre siglos. Textos, contextos e instituciones.* Buenos Aires: Manantial, 2000, 345-365.

URIARTE, Javier. "Nomadismo y configuración identitaria en *The Purple Land*". En: Vegh, Beatriz y Jean-Philippe Barnabé (coords.). *William Henry Hudson y* La tierra purpúrea. *Reflexiones desde Montevideo.* Montevideo: Linardi y Risso, 2005, 69-77.

WEINBERG, Gregorio. *La ciencia y la idea de progreso en América Latina, 1860-1930.* Buenos Aires: FCE, 1998.

La atracción de lo distante: la obra de Hudson como catálogo y museo

Álvaro Fernández Bravo
NYU en Buenos Aires / CONICET (Argentina)

La retórica de la pérdida

Me interesan tres libros de Hudson unidos por dos conceptos opuestos, la pérdida y la acumulación. *The Purple Land that England Lost* (1885-1904), *The Naturalist in La Plata* (1892) y *Birds of La Plata* (1920) comparten, como toda la obra del escritor, un afán coleccionista que recoge, separa y ordena un conjunto de acontecimientos y datos referentes a un mundo en extinción. Aunque los libros pertenecen a registros narrativos diferentes —el primero, ficción, los segundos, historia natural— los tres volúmenes pueden ser leídos bajo una misma rúbrica. Son descripciones del territorio remoto y entrañable de la infancia —próximo y distante a la vez— que en el mismo acto de recuperación confirman su condición de espacios "perdidos". *Birds of La Plata* y *The Naturalist in La Plata* fueron concebidos por Hudson como dos obras complementarias, el primero enfocado solo en aves y el segundo con el acento en animales e insectos (*Birds of La Plata* I, vi). *Birds of La Plata* es, además, reescritura de una obra anterior, *Argentine Ornithology*, escrita junto al científico Philip Lutley y publicada en Londres en 1889. *The Purple Land* por su parte, a pesar de su registro de relato de aventuras, fue incluido en la categoría de "Viajes y geografía" en las primeras lecturas que se hicieron del libro en Inglaterra (*The Purple Land* ix). Probablemente debido a la información que contenía sobre una región periférica y poco conocida, la novela fue agrupada junto a otras que narraban aventuras en territorios coloniales.

Los tres libros pueden ser leídos y comparados con catálogos de costumbres y especies organizados dentro de la economía simbólica del museo. La posición de Hudson como un científico amateur, colaborador de revistas como *Longmans'*, *The Gentleman's Magazine* y *The Nineteenth Century*, donde fragmentos de *The Naturalist in La Plata* fueron publicados por primera vez (*The Naturalist* vi), indica un lugar intermedio, ciertamente alejado del discurso científico que comenzaba a formalizarse y más próximo a un lector burgués no especializado, semejante al público que visitaba museos y jardines zoológicos en su periodo de oro. De hecho, en el museo de Ciencias Naturales de La Plata existe una vitrina dedicada a Hudson donde se exhiben los pájaros descriptos en sus libros como un homenaje a la tarea de organización del saber biológico emprendida por el escritor. Toda la obra de Hudson forma un vasto archivo de recuerdos que por momentos evoca las dioramas de un museo, con la recreación del contexto y el paisaje donde habita cada especie *(figuras. 1 y 2)*. Las descripciones de cada animal (o de cada práctica social) pueden ser recorridas en una secuencia progresiva que imita el itinerario del espectador de una exhibición.

Las ilustraciones que acompañan muchas de las ediciones de los libros de Hudson contribuyen a fortalecer esta analogía. La primera edición de *Birds of La Plata* por ejemplo, publicada en dos volúmenes bellamente ilustrados, imita la iconografía del museo en sus 23 acuarelas realizadas por Henrik Gronvold, un dibujante que ilustró libros como *Birds of Australia* durante el apogeo de la literatura de viajes en Gran Bretaña. La posición de Sudamérica en el imaginario imperial decimonónico permite analizar este paralelismo en el que las pampas resultaban equivalentes a las sabanas africanas o a paisajes del subcontinente indio. Otras ediciones de libros de Hudson, incluyendo los otros dos volúmenes analizados en este artículo, han sido acompañadas con distintos tipos de iconografía, a menudo referida a las especies animales y a los personajes humanos, todos teñidos de color local, que protagonizan los textos.

Cada una de las obras observa un objeto diferente. *The Purple Land* se enfoca en la peripecia de un personaje en la Banda Oriental; *The Naturalist in La Plata* en el mundo biológico de la pampa tal como Hudson lo conoció antes de la campaña del desierto. Los pájaros de la región del Plata, con la marca del territorio estampada en sus cuerpos, son el centro de *Birds of La Plata*, como lo proclama en la introducción al primer volumen: "[B]irds differ in widely-separated portions of the earth and, like the races of men, have the stamp of their country or continent on them. But the bird is a volatile being, and vast numbers refuse to belong to any particular region" (viii). El par animal-país/continente, una configuración característicamente biopolítica, plantea desde el principio una relación problemática aunque simbólicamente fecunda. El cuerpo animal, como la raza en el momento positivista, almacena una información poco transparente y cargada de connotaciones ideológicas no siempre reconocidas en las lecturas de Hudson, no en vano un autor funcional al régimen imperial y exitoso, incluso por su anacronismo, durante el apogeo del imperialismo.

Los pájaros podrían haber reflejado el territorio en sus cuerpos, pero la condición fluida y móvil del mundo biológico presenta una dificultad frente al orden más rígido de las jurisdicciones nacionales. Los libros incurren en una práctica que traza fronteras y busca inmovilizar —separar y ordenar— aquello que describen para incluirlo dentro de una taxonomía, aunque las obras oscilan entre un referente regional de límites imprecisos ("el Plata", "la pampa") y uno nacional, la Banda Oriental, la tierra purpúrea, cargado de inestabilidad política. Los pájaros en particular, debido a sus migraciones y a su movilidad, exceden las identidades fijas y resulta arduo inscribirlos en un mapa político o asignarles una ciudadanía. A pesar de esta dificultad, la empresa naturalista se propone capturar y detener el movimiento para inscribirlo en un marco estable como el de un libro, una enciclopedia (o un museo) de aspiraciones clasificatorias. Basta pensar en la técnica del embalsamado (stuffed bird) —condenada por el mismo Hudson cuando afirma que no existe el pájaro muerto (*Birds of La Plata* I, x)— para reconocer la tensión entre movilidad y captura. Toda descripción supone una relación expropiativa, que en este caso sujeta y transporta especies de un espacio territorial y cultural (rural, natural, salvaje) localizado en Sudamérica a otro código, el del libro, de la cultura inglesa, el dominio literario —que incluso se prolonga hasta la cultura argentina donde eventualmente fue consagrada la obra—. Así los libros terminan por transformar ese material sudamericano sin procesar en una descripción naturalista inserta en un espacio civilizado, el mundo urbano, el saber establecido y la narración donde la obra de Hudson comenzó a circular, fue leída y apreciada por algunos de los mayores escritores de su tiempo (Joseph Conrad, R. Tagore, Virginia Woolf, T. E. Lawrence).

En 1931, cuando Hudson estaba siendo canonizado en la Argentina, las acuarelas originales de *Birds of La Plata* fueron exhibidas en la Exposición Británica de Buenos Aires (Gómez 2009: 75). El texto recorre especies de pájaros agrupados en familias y funciona como un comentario ampliado de las imágenes, semejante a las placas informativas sobre las especies ubicadas junto a las vitrinas de los museos. En rigor, en este caso las imágenes están construidas a partir del discurso, con lo que la relación resulta invertida. Aquí es el texto el que ocupa la posición predominante y las ilustraciones funcionan como una derivación o un suplemento. El ilustrador se basó en la minuciosa descripción de los pájaros para realizar las acuarelas. Tanto las imágenes de animales en los libros, como el contexto que las rodea, que a menudo remite también a lo humano, hablan de una relación dinámica entre naturaleza y cultura. Cada animal tiene una historia, refiere un número de episodios y acontecimientos que Hudson recoge de la extensa bibliografía consultada sobre cada especie, así como de sus propias observaciones o de los testimonios de los informantes que reúne en su libro. La enciclopedia de Plinio, citada en el capítulo XIII de *The Naturalist in La Plata* (107), junto a la obra de otros naturalistas eminentes como Charles Darwin, Félix de Azara y Alexander von Humboldt provee un modelo descriptivo, científico y archivístico. Sirve también para pensar el problema de la posesión y la pérdida en el marco del traslado de datos de un contexto a otro, procedimiento característico de la historia natural.

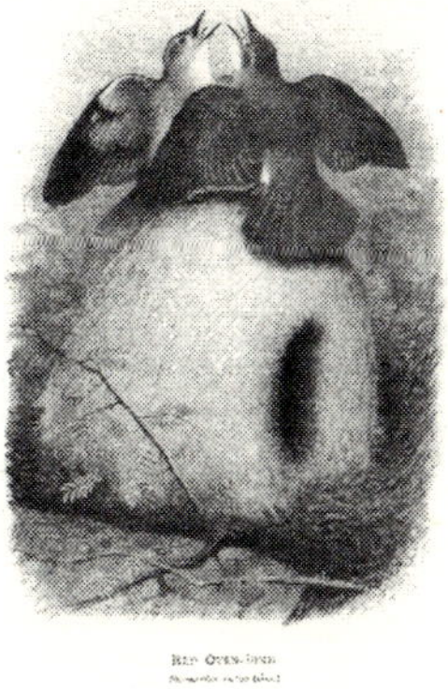

Figura 1. El hornero

Figura 2. Tordos

Cabe señalar no obstante una diferencia importante en los procedimientos de acumulación y producción de conocimiento vinculados al saber imperial del museo y la enciclopedia. El coleccionista trabaja en rigor de un modo distinto al museo, a veces como su aliado o antecesor (Thomas 1994), a veces como una fuerza reordenadora y revolucionaria, un pionero, en contraste con el rol más institucional y conservador del museo (Benjamin 1982). Existen distintos tipos de coleccionistas pero podemos atribuir a Hudson el rol característico de quien acumula objetos que cambian de función al insertarse en la colección y a veces establecen una relación personal y subjetiva con el coleccionista-propietario. La colección provee de contenido al coleccionista siempre en déficit, acosado por la pérdida que según veremos, apoyados en las tesis de Bataille sobre la noción de gasto, tiene una función positiva (Bataille 2003 [1970]). La pérdida impulsa el apetito del sujeto y transfiere el objeto sacrificado (o destruido, según su análisis de las ceremonias del potlatch) al donatario. De acuerdo con la tesis de Bataille el que pierde, como en el potlatch, gana en la transacción, recupera un valor simbólico, adquiere poder. La relación entre pérdida o destrucción (o robo) y formación de un capital simbólico está entrelazada con la historia de los museos, la formación del patrimonio cultural y la política del coleccionista.

El museo, en contraste, es receptor de un acervo acumulado a menudo por coleccionistas privados, aunque la relación entre ambos es estrecha. La colección reunida en la institución sirve para reflejar una subjetividad colectiva y no personal: una región, un país, una cultura o un periodo histórico o estético son representados por fragmentos descontextualizados que son expuestos en un espacio público, abierto y combinados en un nuevo orden. En ambos casos operan transacciones de apropiación, donde los objetos cambian de lugar y la descripción como práctica acompaña e ilumina este movimiento.

Hudson se alinea en una tradición, la de la historia natural, de por sí inestable, híbrida (ya que combina un afán científico con elementos narrativos) y anacrónica cuando comienza a publicar. La historia natural pertenecía a una tradición decimonónica que el mismo Darwin había comenzado a superar. En *The Naturalist in La Plata* menciona libros como *Naturalist on the Amazons* de Henry Walter Bates (2008, prefacio) y *The Naturalist in Nicaragua* de Thomas Belt (2008: 91) y otros autores como Kirby y Spence, Wallace y Gould con los que encuentra afinidad. El escritor reconoce explícitamente en esta obra su condición amateur, manifestada por ejemplo en su dificultad para emplear los nombres científicos (que sin embargo en la posterior *Birds of La Plata*, procurará afanosamente recuperar, sin desdeñar los nombres aborígenes de los animales). Los libros de Hudson se ubican a medio camino entre la ciencia y el relato, ya que recuperan vivencias y experiencias personales. Al insertarlas en un marco más amplio, referido a una región (el Plata, la pampa, la tierra purpúrea, etc.) ingresan en estado público por su condición de libros y las colecciones sirven a un propósito colectivo. Así fueron leídos e incluidos en la tradición literaria argentina, por su capacidad para representar el mundo rural decimonónico anterior a la inmigración cosmopolita, evocado con nostalgia conservadora.

A pesar de su deseo de convertirse en un científico profesional, sabemos que Hudson no logró su propósito. La relación que estableció con el Smithsonian Institution de Washington no fue más allá del envío de algunas especies remitidas desde la Argentina (pero también una foto del propio Hudson, recuperada por Arocena, que permanece en la institución). Incluso su relación con el Museo Nacional de Buenos Aires y el Dr. Burmeister, su director, aparece signada por la pérdida. En un capítulo dedicado a los recursos defensivos de los animales (*The Naturalist* 47), el escritor cuenta la captura de un tipo de rana de rara estructura, con músculos fuertemente desarrollados, que luego pierde (se le escapa) a pesar de su intención de donarla al museo. En varias oportunidades la observación de especies únicas que luego escapan regresa en su narración y señala la constante amenaza de extraviar aquello que se posee.

Quizás uno de los episodios más ilustrativos de esta configuración sea la visión de los indios sobre la pampa evocada en el comienzo de *The Naturalist in La Plata*. Se trata de una imagen casi onírica, de un grupo de indígenas observados al final del verano, en marzo, poco antes de que el escritor partiera definitivamente de la Argentina. Los indios se encuentran fundidos con la naturaleza: detienen su cabalgata, se montan en sus caballos y observan al observador.

> Satisfied that they had no intention of attacking us, and were only looking out for strayed horses, we continued watching them for some time, as they stood gazing away over the plain in different directions, motionless and silent, like bronze men on strange horse-shaped pedestals of dark stone; so dark in their copper skins and long black hair, against the far off ethereal sky, flushed with amber light; and at their feet, and all around, the cloud of white and fainty-blushing plumes (5).

La imagen, que luego Hudson compara con la pluma de Ruskin y el pincel de Turner por su incapacidad de alcanzar una representación tan excelsa debido a la fugacidad de la visión, condensa dentro de sí la belleza y lo inaprensible, aquello que se intenta rescatar y se recupera a partir de su misma evanescencia. Los indios están mimetizados con el paisaje, fundidos con la naturaleza. Son una misma cosa con los caballos y su color forma una composición con el cielo y las pasturas de la pampa. Hieráticos como estatuas, son una representación rígida y distante, una reificación de lo humano que cautiva el ojo del observador pero que deja solo un rastro fugaz. El valor de su objeto está en la misma dificultad de aprehenderlo.

A este obstáculo formal se añade la condición anodina de la pampa, "the southern portion of La Plata, which has a temperate climate, and where nature is neither exuberant nor grand" (*The Naturalist* vi). Sobre un objeto perdido y una materia plana, hueca, desprovista de grandiosidad, Hudson edifica su obra. Obtiene (produce, genera) valor estético de una base pobre, carente y huidiza, un problema que ya habían enfrentado otros escritores argentinos, desolados ante el paisaje vacío de la llanura.

El distanciamiento de la mirada

En el primer capítulo de *The Purple Land* Richard Lamb pronuncia un discurso que refleja un problema con el que quisiera continuar. Se trata de una visión desde el cerro que da nombre a la ciudad de Montevideo, desde donde el narrador contempla el paisaje que lo rodea. El mundo natural en estado salvaje, desaprovechado y prolífico, atrae su atención. La riqueza americana escasamente intervenida y la naturaleza feraz y fecunda son a la vez signo de una virginidad cautivante pero también de las oportunidades perdidas: una tierra "vacía" y desperdiciada, en una figura que evoca la situación colonial y el rol del imperialismo como "creador de necesidades", tal como Said lo observó. En una mirada que guarda interesantes paralelos con la de Sarmiento sobre la pampa (el vacío, la naturaleza en estado puro), Lamb proclama:

> Whichever way I turn (...) I see before me one of the fairest habitations God has made for man: great plains smiling with everlasting spring; ancient woods; swift, beautiful rivers; ranges of blue hills stretching away to the dim horizon. And beyond those fair slopes, how many leagues of pleasant wilderness are sleeping in the sunshine, where the wild flowers waste their sweetness and no plough turns to fruitful soil, where deer and ostrich roam fearless of the hunter, while over all bends a blue sky without a cloud to stain its exquisite beauty? (*The Naturalist* 8).

El paisaje se muestra fértil, pleno de posibilidades y de riqueza, poblado de animales libres no perseguidos por cazadores y con múltiples recursos disponibles. Es una arcadia sudamericana. Pero la naturaleza se encuentra dilapidada y la tierra sin cultivar, en manos de habitantes pasivos que observan cruzados de brazos como el país se precipita en la guerra civil que ya ha teñido el suelo de púrpura. Ese territorio que podría haberse vuelto productivo y que fue ocupado medio siglo atrás por los británicos —señala el narrador— fue devuelto a sus habitantes a cambio de los prisioneros ingleses capturados en Buenos Aires.

> "We offer you your laws, your religion, and property under the protection of the British Government", loftily proclaimed the invaders —Generals Beresford, Achmuty, Whitelocke, and their companions—; and presently, after suffering one reverse, they (or one of them) lost heart and exchanged the country they had drenched in blood, and had conquered, for a couple of British soldiers made prisoners in Buenos Aires across the water; then, getting into their ships once more, they sailed away from the Plata for ever (10).

La transacción puso fin a la intervención británica en el Río de la Plata mucho antes de la llegada de Lamb al país, pero el narrador la refiere con nostalgia no exenta de ironía: los invasores ofrecen a los naturales conservar sus leyes, religión y propiedad, es decir, darles lo que ya poseían. El intercambio no prospera, no hay ganancia ni comercio y los británicos parten para siempre del Río de la Plata (aunque el mismo Lamb encontrará súbditos británicos en el Uruguay). La pérdida tiene aquí un sentido negativo y retórico. El imperio no ha podido hacer pie en la región y sus habitantes han "perdido" la oportunidad de quedar bajo la protección de la Union Jack y la noble conquista planeada por los británicos. Son los ingleses sin embargo quienes perdieron el ánimo y permitieron el intercambio desfavorable.

La separación entre la dominación británica y la naturaleza americana señala un tropo recurrente en la perspectiva de Hudson y abre un problema teórico que merece atención. Su obra está marcada por un hiato constitutivo entre la escritura y su objeto. El paisaje americano y su representación literaria se encuentran alejados entre sí. Esa distancia, equiparada aquí a la partida de las tropas inglesas del Río de la Plata —comparable a la propia partida de Hudson hacia Inglaterra— indica algo que se interpone, una pérdida y un alejamiento que operan como estímulo para recuperar, por medio de la escritura, aquello que se perdió.

Hudson ha partido de Sudamérica (como los ingleses) pero permanece imaginariamente en la región (como Lamb) ya que su literatura se nutre del paisaje y de las experiencias de la juventud en el Río de la Plata. Los cuadernos de notas, los diarios de observaciones (como los que aparecen referidos en *The Naturalist in La Plata* y en *Birds of La Plata* y que probablemente también prestaron apoyo a la escritura de *The Purple Land*), abastecen sin cesar la literatura de Hudson.[1] Toda su obra está escrita bajo el motivo de la recuperación de un mundo perdido, atravesado por el significante "pérdida". La pérdida funciona

1. Hay referencias a diarios en el capítulo 3 the *The Naturalist in La Plata* (años 1872-1873). El capítulo dedicado al Screaming Cow-Bird de *Birds of La Plata* tiene la forma de un diario con varias entradas entre el 28 de septiembre y el 15 de abril (I, 96-112). Felipe Arocena, en *De Quilmes a Hyde Park: las fronteras culturales en la vida y la obra de W. H. Hudson* señala varios libros elaborados a partir de notas y cuadernos de campo: *Idle Days in Patagonia* y *The Purple Land* entre otros (2000).

en dos niveles. Como un mecanismo para recuperar por medio de la palabra aquel paisaje que el narrador nunca abandona por completo y que provee de materia prima a su obra. La producción simbólica tiene lugar a partir de la carencia. En un segundo nivel, el hiato se presenta como constitutivo de la subjetividad dividida de la enunciación que evoca siempre un mundo alejado. La brecha entre el sujeto y el mundo descripto atraviesa la obra del escritor anglo argentino.

En el nivel argumental, Lamb también llega a la tierra purpúrea desposeído y dividido. Como los padres de Hudson al partir de Nueva Inglaterra rumbo a Sudamérica, Lamb abandona en la novela la Argentina junto a su flamante esposa, para eludir la oposición familiar al matrimonio. Al llegar a Montevideo no posee nada: ni capital económico, ni capital social (apenas puede valerse de una tía de su esposa radicada en el Uruguay que no le sirve de mucho) y luego de recorrer la ciudad y *gastar* las suelas de sus zapatos buscando trabajo pierde hasta lo poco que tiene. Se aventura entonces al interior del país, donde acumula experiencias, construye una reputación y su historia cobra forma.

Puede decirse que la desposesión y la pérdida son el punto de partida para alcanzar una subjetividad construida casi desde la nada, pero que tiene como resultado un capital simbólico que liga escritura y subjetividad. El conocimiento de la tierra purpúrea crece en el curso de las aventuras y el contacto incluso físico que Lamb establece con las sucesivas mujeres que seduce en su itinerario hablan del deseo de posesión como un rasgo consumado del protagonista.

La pérdida resulta entonces algo muy distinto de lo que parece. Estimula una ganancia simbólica y empírica expresada en conocimiento, experiencia y contacto. Lamb aprende de su relación con la población local, se educa al conocer costumbres y prácticas e incrementa así su capital simbólico. La pérdida también fomenta el ahorro en el registro y la narración de las aventuras, volcadas en los diarios de notas que luego serán la base para la elaboración de libros. Por último, la pérdida impulsa la recuperación y la producción del sujeto en la escritura. En el prefacio a la reedición de 1904 de *The Purple Land,* Hudson retoma este problema y resalta el valor de las faltas, atribuidas a la tierra purpúrea como referente, pero extrapoladas también al libro como objeto, mal recibido en su primera edición. "A purple land may be found in almost any region of the globe, and 'tis of our gains, not our losses, we keep count" (ix). La exhortación induce a considerar las ganancias, no las pérdidas, aunque la ganancia, en rigor, está atada a la pérdida (sin pérdida no hay ganancia posible). Esta aclaración tiene un doble referente. Habla tanto del libro, mal recibido, olvidado, "perdido" para sus lectores de la primera edición de 1885 y reeditado más tarde con algunos cambios, entre otros la eliminación del "lost" en el título. Esa primera pérdida tiene como resultado una segunda edición, que se transforma en ganancia. El segundo referente alude al país, perdido por el imperio como colonia. Como en varios momentos de su obra, la "ganancia" colonial tiene siempre el efecto potencial de alterar la naturaleza, es decir, corromperla y modificar su fisonomía original. De este modo, la pérdida política imperial tiene un revés provechoso y lucrativo, al dejar un poco más intacto el mundo biológico que es el principal interés de Hudson.

Ambas pérdidas se iluminan mutuamente. Una vez que el libro recupera cierto valor entre sus lectores, diecinueve años después de su primera edición y con su autor en proceso de consagración a partir de su obra naturalista, la pérdida consigue revertirse para convertirse en ganancia. También la pérdida militar y política de la tierra purpúrea querrá ser representada como una ganancia para la naturaleza, que permanece libre de la intervención colonial europea. Como en varios momentos de su obra, la ganancia colonial tiene siempre el efecto potencial de "cambiar" la naturaleza, es decir, corromperla y alterar su fisonomía original. La pérdida política de la tierra purpúrea garantiza por lo tanto que esta preserve su natural violencia, primitivismo y estado biológico, valores privilegiados desde la perspectiva consagrada en el texto y a partir de ahí en la obra naturalista de Hudson.

La proximidad como amenaza

A pesar de la defensa de la ganancia como resultado último del contacto, *The Purple Land* también habla del miedo frente a la excesiva cercanía. Sin duda el componente puritano, que aleja al relato de toda contingencia sexual y mantiene las relaciones eróticas siempre en un nivel de recato señalan el temor a la contigüidad y el contacto físico.

El peligro de contagio cultural aparece ya en ese primer capítulo de *The Purple Land*, como el temor a adquirir los destructivos hábitos locales ("I swear that I, too, will become a conspirator if I remain long on this soil" [9]). Como Borges lo observó, la novela es un *Bildungsroman* que narra la asimilación (el devenir criollo) del protagonista a través de sus andanzas por la Banda Oriental. Aunque el aprendizaje funciona como un modo de conocimiento que supone un grado de proximidad, convive con el temor a la contaminación. La mezcla, según veremos, tiene lugar a nivel lingüístico y funciona en la traducción —traducción como intermediación y negociación, posición *in-between* del sujeto bicultural—.

Sin perder la compostura, Richard Lamb aprende a amar la tierra tal como es y a apreciar sus rasgos peculiares no sometidos al yugo extranjero ni a la civilización europea. La pérdida de la oportunidad de poner a producir la tierra (y transformar de este modo el paisaje virgen) abre la primera novela de Hudson pero funciona aquí en un sentido opuesto a una visión instrumental colonial: la pérdida permite la afirmación de la peculiaridad del país y sus rasgos distintivos y contribuye a afirmar la subjetividad del protagonista, enfrentado a diversas peripecias asociadas con la barbarie que lo consolidan como sujeto y fortalecen su reputación. Lo salvaje cumple así una función estructural: provee de obstáculos que consolidan la subjetividad del protagonista.

Sin embargo, esa subjetividad mantiene su condición de "inglesa" que lo distingue de los locales. Lamb, como muchos informantes, deviene un "gaucho inglés", un sujeto híbrido, transcultural y transnacional, como los que su libro vindica.

El recorrido por la Banda Oriental reúne una colección de observaciones y datos sobre una región remota y desconocida para los lectores ingleses, y en este sentido se aproxima al género del relato de viajes tal como fue leído en la primera edición, aunque la literatura de Hudson no calce cómoda dentro de esa categoría. Si bien Hudson recorrió el Uruguay durante su permanencia en Sudamérica, la novela es un relato ficcional que reúne una sucesión de episodios que podrían ser cuentos en sí mismos, y que van construyendo un retrato del país y de la subjetividad del protagonista a través de un formato acumulativo. Parte del afán del texto es traducir para el lector británico las peculiaridades de un país exótico y desconocido, en un contexto receptivo para una narración de esas características. Como Conrad y Kipling, con quienes se lo ha comparado, Hudson compone la imagen de un territorio periférico colonial, que podía ser percibido como una parte informal del imperio (Hobsbawn) o incluso como un destino posible entre los lectores británicos medios, muchos de los cuales emigraban entonces a Australia, Sudáfrica o la India en el contexto de la industrialización y el deterioro de la calidad de la vida urbana en Gran Bretaña (también tematizada en el texto) y entre los cuales Sudamérica podía ser un destino posible. La presencia de ciudadanos británicos establecidos en la región del Río de la Plata es constante en toda la obra y alude a un vínculo activo entre Inglaterra y Sudamérica.[2]

Aunque la novela oscila entre una vindicación del contacto como vía de aprendizaje y el temor al contagio de las costumbres locales, no faltan personajes definidos como "gauchos ingleses o escoceses", establecidos en el país y diestros conocedores de la vida rural pampeana. Estos sujetos *in-between* replican la propia posición del escritor como mediador y escritor de una filiación híbrida, norteamericano, inglés, argentino y criollo de la pampa. Su condición transnacional es clave para explicar y traducir los usos a un lector ignorante del mundo descripto o incluso para corregir y polemizar, como lo hizo con Darwin, Azara y otros, sobre aspectos del mundo retratado.

Hudson traduce en un sentido amplio: realiza traducciones lingüísticas —algunas graciosas: río salsipuedes, Get-out-if-you-can river, (*The Purple Land* 27) — pero también opera como un etnógrafo

2. Así, muchos de los informantes suelen ser ingleses expatriados como el mismo Hudson. La posición transnacional de Hudson es clave para leer su literatura y entender su discurso. En la biografía del puma (*The Naturalist* cap. 2) habla de un inglés agauchado, de un escocés de la Patagonia y de otros testigos ingleses que lo proveen de información sobre el animal. También algunos de sus lectores modelo están entre los ingleses: se dirige a una comunidad anglo-argentina como público (*The Naturalist* 120; *Birds of La Plata* I, 187).

que explica y examina prácticas, hábitos, alimentos, comportamientos, relaciones sociales y de género, cultura material y usos del país recorrido. La novela enseña a un lector ignorante, aunque sus lectores son múltiples. Se dirige a la comunidad anglo-argentina, a los autores de la historia natural, al público británico lego y a sabios consagrados.[3] Su mirada es la de un naturalista poco interesado en comprender los pormenores de la política oriental pero sin embargo, atento a prácticas de la vida cotidiana. Las observaciones de Lamb abarcan costumbres, especies biológicas, estructura social y forman en conjunto una imagen bastante completa del país. El conocimiento acumulado contribuye a una representación colectiva, humana, natural y antropológica de la tierra purpúrea. Lamb se define como un científico inglés en el capítulo 9, cuando disecciona una flor y es observado por Marcos Marcó, admirado de su conocimiento y destreza técnica (conoce las partes de la flor).

No obstante, el periplo de Lamb transforma al personaje y la novela culmina con un rechazo de la idea de colonización y una vindicación de la naturaleza en estado semisalvaje, dominada por el gasto improductivo (la pérdida de Bataille <2003 [1970]>), anterior al régimen capitalista desde donde Hudson escribe y recuerda. Así, la posición del comienzo se invierte por completo y resulta más bien casi parodiada. La derrota militar británica ha resultado, en realidad, una ganancia: permitió preservar el "estado de naturaleza" en una condición más pura. El país (y Sudamérica) posee para Hudson una riqueza natural que es su mayor valor, aunque esa misma pureza está condenada a desaparecer, y probablemente ya ha desaparecido por efecto de la modernización cuando los libros son publicados, tal como el autor lo constata, por ejemplo, al referirse a los efectos de la Campaña del Desierto (1879) sobre los territorios pampeano-patagónicos donde recogió la mayor parte de la evidencia científica para su obra naturalista.

3. En *Birds of La Plata* se refiere en varias ocasiones a los "English-speaking Argentines" (I, 70) y a los "Anglo-Argentine naturalists [that] will find some better designation for this and many other of the hundreds of species I have had to invent names for" (188).

La intervención imperial es dañina no tanto en un sentido político como por su impacto sobre el mundo natural que podría alterarse y contaminarse por el ingreso de la civilización capitalista. El estado salvaje, conservado como un museo imaginario —ya que en rigor Hudson siempre apela a la memoria de la infancia y la juventud, no a una observación contemporánea al momento de la escritura— muestra una doble distancia, temporal y geográfica. El autor reconoce en este sentido que el mundo evocado ya no existe y es solo un recuerdo del que conoció cuando vivió allí. La distancia añade un valor suplementario a los objetos evocados, que están lejos en el espacio y en el tiempo. La inmigración europea en masa que el escritor alcanzó a conocer en sus comienzos, y de la que habla con desprecio —en particular de los italianos, dados a la agricultura y "enemigos de los pájaros" (*The Naturalist* 144) — es otra fuerza europea que contribuye a la destrucción de ese mundo. También en *Birds of La Plata* señala la persecución de la cotorra por los agricultores italianos (II, 30) Así, al referirse en su biografía de la vizcacha al combate del animal dice:

> [S]ince the following pages were written at my home on the pampas a great war of extermination has been waged against this animal by the landowners, which has been more fortunate in its results —or more unfortunate if one's sympathies are with the vizcacha— than the war of the Australians against their imported rodent —the smaller and more prolific rabbit" (*The Naturalist* 182).

La pérdida, representada por la distancia y lo irrecuperable opera así como una ganancia en la economía simbólica del texto, ya que abastece a la narración de su materia prima. La literatura solo resulta posible porque se forma a partir de un referente perdido y remoto. Esta solo puede obtenerse de la memoria del sujeto recordante que evoca un mundo no solo irrecuperable por la brecha temporal, sino porque las condiciones económicas y sociales afectaron de modo irreversible el mundo recordado. Luego de su viaje por el país, hacia el final de la novela, Lamb cambia de opinión sobre los efectos potenciales de la colonización. Su mirada está ahora en las antípodas. Dice entonces:

> I cannot believe that if this country had been conquered and re-colonised by England, and all that is crooked in it made straight according to our

> notions, my intercourse with the people would have had the wild, delightful flavour I have found in it. And if that distinctive flavour cannot be had along with the material prosperity resulting from Anglo-Saxon energy, I must breathe the wish that this land may never know such prosperity (*The Purple Land* 243-44).

El estado de naturaleza donde el ñandú y el ciervo corren libres y donde tantas cosas están torcidas (*crooked*) vale más que la prosperidad material británica (o anglosajona). Se trata de una visión romántica pero aún así, crítica de la política colonial —aún en un nivel ingenuo y conservador— e interesada en la preservación del mundo biológico libre de intervención extranjera. La pérdida tiene así una función de preservación y en este sentido permite acumular no bienes materiales, sino un orden natural formado por especies biológicas, animales, pájaros, etc., acumulados en una colección erudita. El fracaso de la intervención colonial también preserva un conjunto de elementos que acompañan al mundo biológico y forman parte del mismo archivo: la vida rural, la experiencia y la cultura popular que rodea y se entrelaza con ese mundo. Las creencias sobre animales, las leyendas, la tradición oral e incluso los restos del mundo indígena presentes en el vocabulario que designa las especies también ingresan en el archivo.

El capítulo XIX de *The Purple Land*, dedicado a los cuentos y creencias populares, recupera relatos sobre animales que quedan incorporados a un registro que excede el dominio estrictamente biológico e incorpora la cultura popular como parte del mundo uruguayo descripto. Los animales están insertos en la vida social y la interacción del narrador con la sociabilidad local —supersticiosa, popular, oral y rural— le permite atravesar y ganar las experiencias (peripecias) que proveen de materia a la narración.

Los otros dos libros de Hudson sobre los que me detendré, si bien no son narraciones, operan también bajo la economía de la colección, la separación y el museo. Como el museo, trafican bienes culturales entre espacios geográfica y culturalmente distantes entre sí, exhiben objetos y los clasifican en una taxonomía. Cada libro es una nueva taxonomía que inserta las especies en orden diferente de su posición anterior e incluso polemiza con otras clasificaciones.[4] No solo corrige a otros autores, sino a sí mismo, como en *Birds of La Plata*, donde señala errores incluidos en su anterior *Argentine Ornithology* (II, 126). Cada libro suma nuevas especies biológicas a las descriptas por la ciencia occidental y al estar más cerca de la historia natural, despliega una empresa al servicio del conocimiento universal, es decir europeo y atlántico. Sin embargo, las descripciones están siempre atravesadas por relatos, anécdotas y experiencias que agregan a las especies catalogadas la perspectiva del observador y el contexto cultural donde los animales y pájaros viven y fueron conocidos. Los animales siempre están insertos en un medio que los excede y los muestra como seres culturales, no meramente biológicos. Cada animal lleva inscripto en su cuerpo la mirada humana sin la cual su naturaleza estaría incompleta.

Un encuentro imposible

El interés por los animales y el mundo natural opera bajo la lógica de la distancia y la separación y su complemento: la proximidad y cercanía afectiva, como vimos en el caso de la vizcacha. Los animales aparecen a la vez cercanos en la cotidianeidad de la pampa, donde se los evoca siempre en relación con seres humanos que dan testimonio de sus costumbres, naturaleza y hábitos, y lejanos en su contexto evocado desde Inglaterra. La unión entre el caballo y el hombre en la pampa —sobre todo el indio, pero también el gaucho— ocupa el capítulo XXIII de *The Naturalist in La Plata*. Hudson describe allí una sociedad biológica y cultural (biopolítica) que ya había ocupado la atención de otros escritores ingleses, principalmente los viajeros, pero también de Darwin, admirado de la alianza entre el caballo y el ser humano en la pampa (Prieto 2003; Darwin 1845).

---

4. La voluntad de corregir a Darwin puede leerse como una prolongada lealtad de Hudson a Germán Burmeister, el científico alemán director del Museo de Buenos Aires que el escritor conoció en su juventud, de fuertes posiciones antievolucionistas. Sobre Burmeister véase Cristina Mantegari (2001).

La sociedad entre animales y humanos indica algo más que una alianza: señala un modo de vida que comienza a extinguirse, un tipo de existencia en el que existía una intimidad entre los hombres y las bestias, comparada con una relación simbiótica de parasitismo (*The Naturalist* 236). Como los animales domésticos están entrelazados con la existencia diaria resultan registrados por un observador que toma cuenta de sus comportamientos a partir de un contacto cultural habitual en el mundo de la pampa. Pero también refieren una relación que ha ido desapareciendo de la experiencia cotidiana de los lectores ingleses: el contacto directo a través de la convivencia con distinto tipo de animales domésticos (gallinas, patos, conejos, cerdos, vacas, caballos, etc.). Se trata de una distancia no desconocida, ya que la convivencia con los animales forma parte de un pasado cercano, pero que rápidamente se está volviendo arcaica entre los lectores de Hudson a comienzos del siglo xx, cuando sus libros alcanzan su circulación más exitosa.

El mundo donde animales y humanos convivían sin conflicto que el relato evoca remite a la Biblia: es el paraíso anterior al del pecado original (la infancia) de donde Hudson salió al dejar Sudamérica. Un mundo independiente del deseo sexual, libre de conflicto y explotación. Una de las primeras consecuencias de la expulsión del paraíso para los hombres es la aparición del trabajo, en parte resuelta mediante la explotación de los animales. Con el abuso de los animales aparece la violencia física, el dolor y el yugo. Se trata de una forma que preanuncia la esclavitud y que resulta asociada con el capitalismo.

La nostalgia de esa cercanía entre humanos y animales atraviesa la prosa de Hudson. El mundo evocado es a menudo uno de convivencia armónica entre animales y seres humanos. Casi podría decirse que los humanos son rescatados en su animalidad. Así, el zoológico de Hudson busca romper, aunque sin conseguirlo, la separación entre animales y humanos, al subrayar la relación entre ambos, e incluso entre los animales entre sí. Muchos pájaros por ejemplo hacen sus nidos con pelos de caballo o establecen diferentes formas de cooperación (*figura 2*). Los animales poseen rasgos humanos como una vida social, emocional y afectiva, lenguaje y prácticas de relación complejas.

El fracaso de la sociedad animal-humano puede entenderse a partir de una rigidez estructural del género memorialista, que funciona siempre a partir de una separación y de la acumulación de recuerdos que confirman un tipo de distancia entre el objeto recordado y el sujeto recordante. Un mayor saber y una mayor perspectiva sobre los acontecimientos recordados aumentan el tamaño de la grieta entre el sujeto y la materia de su recuerdo. La sacralización del recuerdo se vuelve religión y "sustrae cosas, lugares, animales o personas del uso común los transfiere a una esfera separada" (Agamben 2005: 98). Toda organización del saber implica una distribución y por lo tanto un tipo de separación.

Al formarse con restos del pasado, como ya se dijo, la distancia es una condición de posibilidad para la enunciación y la sacralización del recuerdo. De hecho, la función descriptiva y el archivo de animales que se forma en los libros supone una forma de apropiación —en tanto la observación y la descripción siempre implican cambiar el código, "traducir" e insertar a los animales descriptos en una taxonomía y en un orden literario que alteran su naturaleza—.

Al capturar a los animales de su medio natural ante la progresiva (y al parecer inevitable) desaparición, los libros de Hudson imitan el método del zoológico, que alberga especies cada vez más inusuales, las inserta en una colección "artificial" —diferente de su hábitat acostumbrado, un espacio donde conviven juntas especies que no lo harían espontáneamente—. Al hacerlo, afecta la presencia de las especies en el medio natural donde tienen su existencia, porque las retira u obtiene con el objeto de llevarlas a ese nuevo espacio simbólico del libro. Como el zoológico o el museo, los libros de historia natural son monumentos a un estado que cesa de existir. En alguna medida celebran o contribuyen, aunque pretendan lamentar, a la desaparición del objeto de su homenaje.[5]

Las ilustraciones que acompañan las ediciones funcionan como "jaulas" de un zoológico y el recorrido por las distintas "estaciones" se asimila tanto al modo de funcionamiento del museo como al del zoológico y pone de relieve las semejanzas entre ambos. Se trata de un

5. Los zoológicos modernos constituyen el epitafio a una relación que era tan antigua como el hombre. Berger ([1972] 2008: 31).

espacio de distanciamiento extremo entre el ser humano y el animal, aunque simule lo contrario. Como el museo o el zoológico, los libros de historia natural retratan una naturaleza histórica, esto es, pasada, remota, separada de la experiencia por un bloque de tiempo. En este sentido, los libros de historia natural hacen visible la distancia interpuesta entre la vida cotidiana urbana que comparten los lectores británicos de Hudson y el mundo animal que se ha evaporado de la experiencia moderna. Los nuevos dispositivos culturales funcionan para salvar esa brecha. Los animales, como dice John Berger, se encuentran ahora lejos, apartados de la experiencia y es a partir de esta distancia que adquieren atracción icónica y se vuelven materia de representación (Berger 2008).

Aunque los libros de Hudson operan dentro de esta configuración y fueron leídos como dispositivos de acceso a un mundo remoto y exótico muestran, por el contrario, un momento de intimidad entre hombre y animal. En rigor, casi siempre los animales, aún en estado salvaje, están atravesados por la mirada humana, por el contacto con sujetos que hablan sobre ellos y por la historia de su representación. El mismo concepto de "biografías de animales" como denomina Hudson a sus descripciones, a menudo intercaladas con historias recuperadas del contacto directo o de terceros que vivieron experiencias con animales (pumas, jaguares, serpientes, zorrinos, aves), así como la lectura y discusión de la bibliografía secundaria sobre las especies y observaciones de informantes y propias sobre los animales que observa, sugiere una condición de analogía entre lo animal y lo humano. Los animales tienen vidas dignas de ser narradas.

En general, no obstante, el mundo animal es retratado como uno en retroceso. Según vimos en la cita del comienzo, los ñandúes y los ciervos están próximos pero distantes. El ñandú, como dice su biografía en *Birds of La Plata*, "was common within fourty miles of Buenos Aires city [but] is becoming rare, and those who wish to have a hand in its extermination must go to a distance of three to four hundred miles from the Argentine capital before they can get a sight of it" (II, 230).

La persecución del ñandú para exterminarlo, cargada de un peso moral, resulta hasta cierto punto paralela al seguimiento del ave para estudiarla y desentrañar su misterio. Hudson apela a menudo a la figura del misterio, asociado con el instinto y lo irracional, para referirse a los animales. Hay un secreto costoso de averiguar en posesión de cada animal. El naturalista es como un detective que investiga un crimen y simboliza al mismo tiempo al criminal que ejecuta a su presa. El ñandú representa también una especie ligada a la prehistoria, como todas las aves, además de un pájaro en retroceso, y por eso mismo difícil de capturar: "[A]mong the feathered inhabitants of the pampa the grand archaic ostrich of America survives from a time when there were also giants among avians" (*The Naturalist* 16). De hecho, para capturar al pájaro es preciso invadir su territorio y ejercer la violencia de la representación.

Hudson sabe bien que la ciencia es responsable de la desaparición y así lo cuenta en la biografía del ñandú:

> The wild mirth of the desert, which the gaucho has known for the last three centuries, is now passing away, for the rhea's fleetness can no longer avail him. He may scorn the horse and his rider, what time he lifts himself up, but the cowardly murderous methods of science, and the systematic war of extermination, have left him no chance. And with the rhea the flamingo, antique and splendid; and the swans in their bridal plumage; and the rufous tinamou —sweet and mournful melodist of the eventide; the noble crested screamer, that clarion voiced match bird of the night in the wilderness. Those, and the other large avians, together with the finest of the mammalians, will shortly be lost to the pampas utterly as the great bustard is to England, and as the wild turkey and bison and many other species will shortly be lost to North America (17).

El ñandú resulta entonces un animal emblemático por varias razones: "hace rizoma", en términos de Deleuze y Guattari (1974 [1972]), con la boleadora, el gaucho y el indio, ya que convergen en él la representación cultural y la histórica junto a su perfil biológico. La imagen del ave perseguida y capturada por medio de una técnica mestiza (india y gaucha) y típica a la vez de la cultura argentina, como la boleadora, indica un vínculo estrecho entre animal y cultura. La jerarquía arbórea resulta abolida y reemplazada por otro sistema de representación rizomático donde lo animal no está subordinado a lo humano sino más bien integrado en una misma unidad no jerárquica.

La presencia del gaucho, el indio y el caballo no han sido capaces de aniquilar todavía al ñandú, más bien han dejado una huella en su comportamiento. La capacidad de veloces giros en la fuga del ave de su perseguidor a caballo resultan atribuidos por Hudson a la centenaria presencia del equino en la pampa. De este modo, la llegada de una especie exótica ha enriquecido a la especie autóctona a través de la adaptación, concepto que Hudson toma de Darwin. Su desaparición implica también el fin de un modo de vida que excede al animal por si mismo y comprende la existencia rural pampeana en un todo, tal como se la conoció y dio forma a la tradición. El gaucho que galopa libre por la pampa sin obstáculos y se vale de la naturaleza pródiga para subsistir está condenado a la extinción, como ya ha ocurrido con diversas especies y está ocurriendo con el ñandú.

Pero hay aún más: Hudson acusa a "los cobardes métodos de la ciencia" de complicidad en el exterminio. Es decir, la acumulación de conocimiento sobre los animales y la producción científica que es resultado de la observación promueven la desaparición y la pérdida. Al hacerlo, como constata el autor en su propia experiencia, se acrecienta el valor de las especies: ver y perder, del mismo modo que acumular, al expropiar al animal capturado de su hábitat natural, contribuye a su extinción, y aumenta el precio de lo observado. La calandria de tres colas, a la que dedica un capítulo al comienzo de *Birds of La Plata* (I, 10), tiene un elevado valor por su rareza, amén de la riqueza de su canto y su habilidad para imitar a otros pájaros. Es decir, lo raro, único y fugaz queda asociado con lo sublime. El último capítulo de *The Naturalist in La Plata*, titulado "Seen and Lost" ilustra bien este problema.

Allí los animales raros como los colibríes son comparados con piedras preciosas que se aprecian y luego desaparecen. Las cualidades mágicas de una especie fugaz y difícil de capturar la vuelven más atractiva al quedar solo como un rastro visual grabado en la retina, convertido en una "jewel of ornithology" (*The Naturalist* 232). Cada especie posee el valor de un libro por el conocimiento que alberga dentro de sí y, como los mármoles del British Museum o el contenido de la biblioteca real con los que compara al ñandú (17), corre riesgo de perderse y por eso aumenta su valor. Del mismo modo que las piedras preciosas y los objetos suntuarios, el colibrí posee un valor excesivo asociado con la pérdida. Bataille realiza el paralelismo del collar de diamantes al que se sacrifica una fortuna (2003 [1970]: 114). El colibrí, como el diamante, tiene un alto valor porque se pierde y carece de valor de cambio.

Aunque el propósito de los libros es rescatar y preservar, almacenar y reunir conocimiento, la cantidad de información no cesa de acumularse y en este sentido no logra cumplir plenamente su propósito. La economía infinita del coleccionista nunca culmina su empresa. Es una colección imposible de concluir, de lo cual Hudson es consciente, como declara al comienzo de *Birds of La Plata*. Dice allí que las 233 aves que observó son solo una parte de un total hasta cierto punto inaprensible, dada la condición migratoria de los pájaros y las fronteras inestables de la región comprendida en el estudio (I, x). Nuevas especies son descubiertas y se incorporan a un conjunto que, como toda colección, es potencialmente imposible de completar, infinita. Cada pájaro añadido al catálogo se vuelve blanco de la mirada científica y por lo tanto, del mismo modo que el ñandú, víctima de la violencia del conocimiento. Así, de manera análoga a la forma museo, el saber parece tener un grado de complicidad con el exterminio de las especies.

Conclusión

La obra de Hudson opera en el marco de los dispositivos descriptos y descompuestos en las páginas precedentes. Su política coleccionista interviene sobre la forma del objeto mediante procedimientos vinculados con la pérdida y la acumulación: transporta información desde la experiencia y la pampa a la lengua inglesa y al libro donde procesa sus recuerdos y los combina con fuentes secundarias; construye un nuevo saber separando(se de) su materia y reorganiza lo conocido. Así cuestiona y desafía el conocimiento existente y reconoce sus propios límites. Al transferir al centro de la metrópolis un archivo sobre regiones periféricas altera el saber establecido y pone al descubierto su precariedad y dimensión histórica, y en rigor la precariedad de todo conocimiento, ya que la colección de especies se define como frágil,

Figura 3. Carancho

móvil y cambiante, alejada de toda permanencia. Los libros exhiben en la metrópolis imágenes que desafían la iconografía y el saber existentes y demuestran así la contingencia de toda imagen. Aunque resulta extraño ver a Hudson en estos términos, opera como un iconoclasta que derriba ciertas imágenes y las reemplaza por otras.

La posición intermedia e híbrida del autor, poseedor de una identidad transnacional y de una lengua capaz de incorporar palabras en distintas lenguas: español, guaraní, quechua, latín, inglés, expresiones criollas, lo coloca en un lugar óptimo para mediar y traducir culturalmente. Por la ubicación intercultural no resulta fácil decir dónde está Hudson ni a qué cultura pertenece. Es por eso que su figura fue objeto de apropiaciones y atribuciones (autor argentino, mejor prosista inglés, escritor poscolonial, paisajista y memorialista universal) y es capaz de generar nuevas lecturas contemporáneas: su lugar es funcional a los debates actuales sobre la caída de las jurisdicciones nacionales y la disolución de las fronteras rígidas, no solo geográficas y políticas, sino también discursivas, disciplinarias y epistemológicas. Se puede leer como una mirada crítica sobre la construcción del saber metropolitano.

Las lecturas argentinas de Borges y Martínez Estrada intentaron incrustar la obra de Hudson en la tradición gauchesca (Gómez 2009), pero en este trabajo proponemos lo contrario: rescatarlo del secuestro nacionalista para leerlo en su dimensión transnacional (y posiblemente poscolonial, ya que como sujeto periférico que "regresa" a la metrópolis se aproxima a la posición de otros autores poscoloniales por su colocación híbrida y sincrética, poseedor de un inglés arcaico e interferido por giros criollos y por lo tanto en un lugar extraño, inclasificable). La relación con Rabindranath Tagore, uno de los responsables de su difusión en la Argentina (King 1986), tampoco es un dato menor para apoyar esta lectura; deconstruir la operación a través de un examen de las prácticas coleccionistas de la obra de Hudson permite reconocer su ubicación inestable, el fracaso del regreso a casa, la desterritorialización medular de su obra. Como dice en el melancólico final de la introducción a *Birds of La Plata*, al citar la carta de su hermano invitándolo a que regrese y dedique su vida a la observación de pájaros en Córdoba, "I probably made choice of the wrong road of the two open to me" (I, xii).

Hudson elige el destierro y el devenir como un lugar para traficar bienes simbólicos. Podría ser leído como un importador de capital cultural si no fuera porque su actividad carece de todo propósito utilitario, y por eso reivindica la pérdida como recurso de acumulación. Es importante remarcar el efecto de transformación producido por la capacidad de adoptar la perspectiva descentrada y abierta, entre lo animal y lo humano, entre Europa y Sudamérica, entre la civilización y la barbarie. Se trata de una posición dinámica porque continuamente rechaza la comodidad del hogar y la permanencia y opta por el exilio como lugar de enunciación. El exilio puede verse en relación con la distancia de la que hablamos antes y la elevación, un punto de vista privilegiado y difícil de alcanzar para quienes permanecen inmóviles en la planicie —la pampa— desde donde no es posible ganar altura—.

Así, cuando refiere su primera experiencia en una colina cerca del Cabo Corrientes desde su nacimiento en la llanura, rescata el cambio en la percepción, la adquisición de una capacidad nueva, desconocida para las personas "born and bred on the pampas" (*The Naturalist* 3). Salir de la pampa y observarla desde la distancia o adoptar el ángulo animal son dos recursos para cambiar el punto de vista y adquirir una perspectiva renovadora sobre el paisaje.

Las biografías del puma y del carancho, para tomar dos ejemplos relevantes a los que dedica varias páginas en *The Naturalist in La Plata* y *Birds of La Plata*, trabajan sobre este eje. Sobre el puma dice Hudson que "[I]t is (…) always spoken of in books of natural history as the most pusillanimous of the larger carnivores" (*The Naturalist* 19). Se trata de una mirada "scarcely philosophical" que buscará ser refutada en la semblanza del felino mediante ejemplos, testimonios de informantes y bibliografía que demuestran el coraje y la lealtad del puma con el ser humano como valores positivos, a diferencia de la presunta "cobardía" atribuida al animal.

Una operación semejante ocurre con el carancho, ave de rapiña característica de la pampa. Tanto el puma como el carancho funcionan como sinécdoques del territorio, son animales típicos. Del mismo modo que el museo cuando apela a fragmentos u objetos de cultura material (una flecha, una vasija) para referir a totalidades culturales, el puma y el carancho representan a Sudamérica, pero no para confirmar una imagen establecida sino para cambiarla. La apología del carancho rescata la dignidad del pájaro del "ignoble character usually ascribed to it by travellers" (*Birds of La Plata* II, 75), tal como se la puede apreciar en la imagen reproducida en el libro (*figura 3*).

La biografía del carancho combina diversas anécdotas principalmente de ataques a otras aves o de caranchos entre sí, que afirman la habilidad y condición cazadora, violenta, viril del ave, frente a su reputación carroñera y baja. Con el carancho cobramos altura al seguir su vuelo y observar el recorrido en el cielo. El relato, como siempre en los animales retratados por Hudson, describe también su nido, montado a veces sobre un montículo de tierra en el agua. La ilustración recupera esta imagen y compone la diorama donde el pájaro es exhibido en toda su nobleza, casi sobre un pedestal natural, en el contexto de su hábitat vernáculo.

Las biografías del puma y el carancho no ayudan a entender mejor a los animales. No iluminan aspectos de su comportamiento, cuyos resortes últimos permanecen como un enigma. La función es otra. Ambos animales contribuyen a modificar una imagen más abarcadora que ellos mismos, la de la región que representan. El debate tiene como contrincantes a otros biógrafos de las especies, pero en rigor, como en la disputa del Nuevo Mundo reconstruida por Antonello Gerbi (1982), se trata de una discusión más profunda que alude al mundo americano que Hudson recupera no solo en la naturaleza, sino también en la cultura, las costumbres, el vocabulario y las creencias populares. Del mismo modo que la distancia, que enriquece y ajusta la mirada del observador, los animales permiten ver algo que de otro modo sería imposible reconocer. No puedo ingresar en un debate extremadamente rico sobre lo abierto inaugurado por Heidegger y recorrido más recientemente por Giorgio Agamben (2004), Jacques Derrida (2008) y María Esther Maciel (2008), pero sí vale la pena añadir a esta extensa polémica la perspectiva de Hudson, que convoca la mirada animal como un ejemplo capaz de aportar cierta elevación, un grado de apertura necesario para entender el mundo y llevar un poco más lejos el conocimiento humano.

Bibliografía

AGAMBEN, Giorgio. *The open. Man and animal.* Trad. Kevin Attel. Stanford: Stanford University Press, 2004.

— *Profanaciones.* Trad. de Flavia Costa y Edgardo Castro, Buenos Aires: Adriana Hidalgo, 2005.

AROCENA, Felipe. *De Quilmes a Hyde Park: las fronteras culturales en la vida y la obra de W. H. Hudson*, Montevideo: Banda Oriental, 2000.

BATAILLE, Georges. "La noción de gasto". En: *La conjuración sagrada: ensayos 1929-1939.* Ed. y trad. De Silvio Mattoni. Buenos Aires: Adriana Hidalgo, 2003 [Paris: Gallimard, 1970], 118-122.

BELT, Thomas. *The Naturalist in Nicaragua.* Charleston, SC: BiblioBazaar/LLC, 2008.

BENJAMIN, Walter. "Historia y coleccionismo: Edward Fuchs". En: *Discursos Interrumpidos.* Trad. Jesús Aguirre. Madrid: Taurus, 1982.

Berger, John. Ways of seeing. London: Penguin, [1972] 2008.

Darwin, Charles. *The voyage of the Beagle*. London: John Murray, 1845.

Deleuze, Gilles y Félix Guattari. *El antiedipo. Capitalismo y esquizofrenia*. Barcelona: Barral, [1972] 1974.

Derrida, Jacques. *The Animal that Therefore I Am*. New York: Fordham University Press, 2008.

Gerbi, Antonello. *La disputa del Nuevo Mundo. Historia de una polémica, 1750-1900*. México: FCE, 1982.

Gómez, Leila. *Iluminados y tránsfugas. Relatos de viajeros y ficciones nacionales en Argentina, Paraguay y Perú*. Madrid/Frankfurt am Main: Iberoamericana/Vervuert, 2009.

King, John. *Sur. A Study of the Argentine Literary Journal,and Its Role in the Development of a Culture (1931-1970)*. Cambridge: Cambridge University Press, 1986.

Hudson, William Henry. *Birds of La Plata*. London/Toronto/New York: J. M. Dent/E. P. Dutton, 1920, 2 vols.

— *The Purple Land that England Lost*. Madison: University of Wisconsin Press, [1885-1904] 2002.

— *The Naturalist in La Plata*. Gloucester: Dodo Press, [1892] 2008.

Maciel, Maria Esther. *O animal escrito. Um olhar sobre a zooliteratura contemporânea*. São Paulo: Lumme Editor, 2008.

Mantegari, Cristina. *Germán Burmeister*. Buenos Aires: Jorge Baudino, 2001.

Prieto, Adolfo. *Los viajeros ingleses y la emergencia de la literatura argentina, 1820-1850*. Buenos Aires: FCE, 2003.

Thomas, Nicholas. "Licensed Curiosity: Cook's Pacific Voyages". En: Elsner, John y Roger Cardinal (eds.). *The Cultures of Collecting*. Cambridge: Harvard University Press, 1994, 116-136.

Mansiones verdes: colonialismo, naturaleza y sujeto

Fernando Degiovanni
Wesleyan University

Mansiones verdes es la obra más difundida de Hudson en inglés. Su proyección cultural en el mundo angloparlante supera en gran medida la de todos los otros textos del autor. Publicada en Londres en 1904, la novela recién tuvo una notoria repercusión de público cuando fue editada en los Estados Unidos en 1916 por Alfred A. Knopf, quien la catapultó a la categoría de *best seller* y no solo logró sacar a Hudson de su frágil situación económica sino también obtener el primer éxito financiero de su carrera. De hecho, el texto de Hudson contribuyó a cimentar el lugar del propio Knopf como editor: *Mansiones verdes* se reimprimió cinco veces en 1916, el año de su lanzamiento norteamericano, y se editó ocho veces más hasta 1923, Knopf sacó tres mil ejemplares en la serie Borzoi de clásicos de lujo en 1925, y volvió a reimprimirla en 1926 en sus Pocket Books, versión que tuvo cuatro tiradas hasta 1929 (Saunders 2005: 7). Desde entonces se han registrado más de cien ediciones en inglés.

Pero *Mansiones verdes* no solo fue, como apunta John T. Frederick, "una de las novelas más ampliamente leídas y queridas de su tiempo" (Frederick 1972: 53). Además de ser reeditada de forma constante por más de un siglo, la historia de Abel y Rima seguiría resonando en el imaginario social décadas después de su publicación inicial a través de diversos formatos culturales de impacto masivo. En 1925, tres años después de la muerte de Hudson, Jacob Epstein levantaría una escultura pública en memoria de Hudson en el Santuario de Pájaros de Hyde Park en Londres, celebrando precisamente a la protagonista de *Mansiones verdes*. La obra tendría su primera traducción musical en 1937, a través de una ópera compuesta para la radio por Louis Gruenberg. En 1959, por su lado, vendría una película de la Metro Goldwyn Mayer, *Green Mansions*, protagonizada por Audrey Hepburn y Anthony Perkins. La obra incluso pasaría al formato musical clásico cuando Heitor Villa-Lobos, que compuso la banda sonora del film en 1958, lanzara una cantata, *Floresta do Amazonas*, estrenada en Nueva York en 1959. Después de una primera adaptación gráfica de la novela en 1952 por Classics Illustrated, llegaría su transposición al comic con la publicación de *Rima: The Jungle Girl* por DC Comics entre 1975 y 1976. Finalmente, el texto también sería parte del canon escolar de los Estados Unidos, acompañado por dos populares guías de lectura: las de Study Master (1966) y de Cliff Notes (1970). *Mansiones verdes* es hoy la única obra de Hudson incluida en los Oxford World's Classics, una prestigiosa serie de autores representativos publicada en Gran Bretaña y los Estados Unidos.

La inmensa legibilidad de la historia de *Mansiones verdes* en el espacio cultural angloparlante contrasta con el limitado conocimiento y difusión de la novela en el ámbito de habla española, donde Hudson sigue siendo fundamentalmente el autor de *La tierra purpúrea* y *Allá lejos y hace tiempo*. Las referencias a *Mansiones verdes* son escasas y esporádicas en castellano: traducida por primera vez en 1938 por Ernesto Montenegro,[1] y reimpresa en 1949 y 1952, en el momento de mayor atención crítica a la obra de Hudson, las alusiones a la novela son, por su parte, aisladas entre los escritores latinoamericanos que

1. La traducción de Ernesto Montenegro fue publicada por primera vez en Santiago de Chile por la editorial Zig-Zag en 1938; se hizo una reimpresión en 1949. La edición de Buenos Aires, publicada por Santiago Rueda, salió en 1952.

más contribuyeron a la consagración del autor. En su extenso estudio, *El mundo maravilloso de Guillermo Enrique Hudson* (1951), Ezequiel Martínez Estrada solo hace referencias pasajeras al texto, sin detenerse en ningún momento a analizarlo, y Borges lo ignora por completo; los comentarios de Alicia Jurado en su detallada biografía del autor, *Vida y obra de W. H. Hudson* (1971), son, en general, breves y negativos; finalmente, en su libro *De Quilmes a Hyde Park* (2000), Felipe Arocena solo cuenta el argumento de la novela. El recorrido de estas lecturas está permeado, sin duda, por los avatares del referencialismo localista que aseguró la legitimación de Hudson en el Río de la Plata, pero al mismo tiempo no deja de sugerir los desencuentros en la recepción de un autor cuya obra de ambiente sudamericano va más allá de los textos abordados más comúnmente en Argentina y Uruguay: la acción de *Mansiones verdes* sucede en la Guyana británica, y tiene un narrador y protagonista venezolano.

De hecho, *Mansiones verdes* ocupa un lugar único en la historia de la circulación de Hudson: marginal en el Río de la Plata, su área de mayor difusión tampoco ha sido Venezuela, Gran Bretaña o sus posesiones coloniales. Por el contrario, *Mansiones verdes* fue el libro de Hudson mejor recibido en los Estados Unidos, donde no solo tuvo un éxito editorial sostenido, sino también donde dio lugar a la mayor cantidad de adaptaciones mediáticas y escolares. Desde este punto de vista, la recepción de los textos de Hudson forma parte de una dinámica red cultural que va más allá del polo Río de la Plata-Gran Bretaña: si hay una parte de la obra de Hudson legible sobre todo en Argentina y otra fundamentalmente en el Reino Unido, también hay otra fuertemente asimilada al imaginario norteamericano.

El análisis detallado de la historia de la recepción de *Mansiones verdes* a lo largo del tiempo y en su enorme diversidad de formatos requeriría de un estudio pormenorizado, imposible de llevar a cabo en el espacio de un artículo crítico. Pero baste subrayar por ahora que el éxito inicial de la obra coincide con el momento de mayor expansión del imperialismo británico y norteamericano. La escritura de *Mansiones verdes* se produce en un periodo en el que las "novelas de la naturaleza", así como las narrativas de viaje, aventuras y exploración de territorios coloniales, habían dado resultados de alto impacto simbólico con las obras de Rudyard Kipling y Joseph Conrad, escritores "exiliados" que adquirirían un peso central en este contexto.[2] Sin embargo, la repercusión única de *Mansiones verdes* en los Estados Unidos después de su reimpresión de 1916 —en contraste con la escasa circulación de su primera edición inglesa de 1904— no parece poder desligarse de un factor decisivo en la política y la economía norteamericanas: la construcción del Canal de Panamá, que, inaugurado en 1914, dio lugar a una enorme producción cultural relativa al subcontinente en los Estados Unidos. La gran cantidad de textos publicados en esta época sobre la región, así como las numerosas instituciones dedicadas al estudio del hemisferio,[3] tuvieron como objetivo explícito la adquisición de conocimientos específicos sobre el Caribe y América del Sur como áreas de expansión e influencia colonial. El notorio interés del presidente Theodore Roosevelt por los trabajos de Hudson, que incluso llegó a prologar después de la reimpresión norteamericana de *Mansiones verdes*, es un dato sugerente desde esta perspectiva: en sus palabras, los libros de Hudson permitían conocer "el alma misma de la tierra, y hoy en día —agregaba— el alma está cambiando tan rápidamente como la tierra misma" (Roosevelt 1916: ix).[4]

De hecho, *Mansiones verdes* elabora tópicos sobre la relación entre naturaleza, raza y destino personal que se habían desplegado por largo tiempo en el imaginario de los Estados Unidos desde la conquista del Oeste, y que fueron traducidos luego a otros territorios, a medida que el país comenzó su carrera expansionista en el área internacional. En ese contexto, la construcción de un archivo destinado a ampliar el repertorio de datos poblacionales y geográficos de un área que la

2. Sobre las "novelas de la naturaleza", véase Tomalin (1984: 198-200). El término "escritores exiliados" es de Jean Franco (1980: x).
3. Para una discusión amplia de este tema, véase Salvatore (1998; 2005 y 2006).
4. En la portada de esta edición prologada por Roosevelt, Hudson ya aparecía promocionado como el autor de *Green Mansions*. Las reimpresiones de *La tierra purpúrea* se multiplicaron a partir del éxito de mercado que representó *Mansiones verdes*: después de su lanzamiento norteamericano en agosto de 1916 se hizo otra edición en octubre de ese año, a la que siguieron otras tres hasta 1921. Excepto que se indique lo contrario, todas las traducciones del inglés me pertenecen.

administración norteamericana consideraba crucial para el futuro económico del país, así como el diseño de un aparato retórico y discursivo para legitimar su lugar en la región, fueron parte de un proyecto gnoseológico del que participaron por igual funcionarios oficiales como capitales privados (Pike 1992).

En efecto, *Mansiones verdes* traducía en formato ficcional un conjunto de obras de viaje y textos descriptivos de la región del alto Amazonas escritos por científicos y expedicionarios que habían explorado ese espacio como parte de empresas de investigación imperial desarrolladas hacia finales del siglo XIX. Hudson nunca visitó la zona en la que sitúa la novela, pero sustituyó su falta de conocimiento directo por impresiones de primera mano recogidas por algunos destacados observadores, entre ellos H. W. Bates, que volcó su trabajo de once años sobre especies del Amazonas y sus tributarios en *The Naturalist on the River Amazons* [sic] (1864), libro abiertamente admirado por Hudson por sus ricas anotaciones sobre flora y fauna. Asimismo, parece haberse valido de *Travels in the Wilds of Ecuador* (1886) de Alfred Simpson y *Among the Indians of Guiana* (1883) de Everard F. im Thurn, textos que mencionan varios lugares cuyos nombres se asemejan a los citados en *Mansiones verdes*.[5]

Novela de la selva, *Mansiones verdes* narra un viaje hacia el interior amazónico protagonizado por Abel Guévez de Argensola, un rico venezolano cuya entrada en la Guyana se produce luego de haber participado de una rebelión política frustrada por la cual debe huir de su país. Asentado en Georgetown, donde vive de rentas y dedica su tiempo a la lectura y la vida social, Abel cuenta en primera persona los episodios que vivió en la selva hacia finales del siglo XIX, momento clave de la historia de la Guyana: la acción ocurre en 1875 y es narrada doce años después, en 1887, periodo en el que además de la explotación de la caña de azúcar, la economía de la posesión

5. Sobre las fuentes de *Mansiones verdes*, véase Frederick (1972: 51-57). El propio Thurn sería por muchos años funcionario gubernamental en la Guyana británica (1891-1901), para después trasladarse a Sri Lanka y Fiji, donde también ocupó puestos jerárquicos en la administración colonial.

colonial fue testigo de una dramática expansión debido al descubrimiento de oro.[6]

El encuentro que abre la novela, en el que Abel se dispone a contar retrospectivamente los pormenores de su experiencia amazónica a un funcionario británico delegado en Georgetown, contiene todos los detalles de una escena de poder colonial: el relato del venezolano está enmarcado por la presencia de "dos criados vestidos de negro que nos servían —el mayordomo hindú de tez marrón y mirada sutil y el negro de la Guyana casi negro azulado" (*Mansiones verdes* 10). En ese ámbito, los dos confidentes son parte de una alianza de poder material y simbólico cuyo fundamento inicial resulta de un interés común por la literatura —que "acercó e hizo de nosotros [...] una sola persona en espíritu y más que hermanos" (8)—, pero cuyo trasfondo remite a una escena alegórica de posesión de la naturaleza encarnada en Rima, una joven vegetariana, capaz de comunicarse con los pájaros, ser inmune al ataque de los animales y a las inclemencias del tiempo, de la que Abel se enamora en su viaje.[7]

Las acciones que relata Abel a su amigo hablan, en este sentido, de la travesía de un hombre aventurero y dado a las letras, desde una posición de privilegio político y económico en Venezuela hasta el encuentro con una naturaleza sublimada en el interior de la Guyana, que le permite regresar reconvertido espiritualmente a la ciudad. El amor de Abel por Rima es lo que cataliza esa conversión, porque ella se constituye para él en la encarnación misma de la naturaleza idealizada. Representación alegórica, Rima es, en palabras del narrador, "como todas las cosas bellas del bosque: flor y pájaro y mariposa y verde hoja y fronda y pequeño mono de pelo de seda arriba en los árboles" (126). A lo que agrega: "¿por qué me importaba tanto Rima? [...]. Toda la distinta y fragmentaria belleza y melodía y gracioso movimiento esparcidos por la naturaleza se concentraban y combinaban armónicamente en ella" (136). Su muerte, hacia el final de la novela,

6. Para una historia de la Guyana británica, véase Moore (1995).

7. Todas las citas provienen de W. H. Hudson, *Mansiones verdes*, traducción de Marta Pessarrodona (2006).

a manos de la vecina tribu de Runi, que cree que ella es un espíritu maligno ("la hija de Didi"), genera un deseo de venganza por parte de Abel que ve en la imposibilidad de salvarla una tragedia personal de vastas repercusiones psicológicas y morales.

Los estudiosos de Hudson han insistido repetidamente en que gran parte de su obra constituye una crítica a la industrialización avanzada. Así, Jean Franco subraya que en sus textos Hudson articula una respuesta a la integración del mundo rural al sistema capitalista, donde "los valores anteriormente atribuidos al 'campo' y la 'vida rural' retroceden hacia un pasado irrecuperable o se trasladan a lugares lejanos" (Franco 1980: x). Disgustado y resistente a los valores de la experiencia urbana, Hudson concibe la naturaleza como un último refugio de la autenticidad, y ve en el campo los remanentes de la oposición a la racionalización introducida por el mundo industrializado. Sin embargo, sus búsquedas en la campiña inglesa de la antigua sociedad pastoril no pueden desligarse del desarrollo de los medios de transporte modernos, que posibilitaron su integración a la economía de la ciudad. Por lo cual, concluye Franco, Hudson no cuestiona "nunca la fuente de esa actividad racionalizante que caracterizaba la dominación de las potencias industriales. Solo deploraba algunas de sus consecuencias" (ibíd.: xxxix). Ian Duncan, por su lado, ha escrito que Hudson propone en sus obras una crítica a las consecuencias de la devastación causada por el comercio global en la naturaleza. Los numerosos juicios adversos que Hudson realizó a la contaminación, pérdida de hábitat y destrucción de la vida silvestre a lo largo de su obra lo situarían dentro del contexto del naturalismo romántico que caracterizó a la corriente antindustrial y antimodernista de la intelectualidad británica (Duncan 1998: xi). En este marco, puntualiza Duncan, "*Mansiones verdes* provee una rica ilustración de lo estético, como algo distinto de lo ético o lo científico, categorías que han sostenido la mayor parte de la escritura naturalista o ecológica" (ibíd.: xvi).

Con todo, esta defensa del mundo natural frente al desarrollo industrial no debería equipararse en Hudson a una resistencia a las consecuencias humanas del imperialismo: *Mansiones verdes* se construye justamente como una glorificación de la vida natural que muestra, al mismo tiempo, la total prescindencia de los indígenas como habitantes legítimos de ese espacio en un momento de dominación colonial. En efecto, la novela narra el amor de Abel por un ser inasimilable a otro grupo humano: Rima es el último ejemplar de una "raza" a punto de desaparecer. La joven no solo es extraordinaria por su capacidad de asimilación completa a la naturaleza, sino también por su misma diferencia "étnica". El color casi indescriptible de su piel, "que no parecía ni marrón ni blanca", y que a veces se muestra como "de una blancura perlada" (*Mansiones verdes* 72), es uno de los elementos en los que se detiene el relato de Abel con más énfasis. Rima se aparece ante el narrador como "un ser exquisito [que] sin duda pertenecía a una raza distinta que había existido en aquel rincón poco conocido del continente durante millares de generaciones". A lo que agrega: "Su figura y facciones eran singularmente delicadas, pero fue su color lo que más me sorprendió, que era lo que la diferenciaba del resto de los seres humanos" (86-87).

Esta descripción tiene un objetivo implícito y específico: subrayar que Rima, en tanto encarnación de la naturaleza, no es indígena. Más concretamente, el narrador indica que Rima es valorativamente el opuesto simbólico de los aborígenes de Parahuari, encabezados por Runi, sus vecinos de la región amazónica. Por un lado, Rima sentía una "aversión instintiva hacia todos los salvajes... [y] les detestaba porque estaban incesantemente en guerra con los animales salvajes que tanto quería, sus compañeros", sentimiento que se explica, sin más detalle, como una herencia de su madre (224). Por otro, los nativos están en conflicto con ella porque creen que es un espíritu maligno capaz de atacarlos, de acuerdo a una leyenda difundida en la región según la cual la joven respondió a una agresión capturando y devolviendo con su mano una flecha que le habían arrojado.

En este conflicto, el propio Abel, en tanto protagonista y narrador de las acciones, opera como agente que lleva la tensión entre Rima y el grupo de Runi a su máxima potencialidad simbólica. Enamorado de Rima una vez que se asienta entre los aborígenes de Parahuari, Abel es el detonante de un drama que tiene como propósito subrayar la ideología de la naturaleza que encarna Rima, en oposición y en desmedro de los otros habitantes de la región. En este contexto, Abel introduce un elemento decisivo a la narración: es su intervención la que dirime el sentido de la relación de Rima con el espacio natural, así como la hostilidad hacia los indígenas como ocupantes de ese espacio, cuando decide buscarla y comunicarse con ella a pesar de los consejos adversos de los miembros del grupo de Runi.

Desde una perspectiva colonial que distingue gnoseologías "válidas" e "inválidas", legítimas e ilegítimas, Abel subraya que los indígenas son despreciables porque no entienden lo que Rima representa alegóricamente: "supersticiosos" de su presencia en la selva (y esta es una palabra clave en la novela), ellos la ven como un espíritu al que hay que temer. La crítica despiadada a las creencias culturales del grupo de Runi y de otros pueblos indígenas es el fundamento de la construcción de una otredad abyecta que permanece inalterada en toda la narración. En este sentido, la diferencia racial y el espiritualismo aristocrático traman la construcción de un mundo colonial donde se cuenta una trágica historia de amor en el marco de una selva idealizada cuyos destructores no son las fuerzas económicas de la explotación capitalista, ligadas a la ocupación británica, sino los habitantes mismos del interior amazónico. De hecho, el viaje que lleva a Abel de una vida de violencia política y ambición económica al descubrimiento de los valores "puros" de la selva no ayuda a modificar en nada su visión del mundo aborigen, que aparece como una articulación ideológica previa e inmodificable ante cualquier experiencia directa. Hay en el relato una sistemática condena —que va desde el rechazo hasta el desprecio— a los grupos indígenas que Abel va a encontrando en su travesía, a pesar de las repetidas muestras de cooperación, atención y cuidado por parte de los mismos aborígenes.

Abel ocupa, en este contexto, diversas posiciones de autoridad que subrayan su lugar jerárquico en la estructura de poder y conocimiento. El rol inicial que se atribuye Abel para obtener su pasaporte de salida de Venezuela es la de etnógrafo al servicio de los intereses del Estado: después de la derrota de la rebelión armada en la que participa, señala que "su visita al interior" tiene por objetivo "recoger información sobre las tribus nativas, los productos vegetales del país y otros conocimientos que resultarían ventajosos para la república" (*Mansiones verdes* 14). Abel no cumple este cometido, pero su segunda misión no es menos interesada que la primera con relación a las posibilidades de explotación de los pueblos indígenas fronterizos que comercian con blancos: en este punto plantea escribir un libro que pueda "ser útil e interesante para el público" (15) que hacía negocios con ellos. Es en este marco que el narrador sienta el tono de lo que será su sistemática depreciación del mundo nativo: Abel subraya que "los habitantes de la frontera [...] eran principalmente indios de aquella especie degenerada que con frecuencia encontramos en avanzadillas del comercio" (16).

En lo sucesivo, diferentes grupos nativos alojan a Abel, le dan de comer y lo hacen partícipe de sus ceremonias e historias. Sin embargo, ninguna de esas experiencias basta para que el narrador sostenga una opinión positiva de ellos, aunque no hay ningún dato en el curso del relato que justifique los calificativos que les atribuye. El racismo rampante de Abel, en el que sus preconceptos y los hechos se contradicen de modo abierto, se hace evidente en su propio discurso:

> Me resulta difícil decir algo bueno de los salvajes de Guayana, pero debo también reconocer que no solo no me lastimaron cuando me encontraba a merced suya durante aquel largo trayecto, sino que me cobijaron en sus poblados y me alimentaron cuando estuve hambriento y me ayudaron en mi camino cuando ya no podía regresar. Sin embargo, no debo deducir que haya amabilidad alguna en su disposición, ningún instinto humano o benévolo, como los que encontramos en las naciones civilizadas (22).

Esta perspectiva, articulada en su propia ideología etnocéntrica en torno al lugar de los indígenas en la sociedad y la naturaleza, se expresa finalmente en el reconocimiento de una actitud paranoica que el narrador no se propone cuestionar. A pesar de su propio trabajo reflexivo, afirma:

> Sin duda, los nativos me ayudaron, de lo contrario no sé cómo habría continuado mi viaje; sin embargo, en mi oscura imagen mental de aquel periodo me veo constantemente perseguido por salvajes hostiles. Se mueven como espectros en la selva oscura; me rodean y me cortan toda retirada, hasta que yo me abro paso entre ellos, escapando de sus manos, para volar hasta alguna amplia y desnuda sabana, oyendo sus continuos y penetrantes alaridos detrás de mí, y sintiendo en mi carne el aguijón de sus flechas envenenadas (318).

La serie de paradojas que enmarcan estos enunciados tiene su centro y su punto culminante en la construcción de la noción misma de racionalidad. El narrador organiza su visión de la jerarquía étnica en torno al "grado de inteligencia" que percibe en los otros. Frente a la superioridad del narrador, que "conocía muy bien" a los indígenas por su "gran habilidad para aprender nuevos dialectos, que había aumentado a base de práctica hasta que ya era casi una pura intuición", todo lo cual le había permitido "salvarse" en varias oportunidades, se encuentran los nativos del Amazonas, a los que describe en la misma cita "como animales de presa, con una astucia o un bajo nivel de inteligencia mucho mayores que los del bruto" (22). Y en uno de los intercambios con Runi, Abel puntualiza que lo había escuchado "críticamente, no sin un sentimiento de desprecio ante su inteligencia inferior" (267).

Apenas un escalón más arriba en esta jerarquización se encuentra Nuflo, el guardián de Rima, al que desdeña y humilla constantemente por su carácter "supersticioso", derivado, en este caso, de sus creencias cristianas. La mirada letrada y jerárquica de Abel sobre el criollo —un fugitivo de la justicia con amplias aptitudes para el reconocimiento de la región amazónica y gran dominio de varias lenguas indígenas, personaje que no sería difícil asimilar a la figura de un llanero— se manifiesta en el escarnio constante por parte del narrador que, con arrogancia de clase y de raza, no duda en recordarle que tiene que obedecerle porque es su "superior" (174-175) y que, en consecuencia, debe cuidar su lenguaje cuando se dirige a él.

Por su parte, Rima constituye la exacta contracara de los aborígenes. Aunque para el narrador no es más "educada" que los indígenas, y muestra muchas de sus mismas destrezas, Abel no representa a Rima como intelectualmente "animal". Así, apunta: "Pero más aún que la forma y el color y aquella encantadora variabilidad destacaba la mirada de inteligencia, que parecía ir a la par con aquel estado de alerta —que todo lo veía, que todo lo oía— de su cara; el mismo estado [...]. ¿Qué vida interior o mental podía tener una persona semejante, excepto la del animal salvaje que vive en las mismas condiciones? Sin embargo, al mirar su cara, no era posible dudar de su inteligencia" (88-89).

Al mismo tiempo, la novela traduce un paternalismo implícito por parte de Abel, quien se constituye en el único sujeto capaz de establecer el sentido verdadero de la figura de Rima, desde sus orígenes misteriosos hasta el destino de su pueblo. La vida de la mujer-naturaleza es así elucidada por el narrador, que incluso se la revela a la joven, incapaz de interpretar, en su opinión, el significado de sus propias acciones y sentimientos. En esta dirección, Abel constituye el reverso de Nuflo, protector supersticioso y engañoso, falto de inteligencia para comprender los conflictos y potencialidades interiores de Rima. El momento más decisivo se produce aquí durante el frustrado viaje a Riolama, lugar al que Rima quiere volver para descubrir sus orígenes y encontrar a su pueblo, pero donde apenas halla la cueva en que nació. Es allí cuando Rima le pide a Abel que le revele el sentido de las palabras que le dijo su madre antes de morir. Sin conocimiento directo de la situación, Abel se presenta, sin embargo, como el único personaje capaz de extraer todas las implicaciones interpretativas de los hechos, e incluso del pensamiento de la madre de Rima. En su discurso apunta:

> Cuando Nuflo la curó en la cueva [...] mientras hablaba con ella por señas, ella no mostró el mejor interés en volver con su gente [...]. ¿Habrías actuado así, Rima, habrías ido tan lejos de tus seres queridos, para no volver, para no saber nada de ellos, para no hablarles nunca más? Ah, tú no podrías; ni ella, si su gente hubiera existido. Pero ella sabía que los habría sobrevivido, que alguna calamidad se habría cernido sobre ellos y los había aniquilado (235).

Pero esto no es todo: Abel incluso puntualiza las causas y las circunstancias de los eventos, aún sin haber tenido acceso a ellos ni haber escuchado la versión de otro personaje al respecto. Con todo, es sintomático que en la imaginaria reconstrucción que le ofrece a Rima, su pueblo, pacífico y carente de armas, es atacado por indígenas violentos y sanguinarios:

> Eran pocos, quizá, y rodeados por tribus hostiles, y no tenían armas, y no hacían la guerra. Habían sido preservados porque ocupaban algún lugar apartado, algún valle profundo, tal vez, resguardado por altas montañas ... pero al final los crueles salvajes irrumpieron en su refugio, los atraparon, y acabaron con todos excepto algunos fugitivos, que escaparon uno a uno como tu madre y huyeron para esconderse en alguna soledad distante (235).

La matanza final de Rima por parte del grupo de Runi, a su regreso de Riolama, termina por identificar a los responsables de la tragedia: las propias tribus indígenas, que reducen a Rima a un puñado de cenizas, destruyendo el último reducto idealizado de la naturaleza por su misma incapacidad de reconocer el valor de su belleza virginal e inofensiva.

Pero si la muerte violenta de Rima es vista por el narrador como el supremo acto de inferioridad intelectual y emotiva, su propio complot para aniquilar al grupo de Runi queda fuera de estos parámetros conceptuales. El exterminio planeado por Abel apenas le genera un breve momento de horror después de la emboscada destructiva. La manera en que Abel incita a Managa, el jefe enemigo de Runi, para que lo ayude a deshacerse de los que mataron a Rima se parece mucho al del conquistador que se vale de la división de los grupos indígenas para su propio provecho. El acto de justicia se constituye así sobre el de una destrucción sin atenuantes. De hecho, Abel señala la necesidad de protección de los animales, pero excluye cualquier apreciación sobre los aborígenes en este sentido. Si "por consideración a Rima no podía matar ningún ser vivo excepto por motivos de hambre" (295), Abel no duda en aniquilar a sus enemigos. Rima es la víctima de una raza aniquilada y ella justifica la aniquilación de otra más bárbara.

Ian Duncan ha señalado que, con el ataque de los aborígenes a Rima, Hudson pone sobre la mesa los términos de un debate que muchos movimientos ecológicos plantearían más adelante. En sus palabras: "Hudson habla con la voz profética de los movimientos ecológicos de fines del siglo XX, aunque el esquema de una pureza original, degeneración presente y perfección futura tramada en el lenguaje del evolucionismo (el "árbol de la vida" de Darwin), es de su propia época" (1998: ix). A lo que agrega que el relato de Hudson proyecta "el dilema político de los movimientos ecológicos contemporáneos, en la medida en que ellos se esfuerzan en dirimir entre la protección de los ecosistemas naturales y las demandas de los pueblos indígenas (ahora "en desarrollo") que los habitan u ocupan —una oposición sostenida por la lógica de las modernas economías políticas, es necesario decir, más que por la naturaleza misma—" (ibíd.: xxii-xxiii). Pero esta lectura abre la puerta a una interpretación generosa de *Mansiones verdes* que los elementos narrativos y la axiología de la novela se resisten a convalidar. El texto de Hudson promueve la defensa de un mundo natural cuya supervisión, comprensión y control corresponde al hombre blanco, único capaz de comprender sus valores, llegando a aprobar, incluso, la aniquilación de sus opositores "bárbaros".

La perspectiva etnocéntrica de Hudson se complementa con su ostensible indiferencia frente al rol del imperialismo británico en la Guyana. El relato de Abel a su amigo pasa completamente por alto el abordaje de las condiciones económicas que rodean y posibilitan el lugar social de ambos en Georgetown. A diferencia de otras obras contemporáneas donde se aborda el tema de la explotación colonial, como en *El corazón de las tinieblas* (1902) de Joseph Conrad, no hay en *Mansiones verdes* un reconocimiento de las consecuencias dramáticas que acarrea el sistema de plantación y de extracción de metales en la Guyana: la única referencia a este punto es la pasajera búsqueda de oro por parte de Abel, que lo lleva precisamente a la tribu de Runi, aunque ese dato no aparece en la novela dentro de un contexto más amplio de reflexión sobre las condiciones productivas de la región. En este sentido, *Mansiones verdes* se aleja de cualquier denuncia de la expansión capitalista moderna. La novela se construye precisamente sobre la tensión del silencio sobre el marco imperial en el que se sitúa el diálogo que da lugar a la acción, y la hostilización de los indígenas como responsables de la destrucción del mundo natural sublimizado que encarna Rima.

Por su parte, frente a *La Vorágine* de José E. Rivera (1924), donde la cuestión de la explotación del caucho aparece como un escenario cruel y devastador, la selva de *Mansiones verdes* carece de los peligros acechantes que subraya la ficción de Rivera. En contraste con la visión despiadada de *La Vorágine*, en *Mansiones verdes* la tragedia no deriva de los poderes devoradores de la naturaleza sobre un hombre que, en su ambición de riquezas, se encuentra perdido en un espacio poderoso e incontrolable. Aunque en la obra de Hudson la selva presenta sus riesgos, estos son escasos en comparación: de hecho, Parahuari es el lugar que Nuflo elige para criar a Rima por su carácter benigno, "donde había montañas y planicies secas y bosques abiertos" (*Mansiones verdes* 223).

Por último, el tono mismo de *Mansiones verdes* contribuye a suavizar las consecuencias ideológicas y morales que supone el exterminio indígena. La mirada benévola y nostálgica con que Hudson construye a Abel funciona como un elemento atenuante frente a la atrocidad de sus acciones finales. Sin subrayar en ningún momento una intención cínica o irónica, las palabras de Abel por la muerte de Rima tienen como objetivo ganarse la empatía del lector por su destino, al apuntar sostenidamente su desesperada búsqueda de una razón que lo ayude a vivir después de la desaparición de la joven. La escritura de la novela a partir de un largo monólogo socava, por su parte, la posibilidad de articulación de otras perspectivas enunciativas. Así, la presencia del funcionario de la administración británica que recoge el relato de Abel y lo da a la publicidad, no ofrece ninguna explicación alternativa a su versión de los hechos. Por el contrario, su perspectiva sirve para ratificar una visión altamente espiritualizada de Abel, donde todo rasgo de violencia está ausente:

> Tan pronto como lo conocí —dice el funcionario británico— dejé de extrañarme por el aprecio e incluso el afecto que a él, un venezolano, se le tenía en la colonia británica. Todos le conocían y le estimaban, y la razón de ello era su encanto personal, su carácter amable, su comportamiento con las mujeres [...] su afecto por los niños, por todas las criaturas salvajes, por la naturaleza, o por cualquier otra cosa remota respecto de los intereses y preocupaciones de una comunidad puramente comercial (*Mansiones verdes* 7).

En este sentido, *Mansiones verdes* está lejos de ofrecer una mirada matizada sobre la cultura local como la de *La tierra purpúrea.* A diferencia del viaje de Richard Lamb, el recorrido de Abel dista de promover un cambio valorativo en las percepciones del protagonista a medida que se interna en el territorio y se enfrenta a sus habitantes. Los encuentros del narrador de *Mansiones verdes* con los diversos sujetos y espacios apuntan en una dirección completamente distinta a la de *La tierra purpúrea*, con su apoyo inicial a la ocupación británica de la región, y su adhesión final a los valores culturales de la Banda Oriental. Si bien el programa de *La tierra purpúrea* supondría, según Jean Franco, una "contradicción" no resuelta en el relato de Lamb, ya que precisamente el imperialismo británico operó con éxito en sociedades rurales con "aroma arcaico" que no se opusieron a sus intereses (1980: xxxv), *Mansiones verdes* ratifica de plano la distancia racial y gnoseológica del "otro" en la especificidad de sus prácticas y creencias. En oposición a los gauchos, los indígenas carecen de todas las virtudes varoniles: mentirosos, tramposos y sanguinarios, su desaparición está justificada por sus acciones bárbaras.

La renovada apropiación de la historia de Abel y Rima subraya, en todo caso, el lugar del poder y el saber occidental como agentes privilegiados de interpretación de la selva y de los indígenas. Así, ya se leyera la novela desde un punto de vista utilitario, como fuente de datos de un área de la que era preciso conocer su geografía y sus hombres, o sirviera de fuente para un proyecto de defensa de ese espacio a partir de su idealización dentro del marco de una estructura de dominio imperial, lo cierto es que *Mansiones verdes* afirmaba la primacía del conocimiento occidental como eje incuestionable del abordaje material y simbólico de sus significados. *Mansiones verdes* se escribe así sobre el horizonte de una ideología colonial que ella misma contribuye a cimentar: el discurso de Hudson se transparenta en una fábula que no deja lugar a dudas sobre su posición en torno a los responsables y a los métodos legítimos de articulación y control de las ideas de naturaleza y de sujeto.

Bibliografía

AROCENA, Felipe. *De Quilmes a Hyde Park: Las fronteras culturales en la vida y la obra de W. H. Hudson.* Montevideo: Banda Oriental, 2000.

DUNCAN, Ian. "Introduction". En: Hudson, William Henry. *Green Mansions.* Oxford: Oxford University Press, 1998.

FRANCO, Jean. "Prólogo". En: Hudson, William Henry. *La tierra purpúrea-Allá lejos y hace tiempo.* Caracas: Biblioteca Ayacucho, 1980.

FREDERICK, John T. *William Henry Hudson.* New York: Twayne Publishers, 1972.

HUDSON, William Henry. *Mansiones verdes.* Trad. Marta Pessarrodona. Barcelona: Acantilado, 2006.

Jurado, Alicia. *Vida y obra de W. H. Hudson.* Buenos Aires: Fondo Nacional de las Artes, 1971.

Martínez Estrada, Ezequiel. *El mundo maravilloso de Guillermo Enrique Hudson.* México: FCE, 1951.

Moore, Brian L. *Cultural Power, Resistance and Pluralism: Colonial Guyana, 1838-1900.* Kingston: The University of the West Indies Press, 1995.

Pike, Fredrick B. *The United States and Latin America: Myths and Stereotypes of Civilization and Nature.* Austin: University of Texas Press, 1992.

Roosevelt, Theodore. "An Introductory Note". En: Hudson, William Henry. *The Purple Land.* New York: E.P. Dutton, 1916.

Salvatore, Ricardo D. (ed.). "The Enterprise of Knowledge: Representational Machines of Informal Empire". En: Joseph, Gilbert M. (ed.). *Close Encounters of Empire: Writing the Cultural History of U.S.–Latin American Relations.* Durham: Duke University Press, 1998.

— *Culturas imperiales: experiencia y representación en América, Asia y África.* Rosario: Beatriz Viterbo, 2005.

— *Imágenes de un imperio: Estados Unidos y las formas de representación de América Latina.* Buenos Aires: Sudamericana, 2006.

Saunders, Richard L. *Alfred A. Knopf. Title Checklist, 1915-1971.* Martin, TN: University of Tennessee at Martin, 2005.

Tomalin, Ruth. *W. H. Hudson. A Biography.* Oxford/New York: Oxford University Press, 1984.

SECCIÓN III

La recepción. Miradas transatlánticas del canon.

“Los efectos raros” de W. H. Hudson en la literatura argentina

Eva-Lynn Jagoe
University of Toronto

Los textos de W. H. Hudson sobre Sudamérica están imbuidos de un anhelo por el lugar que coincide con la creciente glorificación de la cultura rural y el paisaje que tuvo lugar en las letras argentinas del siglo XX. En tanto criollo, en tanto un híbrido americano, británico y argentino, y en tanto naturalista capaz de evocar una visión comunal del mundo natural, Hudson funciona como un calibrador de los deseos y de las necesidades urgentes de diferentes identidades nacionales y personales. En este artículo me ocuparé de las lecturas de Hudson que emergen en diferentes momentos de textos de Jorge Luis Borges y Ricardo Piglia. Lo que comparten estos escritores es una preocupación por definir la criolledad como algo no basado telúricamente en cuestiones de raza o etnia, como lo fue en el siglo XIX, sino fundado, más bien, en un espíritu o herencia más intangible que puede hallarse en la literatura. Este programa es fundamentalmente un intento narcisista de rastrear una literatura y un linaje cultural y pone de manifiesto, en su elitismo, algunas de las amenazas a la identidad que cada autor ha sentido en distintos momentos del siglo XX. Es así como Hudson se convierte en una figura en torno de la cual se organiza la expresión de esas ansiedades.[1]

---

1. Este artículo forma parte de un capítulo de mi libro titulado *The End of the World as They Knew It* (Lewisburg: Bucknell University Press, 2008).

La identidad o la pluralidad de los hombres

Los primeros trabajos en verso y prosa de Borges, como los de *Fervor de Buenos Aires* (1923), *Inquisiciones* (1925) y *El tamaño de mi esperanza* (1926), vuelven una y otra vez a la definición del lenguaje, las costumbres y la identidad del criollo. Para Borges la criolledad abarca lo foráneo y lo local constituyendo algo que se asemeja más a la compleja realidad argentina de lo que podría admitir un nacionalismo reduccionista. Borges busca "ensancharle la significación a esa voz" [del criollo] para que pueda pasar de ser un mero gauchismo a "un criollismo que sea conservador del mundo y del yo" (*El tamaño* 14). El "yo" de Borges se distingue de cualquier idea de identidad individual o colectiva. Fluctúa y es el resultado de una noción de *experiencia* más que de identidad. En lo que sigue, dilucidaré algunas de las complejas implicaciones de esta insistencia, y mostraré cómo le da forma a su lectura de Hudson.

En 1925 Borges publicó un ensayo llamado "La nadería de la personalidad" en *Inquisiciones*, y un artículo sobre "La tierra cárdena" de W. H. Hudson en la revista *Proa*. Menciono juntos estos dos ensayos porque la interpretación que Borges hace de Hudson es inseparable del desmantelamiento del concepto decimonónico de identidad que acomete en "La nadería de la personalidad." En ese ensayo Borges deja sentados sus propósitos literarios en contra del legado del siglo XIX:

> Pienso probar que la personalidad es una trasoñación, consentida por el engreimiento y el hábito, más sin estrabideros metafísicos ni realidad entrañal. Quiero aplicar, por ende, a la literatura las consecuencias dimanantes de esas premisas, y levantar sobre ellas una estética, hostil al psicologismo que nos dejó el siglo pasado [...] (93).

Borges sugiere que la literatura del siglo XIX estaba modelada por un culto a la personalidad que infundía su estética subjetivamente: "Sus escritores antes propendieron a patentizar su personalidad que a levantar una obra" (99). Borges, por el otro lado, rechaza esta idea de una subjetividad unificada a favor de un conocimiento de los "hábitos y presunciones" que constituyen lo que comúnmente se conoce como nuestra identidad. En su aproximación a una historia de la literatura argentina, Borges busca figuras de la literatura del siglo XIX para quienes la identidad no sea ni un punto focal de su escritura, ni algo inseparable de su nacionalidad. A primera vista, Hudson parece una elección extraña, dado que su alienación puede ser interpretada, y así ha sido, como un resultado de la distancia que lo separaba de la tierra de su infancia. Así, la construcción de su identidad parece ser telúrica, basada en una concepción de la Argentina que lo define. Sin embargo, la escritura de Hudson no está anclada en ningún esencialismo de lugar, comunidad, nación o lenguaje. Su construcción de la identidad es, por el contrario, variable, y parece emanar de una relación fenoménica con el mundo. Hudson se escribe a sí mismo por medio de la experiencia, modelando su personaje narrativo a través de encuentros, percepciones y reacciones.

Desde mi punto de vista, es esta escritura de la experiencia a la que apela el Borges de 1925 y 1926. En los libros de ensayos antes mencionados, Borges busca establecer descripciones y definiciones de la criolledad—o criolledá, como él lo escribe—no solo tratando de definirla sino también de imitarla en el estilo de su escritura. Borges comienza *El tamaño de mi esperanza* con una muy clara conciencia de su audiencia y su posición: "A los criollos les quiero hablar: a los hombres que en esta tierra se sienten vivir y morir, no a los que creen que el sol y la luna están en Europa" (11). Al invocar a estos criollos imaginarios, también los está construyendo a través de un examen de su poesía, sus hábitos, sus inflexiones. Borges crea así un linaje *criollo* que incluye a escritores anteriores tales como Estanislao del Campo, Evaristo Carriego, José Hernández y Oliverio Girondo, e incluye un análisis del lenguaje criollo, el verso, la adjetivación. Es en este proceso de construcción de la "criolledá" donde establece su admiración por *La tierra purpúrea* de Hudson.

El título del ensayo de Borges, "La tierra cárdena", es una traducción del título de Hudson. El hecho de que sea una novela escrita en inglés y no traducida al español es irrelevante para Borges en su tipología de la criolledá:

> De esa novela primordial del criollismo les quiero conversar: libro más nuestro que una pena, solo alejado de nosotros por el idioma inglés, de donde habrá

> que restituirlo algún día al purísimo criollo en que fue pensado: criollo litoraleño, criollo en bondá y en sorna, criollo del tiempo anchísimo que nunca picanearon los relojes que midieron despacito los mates ("La tierra cárdena" 34).

A primera vista hay algo incongruente en el hecho de que "lo nuestro" esté escrito en inglés; sin embargo aun el joven Borges de esta populista fase criollista rechaza esa clase de crítica. Borges es muy consciente del alejamiento causado por la fuente del lenguaje. Los otros ensayos del *El tamaño de mi esperanza* demuestran la cuidadosa atención puesta en los matices del lenguaje y la expresión. De hecho, es a través de las atentas lecturas de la poetización y adjetivación en la escritura criolla sobre el gaucho y la pampa que podemos empezar a comprender, parece argumentar Borges, cómo un libro escrito en inglés pudo ser pensado en puro criollo. Posicionando un libro inglés en el centro de aquello que es criollo, Borges traza una genealogía literaria que dibuja sus líneas a través de un espacio, no de una nacionalidad.

La constelación de atributos de la criolledá que Borges atribuye a la novela es espacial, temporal y afectiva. Aunque específicos, esos atributos están a su vez localizados imprecisamente. ¿Busca verdaderamente remarcar que la costa, por ejemplo, como opuesta a las pampas u otros espacios interiores, define lo criollo? ¿Y en qué medida lo hace? Del mismo modo "el tiempo anchísimo" no se ubica en ningún momento determinado, sino que marca un tiempo exterior a la estructura del tiempo moderno y del reloj. Incluso en términos de afecto, lo que constituye lo criollo es algo impredecible, aun contradictorio, allí la generosidad y el sarcasmo no siempre están asociados. Parecería que la criolledá se define a través de un sentimiento, una experiencia de tiempo, de espacio y de interacción humana que solo se entiende como criolla cuando se encuentra distanciada del lugar y el momento del encuentro.

Debemos recordar que Borges busca establecer un criollismo que sea "conversador del mundo" pero también "del yo", de sí mismo. Por las reiteradas insistencias de Borges de que no hay un "tal yo de conjunto" ("La nadería" 94; 96; 98; etc.), nos vemos forzados a preguntarnos qué define a ese "yo" del criollismo. El sentido fenoménico del "yo" en Hudson está ligado al de Borges, puesto que el "yo" se define a través del encuentro, la experiencia y la interacción, y siempre es relativo en sus orientaciones hacia el otro. Como dice Borges del escritor inglés, "Hudson nunca [...] pone en duda la verdad democrática de que el otro es un yo también y de que yo para él soy otro y quizá un *ojalá no fuera*" ("La tierra cárdena" 36). Para Borges el criollismo de Hudson reside en un posicionamiento de la identidad que se forma a través de la interacción con otro. Esa posición varía dependiendo de quién es el que la percibe u ocupa en ese momento de encuentro mutuo.

En 1941 Borges publicó otro artículo sobre Hudson, "Notas sobre *The Purple Land*", con motivo de la celebración del centenario del nacimiento de Hudson, en el diario *La Nación*.[2] En este artículo Borges plantea los términos de la duradera polémica que entablará con Leopoldo Lugones, quien vio al *Martín Fierro* de José Hernández (1872) y a *Don Segundo Sombra*, escrito por Ricardo Güiraldes en 1926, como epopeyas nacionales. Borges reclama un examen atento de las influencias extranjeras que hacen que estos libros pertenezcan a la gran literatura. Lo nacional, insiste Borges, está de hecho siempre influenciado por otras tradiciones, otras literaturas, de modo que estos intentos de caracterización y exclusión se tornan carentes de sentido. En "Nota sobre *The Purple Land*", Borges elogia a Hudson en detrimento de Güiraldes:

> *Don Segundo Sombra*, pese a la veracidad de los diálogos, está maleado por el afán de magnificar las tareas más inocentes. Nadie ignora que su narrador es un gaucho: de ahí lo doblemente injustificado de ese gigantismo teatral, que hace de un arreo de novillos una función de guerra. Güiraldes ahueca la voz para referir los trabajos cotidianos del campo: Hudson [...] narra con toda naturalidad hechos acaso atroces.

Creo que esto es exactamente lo que Borges encuentra atractivo en Hudson. Su capacidad de observación y su consecuente componente descriptivo nacen de sus experiencias infantiles en las pampas, observando la naturaleza y sus variaciones. Hudson asegura que su escritura no proviene de los libros sino de su experiencia de primera mano. A diferencia de Güiraldes, cuya escritura evidencia un proyecto me-

2. Este ensayo se publicó luego en *Otras inquisiciones*, pero citaremos la versión del diario, que no tiene número de páginas.

tropolitano de idealización literaria, Hudson escribe de un lugar y un tiempo que están "far away and long ago" ["allá lejos y hace tiempo"] y que Borges percibe como una "naturalidad".

En este último artículo, Borges sigue insistiendo en la criolledad de esta novela: "The Purple Land es fundamentalmente criolla. La circunstancia de que el narrador sea un inglés justifica ciertas aclaraciones y ciertos énfasis que requiere el lector y que resultarían anómalos a un gaucho, habituado a esas cosas". Ya no es cuestión solamente de traducir el idioma, sino que ahora vemos que la palabra "inglés" ya no significa el idioma, como sí ocurre en "La tierra cárdena", sino la subjetividad narrativa. El sujeto parlante tiene que ser inglés para la comprensión de un lector que por estar muy distanciado del tiempo de los gauchos, necesita explicaciones. Como afirma Silvia Rosman, "for Borges what is considered one's own and proper language can best (can only?) be expressed by a foreign tongue. A national language is itself a foreign language, Borges seems to indicate" (1998: 19). Para Borges no hay un momento anterior al multilingüismo como condición fundamental argentina.

Al final del artículo Borges insiste en que "Percibir o no los matices criollos es quizá baladí, pero el hecho es que de todos los extranjeros [...] nadie lo percibe sino el inglés". Al despreciar el estudio de la identidad criolla, la frase de Borges parece estar escrita para un europeo o una audiencia europeizada, aunque esté socavando sus propios términos: la insignificancia de comprender el criollismo es negada por la agudeza con que el inglés lo percibe. ¿Ante quién sería insignificante esta percepción del carácter distintivo del criollismo? No ante los lectores argentinos del artículo, para quienes Borges está contribuyendo con la historia de su propia herencia, y tampoco para el inglés del siglo XIX, que gozó del don de la comprensión. Tal vez solo ante el círculo de intelectuales argentinos civilizados, que se estarían enterando, en la década de 1940, de que el pasado de la tierra es la herencia del campo, de que la idea que el argentino tiene de sí estriba justamente en la diferencia que lo separa del resto del mundo industrializado, de la Europa que él toma como modelo a seguir.

En "El escritor argentino y la tradición", escrito diez años después (1951), Borges cuestiona el rol y las tradiciones del escritor argentino.

Allí insiste en que uno no debe llenar los textos de color local, ni evitar los temas, motivos o géneros europeos. De hecho se distancia de sus ensayos anteriores, en los que buscaba evocar una criolledad a través de su lenguaje y sus temas: "Durante muchos años", escribe, "en libros ahora felizmente olvidados, traté de rescatar el sabor, la esencia de los barrios extremos de Buenos Aires; naturalmente abundé en palabras locales, no prescindí de palabras como cuchilleros, milonga, tapia, y otras, y escribí así aquellos olvidables y olvidados libros [...]" (270). A pesar de que critica sus antiguos esfuerzos, no deja de lado por completo su deseo de escribir la "esencia" de las orillas. En los textos posteriores de Borges estos motivos son recobrados como funciones metafóricas que, más que enfatizar la esencia argentina, expresan su disolución. Esto puede parecer una contradicción, pero lo es en tanto deseo de mantener su rechazo hacia una identidad nacionalista. La argentinidad de un escritor no debiera limitar sus temas o el marco de sus textos: "Creo que nuestra tradición es toda la cultura occidental, y creo también que tenemos derecho a esa tradición" ("El escritor argentino" 272). En este ensayo Borges critica la corriente de la literatura argentina que rechaza la cultura popular u oral y anhela en cambio ser cosmopolita y erudita.

De modo que para Borges, y para Hudson, Argentina está íntimamente compuesto de estas dos líneas opuestas y sin embargo interconectadas de lo europeo y lo criollo. En "Ideología y ficción", uno de sus tantos artículos sobre Borges, Piglia describe la ficción de Borges como compuesta de estas dos líneas, una que cita y parodia un europeismo fraudulento y la otra que se basa en lo gauchesco a través de un nacionalismo populista. Piglia considera estas líneas como una herencia, un linaje: por un lado los antepasados familiares argentinos, héroes patriotas cuyas historias son inseparables de la historia de la nación; por otro, sus antepasados literarios, emblematizados en la biblioteca paterna de los escritores ingleses.[3] Como postula Piglia, "la

3. "Ideología y ficción en Borges" (1979) y *La Argentina en pedazos* (1993: 102-104) tratan el tema como herencia o linaje. Véase también *Respiración artificial* (2000 [1983]: 132-134); "Parodia y Propiedad" y "Sobre Borges" en *Crítica y ficción* (2000).

escritura de Borges reconstruye su estirpe y esa reconstrucción abre dos líneas conectadas formalmente sobre el modelo de las relaciones familiares" ("Ideología y ficción" 3). Los dos linajes, por lo tanto, son de familia, y encapsulan la lucha entre la civilización y la barbarie que constituye las letras argentinas desde sus inicios. Al aludir constantemente a su pasado inglés, Borges expone y también parodia la admiración e imitación de ese sector argentino hacia todo lo europeo. Borges dilucida las interconexiones entre los opuestos (centro/periferia, civilización/barbarie, metrópolis/campo, europeo/autóctono, yo/otro) que nunca han sido exitosamente demarcados en Argentina, ni tampoco por cierto en otro lugar.

Por eso Piglia llama a "El guerrero y la cautiva" —el cuento en el cual el bárbaro escoge la civilización y la inglesa opta por lo bárbaro— uno de los textos más significativos de Borges: "La relación entre civilización y barbarie está en el centro del relato y las transformaciones de los términos y la inversión de los opuestos es un ejemplo de cómo Borges teje su ficción trabajando a la vez el contraste y la identidad entre esos dos mundos a la vez familiares y antagónicos" (*La Argentina en pedazos* 104). Borges encuentra lo familiar y lo antagónico en ese pasaje de fuertes, malones, toldos y caballos que se pueblan no solo de soldados, gauchos e indios, sino también de ingleses que se entremezclan, se reproducen y forman parte integral de "lo argentino." En la representación de Borges, Hudson también amalgama esos dos linajes y por eso, como hemos visto, el inglés representa mejor que nadie lo criollo. El Borges de Piglia y el Hudson de Borges forman su escritura a través de un lenguaje modulado por las cadencias del otro. Y los dos escriben a través de sus herencias: la criolledad del sur y el *gentleman* del norte.

Los efectos raros de Hudson

Hablando de Hudson, Ricardo Piglia dice: "para mí, Hudson [...] produce efectos raros en la literatura argentina" ("Extranjeros" s/p) En la escritura de Piglia, Hudson está en la posición liminal de nómada, de extranjero, un "efecto raro que nos dice mucho sobre las definiciones de la identidad argentina" (s/p). Piglia enfatiza la rareza de la colocación de Hudson en las letras argentinas. En esta interpretación, Piglia no difiere mucho de Borges; los dos insisten en la presencia europea que siempre ha constituido la tradición argentina. Piglia, sin embargo, no acepta el estatus de Hudson como representante de la criolledad argentina, como sí hace Borges; intenta, en cambio, demostrar que la suya es una figura desplazada que habita un espacio muy inestable. Las discusiones de Piglia sobre Hudson se relacionan con lo que para este escritor son cuestiones vitales sobre el linaje, el lenguaje nacional, la identidad nacional y la literatura argentina. En lo que sigue buscaré trazar el linaje hudsoniano desde Borges a Piglia, analizando el tratamiento del escritor inglés en el contexto de las cuestiones sobre el significado de la criolledad y la originalidad argentina más allá de las identidades nacionalistas.

En muchos de sus escritos, Piglia se ocupa de la tradición literaria argentina y en el efecto que los escritores europeos tuvieron sobre ese canon. Se recordará, por ejemplo, su discusión en *Respiración artificial*, publicada en 1980, sobre esos europeos aclimatados [...] quienes le dieron a la cultura argentina un "complejo de inferioridad" (114). *La ciudad ausente*, publicada doce años después, es una novela modulada no solo con la presencia de Macedonio Fernández sino también con la de James Joyce. Tiene como uno de sus personajes principales a Junior, un descendiente de viajeros ingleses que, como el Emilio Renzi de *Respiración artificial*, está intentando recopilar una genealogía literaria y cultural de Argentina. Tanto Renzi como Junior se embarcan en esta misión no solo a través de la reflexión y la discusión, sino también a través del viaje entre Buenos Aires y las provincias. A pesar de que efectivamente recorren las periferias de la metrópolis, no logran escapar del cosmopolitismo europeizado para llegar al telúrico espacio autóctono. Por el contrario, descubren que las influencias extranjeras forman parte en igual medida de lo rural y de lo urbano, y sus viajes los llevan a reflexionar sobre la imbricación de lo europeo y lo rural en la cultura, la historia y la literatura argentinas.

En 1978 Piglia escribió un artículo titulado "Hudson: ¿un Güiraldes inglés?" y luego volvió a referirse a Hudson en una entrevista publicada mucho más recientemente, en 2001, en *El País*. Estos artículos están marcados por los momentos históricos en que fueron escritos, y se ocupan de diferentes aspectos del lugar de Hudson en la cultura argentina. Pero ambos tienen un punto en común: ninguno le concede su lugar en ese canon de literatura campestre en el que había habitado gracias a los hábitos europeizantes de la crítica celebratoria de Ezequiel Martínez Estrada y Fernando Pozzo. Contrariamente, Piglia insiste en considerar la posición liminal de Hudson, el lugar intermedio que habitó. A partir de allí, argumenta Piglia, se pueden empezar a comprender esos "efectos raros" de Hudson que resuenan en las cuestiones de la herencia, el lenguaje y la historia literaria y la identidad. Estos "efectos raros" emanan del hecho de ser tan "argentino" y sin embargo tan extranjero. Así, en una inversión misteriosa, y muy borgesiana, podría decirse que la figura de Hudson convertiría lo "propiamente" argentino en "extranjero", poniendo así en cuestión la pertenencia, la herencia y el nacionalismo.

Piglia es uno de los pocos intelectuales de izquierda que no marchó al exilio durante la dictadura de 1976-1983. Escribiendo bajo el apremio de la censura, decidió usar el seudónimo de Emilio Renzi para publicar en 1978, en *Punto de vista*, su artículo sobre "Hudson: ¿un Güiraldes inglés?". El tema no era riesgoso, de manera que pudo sustraerse del escrutinio de los censores. El título mismo es casi una broma porque, en rigor de verdad, en esa época, ¿a quién podía interesarle la cuestión? Con un guiño literario cómplice, Piglia se hace una pregunta aparentemente irrelevante y se provee de ese modo de un vehículo a través del cual escribir entre líneas sobre la urgente cuestión del nacionalismo y la identidad. En un momento en que el nacionalismo propagado por la dictadura no era del tipo que podría haberlo interpelado a él o a su generación, Piglia elige por su parte cuestionar las ideas de nacionalidad e inclusión. Planteando la pregunta sobre el lugar de Hudson en la literatura argentina desde el mismo título, Piglia señalaba que su discusión trataría de desentrañar cuál era el significado de ser argentino durante esa época violenta.

En el artículo, Piglia/Renzi examina la influencia y el rol de los intelectuales europeos asimilados en la historia y la cultura argentinas. Tal investigación es, según Renzi, "un modo de entender los mecanismos de una cultura que —definida desde el principio por la oposición entre civilización y barbarie— tuvo en el europeísmo, en el cosmopolitismo, una de sus corrientes principales" ("Hudson: ¿Un Güiraldes inglés?" 23). Los escritores argentinos del siglo XIX se definían a sí mismos a través de sus relaciones con Europa e intentaban aclimatar en su país las ideas europeas. En este contexto los "verdaderos" escritores europeos que escribieron sobre la Argentina fueron vistos a menudo como importantes mediadores de la cultura argentina. Por eso lo que Renzi trata de entender es la herencia argentina, una herencia que está efectivamente modulada por la presencia del otro europeo, el cual es al mismo tiempo, obviamente, esperanzadamente, el yo.

¿Por qué habrá usado Piglia el alter ego de Renzi en este artículo sobre Hudson? En un ensayo titulado "La literatura y la vida", Piglia dice:

> Renzi está construido con algo que yo veo en mí con cierta ironía y con cierta distancia. En el sentido de que a Renzi solo le interesa la literatura, habla siempre con citas, vive "literariamente" y eso es lo que yo espontáneamente hago o quiero hacer pero que controlo a través de... no sé... mi conciencia política, digamos, una relación diferente con la realidad" (118).

Así, tanto el seudónimo Renzi de "Hudson: ¿un Güiraldes inglés?", como el Renzi ficcional de *Respiración artificial*, pueden ser fusionados y leídos como voceros de Piglia. En la famosa discusión literaria que forma parte de la conversación entre Renzi y el intelectual polaco Tardewski en esa novela, Piglia recapitula algunas de las mismas teorías sobre el rol de los escritores europeos en la literatura argentina. En esa novela que examina las conexiones entre la literatura, la historia y la herencia de cada una, Tardewski le cuenta a Renzi lo que el tío de Renzi, Maggi, ha dicho sobre la obsesión de este con respecto a la literatura. Citando a Maggi, Tardewski dice: "Emilio piensa que lo único que existe en el mundo es la literatura, cuando se le pase, y espero estar para ver ese momento [...], recién entonces se va a poder sacar de encima toda la mierda de la familia" (*Respiración artificial* 146). Podemos deducir que, para Renzi, la literatura constituye una familia nacional, y, por lo tanto, se preocupa por establecer quién pertenece y quién no. Como Borges, que tiende a escribir su propia historia familiar imbricada con la historia Argentina (piénsese en "Biografía de Tadeo Isidoro Cruz", o en los linajes de "La señora mayor", o "El sur"), Renzi quiere entender la literatura para posicionarse él mismo como parte de esa tradición. Según Maggi, al distanciarse de la herencia literaria, Renzi se librará de la herencia familiar. Maggi, desaparecido, no presenciará esta renuncia a la literatura, sino que sus papeles y su presencia como miembro familiar formarán el núcleo de una nueva novela en la cual Renzi cuestiona la herencia, el pasado, y las continuidades y discontinuidades que atraviesan la literatura argentina. Renzi es entonces la voz pigliana que traza los linajes, tanto literarios como familiares. De este modo un artículo sobre la inclusión o exclusión de un escritor periférico en el canon argentino o dentro de la familia de la literatura parece ser un buen tema para Renzi como autor.

Habiendo postulado las influencias del europeismo en la literatura argentina, Renzi se pregunta por el lugar de Hudson en esa tradición literaria:

> Ahora bien, ¿qué lugar tiene Hudson en esa tradición? ¿habrá que considerarlo, también a él, un escritor europeo "aclimatado" en el Plata"? Esa no es la opinión de la crítica argentina que más bien lo considera un escritor argentino que desarrolla su obra en Europa. Esta asimilación parece un poco abusiva. Escritor de lengua inglesa, Hudson es un europeo que escribe para europeos ("Hudson: ¿Un Güiraldes inglés?" 24).

Con esta afirmación, Renzi critica la ola de escritores como Ezequiel Martínez Estrada o Fernando Pozzo que, en la primera mitad del siglo XX, abogaron por considerar a Hudson un ícono de nacionalismo. Parece ser que al criticar este tipo de "asimilación" Renzi demuestra un nacionalismo militante que busca demarcar más estrictamente los márgenes culturales de un país entregado al "europeismo y cosmopolitanismo". Renzi se enfoca en aspectos similares de la escritura de Hudson para sostener lo contrario, ya que insiste en que es un escritor inglés por su lenguaje, su estilo y por sus lectores. No solo Hudson se autodefine como parte del canon inglés (Renzi lo cita diciendo "Nuestra literatura poética, particularmente desde la primera aparición de las '*Lyrical Ballads*' de Wordsworth"[23]), sino que también emplea analogías y comparaciones que se encuentran típicamente en el discurso de los viajeros ingleses (por ejemplo, "'Florecía en noviembre, un mes tan caluroso como el de julio en Inglaterra'") (23). Aquí, sin embargo, es necesario recurrir a "Notas sobre el *Facundo*", el texto en que Piglia analiza las analogías y equivalencias de la escritura de Sarmiento. Como dice el mismo Piglia, "en el fondo para Sarmiento el procedimiento de las analogías es a la vez un método de conocimiento y una concepción del mundo" (17). Esos sistemas analógicos que Piglia atribuye a lo inglés de Hudson identifican no solo a los viajeros sino también a todos aquellos argentinos influidos por esas narrativas fundacionales. Sarmiento es uno de esos argentinos europeizantes que depende de un discurso que define tanto la civilización como la barbarie argentinas a través de una comparación con otras partes del mundo. Hudson puede ser visto como otro escritor argentino encuadrable en ese patrón de influencia de los textos de viajeros.

Sin embargo Renzi ve ese sistema analógico como prueba de lo foráneo de Hudson. Como un escritor colonial (y Renzi insiste en que la relación de Argentina con Gran Bretaña a finales del siglo XIX no se diferenciaba mucho de la de la India con su colonizador), "Hudson utilizará su experiencia en esos lugares 'exóticos' para elaborar una literatura a tono del lector europeo de la época" ("Hudson: ¿Un Güiraldes inglés?" 24). Hudson demuestra la inocencia, el misterio y estado natural de la sociedad de Latinoamérica para sus lectores europeos, pero "este culto a la simplicidad primitiva del mundo natural opuesto a los artificios y a la corrupción de la vida urbana, también se había convertido en esos años (por otras razones) en una de las ideologías básicas de la cultura argentina" (24). Resulta interesante que esto apoye otra vez la conceptualización de Hudson como un escritor argentino que encarna la ideología básica de la cultura argentina aunque haya vivido lejos. Hudson no fue leído por los argentinos de finales del siglo XIX, pero, a través de su "culto al mundo natural", escribía como uno de ellos.

Deberíamos releer el título de este artículo para comprender con qué clase de escritor argentino Renzi compara a Hudson. Renzi postula: "si Gombrowicz… es el reverso de Borges… ¿habrá que decir que Hudson es un Güiraldes inglés?" (24). Arguye que en *Don Segundo Sombra*, como en la obra de Hudson, encontramos "la exaltación de la vida natural asimilada con el relato de iniciación, la nostalgia de una mítica

Edad de Oro identificada con el fin de la infancia y también una mirada fascinada, un poco turística, de las costumbres rurales" (24). La nostalgia, la exaltación de la vida natural y el fin de la infancia presentan obvias semejanzas en la obra de ambos autores. Y la mirada turística demuestra que para el argentino tanto como para el inglés, lo rural es un objeto de curiosidad, una configuración idílica espacial y temporal que ha dejado de existir. Como escritores, están distanciados del objeto de representación, turistas de su propio pasado rural por las exigencias de escribir para lectores que requieren una visión de lo exótico. El escritor metropolitano argentino no es menos extranjero en el campo que el inglés "exiliado nato" criado en las pampas.[4] Para ambos, su relación con el interior de su país implica un conocimiento de su propia distancia espacial y temporal del objeto fetichizado en su escritura.

Otra manera de discutir esta doble herencia es a través de la metáfora de la visión estrábica que Piglia elabora en "Sarmiento the Writer" (1994). Un ojo mira hacia Europa y su civilización, y el otro hacia la barbarie argentina: "*Strabismic vision* represents the true national tradition: Argentine literature is constituted within a double vision, a relationship of difference and alliance with other practices and other languages and other traditions. [...] The strabismus is asynchronic: one eye sees the past, the other is on the future" ("Sarmiento the Writer" 130). Este estrabismo se caracteriza en Junior, el protagonista de *La ciudad ausente*, cuyo nombre indica su rol de heredero de un viajero inglés. Junior tiene una "mirada obsesiva, típicamente inglesa, los ojitos estrábicos cruzados en un punto perdido del océano" (*La ciudad ausente* 10). Podríamos concluir que tanto la mirada argentina como la inglesa en Argentina siempre ven dos cosas a la vez. La mirada inglesa que se fija en un punto perdido del océano está viendo el punto de travesía, el punto medio entre Argentina e Inglaterra que se ubica en el Atlántico como espacio liminal entre los dos países. Vale recordar esa metáfora ubicua en el siglo XIX de las pampas como un océano interno para situar al inglés que mira hacia el interior y que escribe su

4. El término es de Franco en su introducción a *La tierra purpúrea* y *Allá lejos y hace tiempo* (1980).

imperialismo inglés a la vez que describe el paisaje bárbaro. Hudson está en esta posición intermedia, un ojo mirando hacia Inglaterra (su deseo, su norte) y el otro mirando a su pasado, su infancia, su felicidad perdida e irrecuperable.

He argumentado que Piglia eligió a Hudson como tema de su artículo de 1978 para evitar la censura pero también para poder escribir sobre los fines coercitivos del nacionalismo. En 2001, en un contexto muy diferente, menciona a Hudson nuevamente en una discusión con el autor chileno Roberto Bolaño, publicada en *El País*. Piglia ya no escribe bajo el terror de la dictadura, sino durante el momento de duelo posterior a la dictadura. El creciente neoliberalismo y la globalización de los ochentas y noventas reconfiguran la política y socavan el espacio de resistencia que la cultura solía proporcionar. En parte, el objeto de duelo, junto con los muertos y torturados, era la ausencia de algo con lo cual comprometerse. Esta entrevista fue publicada nueve meses antes de la crisis de 2001, en la cual cuestiones de política, nacionalismo y comunidad se convertirían en preeminentes mientras la identidad argentina sufría un severo golpe.

Piglia, cuyo primer artículo sobre Hudson fue escrito en la Argentina y sobre la Argentina, menciona a Hudson ahora desde los Estados Unidos. En la discusión con Bolaño, expresa algunas de sus ambivalencias sobre el rótulo de "latinoamericano" que se le aplica a él mismo cuando está en los Estados Unidos. Una vez más, vemos la incomodidad de Piglia con las interpelaciones de nacionalidad que son impuestas desde afuera y que tienen poco que ver con las identificaciones y afiliaciones políticas e históricas y sí mucho que ver con el marketing contemporáneo de la identidad. En sus palabras:

> Estoy de acuerdo en que definirse como latinoamericano (y lo hacemos pocas veces, ¿no es verdad?; más bien estamos ahí) supone antes que nada una decisión política, una aspiración de unidad que se ha tramado con la historia y todos vivimos y también luchamos en esa tradición. Pero a la vez nosotros (y este plural es bien singular) tendemos, creo, a borrar las huellas y a no estar fijos en ningún lugar ("Extranjeros" s/p).

Piglia señala que la definición de latinoamericano se vuelve necesaria cuando uno ya no está "allí", en América Latina. Al tiempo que entiende la lógica de un compromiso político con esa identidad, Piglia se distancia del "nosotros" que está legislado y establecido. El movimiento, cree Piglia, es el modo de una identidad que está construida por esas fuerzas que nombran y definen. Estar "sujetado" es ceder a cierta imposición de identidad que allana las diferencias y pone a las personas en categorías que quedan más fácilmente subsumidas bajo una jerarquía globalizada del mundo.

De este modo, en los Estados Unidos, al verse confrontado por una cultura latina del cual no se siente parte, Piglia sospecha de las diferentes formulaciones de identidad que se le presentan. Creo que sus especulaciones son una exageración para molestar a Bolaño, que aprovecha los beneficios de ser un autor latinoamericano con mayor comodidad que Piglia. Piglia no se siente latino, ni suele definirse como latinoamericano, de manera que cuando se encuentra con el "color local" de California, reacciona diciendo: "me siento un escritor digamos ítalo-argentino (un falso europeo, otro europeo exiliado)" (s/p). Piglia, escribiendo dentro de la tradición borgesiana, muy consciente de las diferentes influencias que modelan a un escritor argentino, simplifica hasta la parodia una identidad que él formula "en contraste" con las que hay en Estados Unidos. Los guiones divisorios son una reformulación de las definiciones de identidad étnica que segregan a la sociedad americana, pero son intrínsecamente indefendibles en el tipo de historia literaria que escriben Borges y Piglia: "No creo que existan esas categorías en la historia de la literatura (están los ítalo-americanos, claro, pero se dedican al cine)" (s/p). Hemos visto la historia literaria entendida como la de una familia, pero no es el objetivo de Piglia rastrear una continuidad del tipo "El padrino" en las identidades euro-americanas unidas por guiones.

En esta paródica expresión de su deseo de no ser "encasillado" en fórmulas de identidad, Piglia vuelve una vez más a Hudson: "Para mejor, estoy leyendo a W. H. Hudson (*Días de ocio en la Patagonia*), otro falso argentino". Un "falso argentino" es lo mismo, por lo tanto, que un "falso europeo". "Falso no connota aquí una operación. Piglia no está imputando un deseo voluntario por parte de Hudson de pretender ser algo que no es. En cambio, está aludiendo a esos escritores nacionalistas como Martínez Estrada que buscaron situar a Hudson en la línea de un nacionalismo definido por oposición al del populismo peronista. La identidad dividida de Piglia emerge en respuesta a la cultura latina de Estados Unidos, la cual no siente adecuada para él. Tanto la identidad de Hudson como la de Piglia son entonces "falsas", por estar ambas formuladas como respuestas a las presiones externas de las políticas de identidad.

En la lectura que Piglia hace de Hudson, la cuestión del lenguaje produce "efectos raros" que Borges, en su completo bilingüismo, no necesariamente percibe. Además, Piglia está leyendo a Hudson en Estados Unidos, en un contexto histórico y político que define a la lengua inglesa en Argentina ya no como británica sino como "yanqui", inglés americano. El inglés posee en Argentina un estatus diferente en 2002 que cuando escribía Borges, y la herencia "italo-argentina" de Piglia lo diferencia de la herencia anglosajona de Borges:

> Para mí, Hudson [...] produce efectos raros en la literatura argentina porque hace entrar una voz próxima, un fantasma familiar, que se mueve invisible en un terreno conocido. Hay una tensión entre lo que se lee en la lengua propia y lo que se lee fuera de la lengua materna (s/p).

Los efectos raros que produce Hudson en la literatura argentina se deben a la enunciación de lo familiar a través de la voz de lo extranjero. "Lo propio" ya no se puede definir tan rígidamente cuando se lee sobre algo muy próximo en un idioma extranjero.

Cuando Piglia dice que está leyendo a Hudson, menciona el título del libro en español. A diferencia de Borges, que no tuvo otra opción (ni probablemente otro deseo) que leer *The Purple Land* en inglés, puesto que no había sido traducido aún, Piglia sí tiene la opción, y parece que la aprovecha. ¿Podría la extrañeza de la escritura de Hudson deberse en parte al hecho de su traducción? Piglia es, después de todo, no solo el descendiente literario de Borges sino también de Roberto Arlt, que es "un lector de traducciones y por lo tanto recibe la influencia extranjera ya tamizada y transformada por el pasaje de esas obras desde su lenguaje original al español" (*Respiración artificial* 138). La escritura de Hudson está, para la mayoría de los argentinos, a una extraña distancia, puesto que ha sido traducida al español de un inglés, según Borges, modulado por lo criollo.

En el nexo de los linajes europeo-argentinos no hay una "real" identidad nacional que exista por fuera de la imbricación de los dos. La cultura argentina es translocal, porque la cultura local está siempre influida por otras culturas, otras traducciones. Como afirma astutamente Sergio Waisman: "Desde sus inicios la literatura argentina creció a partir de la tensión entre lo foráneo y lo local, entre la traducción interlingüal de literaturas y lenguajes europeos y la traducción intralingüal de las tradiciones criollas locales" (2001: 266). No existe un solo lenguaje con el cual alinear a la nacionalidad o a la identidad.

En su lectura de Hudson, Piglia demarca la historia literaria que busca crear o recrear Argentina como un espacio de criolledad. En esta construcción, la figura de Hudson emerge repetidamente como representativa de un cierto espacio y tiempo que pueden o no haber existido en el siglo XIX, pero que ciertamente ya no existen en el XX. La criolledad de Hudson no puede hallarse en el idioma oficial argentino; más bien produce "efectos raros" en sus vínculos lingüísticos con los viajeros británicos cuyas interpretaciones de "el interior" fueron vitales para su representación. Las representaciones de la Argentina en Hudson se basan en experiencias y hábitos, y por eso Borges y Piglia pueden colocarlo dentro de una tradición de encuentro fenomenológico con los espacios que definen la originalidad argentina al tiempo que rechazan las identidades nacionalistas. Borges y Piglia trazan sus linajes literarios a través de Hudson, no excluyendo las complejidades de lenguaje, ubicación e identidad que enriquecen y complican la figura de Hudson en la tradición literaria argentina, sino por el contrario, tomando lo rural como el espacio donde todas estas complejidades residen.

Bibliografía

BORGES, Jorge Luis. "La nadería de la personalidad". En: *Inquisiciones*. Buenos Aires: Proa, 1925, 92-100.

— "Nota Sobre *The Purple Land*". En: *La Nación* (3 de agosto 1941), 1.

— *Otras inquisiciones*. Buenos Aires: Sur, 1952.

— "El escritor argentino y la tradición" (1951). En: *Obras completas. 1923-1972*. Buenos Aires: Emecé, 1974, 267-274.

— "La tierra cárdena". En: *El tamaño de mi esperanza*. Buenos Aires: Seix Barral, [1926] 1993, 33-37.

— *El tamaño de mi esperanza*. Buenos Aires: Seix Barral, [1926] 1993.

Franco, Jean. "Prólogo". En: Hudson, William Henry. *La tierra purpúrea; Allá lejos y hace tiempo*. Caracas: Biblioteca Ayacucho, 1980, ix-xlvii.

Piglia, Ricardo. "Ideología y ficción en Borges". En: *Punto de vista*, 2, 5 (1979), 3-6.

— "Notas sobre *Facundo*". En: *Punto de vista*, 3, 8 (1980), 13-18.

— *La Argentina en pedazos*. Buenos Aires: Ediciones de la Urraca, 1993.

— *La ciudad ausente*. Buenos Aires: Sudamericana, 1992.

— "La literatura y la vida." En: *Crítica y ficción*. Buenos Aires: Seix Barral, 2000, 109-118.

— "Sarmiento the Writer". En: Halperín Donghi, Tulio, Iván Jasic, Gwen Kirkpatrick y Francine Masiello (eds.). *Sarmiento, Author of a Nation*. Berkeley: University of California Press, 1994, 127-144.

— *Respiración artificial*. Buenos Aires: Seix Barral, [1980] 2000.

— "Extranjeros del Cono Sur: Conversación entre Ricardo Piglia y Roberto Bolaño". En: Suplemento cultural "Babelia". *El País* (3 de marzo 2001) <http://www.elpais.es/suplementos/babelia/20010303/b06.html> (19 de febrero 2003).

Renzi Franco, Emilio. "Hudson: ¿Un Güiraldes inglés?". En: *Punto de vista*, 1, 1 (marzo 1978), 23-24.

Rosman, Silvia. "Of Travelers, Foreigners and Nomads: The Nation in Translation". En: *Latin American Literary Review*, 26, 51 (enero-junio 1998), 17-29.

Sarlo, Beatriz. *Borges, un escritor en las orillas*. Buenos Aires: Ariel, 1995.

Waisman, Sergio G. "Ethics and Aesthetics North and South: Translation in the Work of Ricardo Piglia". En: *Modern Language Quarterly*, 62, 3 (septiembre 2001), 259-283.

El viaje hacia lo sobrenatural: el escenario fluvial y la selva como espacio de lo maravilloso en *Mansiones verdes*

Celina Manzoni
Instituto de Literatura Hispanoamericana, Universidad de Buenos Aires

> La tierra y el cielo, y todo en la región equinoccial adquiere un carácter exótico.
>
> Alexander von Humboldt,
> *Viaje a las regiones equinocciales*

Reencuentro con las verdes moradas

La reedición en 2006 de una obra publicada por primera vez hace más de cien años es un hecho que por sí mismo suscita algunas reflexiones solo posibles después de eludir las tentaciones de la nostalgia, de la arqueología e incluso de la condescendencia. Cuando en 1904 William Henry Hudson, llegado a Londres treinta años antes desde el extremo sur del mundo americano, publicó *Green Mansions. A Romance of the Tropical Forest*, había logrado ser parte de un núcleo de celebridades en el que no faltaban reconocidos autores del siglo anterior y contemporáneos tan famosos entonces y después como Joseph Conrad, T. E.

Lawrence o Robert Cunninghame Graham; influyentes críticos, damas de la alta sociedad, aristócratas, miembros de clubes selectos entre los que predominaban las asociaciones proteccionistas de la naturaleza, preferentemente aves, expoliada en tierras propias y ajenas por la ambiciosa y triunfante Inglaterra victoriana. Casi como cumpliendo el destino ritual adjudicado —a veces como consuelo compensatorio— a los artistas, los largos años de oscuridad vividos por Hudson parecieron despejarse entonces a favor de un reconocimiento que el unánime fervor de sus biógrafos considera tardío. Ni su vida personal o social ni su literatura pasaban desapercibidas en Londres a comienzos del siglo XX, mucho menos cuando con esta novela alcanzó también de inmediato un gran éxito de público, al revés de lo que había sucedido con la mayoría de los otros libros publicados anteriormente.[1]

Esa recepción privilegiada encontraría a Hudson en el dominio de su lenguaje narrativo, admirado por los intelectuales más connotados (John Galsworthy, Edward Garnett, Arnold Bennet, H. G. Wells), clásicos del siglo XIX, de los que se distancia con cordialidad Virginia Woolf quien por lo demás, desde una perspectiva moderna propone otros paradigmas: "[...] si bien les damos las gracias por las generosidades que para con nosotros han tenido, reservamos nuestra incondicional gratitud para el señor Hardy, el señor Conrad, y en grado mucho menor, para el señor Hudson, el de *El país ensangrentado* [sic. Traducción de *The purple land*], *Mansiones verdes* y *Allá lejos y hace tiempo*" (Woolf 1977 [1925]: 130). También debemos a Virginia Woolf una entusiasta lectura de *Far Away and Long Ago* en la que resalta la luminosidad de

---

1. Reeditada en Estados Unidos en 1916, con un prólogo de John Galsworthy, que además de fama le dio por primera vez buen dinero, mereció también profusas reediciones y traducciones, entre otras lenguas, al castellano. En 1959, la versión fílmica protagonizada por dos figuras estelares de Hollywood y en *cinemascope* pareció coronar ese momento de máximo brillo que, por lo general, suele preceder al ocaso: *Green Mansions*, protagonizada por Audrey Hepburn y Anthony Perkins y dirigida por Mel Ferrer con música de Heitor Villa-Lobos. Incluso antes, el nº 9 de una serie popular (*Classics Illustrated*. 1941-1971) presentó una adaptación de la novela entre las de otros famosos autores: Melville, Shakespeare, Homero, Fenimore Cooper, Mark Twain y un largo etcétera ya que la serie alcanzó 169 entregas.

esas páginas autobiográficas sin desmerecer la "excelencia literaria o la calidad artística" de la obra (Woolf 1977 [c. 1925]: 32). Por los mismos años, un personaje de Ernest Hemingway (Robert Cohn de *The Sun also Rises*, 1926, traducido al castellano como *Fiesta*), en un momento de cambio y transformación de su vida decide viajar a Sudamérica inspirado, según el irónico narrador de la novela, en ingenuas lecturas y relecturas a destiempo de *The Purple Land*.

Lectura de época en un momento de intensa transformación, escritor de éxito y escritor para escritores, autor en exclusiva lengua inglesa incorporado, sin embargo, con honores a la literatura gauchesca, merecedor por ello de una entusiasta y calificada bibliografía, principalmente pero no solo, rioplatense, el reencuentro con *Green Mansions* reedita una incomodidad, un tironeo que primero se vive en los catálogos de las bibliotecas y con el que Guillermo Cabrera Infante supo jugar con sensibilidad y humor:

> Mi primer encuentro con William Henry Hudson tuvo lugar en La Habana hace veinte años. Su nombre era entonces Guillermo Enrique Hudson y fue Borges quien me llamó la atención sobre su obra. Borges, bilingüe, hablaba de *La tierra púrpura* [sic] en español y de *Allá lejos y hace tiempo* con ternura argentina (1993 [1980]: 618).

En el centro de esa tensión que nos enfrenta con el problema teórico de la heterogeneidad de la literatura latinoamericana, aunque desde un ángulo algo diverso del habitual, las opciones de lectura de *Mansiones verdes*, en esta instancia de reflexión, pasaban por el original inglés o por la traducción. La elección del segundo territorio de encuentro provocó a su vez un temerario periplo entre las varias ediciones disponibles en español, un gesto que, aunque finalmente recayó en la última versión aparecida en el mercado (*Mansiones verdes*, 2006) motivó además de inevitables comparaciones, siempre con resultados poco satisfactorios, el cotejo constante con una de las ediciones en lengua inglesa (*Green Mansions*, 1923). La heterogeneidad, concebida en los términos de Antonio Cornejo Polar, no se asienta en este caso en los desequilibrios que se producen entre oralidad y escritura o entre una lengua indígena y una lengua europea, sino en los que subyacen entre dos grandes lenguas de origen europeo y que en este texto se complican porque —quizás como un modo de construir verosímil— el uso del inglés como dominante no elude la referencia a otros códigos: diversas lenguas indígenas y el español, incluso citado textualmente en la transcripción de un fragmento de Juan de Mena (1411-1456). Más allá de ese marco lingüístico se instala el espacio de lo inefable: la zona de misterio, incluso de secreto, relacionada con Rima, única hablante de una lengua que muere con ella, herencia materna incomunicable.

El escenario entre la imaginación y la experiencia

Quizás no exista en todo el territorio americano un escenario que, como el de *Mansiones verdes*, haya sido tan transitado por célebres viajeros casi sin excepción constituidos en formidables literatos. Una tradición que puede remontarse a Cristóbal Colón quien famosamente creyó ver en la desembocadura del Orinoco el paraíso terrestre y que continúa con los cronistas, en los viajeros científicos de los siglos XVIII y XIX, en los narradores del XX, tan profusos y prestigiosos (aunque entre ellos hasta ahora no haya figurado William Henry Hudson), que han dado lugar a proponer la existencia de una literatura amazónica (Dill 2008: 4). Basta un repaso al *Viaje a las regiones equinocciales* de Alejandro de Humboldt para corroborar cómo la pluma del científico se exalta ante el espectáculo de los grandes ríos, las tormentas, una fauna variada y en ocasiones sorprendente y una flora para la que no alcanzan los nombres conocidos. También, entre otros, el libro de un viajero alemán, aunque al servicio de la corona británica, Richard Schomburgk, *Viaje a la Guyana Británica en 1840-1844*, recordado por Roberto González Echevarría en relación con *Los pasos perdidos* de Alejo Carpentier (González Echevarría 1993: 211-238). La superación de los espacios y la escritura de esa superación parecen estar en el centro de una literatura que, como percibe Ottmar Ette hablando del relato de viajes, "es la forma de escritura literaria y científica en la que quizá se plasme con mayor claridad la relación de la escritura con el espacio, su dinámica y su necesidad de movimiento" (2001: 11).

Si bien *Mansiones verdes* no es un libro de viajes sino, por propia definición, una novela ("A Romance of the Tropical Forest"), de alguna manera goza de la fascinación y el prestigio que esos relatos provocaron cuando en el siglo XIX redescubrieron el mundo oriental y, en una nueva vuelta de tuerca, el mundo americano. De alguna manera, el intenso proceso de internacionalización realizado entonces, entre otros imperios por el británico, volvió evidentes, bajo nuevas circunstancias, la percepción de las diferencias naturales, sociales, políticas, culturales y raciales además de propiciar, según la perspectiva de Mary Louise Pratt, "la oportunidad de repensar los hábitos de imaginar 'Europa' y 'la literatura' como entidades *sui generis* que se inventan desde adentro y después se proyectan hacia afuera, hacia el resto del mundo" (1992: 243). Un proceso de autorreflexión que en algunos sectores de las metrópolis se expresó en una conciencia, que hoy llamaríamos ecológica, y de la que participó activamente Hudson, acerca de las pérdidas que acarrearían transformaciones tan radicales sobre el mundo natural (Bate 2004: 15-16). Es probable que esa misma percepción autorice la opinión de David Trotter en el sentido de que *Mansiones verdes* nunca fue un simple *best seller* ya que Hudson habría inventado, en los marcos de una versión romántica de la ecología, un nuevo subgénero: "el ecoromance" (Duncan 1998: 5).

Si bien la renovada ansia de aventuras que recorrió ese comienzo del siglo XX venía en gran parte del anterior con los orientalistas románticos y con los viajeros ilustrados, y sobre todo con los naturalistas que, recuperando la tradición de Humboldt entre otras, convirtieron a la Inglaterra de Victoria en un gran escenario ampliado en el que cabían tanto las aventuras político-militares-culturales de Lawrence de Arabia; las estremecedoras historias de Joseph Conrad por los mares y por los intrincados y ocultos ríos africanos; el extraño humor de Saki (Hector Hugh Munro), como Rudyard Kipling, otro inglés ilustre nacido en los confines; las hipótesis evolucionistas de Charles Darwin y las del propio Hudson quien el mismo año de la publicación de *Green Mansions* reedita su nueva versión de *The Purple Land* precedida por los relatos de *El ombú*. Es, por lo menos, notable que de los tres escenarios canonizados por Humboldt para formalizar la representación típica de un mundo americano revisitado (Pratt 1992: 223): las montañas nevadas de los Andes y de México, los bosques tropicales de los grandes ríos Amazonas y Orinoco, la *pampa* bonaerense y los *llanos* venezolanos, dos de ellos hayan sido objeto de la narrativa hudsoniana. A la luz de lo que parece una apuesta fuerte por la narrativa de imaginación en los inicios del siglo, conviene recordar sin embargo que la pulsión de narrar parece haber existido siempre en Hudson, aun en las comunicaciones ornitológicas que empezaron a publicarse en los *Proceedings* de la Royal Zoological Society de Londres, según revela Alicia Jurado, quien también menciona el desconcierto o por lo menos la molestia que crearon esos informes atípicos entre los científicos más tradicionales (2007 [1971]: 58).

En la búsqueda de su propia voz, Hudson quien tempranamente había intentado también la poesía, finalmente terminó insertándose en un espacio literario que parece siempre construido en la tensión entre dos mundos: en el lábil umbral que une y separa la experiencia de las lecturas, en la frontera entre la ciencia y la ficción, una tensión finalmente resuelta en la práctica de diversas opciones narrativas: informe científico, cuento, novela, modos de lo autobiográfico y una copiosa escritura epistolar —sobreviviente de un sistemático borramiento—, formas que no deberían ser consideradas como abismalmente separadas por barreras genéricas, más ilusorias que efectivas a la hora de pensar los textos.

La elección de la selva tropical como escenario de *Mansiones verdes* suele perturbar a una crítica atrapada, sin reconocerlo, en los debates entre imaginación, experiencia y escritura: habituada a vincular el paisaje de la pampa y el de la campiña inglesa, que Hudson también recorrió exhaustivamente, a los avatares de su vida, propone arbitrarias e incomprobables deducciones dirigidas a asegurarle además una experiencia directa del trópico; una suerte de inmanentismo o de esencialismo que, al desterrarlo del mundo de la imaginación, lo reduce, aunque se proponga lo contrario, al papel del transcriptor, un criterio que en definitiva conlleva cierto menosprecio y desconoce a quien hizo de la escritura casi un único horizonte cumplido contra viento y marea, algo fácil de comprobar en el amplio listado de sus obras completas.

La lectura de esos textos en los que goza con la descripción de las aves, de las lagunas y de las llanuras feraces o alternativamente agostadas por la sequía de la pampa bonaerense, de la meseta patagónica o de las cuchillas orientales que fueron parte de una inserción social y cultural durante su infancia y juventud, creó el equívoco de que el paso desde el paisaje a la escritura fue un trámite deudor único y necesario de la experiencia. Por eso resulta curioso que aun la argumentación de Alicia Jurado, tendiente a desmentir a través de una rigurosa documentación, una experiencia directa del trópico que algunos de sus exegetas aseguran con denuedo, encuentre en una escala del buque que lo llevaba a Inglaterra, en Río de Janeiro, el fundamento de la experiencia del trópico: "Con todo la espléndida vegetación de los alrededores de Río puede haberle resultado suficiente para formarse una idea del aspecto de zonas más ecuatorianas" (Jurado 2007 [1971]: 76).[2]

Naturaleza, paisaje, escenario

Ese antiguo debate parecería reescribir, desde otro lugar, una oposición entre naturaleza y cultura que Jacques Le Goff recupera como parte de una articulación que considera característica del occidente medieval y que podría hacerse extensiva a algunos de los dilemas que articularon las reflexiones teóricas en el fin del siglo XIX y el inicio del XX:

> En el Occidente medieval, en efecto, la gran oposición no es la oposición de ciudad y campo como en la antigüedad [...], sino que el dualismo fundamental de cultura y naturaleza se expresa más a través de la oposición entre lo que es construido, cultivado y habitado (ciudad, castillo, aldea) y lo que es propiamente salvaje (mar, bosque, que son los equivalentes occidentales del desierto oriental), universo de los hombres en grupos y universo de la soledad (1994: 38).

En el cruce de esa relación entre la naturaleza salvaje y lo habitado se instalará más adelante el concepto de paisaje: concebido no solo como conjunto artificial armonioso y artístico, al que tan aficionados fueron los siglos XVII y XVIII, sino también como toda representación de un espacio que la cultura ha enseñado a mirar como construido y a

2. En este contexto parece evidente que "ecuatorianas" debe leerse como una errata por "ecuatoriales".

ver como artístico, la palabra que lo nombra, aunque ambigua, refiere a un espacio material y también a su representación, sea pictórica o literaria. No ya la naturaleza grandiosa e inabarcable que se impone a la mirada atónita del viajero, sino su organización como relato que la visión vuelve inteligible y el arte, representable. Y, en otra flexión, construcciones intermedias: los parques cerrados, las plantas y los animales clasificados y rotulados en los jardines botánicos y zoológicos; el desconsuelo de Fray Servando Teresa de Mier cuando encuentra el agave mexicano rodeado de un cerco en un parque europeo.

Todo hecho de naturaleza parecería destinado a ser finalmente convertido en paisaje; el mundo americano descubierto por la pasmada cultura europea de los siglos XV y XVI, representado en los diversos momentos históricos en diversas e incluso controvertidas combinaciones: belleza, diferencia, semejanza, cuna o sede de los mitos, utilidad; con el acento puesto en la botánica, la zoología, la minería, la antropología y su correlato de usos y costumbres, tampoco pudo sustraerse a una condición de paisaje que siglos posteriores, en un complejo y dilatado movimiento, naturalizaron: "El largo proceso histórico que lleva a contemplar —y transformar— la naturaleza en paisaje resulta una pieza clave para comprender las formas modernas de apropiación territorial" (Aliata/Silvestri 1994: 7). Una inflexión que Antonello Gerbi recupera cuando escribe la historia de las disputas desatadas en torno a la interpretación y la representación de la geografía y la naturaleza del mundo americano y que muestra además la indisoluble solidaridad establecida entre naturaleza, historia e ideología (1992).

La irrupción en las verdes moradas americanas de Abel, un exiliado político venezolano con algo de poeta y de aventurero cautivado por la sed del oro y otros mitos americanos (las amazonas, la Fuente de la Juventud, la presentida y siempre ilusoria ciudad de Manoa), no solo cuestiona de manera explícita la noción de naturaleza en estado puro, sino que, por su sola mirada, la constituye en paisaje y en ese mismo acto en escenario.[3]

3. Eludo aquí referirme a las connotaciones del nombre del protagonista, tan fuertemente relacionado con la caída y la expulsión de otro espacio mítico: el Jardín del Edén.

La recuperación científica de lo maravilloso del mundo natural, modalidad específica de la cultura occidental, según Le Goff, implica también la construcción del paisaje que denota a su vez un escenario y presupone un espectador; una serie de desplazamientos que, en este libro, se completa cuando la selva se constituye en el escenario privilegiado en el que se representa una historia de amor y aventuras.

En relación con su inserción europea, es como si en este texto Hudson se hubiera liberado además del contraste entre el universo urbano y el universo campesino, característica, según Raymond Williams, de los campos ingleses en los que una agricultura activa somete la naturaleza a un intenso proceso de producción al punto que, "casi nunca es paisaje" (2001 [1973]: 163). En lugar de sostener esa contradicción, sobre la cual él mismo abrió la reflexión en algunos de sus escritos de los últimos años, se inserta en lo que parecería la explosión de una naturaleza sin ninguna intermediación, sin embargo, se hace evidente que en el gesto de separarse y observar, Hudson funda un paisaje en el sentido en que lo propone Severo Sarduy: "Al designar las cosas —los seres innombrados y las cosas— el poeta funda el paisaje: traza los cimientos de un habla que son como la apropiación de un sitio, el bautismo de un país" (1984: 1). En ese complejo movimiento también recupera no una sino varias tradiciones de la cultura occidental y quizá sea por ello que *Mansiones verdes* sigue propiciando tan diversas lecturas: ni solo fábula ecológica, ni solo romance colonial, ni solo transcripción de un naturalista.

La tradición del bosque

Si la invocación a la naturaleza despliega en la época clásica un amplísimo repertorio luego reordenado en el medioevo en torno a una serie de rasgos entre los que destacan algunas formas de lo maravilloso que reaparecerán a su vez transformadas en el romanticismo, *Mansiones verdes*, puede ser leída también como heredera de esa tradición en la que el bosque encierra varios sentidos. En el bosque como espacio de iniciación predomina un imaginario referido a un universo principalmente vegetal, pero también animal, que exige el cumplimiento de una serie de pruebas o de ritos de pasaje cuya superación suele colocar al héroe en riesgo de muerte. Superados los desafíos, el héroe, imbuido a partir de entonces de un sentimiento de pertenencia, de posesión, de propiedad, encuentra en el bosque un segundo sentido: lo constituye en un espacio de refugio de todo mal, o directamente del Mal.[4] En el inicio del capítulo XIV, cuando la frescura de la selva lo alivia de la incertidumbre y el miedo provocados por su huida del poblado indígena, el protagonista exclama:

> ¡Ah, aquella vuelta a la selva que habitaba Rima, después de un día de tanta ansiedad, cuando el último sol aún brillaba y las sombras del bosque verde resultaban tan agradables! El frescor, la sensación de seguridad, aliviaban la fiebre y la excitación que había padecido en la abierta sabana; caminaba lentamente y me detenía a menudo para escuchar la voz de algún pájaro o admirar algún insecto raro o alguna flor parásita que brillaba como una estrella en la sombra. [...] En aquel momento Madre y Naturaleza parecían una y la misma cosa (*Mansiones verdes* 2006: 202).

En consonancia con esos sentidos tradicionales, las primeras entradas al bosque, que operan en el personaje como una revelación e incluso como la promesa de un viaje iniciático, lo proyectan también a un segundo nacimiento que, si por una parte, es metaforizado por su recuperación de los efectos mortales del veneno, simultáneamente, por otra, se constituyen en el umbral, la frontera que separa el mundo salvaje del civilizado. Si los miembros de la tribu indígena de Runi, con los que ha llegado a convivir en su periplo previo a la revelación del bosque, lo consideran tabú, por lo menos en una de sus significaciones: la de lo inquietante, peligroso, prohibido o impuro (Freud 2000: 27), la violación del tabú coloca a Abel en una situación compleja: mientras que frente a sí mismo se convierte en superior respecto de los indígenas sujetos a la "superstición", ellos lo verán con sospecha pero al mismo tiempo con admiración: le temerán pero también percibirán que la violación ha quedado impune y que por eso podría volver a repetirse; de

4. No puedo dejar de mencionar una notable apropiación y reelaboración de esas tradiciones en una novela de Haruki Murakami, *Kafka en la orilla*, publicada en 2002.

alguna manera además, por la percepción de esa diferencia, astutamente le reservarán a Abel un desempeño en el futuro de la tribu.

La fascinación por lo desconocido y por el deseo de conocer el misterio que rodea el origen de la ninfa del bosque, al acentuar la distancia entre el universo del hombre blanco y el universo de la barbarie, delimitará por una parte el concepto de frontera que se condensa en el bosque y por otra, el carácter romántico del héroe, una decisión estética que define, entre otras cuestiones, el lenguaje en el que será narrado el romance de Abel y Rima: el lenguaje poético, célebre, y según el narrador, perfecto, establecido por los códigos del amor caballeresco y el amor cortés:

> Pero no los poemas de un poeta moderno, ni de los poetas del siglo pasado, ni siquiera de los grandes del siglo XVII, sino que me atuve a los poemas caballerescos y los romances, los dulces versos antiguos que, ya sean alegres o tristes, siempre parecen naturales y espontáneos como el canto de un pájaro, y tan sencillos que incluso un niño puede entenderlos (*Mansiones verdes* 2006:189).

La opción que relaciona al protagonista de la narración con el arte del romancero y de los poemas caballerescos recupera otras modalidades del arte medieval: no solo porque elige para su musicalización los poemas de Juan de Mena citados en español en el original, como se dijo antes, sino porque también reproduce los tópicos de la imagen femenina propios del amor cortés: la pureza y la inocencia, el aniñamiento y la indefensión. El misterio que vela el origen de Rima, su lenguaje único solo comparable con el de las aves, la constituyen en la criatura mágica que viviendo en la profundidad del bosque, custodiada por una figura ambigua y no demasiado confiable, deberá ser salvada.

En la memoria del protagonista la figura de Rima se contrapone a la de otra mujer: "Una hija de la civilización y de aquella vida artificial: ella nunca podría experimentar sentimientos como aquellos y volver a la naturaleza como yo lo hacía [...]" (*Mansiones verdes* 2006:141). Se justifica el abandono y el olvido de la mujer amada en una vida anterior, "allá en Venezuela", antes de la transformación.[5] La

---

5. Desde la convicción en una pretendida superioridad del hombre respecto de esa mujer y de las mujeres en general, completa el párrafo con observaciones muy si

imagen candorosa y virginal de Rima despeja las dudas acerca de la naturaleza de un amor que finalmente no se consuma; por eso quizá la escena del beso (capítulo XVII) no solo consigue rescatar a la ninfa de las sombras que la rodean sino que revela la fijación estética de Hudson en un ideal femenino frecuente en la pintura contemporánea inglesa que proponía criaturas lánguidas, melancólicas e inalcanzables o jugaba con el exotismo y el velado erotismo de figuras jóvenes y bellas envueltas en transparencias, entre las nubes o cubiertas de flores. Parece claro también que la tradición del beso que quiebra el maleficio, resulta deudora de *La bella durmiente*, un cuento que, a partir de diversas versiones de la tradición oral, empezó a popularizarse en los siglos XVIII y XIX.[6]

El modo gótico

No solo en la tradición de la pintura romántica inglesa se inscribiría el texto de Hudson; Rima, criatura única y criatura de naturaleza, prisionera del bosque encantado como en el cuento tradicional, se articula también en relación con algunos de los parámetros de la llamada "novela gótica" tal como fue reinventada en el siglo XVIII. Si, como señala José Amícola siguiendo a Alastair Fowler, "la novela es un género literario básico, la 'novela gótica' sería un subgénero o un 'tipo' mientras 'lo gótico', a secas, debería ser considerado 'un modo' que se puede encabalgar en múltiples géneros literarios" (2003: 29). A partir de esa noción ampliada, más adelante propone que, en otro posible sentido, el modo gótico puede pensarse como "una matriz cultural en la que un grupo encuentra un molde de organización de bienes simbólicos de esa sociedad" (ibíd.: 31). Una lectura de *Mansiones verdes* en el interior de esa matriz cultural, o de lo que podríamos llamar

---

milares a las que despliegan *mutatis mutandi*, tanto el narrador de *La vorágine* como el de *Los pasos perdidos*, textos canónicos de la cultura latinoamericana.

6. No es para nada casual tampoco que la colección de *Pintura victoriana del Museo de Arte de Ponce* (Puerto Rico), que se exhibió en el Museo del Prado en Madrid en el año 2009, se titule *La bella durmiente*.

una atmósfera gótica, permitiría establecer asociaciones con textos tan célebres como *El castillo de Otranto* de Horace Walpole que, publicada en 1765, tiene como subtítulo *A Gothic Story*, o *El monje* (*The Monk*, de Mathew Lewis, en 1796). Más cercanas, ya en el siglo XIX, *Frankenstein o el moderno Prometeo* de Mary Shelley de 1818, o *Cumbres borrascosas* (*Wuthering Heights*) de Emily Brontë que, publicada en 1847, varias veces ha sido mencionada como antecedente de, por lo menos, las tormentosas pasiones que conmueven a los personajes de *Mansiones verdes.* Son relevantes en ese contexto el carácter de los acontecimientos que narra la novela, la construcción del escenario y de los personajes, sus efusiones emocionales, excesivas y en ocasiones violentas, asociadas a su vez con el Mal encarnado en los otros, los extraños acusados reiteradamente de violar el espacio de lo sagrado, los indios, casi siempre marcados por el desprecio del narrador.[7]

Si en la novela inglesa el modo gótico privilegia como escenario de emociones y situaciones similares la imagen del castillo, a veces en ruinas ¿cómo trasponer esa matriz cultural al mundo americano en el que las grandes construcciones palaciegas serían desconocidas? Leslie Fiedler imagina una respuesta al dilema a partir de una postulación: "Lo único antiguo en el Nuevo Mundo es la selva. La novela gótica americana deberá, pues, encontrar sus imágenes terroríficas en la selva y en sus habitantes" (cit. en Piglia 1993: 66).

El relato del primer ingreso del protagonista al bosque, leído entonces en el marco de esa atmósfera característica del modo gótico, parece organizar el espacio en círculos concéntricos: después de atravesar el suelo estéril de la sabana y de superar el bosque abierto —límite entre ambos— llega al bosque espeso, a la selva densa que denomina "paraíso salvaje" ("wild paradise") y en la que se embelesa con las construcciones vegetales que constituirán las verdes moradas:

> Incluso donde los árboles eran más altos penetraba el sol, domado por el follaje hasta matices verdosos y dorados, que llenaban los amplios espacios in-

7. Esos extranjeros, identificados con los indígenas sudamericanos en esta novela, son los mismos que avasallan y violan, en un sentido más que figurado, los espacios del blanco en "Marta Riquelme", por ejemplo.

> feriores con suaves medias luces y delicadas sombras azules y grisáceas. [...] ¡Qué tejado podía contemplar encima de mí! [...] Sabemos que la naturaleza enseñó al arquitecto, en primer lugar, a crear, con largas columnatas la ilusión de la distancia; pero el tejado que elimina la luz le impide conseguir el mismo efecto hacia arriba. Aquí la naturaleza es inalcanzable con su verde y ventilado dosel, una nube impregnada de sol... Una nube encima de una nube; y, sin embargo, a pesar de que el ojo no pueda alcanzar lo más alto, la luz se filtra, iluminando los amplios espacios de debajo: una cámara [chamber] sucede a otra cámara, cada una con sus propias luces y sombras especiales (*Mansiones verdes* 2006: 38).

Mansiones superiores a las construidas por los arquitectos, entre ellas busca a Rima sin suerte: "But there was no seeing her in that inmense aerial palace hung with dim drapery of green and copper-coloured leaves" (*Green Mansions* 1923: 117), la busca en los palacios aéreos, sitios encantados en los que resuena una voz sin cuerpo, un ser errante y elusivo ante cuya ausente presencia Abel es víctima de imaginarios y antiguos terrores: "Antiguas fábulas de hombres atraídos por bellas formas y melodiosas voces con la intención de destruirlo todo adquirían de pronto un terrible significado" (*Mansiones verdes* 2006: 54). La tensión entre una antigua memoria que se remonta al mito clásico de las sirenas y una memoria perturbadora y odiosa, por su cercanía, que refiere a creencias en monstruos devoradores de hombres propias "de la mente salvaje", se resuelve en una racionalización que remitirá a los peligros reales que acechan en la jungla: serpientes constrictoras, jaguares, tigres negros ("black tigers"), manadas de leopardos cazadores ("hunting leopards"). Este tipo de racionalización, propia de una mirada distanciada en algunos casos, e intensamente lírica en otros, es, por lo demás, la que sostiene las pormenorizadas y siempre brillantes descripciones de plantas, flores, aves y pequeños insectos; también los informes de tono antropológico sobre la vida de los indios en la selva, sus protocolos sociales y culturales: la organización del poblado, los hábitos de caza, las ceremonias, el tipo de alimentos y sus formas de preparación; las funciones y características de los miembros de la tribu: Runi, Kua-kó y la anciana Cla-cla —la cuentacuentos— probablemente memoria viva de la tribu; el desenfreno de la fiesta en la que el límite de lo aceptable pasa por el contacto entre los cuerpos desnudos, repugnancia del cuerpo del Otro en la que se incuba el germen de la traición del blanco.

Huellas de un lenguaje científico que crean un verosímil realista también se transparentan en el entusiasta discurso geográfico con el que Abel instruye a Rima desde la altura de la colina de Ytaioa acerca del mundo americano, la grandiosidad de un universo visto desde la altura: sus ciudades, las altas y heladas montañas de los Andes, los grandes ríos, la selva del Amazonas, la gran cultura del Cuzco y Tiahuanaco (*Mansiones verdes* 2006: 162-165). Una mirada desde lo alto que recupera el gesto característico de los viajeros empeñados en el ascenso a la montaña. Es que "La vista desde arriba permite esbozar tanto una teoría del paisaje como un paisaje de la teoría, al que la transparencia de la panorámica aporta un significado literario y epistemológico" (Ette 2001: 18). Por la fuerza de la palabra concibe una utopía de América: tierra de acogida de los sobrevivientes de cataclismos que profetiza: "las naciones que nacerán cuando todas las actuales razas dominantes en el globo y las civilizaciones que representan hayan perecido [...]". Se propone que Rima, al imaginar tan vasto escenario abandone su propia utopía personal: el viaje hacia su origen, el deseo de encontrar a la gente de su madre, a los hablantes de su lengua:

> Y posiblemente, su imaginación habría sido capaz de vestirlo todo con una selva intacta. Sin embargo, qué pequeña parte sería de un magnífico conjunto: ¡de una región selvática igual en extensión a toda Europa! Allí hay todo el encanto, toda la gracia, toda la majestad, pero no podemos verla, no podemos concebirla... [...]. Probablemente nunca, desde que el padre Noé dividiera la tierra entre sus hijos, se había pronunciado un discurso geográfico tan extenso y, al acabar, me senté, exhausto por mi esfuerzo, y me sequé la frente, pero feliz de que mi inmensa labor hubiera tocado a su fin y satisfecho de haberla convencido de la futilidad de su deseo de ver el mundo por sí misma (*Mansiones verdes* 2006: 164).

Ante el fracaso de su retórica, el protagonista cede a la tentación del viaje de búsqueda que exige Rima y que finalmente redundará en su muerte y con ella en la desaparición de una criatura y una voz únicas en el universo.

Una impronta científica realista que se cruza con el verosímil del cuento de hadas y la profusión de bellas imágenes relacionadas con el mundo natural y con la etérea Rima, los sonidos melodiosos, su inocencia y espiritualidad, su lengua misteriosa, sus vestidos que como partes del carruaje de la reina Mab están tejidos en finas telarañas. Es probable que la decisión del escultor Jacob Epstein (1880-1959) de elegir la imagen de Rima para el monumento con el que los amigos honraron a Hudson en Hyde Park haya respondido a la fascinación ejercida en sus contemporáneos por una figura que representaría la nostalgia por el espíritu de la naturaleza, en su época constituida casi definitivamente en paisaje artificial cuando los grandes parques han sido enrejados, plantas y animales encerrados y catalogados en los jardines botánicos y zoológicos y hasta en las exposiciones internacionales que, como la universal de 1889, también exhibió a los indígenas fueguinos.

Fundado el paisaje, construye el escenario en el que transcurrirá el encuentro entre el hombre blanco ilustrado y una figura que parece tener antecedentes en la literatura del propio Hudson: personajes femeninos de signo trágico como Marta Riquelme o la mujer de Pelino Viera convertidas en ave, por ejemplo, o Yoletta de *Una edad de cristal* que "en muchos aspectos, presagia a la Rima de *Verdes moradas* (Jurado 2007 [1971]: 109). La crítica recuerda también, y sobre todo, que en la literatura romántica inglesa es frecuente la comparación de figuras femeninas con aves: se encuentra en la heroína de "Colibrí" de Arthur O'Shaughnessy, un poema narrativo publicado en 1881 cuyo personaje, la india Colibrí, podría ser un antecedente de Rima, lo mismo que otras heroínas románticas en poemas de Robert Southey, de William Wordsworth, Percy B. Shelley o George Meredith, entre otros. Carlos Baker, por su parte, en un artículo profusamente citado compara *Mansiones verdes* con *The Missionary* de Lady Morgan (*El misionero. Un cuento indio*, 1811), para relevar una impresionante coincidencia de episodios y situaciones al punto que Alicia Jurado se explaya: "Yo diría que el argumento de *Verdes moradas* es casi un plagio, pero que el tratamiento que le da Hudson es muy personal" (2007 [1971]: 204).

Retomando la hipótesis de Leslie Fiedler y las relaciones de la novela con el "modo gótico", tan vivo en la cultura inglesa todavía a comienzos del siglo, es posible conjeturar, por una parte, que el éxito contemporáneo de *Green Mansions* podría ser atribuido a su inserción en la tradición de una gran literatura en un momento en que el gusto todavía no había cambiado de manera radical, aun acordando con que "el 'gusto' es algo más que una moda y no debería subordinarse a leyes triviales de circunstancias" (Fowler 1998: 96). Por otra parte ¿cuál es el plus que escondería el tratamiento "muy personal" de un argumento demasiado transitado? Si la hipótesis que reduce la legibilidad actual de *Mansiones verdes* a la sensibilidad ecológica parece insuficiente, entonces habría que revalorar un proyecto de escritura que nunca ha dejado de ser atrayente y que consiste en narrar historias en las que, como en esta, la intensidad de la pasión se configure en la desmesura de un escenario lejano. Si, por añadidura, la magnitud de ese escenario, las mansiones vegetales que lo habitan, solo es comparable con los excesos que provocan, con la locura y las pesadillas que dominan a los personajes inmersos en un ambiente en el que lo exótico se reúne con lo maravilloso, estaríamos ante una fórmula que también utilizaron con éxito otras narraciones y, en la cultura latinoamericana, por lo menos dos novelas mencionadas antes: *La vorágine* de José Eustasio Rivera y *Los pasos perdidos* de Alejo Carpentier.

Revelaciones desmesuradas

La coincidencia de ciertos lances argumentales ha sido aducida también para establecer una relación cercana entre *Mansiones verdes* de Hudson y *El corazón de las tinieblas* (1899) de Conrad, novelas publicadas casi simultáneamente aunque existen testimonios de que Hudson venía trabajando en la suya desde 1891 (Arocena 2000: 111). Si estas correspondencias existen, tienen la peculiaridad de que en la memoria de los lectores ceden ante la pasión con que ambas narraciones se internan en la desmesura. Las aventuras exageradas, la locura mística, las pesadillas y visiones que acosan a los protagonistas en su huida desesperada por la selva; el cumplimiento de terribles venganzas imaginarias; la rabia y la desesperación de quienes no pueden contemplar su propia imagen en los espejos de agua, el terror ante las tormentas portentosas que se desatan en sus vagabundeos habitan las dos novelas y parecen habitar también algunos textos de escritores americanos que a su vez eligieron el escenario de los grandes ríos y de las selvas portentosas: José Eustasio Rivera y Alejo Carpentier, como se ha dicho antes, pero también Rómulo Gallegos, Arturo Uslar Pietri, Miguel Otero Silva o Gabriel García Márquez.

Para solo remitir a dos de ellos, diremos que veinte años después de la publicación de *Mansiones verdes*, José Eustasio Rivera, en ese mismo escenario, parece abrir con *La vorágine* un ciclo novelístico, el de la llamada "novela de la tierra" que quizás podría pensarse como concluido con *Los pasos perdidos* de Alejo Carpentier en 1953 (Manzoni 2004: 65-80). Ambos autores, que fueron como Hudson sospechados de biografismo, encontraron sus fuentes en materiales diversos; Rivera, por ejemplo, antes de comenzar la escritura de su libro y antes de conocer la selva, saqueó noticias periodísticas, informes gubernamentales, testimonios personales (Neale-Silva 1960). Carpentier, por su parte recurrió a los libros de viajeros célebres e incluso construyó sus *pre-textos* en una serie de crónicas publicadas en 1947 en *El Nacional* de Caracas con el título "Visión de América" y el subtítulo "Fragmentos de una Crónica de Viaje" (Carpentier).

Mientras que uno de ellos, admirado por la complejidad y la riqueza de la naturaleza venezolana, descubre en la memoria de los antiguos mitos del diluvio una relación entre la cultura indígena y las conocidas historias bíblicas, Rivera empuja a Arturo Cova a penetrar cada vez más profundamente en el infierno de la selva; se ha dicho que su estilo aterroriza más que las mismas tempestades que narra. Exaltado y proclive a los gestos desmedidos, con su histrionismo y su soberbia, el narrador de *La Vorágine*, prefigura el final de desastre y al mismo tiempo se constituye en la única justificación de un viaje que hace posible la denuncia escrita con su propia mano. Aunque más mesurado, el narrador de *Los pasos perdidos* es también veleidoso y parece que solo puede relacionarse con el mundo a través de las sucesivas figuras femeninas que presiden cada uno de sus ritos de pasaje y que se van conformando en testigos de sus fracasos. También aquí la justificación de ese narrador se encuentra en la necesidad de organizar el viaje de ida y de vuelta y el final abierto, garantía de que la novela pueda ser escrita y publicada.

Más todavía, la "sensibilidad nerviosa" de Arturo Cova se constituye en una virtud estética en tanto justifica el "delirio vesánico", las alucinaciones, los sueños de venganza y de poder; las pesadillas que introducen en el relato la dimensión de lo fantástico y permiten la antropomorfización de los árboles, los diálogos imposibles, las transformaciones fabulosas. El narrador/protagonista de Carpentier es también funcional al texto; marcado por el desengaño descree de una cultura que pudo producir tanto la poesía de Schiller y la *Novena Sinfonía* de Beethoven como los campos de concentración, recrea en sus reflexiones un pesimismo de corte adorniano que podría haberlo conducido a la esterilidad si no fuera porque ese encuentro con lo maravilloso de América lo lleva a recuperar una teoría de la cultura por la que determina que el nombrar asume un carácter misional para los novelistas latinoamericanos.

Entretanto, la escena de la escritura, que es fundamental en los tres textos, se rige también por una serie de coincidencias. En *La vorágine*, cuando Arturo Cova y Clemente Silva están preparando una trampa para engañar al Cayeno, dice el narrador: "Cuente usted con que la novela tendrá más éxito que la historia" (*La vorágine* 1976: 112). Si entendemos por "historia" lo verdadero y por "novela" lo imaginado, veremos que *La vorágine* se va constituyendo en la tensión entre ambos conceptos y que una serie de transformaciones se realizan mediante procedimientos de la retórica en que se inscribe Rivera y que se adecua al objetivo explicitado: lograr que la historia tenga éxito: para ello paradójicamente convertirla en novela. La historia de los caucheros, la indefensión y el abandono de las zonas fronterizas son verdaderas, las denuncias, documentos y requisitorias oficiales no han dado resultado, entonces, apoyándose en el prestigio de la escritura surge una hipótesis de trabajo: si lo verdadero se lee como imaginado, como novela, entonces la historia será creída. Casi como escribió Borges en "Emma Zunz":

> La historia era increíble, en efecto, pero se impuso a todos, porque sustancialmente era cierta. Verdadero era el tono de Emma Zunz, verdadero el pudor, verdadero el odio. Verdadero también era el ultraje que había pade-

> cido; solo eran falsas las circunstancias, la hora y uno o dos nombres propios (1957: 65-66).

Un efecto parecido al que experimenta el narrador de *Mansiones verdes*. Es como si para el cumplimiento de su recuperado programa narrativo Hudson hubiera debido realizar el consejo que Panta le da a Abel cuando este lamenta la pérdida del diario que estuvo escribiendo en la selva y con el que confiaba obtener fama y dinero: "Al fin y al cabo era una narración, exclamó [Panta]; si yo deseaba escribir un libro para que lo leyeran en las casas, podía inventar fácilmente un millar de mentiras mucho más divertidas que mis experiencias reales" (*Mansiones verdes* 2006:17). Y, a su turno, es lo que sucede con el narrador de *Los pasos perdidos* cuando se divierte imaginando una novela en la que se mimetiza con personajes y situaciones de la Conquista y en la que gestos y expresiones de sus compañeros de aventura "da[n] visos de realidad a la novela que, por la autenticidad del decorado, estoy fraguando" (1979: 161). Cuando regrese a la ciudad se encontrará ante el compromiso de vender su historia en la selva, sabe que no puede traicionar a sus camaradas y que lo que venderá será en consecuencia "una patraña que he ido repasando durante el viaje" (1979: 246).

Viaje y escritura

Narradores que por momentos pueden resultar casi grotescos o recortados del folletín realizan el gesto de la escritura en el interior de los propios textos que los escriben, con algunas diferencias. Mientras que Abel narra y otro se dispone a la escucha que se constituirá en texto, son atendidos por "el mayordomo hindú de tez marrón y el negro de Guayana casi negro azulado" (*Mansiones verdes* 2006: 10), en el contexto de un escenario deliberadamente orientalizado, y Arturo Cova se salva por la escritura en medio de peligros y enemigos formidables, el narrador de Carpentier menciona por única vez, como fuente de su saber para construir la patraña, una novela: "Tengo en mi maleta una novela famosa, de un escritor suramericano, en que se precisan los nombres de animales, de árboles, refiriéndose leyendas indígenas, sucedidos antiguos, y todo lo necesario para dar un giro de veracidad a mi relato" (Carpentier 1979: 246). ¿Alardes de autor? O ¿referencia oblicua a antecedentes escondidos: no solo *La vorágine* sino también *Mansiones verdes*?

En el desplazamiento de la escritura sobre la página en blanco que recupera el antiguo gesto de la errancia propio, entre otros, de los diarios de viaje, tanto de viajeros ilustres como de casi desconocidos desde que Cristóbal Colón escribiera en sus propios diarios que "cuanto más se anda más se sabe", las huellas sobre el papel que han dejado los autores de estas novelas del mundo americano, más allá de la jactancia del narrador de *Los pasos perdidos* cuando anuncia: "Soy dueño de mis pasos y los afinco en donde quiero" (1979: 269), parecen enunciar una confianza en el poder de la escritura independientemente de las matrices estéticas en las que se inscriban: la atmósfera gótica, la exasperación modernista, o un militante americanismo.

Bibliografía

Aliata, Fernando y Graciela Silvestri. *El paisaje en el arte y las ciencias humanas*. Buenos Aires: Centro Editor de América Latina, 1994.

Alonso, Carlos J. *The Spanish American Regional Novel. Modernity and Autochthony*. Cambridge: Cambridge University Press, 1990.

Amícola, José. *La batalla de los géneros. Novela gótica versus novela de educación*. Rosario: Beatriz Viterbo, 2003.

Ara, Guillermo. *Guillermo E. Hudson. El paisaje pampeano y su expresión*. Buenos Aires: Instituto de Literatura Argentina/Facultad de Filosofía y Letras, Universidad de Buenos Aires, 1954.

Arocena, Felipe. *De Quilmes a Hyde Park. Las fronteras culturales en la vida y la obra de W. H. Hudson*. Montevideo: Banda Oriental, 2000.

Bate, Jonathan. "El canto de la tierra: W.H. Hudson y el estado natural". En: *Anales de Literatura Hispanoamericana*, 33 (2004), 15-31.

Borges, Jorge Luis. "Emma Zunz". En: *El Aleph*. Buenos Aires: Emecé, 1957, 59-66.

Cabrera Infante, Guillermo. "El ave del paraíso perdido". En: *Mea Cuba*. México: Vuelta, [1980] 1993, 618-621.

CALVO SERRALLER, Francisco. "Un intempestivo sueño entre el cielo y la tierra". En: Suplemento cultural "Babelia", *El País* (14 de marzo 2009), 18.

CARPENTIER, Alejo. *Los pasos perdidos*. Madrid: Bruguera, 1979.

— *La novela latinoamericana en vísperas de un nuevo siglo y otros ensayos*. México: Siglo XXI, 1981, 59-78.

— *Obras completas VIII. Crónicas 1. Arte, literatura, política*. México: Siglo XXI, 1985, 169-208.

CORNEJO POLAR, Antonio: *Escribir en el aire. Ensayo sobre la heterogeneidad socio-cultural en las literaturas andinas*. Lima: Centro de Estudios Literarios "Antonio Cornejo Polar/Latinoamericana, 2003.

DILL, Hans-Otto. "La magia de los grandes ríos en la literatura amazónica". En: *La palabra y el hombre. Revista de la Universidad Veracruzana*, 3, 3ª época (2008), 4-15.

DUNCAN, Ian. "Introduction". En: Hudson, William Henry. *Green Mansions*. Oxford: Oxford, University Press, 1998.

ETTE, Ottmar. *Literatura de viaje. De Humboldt a Baudrillard*. México: UNAM, 2001.

FOWLER, Alastair. "Género y canon literario". En: Garrido Gallardo, Miguel A. (comp.). *Teoría de los géneros literarios*. Madrid: Arco Libros, 1988, 95-128.

FRANCO, Jean. "Prólogo". En: Hudson, William Henry. *La tierra purpúrea; Allá lejos y hace tiempo*. Caracas: Biblioteca Ayacucho, 1980, ix-xlv.

FREUD, Sigmund. *Tótem y tabú*. Madrid: Alianza, 2000.

GALSWORTHY, John. "Foreword". En: Hudson, William Henry. *Green Mansions. A Romance of the Tropical Forest*. New York: Alfred A. Knopf, [1904] 1943, (vii-xi).

GARNETT, Edward. "A Note on Hudson's Romances". En: Hudson, William Henry. *Green Mansions. A Romance of the Tropical Forest*. London/Toronto: J.M. Dent & Sons, 1923.

GERBI, Antonello. *La naturaleza de las Indias Nuevas*. México: FCE, 1992.

GONZÁLEZ ECHEVARRÍA, Roberto. *Alejo Carpentier: el peregrino en su patria*. México: UNAM, 1993.

— *Mito y archivo. Una teoría de la narrativa latinoamericana*. México: FCE, 2000.

HUDSON, William Henry. *El ombú. Story of a Piebald Horse. Pelino Viera's Confession. Niño Diablo. Marta Riquelme. Ralph Herne.* London/Toronto: J.M. Dent & Sons, 1923.

— *Green Mansions. A Romance of the Tropical Forest.* London/Toronto: J.M. Dent & Sons, [1904] 1923.

— *Antología de Guillermo Enrique Hudson con estudios críticos sobre su vida y su obra.* Buenos Aires: Losada, 1941.

— *El ombú y otros cuentos rioplatenses.* Ed. Eduardo Hillman. Buenos Aires/México: Espasa-Calpe, 1945.

— *Mansiones verdes.* Trad. Ernesto Montenegro. Buenos Aires: Santiago Rueda, [1904] 1952.

— *Mansiones verdes.* Trad. Pablo Mañé. Barcelona: Los Libros de Plon, [1904] 1980.

— *Mansiones verdes.* Trad. Marta Pessarrodona. Barcelona: Acantilado, [1904] 2006.

HUMBOLDT, Alexander von. *Viaje a las regiones equinocciales del nuevo continente.* Trad. Lisandro Alvarado. Caracas: Monte Ávila, 1991.

JACKSON, Rosemary. *Fantasy. Literatura y subversión.* Buenos Aires: Catálogos, [1981] 1986.

JOFRE BARROSO, Haydée. *Genio y figura de Guillermo Enrique Hudson.* Buenos Aires: Eudeba, 1972.

JURADO, Alicia. *Vida y obra de W. H. Hudson.* Buenos Aires: Letemendía, [1971] 2007.

LE GOFF, Jacques. *Lo maravilloso y lo cotidiano en el Occidente medieval.* Barcelona: Gedisa, 1994.

LIVON-GROSMAN, Ernesto. *Geografías imaginarias. El relato de viaje y la construcción del espacio patagónico.* Rosario: Beatriz Viterbo, 2003.

MANZONI, Celina. "Construcción novelesca del espacio latinoamericano en *La vorágine* de José E. Rivera y *Los pasos perdidos* de Carpentier". En: *Aisthesis. Revista Chilena de Investigaciones Estéticas,* 36 (2004), 65-80.

MARTÍNEZ ESTRADA, Ezequiel. "Literatura y vida". En: Espinoza, Enrique (comp.). *Para una revisión de las letras argentinas.* Buenos Aires: Losada, 1967, 142-158.

— *El mundo maravilloso de Guillermo Enrique Hudson*. Rosario: Beatriz Viterbo, [1951] 2001.

NEALE-SILVA, Eduardo. *Horizonte humano. Vida de José Eustasio Rivera*. México: FCE, 1960.

PIGLIA, Ricardo. "Quiroga y el horror". En: Piglia, Ricardo. *La Argentina en pedazos*. Buenos Aires: Ediciones de la Urraca, 1993, 64-66.

PRATT, Mary Louise. *Ojos imperiales. Literatura de viajes y transculturación*. Quilmes: Universidad Nacional de Quilmes, 1992.

REST, Jaime. "Introducción". En: Hudson, William Henry. *Allá lejos y hace tiempo*. Trad. Juan Antonio Brusol. Buenos Aires: Librerías Fausto, 1977: 7-30.

RIVERA, José Eustasio. *La vorágine*. Prólogo y cronología: Juan Loveluck. Caracas: Biblioteca Ayacucho, 1976.

SAID, Edward W. *Orientalismo*. Trad. María Luisa Fuentes. Madrid: Libertarias, 1990.

SARDUY, Severo. "La fundación del paisaje". En: *La Nación* (1 de abril 1984), 1.

SOMMER, Doris (ed.). *The Places of History. Regionalism Revisited in Latin America*. Durham: Duke University Press, 1999.

VELÁZQUEZ, Luis Horacio. *Guillermo Enrique Hudson. Vida. Obras. Ideas. Magia*. Buenos Aires: Ediciones Culturales Argentinas, 1963.

WILLIAMS, Raymond. *El campo y la ciudad*. Ed. Beatriz Sarlo. Trad. Alcira Bixio. Buenos Aires/Barcelona/México: Paidós, [1973] 2001.

WOOLF, Virginia. "La infancia de Hudson". c. 1925. "Mr. Hudson's Childhood". Jean Guiguet. *Contemporary Writers*, Londres, 1965. En: Guillermo Enrique Hudson. *Allá lejos y hace tiempo*. Buenos Aires: Fausto, 1977: 31-37. Traducción de Juan Antonio Brusol.

— "La narrativa moderna". *La torre inclinada y otros ensayos*. Barcelona: Lumen, [1925] 1977: 129-132.

Las aventuras paralelas: El deseo de posesión y la ansiedad de la filiación en *The Purple Land* de W. H. Hudson

Peter Elmore
University of Colorado, Boulder

Grandes eran las expectativas de William Henry Hudson, e inversamente proporcionales a las circunstancias de su vida en Londres, cuando publicó en 1885 *The Purple Land that England Lost*, el primero de sus "romances sudamericanos". Fracaso rotundo de ventas y de crítica, el relato no marcó el vuelco de fortuna que su autor esperaba. Todo hacía vaticinar entonces que la primera novela de Hudson estaba destinada a perderse irremediablemente entre las novedades efímeras del año en el que *King Solomon's Mines*, de Rider Haggard, entusiasmó a los lectores ávidos de peripecias viriles en escenarios exóticos. Sin embargo, el relato no solo habría de encontrar más adelante la acogida que le fue negada en su primera aparición, sino que —de un modo oblicuo e inusual— fue incorporado tanto a la literatura inglesa de entresiglos como, polémicamente, al canon literario de la Argentina.

En la novela de Hudson, un ficticio viajero inglés —Richard Lamb— refiere sus aventuras en la Banda Oriental del Río de la Plata durante una breve pero intensa temporada, a fines de los años 60 del siglo XIX. En 1904, casi dos décadas después de la decepción inicial, el prestigio que Hudson había alcanzado, gracias sobre todo a sus apuntes de naturalista, permitió el rescate de su novela de estreno, que desde la segunda edición omitió la cláusula adjetival del título y uno de los treinta capítulos del libro. En el prefacio de esa edición, publicada en 1904, el escritor señala: "This work was first issued in 1885, by Messrs. Sampson Low, in two slim volumes, with the longer and, to most persons, enigmatical title of *The Purple Land that England Lost*. A purple land may be found in almost any region of the globe, and 'tis of our gains, not our losses, we keep count" (*The Purple Land* v). Al término de esa noticia, indica: "Besides many small verbal corrections and changes, the deletion of some paragraphs and the insertion of a few new ones, I have omitted one entire chapter containing the Story of a Piebald Horse, recently reprinted in another book entitled *El ombú*" (vi).

Lamb refiere en primera persona los incidentes —jocosos, galantes, épicos— de una travesía de ida y vuelta por la campiña uruguaya, cuando aún estaban vivos no solo los recuerdos sino también no pocos entre los numerosos actores de "La Guerra Grande", que en la Banda Oriental del Río de la Plata enfrentó a Blancos y Colorados desde 1839 hasta 1851.[1] En *The Purple Land*, aquello que Bakhtin llama "el cronotopo del camino" orienta y rige la representación del versátil entorno en el cual interviene y se transforma el protagonista.[2] Borges apunta en "La poesía gauchesca", el ensayo inicial de *Discusión* (1932), que *The Pur-*

1. Si Lamb, que es un fugitivo por razones amorosas, hubiera sido un inmigrante o viajero de existencia documentada, su presencia en la Banda Oriental no habría despertado sospechas. No eran escasos los extranjeros en Montevideo y en el campo uruguayo. Entre 1852 y 1869, la población del país casi se duplicó, de 132 000 a 221 000 habitantes. En 1852, 21,6% de la población había nacido en el exterior; en 1860, los extranjeros sumaban el 35% de la población y el 48% de los moradores de Montevideo. La colonia más numerosa era la brasileña, seguida por las de los italianos, españoles, franceses y británicos, entre otros europeos (Barrán 1974: 61)
2. Sobre esta categoría, escribe Bakhtin: "The chronotope of the road is both a point of new departures and a placer for events to find their denouement. Time, as it were, fuses together with space and flows in it, forming the road" (1981: 244).

ple Land y *Don Segundo Sombra*, de Ricardo Güiraldes, son "novelas de aprendizaje pampeano" (1996: I, 194); en la nota sobre la novela de Hudson que incluye en *Otras inquisiciones* (1952) observa, a propósito de Lamb, que sus "Wanderjahre son Lehrjahre también" (1996: II, 112). Efectivamente, el tiempo de la travesía es a la vez una temporada de aprendizaje, pues la experiencia itinerante es la ocasión y la causa de un cambio radical en la visión del viajero: crónica de la ruta, la novela es también un itinerario de la conciencia. Esa visión compromete, fundamentalmente, el modo en que se valoran los vínculos entre la metrópolis europea en un periodo de expansión imperialista, por un lado, y la periferia premoderna hispanoamericana en la etapa de convulsa formación de estados nacionales, por el otro.

El desplazamiento por el territorio foráneo es lo que permite el despliegue de los episodios de una aventura cuyo carácter es, al mismo tiempo, íntimo y público: en la fragua de la acción y la experiencia, el narrador y protagonista debe definir (y, también, poner en cuestión) las certidumbres que acompañan su filiación nacional. El sentido de la clave territorial y la importancia del viaje, sin embargo, no se agotan en esa comprobación. En otro plano, el de la producción y los usos a los que el escritor destina la novela, *The Purple Land* declara tácitamente en su propia existencia el deseo de inscribirse en un ámbito —el mercado británico de bienes simbólicos— y en una tradición —la de la literatura inglesa— con los que el escritor sostiene un vínculo que es, en el momento de la publicación, tan intenso como precario. La forma de la ficción autobiográfica y el trabajo de la escritura sellan, entre el narrador/protagonista y el autor de *The Purple Land*, una alianza que trasciende la materia anecdótica de la experiencia. De manera simétrica —en una trayectoria que, especularmente, invierte el sentido de las distancias entre el dominio anglófono y el espacio hispanoamericano—, Richard Lamb y William Henry Hudson participan del impulso de la posesión y del deseo de la pertenencia. Así, la voluntad de conquistar espacios —físicos o simbólicos— y las tentativas —problemáticas y ambivalentes— de integrarse a comunidades diversas conectan, de manera radical, al autor con su alter ego. Al examen de esa doble y paralela trayectoria, que ilustra las paradojas de una subjetividad formada en lenguas y culturas diferentes, se consagra este ensayo.

A propósito de las identidades (y lealtades) de Hudson y Lamb, conviene apuntar que, en ambos casos, la filiación nacional y la identidad cultural tienen un carácter sui generis. Hudson, hijo de inmigrantes estadounidenses a la Argentina y criado en un medio rural y bilingüe, emigró en 1874, a los 33 años, a Inglaterra; de su tierra de adopción, que juzgaba propia también en virtud de sus ancestros, no regresaría nunca a su país natal, del cual sin embargo se ocupó vastamente en su obra de naturalista y memorialista.[3] Por su parte, Richard Lamb, aunque originario de Inglaterra, se radica en la Argentina a una edad que no precisa, pero que en todo caso no puede ser posterior a la adolescencia, porque a los 25 o 26 años, que es cuando vive los acontecimientos de los cuales da cuenta en su relato, su nexo con el país de su joven esposa no es de fresca data. Aaron Landau, en un ensayo perspicaz sobre la primera novela de Hudson, apunta que Lamb es, aunque nominalmente británico, "culturally hybrid" (2006: 37), a semejanza del propio autor de la novela. Bilingüe y bicultural, Richard Lamb puede discurrir con solvencia y sin extrañeza entre gauchos, caudillos criollos, mujeres locales de diversas extracciones, colonos británicos y funcionarios del Estado. Aunque es un extranjero, su bagaje le permite no sentir extraño su entorno ni, por otro lado, ser visto como un forastero al que debe tratarse con recelo: las ceremonias de la hospitalidad rigen, por lo general, sus encuentros con la población local y hasta su trato con la violencia —como en las riñas con gauchos o su participación en las huestes rebeldes de Santa Coloma— supone una forma de inclusión en el medio uruguayo. A diferencia del Oriente que las prácticas y las disciplinas modernas de Occidente edificaron, la república oriental del Uruguay no se representa como un escenario exuberante y exótico, sino como un espacio con el que —a

---

3. Notablemente, en *The Naturalist in La Plata* (1892), *Idle Days in Patagonia* (1893) y *Far Away and Long Ago: A History of My Early Life* (1918), entre los libros no ficción. En ficción, los relatos de *El ombú* discurren en el medio donde se formó Hudson. Irónicamente, su novela más celebrada —*Green Mansions*, publicada el mismo año en el que apareció la segunda edición de *The Purple Land*— tiene como escenario un paisaje —el de la selva venezolana— que no fue el que acompañó los años de infancia y juventud del autor.

pesar de las sorpresas y los riesgos— es posible familiarizarse. Así, en la primera edición de la novela se leen estas líneas, que la segunda y definitiva omite: "Far from the land of the magnificent Rajah, the learned Baboo, the humble Ryot, lies our modern East, on the eastern shores of that sea-like river called La Plata" (*The Purple Land that England Lost* I, 2). En la geografía política y simbólica de *The Purple Land*, la distancia que media entre la India y el escenario sudamericano de las aventuras de Lamb no es meramente espacial, sino estética. El romance de la lejanía, que en los dominios asiáticos cobra un aura fabulosa, tiene otra índole en ese oriente sin mayúscula, menos misterioso e inaccesible, que el autor sitúa en el Río de la Plata. Por lo demás, la comedia humana de la India —ilustrada en una trinidad de estereotipos que encarnan el lujo, la erudición y la pobreza atávica— no puede traducirse sin traición al medio donde el narrador vivirá sus andanzas. En todo caso, la alusión a la India sirve para que la ficción de Hudson se inscriba, ambigua pero poderosamente, dentro de la literatura de viajes, que en la época victoriana fue uno de los géneros centrales de la imaginación imperial.

A pesar de que el medio en el cual suceden las fortunas y adversidades de Lamb no tiene la escala de los dominios coloniales británicos en el sur asiático, eso no significa que el Uruguay de *The Purple Land* sea, en absoluto, desdeñable. El ánimo conquistador no se exalta solamente con la promesa de los recursos naturales que la Banda Oriental prodiga y desecha, sino también con el encanto de las mujeres del país. Aunque templados por la autoironía y por las circunstancias más bien desairadas en las que ocasionalmente se ve envuelto el héroe, el deseo erótico y el carisma seductor del protagonista animan la intriga de la obra. Las aventuras sentimentales —siempre castas, por lo demás— no son meramente paralelas a las faenas de la economía y la guerra, sino que complementan y enriquecen las esferas del trabajo y la política. No resulta azaroso que Lamb recuerde siempre a destiempo que no es ya un hombre soltero, pues los enredos amorosos no solo añaden peripecias a la fábula, sino que muestran cómo el protagonista podría pasar, por medio del matrimonio, de la condición de forastero a la de familiar. Es irónicamente significativo, por eso mismo, que la errancia del protagonista se origine en su boda con una joven criolla de clase alta: Lamb y su joven esposa, Paquita, deben huir de la furia del padre de ella, que desaprueba enérgicamente la fuga de su hija y su clandestino enlace. Dice el narrador, glosando la perspectiva del suegro indignado: "And I had taken her —stolen her— from her natural protectors, from the home where she had been worshipped--I of an alien race and another religion, without means, and because I had stolen her, an offender against the law"(4). En la economía del relato, la boda no es la ceremonia en la que cesan los conflictos y, por lo tanto, en la cual se consuma espectacularmente el final feliz. La esfera de la propiedad y el dominio de los afectos convergen en el contrato matrimonial, pero en este caso la unión no conduce a la prosperidad y la dicha, sino a la pérdida del status y, para uno de los consortes, hasta de la vida. Sin embargo, no es ese amor desventurado lo que ocupa las páginas de *The Purple Land*; el enlace de Lamb y la joven argentina se convierte, más bien, en la condición y la causa de las peregrinaciones del paria que, en la novela, busca refugio y empleo en la Banda Oriental, la cual aparece como una versión bronca y extrema (se trata, señala Borges, de la "tierra cárdena donde la montonera fatigó sus primeras y últimas lanzas" [1996: II, 113]) de la Argentina que le era contemporánea.

El narrador se describe (insisto, viéndose desde la perspectiva ajena de un patriarca local) como un hombre "de raza extranjera y otra religión" que ha cometido un crimen al despojar de un bien valioso a su guardián legítimo y natural. En el enunciado resuenan dos registros, el afectivo y el jurídico, de un modo que subliminalmente conecta la querella familiar con un conflicto a mayor escala, en el cual colisionan la vejada soberanía nacional con el ímpetu emprendedor de los intereses foráneos. Es fácil ceder a la tentación de ver el conflicto entre el yerno inglés y el suegro rioplatense como la cifra alegórica de un vínculo tenso entre sociedades y culturas, pero conviene resistirla: caer en ella equivaldría a dejarse persuadir por la identificación entre Lamb y el imperio. Precisamente, esa identificación —que el narrador proclama con sintomático énfasis— es la que el texto mismo dramatiza y torna problemática. Para comenzar, el prófugo y menesteroso protagonista está muy lejos de encarnar adecuadamente el prestigio y la fuerza de la que era entonces, incuestionablemente, la mayor potencia económica y política mundial: su condición no puede ser, en principio, más vulnerable ni menos imponente. *The Purple Land*, desde la ficción novelesca, invita al cotejo con las crónicas decimonónicas de viajeros ingleses en el Río de la Plata, pero la comparación resalta una diferencia importante: la situación de Lamb no es la de un observador al que animan sobre todo propósitos científicos o comerciales, sino la de un desocupado en pos de empleo.

Sin duda, la condición itinerante y la lucha por la sobrevivencia, así como la forma misma de la ficción autobiográfica, emparentan a *The Purple Land* con uno de los subgéneros narrativos de la modernidad temprana, el de la picaresca. En un apunte sumario sobre el primer libro de Hudson, la biógrafa del autor subraya esa filiación, al punto de no reconocer otras influencias en la híbrida genealogía del relato: "This is a picaresque tale, like the Spanish romances Hudson had read as a boy" (Tomalin 1982: 124). Parece, sin embargo, algo improbable y lejano el rastro de *El lazarillo de Tormes* o *El buscón*, de Quevedo, en la escritura de *The Purple Land*, más aun cuando el propio narrador declara, casi al principio de su relación, la afinidad de su carácter —y, por extensión, de su texto— con el narrador y protagonista de *Gil Blas de Santillana*, de Le Sage: "Gil Blas relates in his biography that one night while lying awake he fell into practising a little instrospection, an unusual thing for him to do, and the conclusion he came to was that he was not a very good young man" (*The Purple Land* 5). La primera traducción al inglés de *Gil Blas* se debió a Tobias Smollett —en cuya *Roderick Random* se advierte el ánimo humorístico y mundano de las memorias ficticias del pícaro creado por Le Sage—. Ciertamente, la novela de Hudson no cubre, como las de Le Sage y Smollett, un arco narrativo que empieza con las circunstancias equívocas o modestas del nacimiento y concluye, risueñamente, con el ascenso del personaje a una condición social más alta, pero en ella es reconocible la impronta de un modelo genérico en el cual, con un tono humorístico e indulgente, se mezclan estilos para narrar episódicamente las peripecias de un protagonista cuya índole no es ni trágica ni épica. Aunque la picaresca surte de motivos y convenciones a la novela de Hudson, no es su única matriz. Ya antes se ha señalado que, por la vía paralela de la ficción, *The Purple Land* evoca la estructura e interroga el sentido de las crónicas de viajeros ingleses del siglo XIX, como también es relevante su parentesco con el *bildungsroman* y la novela de aventuras.[4]

Por lo demás, la población variopinta de gauchos, colonos, caudillos, doncellas y bandidos que ocupa el mundo representado —ese vasto escenario premoderno y rural— no admite un tratamiento uniforme. Así, por ejemplo, la vena satírica que marca el encuentro del narrador con sus compatriotas en el quinto capítulo —"A Colony of English Gentlemen"— contrasta con la modulación elegíaca del penúltimo, "Goodbye to the Purple Land". Los episodios difieren también por el régimen de representación —erótico y farsesco en, por ejemplo, el capítulo undécimo, "The Woman and the Serpent", pero gótico y melodramático en aquellos, ya hacia el final de la novela, en los cuales Lamb llega a la desolada estancia en la cual doña Demetria, única heredera de un padre enloquecido por la pena, está a la merced de los malignos designios de su mayordomo—. Otras diferencias que atañen también al tratamiento de la materia representada no señalan contrastes drásticos de estilo, sino matices importantes en la actitud y la actuación del protagonista: así, el molde de la novela de aventuras ordena, visiblemente, los tres capítulos en los cuales Lamb vive la historia de su imposible amor por Dolores Zelaya y de su incorporación a las filas del caudillo rebelde Santa Coloma; por otro lado, la forma del idilio pastoral subyace, a pesar de los pormenores realistas, en los escasos remansos de la ficción, entre los cuales está el episodio en el cual el narrador conoce, maravillado, a la bella Margarita y a sus improbables padres o aquel en el que Lamb recibe la rústica hospitalidad del escocés John Carrickfergus y la mujer de este, la generosa Candelaria.

---

4. Escribe Michael Chabon, a propósito de la seducción a la vez estimulante y melancólica que ejerce la geografía remota en la novela de aventuras: "A familiar lament of adventure fiction of the late nineteenth and early twentieth century, a lament given its fullest expression in the opening pages of Conan Doyle's novel *The Lost World* (1912) and its most ironic (but no less wistful) in the opening pages of *Heart of Darkness*, is the disappearance of what Conrad's Marlow calls "the blank places on the map". From the time of Odysseus, literary adventurers have sought to write their names in those blank places, and to fetch back stories from them" (2009: 37).

La variedad de tonos, registros y moldes genéricos que *The Purple Land* despliega no puede atribuirse meramente a la naturaleza abigarrada y dispar de los sucesos y los sujetos con los que el narrador y protagonista se involucra: lo que cabe notar es que esa versatilidad es un rasgo formal, y no un mero efecto del carácter heterogéneo de la materia narrada. El espectro de registros y géneros que el discurso de la novela recorre no puede ser —y, de hecho, no es— la sombra que en las páginas del relato deja la cauda de aventuras que vive el personaje. No es infrecuente ver a Hudson como un escritor espontáneo y, por lo tanto, tan ajeno a toda reflexión sobre la práctica misma de escribir como ingenuo al considerar los vínculos de su obra con la tradición. El aura de "primitivismo" que suele rodearlo impide ver la artesanía retórica y la invocación de géneros conocidos que informan a *The Purple Land.* Jason Wilson, por ejemplo, afirma: "Hudson's 'primitiviness' asserted itself in another way when Hudson wrote, by avoiding sophisticated literary techniques. Hudson sticks closely to the orality of the folktale; we hear his voice not read his style. He describes his *The Purple Land* as 'a plain unvarnished account'. He identified with Chaucer, sought to be simple, direct, emotional, sincere" (1981: 6). Esa caracterización del texto se sostiene solamente si uno toma al pie de la letra la afirmación de Hudson, lo cual supone ignorar deliberadamente aquella convención narrativa —vigente aún en la era victoriana— que dictaba la necesidad de presentar las ficciones como relaciones verídicas y auténticas.

Ciertamente, en *The Purple Land* no predomina un registro solemne y ornamental, pero eso no significa que la voz del narrador se distinga por una textura llana y coloquial (ni, menos aún, por su fidelidad a la oralidad del relato popular, lo cual se resalta, por paradójico contraste, en aquellos pasajes que en efecto interpolan las historias que al viajero le refieren sus amigos gauchos o criollos). La norma culta victoriana sella el estilo de Lamb y es, notoriamente, la garantía verbal de su status: el hombre que cuenta nostálgicamente sus aventuras juveniles no se hace pasar por un aristócrata, pero es obvio que se trata de un burgués respetable al cual sus asuntos le permiten, llegada la edad madura, el ocio necesario para la redacción de sus memorias. Sin duda, el afecto solidario y admirativo que siente por la sociedad pre-moderna en la cual transcurrieron sus peripecias juveniles es no solo un sentimiento, sino la expresión emotiva de una ideología —la que Lukács llamó "anticapitalismo romántico"[5]—; aún así, entre líneas se entiende que en el presente de la enunciación las circunstancias materiales del narrador no son apremiantes.[6] Si Hudson escribe para ganarse la vida —y, en su caso, la frase convencional resuena patética y urgente—, Lamb compone su relato para dar testimonio de que la vida está en otra parte.[7]

El vínculo entre el autor y su alter ego no es transparente, pero la opacidad del nexo resulta reveladora. Puede decirse sin error que *The*

---

5. Robert Sayre y Michael Löwy ofrecen, en el ensayo "Figures of Romantic Anti-Capitalism", una definición tersa de esa ideología, que en rigor precede y sobrevive al movimiento romántico: "Opposition to capitalism in the name of pre-capitalist values" (1984: 46). Señalan que la paternidad de la categoría es de Lukács: "The concept of 'Romantic anti-capitalism' first appears with Lukács, but one can find its antecedents in Marx and Engels' writings on Balzac, Carlyle, Sismondi, etc." (ibíd.: 46-47). En el ámbito británico, el aporte principal para la comprensión del fenómeno y de su historia se debe a Raymond Williams: "Raymond Williams' contribution is particularly significant. His remarkable book, *Culture and Society* (1958), is the first critical assessment, from a socialist standpoint, of the whole English Romantic anti-capitalist tradition, from Burke and Cobbett to Carlyle, from Blake and Shelley to Dickens, from Ruskin and William Morris to T.S. Eliot" (ibíd.: 50).
6. Al comenzar su relación, señala el narrador que aplazó la escritura por largos años, pese a que el germen del proyecto tuvo su origen mientras aún residía en el Río de la Plata: "So much was I occupied towards the end of that vacant period with these recollections that I remembered how, before quitting these shores, the thought had come to me that during some quiet interval in my life I would go over it all again, and write the history of my rambles for others to read in the future. But I did not attempt it then, nor until long years afterwards" (*The Purple Land* 3).
7. La distancia geográfica y temporal prestigia al lugar de la nostalgia, que en la novela de Hudson es una sociedad donde el mercado capitalista y el estado moderno no ordenan la vida cotidiana. Cito nuevamente a Sayre y Löwy: "The Romantic soul longs ardently to return home, and it is precisely the nostalgia for what has been lost that is at the center of the Romantic anti-capitalist vision. What the present has lost existed once before, in a more or less distant past. The determining characteristic of this past is its *difference from the present*; it is period when the alienation of the present did not yet exist" (1984: 56).

Purple Land es una ficción autobiográfica, siempre que se aclare que esa calificación se debe, sobre todo, a una razón literaria y formal: en la novela, el sujeto del enunciado y el sujeto de la enunciación son uno y el mismo, aunque los diferencia y distancia una elipsis de varias décadas. Ciertamente, el caudal anecdótico de la ficción no procede de episodios documentados de la existencia del autor,[8] lo cual no impide reconocer que el escritor y el narrador comparten una condición similar, que atañe directamente a su identidad: los dos son, de manera ambigua y problemática, expatriados e ingleses. Ya antes me he referido a la filiación británica de Hudson y de Lamb. Conviene subrayar que, en ambos casos, esa filiación es compleja y, por lo tanto, no resulta ni inequívoca ni evidente. Es significativo que, durante su accidentado recorrido por la campiña uruguaya en los años 60 del siglo XIX, Lamb roce o se tropiece en varias ocasiones con lugareños (o, incluso, británicos) que no lo reconocen de inmediato y sin problemas como inglés. Los encuentros con desconocidos (que luego devienen, según las circunstancias, amigos o rivales del protagonista) pautan la trama; por eso mismo, es notable la frecuencia con la cual Richard Lamb se ve en la necesidad de aclarar o subrayar su condición de extranjero y súbdito de la corona británica. Sintomáticamente, la alteridad del protagonista no es un dato que se juzgue importante o pueda establecerse desde el momento inicial de contacto: esa indefinición determina, no pocas veces, el curso de los incidentes en los que se involucra Lamb y la evolución de las relaciones que lo comprometen.

La travesía por el Uruguay rural comienza cuando Lamb debe dirigirse a una estancia ganadera en la que, si surte efecto la recomen-

8. Como observa Leila Gómez, al referirse a la conexión entre el autor y el narrador de *The Purple Land*: "Sin embargo, la lectura de *Allá lejos y hace tiempo* desmonta la ilusión autobiográfica de *The Purple Land* y la clara equiparación entre la identidad de Hudson y la de Lamb" (2009: 54). Por su parte, Aaron Landau apunta lo siguiente, en relación al modo en que el alter ego pone en evidencia la ansiedad con la que el escritor encara el problema de su identidad cultural y su filiación nacional: "But if Lamb is in some respects a projection of Hudson, he is an 'upgraded' and more fully anglicised version of the original. Having been born in England, he is of course much less of a 'creole' than Hudson" (2006: 37).

dación de la tía de su esposa, conseguirá empleo. Las varias escalas del viaje, asegura, le dieron ocasión de conocer mejor a los lugareños: "Before I reached my destination, called Estancia de la Virgen de los Desamparados, I met with some adventures worth relating, and began to feel as much as home with the Orientales as I had long been with the Argentinos" (*The Purple Land* 16). En una pulpería, memorable porque en ella un gaucho viejo lo deslumbra con su destreza de narrador oral, la primera pregunta que se le hace al viajero no tiene que ver con su origen, sino con el punto de partida de su viaje: los gauchos quieren noticias de la capital, aunque su curiosidad está templada por una sarcástica antipatía hacia lo que sucede en Montevideo, como lo grafica la fábula humorística que narra el gaucho Lucero, a quien el narrador celebra y admira como muestra viviente del ingenio popular y tradicional. Después de contarla, le aclara a Lamb que no lo tomó por un montevideano, y que por eso se permitió contar ese apólogo dedicado al menosprecio de la ciudad y la alabanza de la vida aldeana: "Had I seen in you a Montevidean I should not have spoken of monkeys. But, señor, though you speak as we do, there is yet in the pepper and salt on your tongue a certain foreign flavor" (*The Purple Land* 23). La sazón extranjera del acento, sin embargo, no impide que el gaucho Lucero —esa cifra cordial del interior uruguayo— le brinde hospitalidad al viajero y lo acoja como compatriota: "A foreigner in some things, friend, for you were doubtless born under other skies; but in that chief quality, which we think was given by the Creator to us and not to the people of other lands —the ability to be one in heart with the men you meet, whether they are clothed in velvet or in sheep skins— in that you are one of us, a pure Oriental" (24). El narrador no toma al pie de la letra esa incorporación informal al bando de los "orientales puros", pero el juicio efusivo del gaucho no resulta, en el curso general del relato, irrelevante. De hecho, es la prefiguración amable de un incidente ingrato en el que, nuevamente, la filiación nacional (y, por ende, las obligaciones y los derechos) de Lamb están en juego. Si, en el segundo capítulo de *The Purple Land*, el gaucho Lucero incluye al viajero inglés en el número de sus paisanos, en el décimo una patrulla militar lo detiene y está a punto de llevarlo, pues Lamb no lleva pasaporte y, con aspereza, el militar que lo intercepta se muestra escéptico cuando el joven aventurero objeta que su condición de inglés lo exonera del servicio militar. En una novela cuya trama sigue la línea —accidentada y tortuosa— que dibuja el viaje del protagonista, los acontecimientos narrados podrían parecer heterogéneos y misceláneos. Ese es el riesgo que presenta la estructura episódica. Sin embargo, el aparente azar del camino se rige por la ley de la simetría, que establece contrastes y correspondencias. Así, por ejemplo, el gaucho hospitalario y el militar abusivo representan, en rigor, dos caras de la misma moneda: el tenor de los encuentros varía radicalmente, pero el tema de ambos es el mismo. Significativamente, tanto para el gaucho como para el militar, la línea divisoria entre un extranjero y un compatriota se difumina en la persona del protagonista. Por cierto, si el oído de Lucero reconocía en el acento de Lamb un sabor foráneo, el militar niega por completo que se pueda distinguir a Lamb de, para decirlo con la frase del viejo gaucho, un "oriental puro": "I see in you only a young man complete in all his members, and of such the republic is in need. Your speech is also like that of one who came into the world under this sky. You must go with us" (*The Purple Land* 91).

No ser reconocido como extranjero conlleva, entonces, posibilidades y desventajas. La dualidad que Lamb encarna hace que la distinción entre lo foráneo y lo autóctono zozobre y se desdibuje, como si la existencia itinerante del personaje tuviera su correlato en la dificultad de fijar ese dato político de la identidad que es la nacionalidad. En tanto interlocutor —es decir, al hacer uso de la palabra, ya sea en inglés o en castellano—, Lamb no proyecta una imagen simple y reconocible, sino que ilustra una condición ambivalente, inestable. Él, sin embargo, no tiene al principio del relato la menor duda sobre el valor —asimétrico y antagónico— de la relación entre la sociedad metropolitana y la local. En la arquitectura del relato, dos escenas que se contraponen enfática y decisivamente son aquellas en las que el personaje, desde la cumbre del cerro que justifica el nombre de la capital uruguaya, asume al principio y al final de la historia el rol de orador. En ambas intervenciones, el tema es la relación ideal y deseable entre la corona británica y el territorio de la Banda Oriental, pero si la tribuna desde la que se pronuncia es la misma, su ánimo y su convicción han cambiado: el círculo del viaje no lo lleva al punto de partida, sino a una conclusión diferente.

Una querella desigual y cómica opone, al principio del relato, al individuo extranjero con la sociedad en la cual no halla aún acogida. Resentido por su falta de perspectivas, el joven Lamb eleva con pueril narcisismo sus aprietos financieros y familiares al rango de cuestión de Estado. Es con un tono de bonhomía e indulgente sarcasmo que el narrador juzga su ánimo y sitúa sus circunstancias cuando, con belicosa grandilocuencia, da rienda suelta a sus fantasías de vindicta y conquista imperialistas. Un afán histriónico, que se expresa en un gusto casi lúdico por el espectáculo, lleva a Lamb al sitio de su discurso: "Looking around me, my eyes rested on the famous hill across the bay, and I all at once resolved to go up to its summit, and looking down on the Banda Oriental, pronounce my imprecation in the most solemn and impressive manner" (*The Purple Land* 10). El gesto del personaje está, desde su inicio, minado por la ironía de la situación: notoriamente, la perspectiva de la voz narrativa no coincide con la de su avatar juvenil. Es esta encarnación inexperta e inmadura la que, con irrisoria pompa, expone y exhibe los clisés de la retórica expansionista. La pieza que declama Lamb está penetrada por un impulso paródico: sus tropos y sus tópicos, así como su dicción, amplifican hiperbólicamente los rasgos de la propaganda chauvinista. Luego de la enumeración en clave idílica de la belleza y la abundancia que hacen atractiva a la tierra de la Banda Oriental, el orador fustiga a los habitantes del país por su incapacidad para aprovechar los recursos de la nación y, no contento con ese reproche, les atribuye un comportamiento abyecto y sanguinario. Irónicamente, apenas termina de formular esa censura se entrega, sin restricciones, a una fantasía colonialista en la que el derramamiento de sangre se presenta como una forma de higiene y regeneración moral:

> Oh, for a thousand young men of Devon and Somerset here with me, every one of them with a brain on fire with thoughts like mine! What a glorious deed would be done for humanity! What a mighty cheer we would raise for the glory of the old England that is passing away! Blood would flow in yon streets as it never flowed before, or, I should say, as it only flowed in them once, and that was when they were swept clean by English bayonets (*The Purple Land* 13).

Excesiva hasta la caricatura, la arenga de Lamb remeda de una manera gruesa y explícita a la propaganda imperialista, que aquí se presenta de una manera no solo desaforada, sino curiosamente desubicada y anacrónica, pues en los años 60 del siglo XIX el poder imperial británico estaba en pleno auge y la ya distante expedición británica al Río de la Plata en 1807 estaba lejos de recordarse como una gran empresa bélica. Esto resalta que el pasaje, aparte de traslucir una postura desfavorable al expansionismo, subraya otro efecto: el blanco principal de la proclama es el propio Lamb, cuyo arrebato retórico no pasa de ser la fantasía compensatoria de un inmigrante sin autoridad ni fortuna. Ese contraste entre las palabras y la condición del orador no es patético, sino irónico. De hecho, en la parte inicial del relato, el modelo que rige la caracterización del personaje es el del pícaro. Reveladoramente, no es la honra, sino el hambre, lo que dicta la conducta de Lamb después de su locuaz desfogue. En la coda cómica del capítulo, el narrador informa que la satisfactoria cena de esa noche constó de cordero con calabaza, camotes y maíz: "Not at all a bad dish for a hungry man" (*The Purple Land* 14), dice el narrador, en el primero de varios elogios a la cocina local.[9]

Al término de sus jornadas en la Banda Oriental, cumplida ya la travesía que lo transforma, Lamb vuelve al lugar de su anterior discurso, pero su mirada es ya —literalmente— otra:

> When I approached the crest of the great, solitary hill I did not gaze admiringly on the magnificent view that opened before me, nor did the wind, blowing fresh from the beloved Atlantic, seem to exhilarate me. My eyes were cast down and I dragged my feet like one that was weary. Yet, I was not weary, but now I began to remember that on a former occasion I had on this mountain spoken many vain and foolish things concerning a people about whose character and history I was then ignorant (332).

El retorno no da lugar a la repetición, sino al contrapunto y el contraste: a la atmósfera frívola y risueña de la escena inicial se le opone el aire grave y melancólico del pasaje final, a la oratoria exuberante e irreflexiva la reemplaza la confesión meditada y elegiaca. Un intervalo

---

9. No solo la lengua, sino también el paladar, distinguen a Lamb de otros viajeros ingleses en el Río de la Plata. Landau contrasta los elogios a la comida local que el personaje prodiga con el disgusto y hasta la repugnancia que esta provoca en cronistas británicos como John Mawe y William Mc Cann (2006: 41-42).

de apenas unos meses separa los dos momentos pero, entre los extremos del arco de la experiencia, el personaje ha vivido el proceso decisivo de la maduración: *The Purple Land* es, entre otras cosas, una peculiar novela de aprendizaje, no tanto porque en ella la temporada de la transición suceda cuando el protagonista no es ya, al menos según el criterio convencional, un adolescente, sino porque la parábola de la formación se cierra en el punto donde el héroe reconcilia e integra en su personalidad dos influjos que, inicialmente, percibía contrarios. La socialización, así, no concluye con la incorporación (o el rechazo) a *una* sociedad. Doble y compleja, la identidad del narrador/protagonista se define en el flujo y el encuentro: ni metropolitano ni periférico, Richard Lamb es —como Hudson, como Joseph Conrad, como Borges— un "extraterritorial", en un sentido oblicuamente próximo a aquel que George Steiner le da al término.[10] En su conciencia y en

10. Steiner piensa en autores que eligen el desarraigo o se ven forzados a vivirlo, pero que en su escritura convierten esa distancia en una exploración de los registros plurales de las lenguas. Nabokov y Beckett, que escriben en varios idiomas, son ejemplos inequívocos de esa condición. Steiner, sin embargo, no se limita al bilingüismo o la poliglosia evidentes. De ahí que, en esa nómna de autores, le corresponda un sitio de privilegio a Jorge Luis Borges. A propósito de Borges, escribió Steiner estas líneas, al comenzar la década del 70 del siglo pasado: "Even to those who know nothing of his masters and early companions —Lugones, Macedonio Fernández, Evaristo Carriego— or to whom the Palermo district of Buenos Aires and the tradition of gaucho ballads are little more than names, have found access to Borges' *Fictions*. There is a sense in which the Director of the Biblioteca Nacional of Argentina is now the most original of Anglo-American writers. This extraterritoriality may be a clue" (1976: 26). Una simetría tácita e involuntaria hace que el gesto de Steiner —la inclusión de Borges en el canon anglosajón— refracte e invierta la posición que Borges asumió ante la obra de Hudson, que consideraba parte de la literatura argentina. Por otro lado, el sentido literal y jurídico de la extraterritorialidad no es irrevelante. A ese principio, que autorizaba la inmunidad ante las leyes locales o justificaba la intervención de representantes foráneos en asuntos internos, se acogía la corona británica en sus tratos con países cuya existencia independiente reconocía, pero a los que no trataba en pie de igualdad. En la Banda Oriental, después de la Guerra Grande, Francia y Gran Bretaña (y, poco después, Brasil) obligaron al Gobierno nacional a compensar a sus connacionales por daños sufridos durante el conflicto interno. Como señala Lauren Benton: "The cases proved so contentious (and so unsatisfactory to individual claimants)

su estilo, dos lenguas (y, por extensión, dos modos de ver y entender el mundo) coexisten en una tensión creativa y profunda. Esa extraterritorialidad, por cierto, no supone un cambio de bandera ni la renuncia a toda filiación: ni excluyente ni neutral, lo que la distingue es una manera oblicua de situarse frente a las tradiciones nacionales. Lamb, por ejemplo, no reniega de su condición de inglés ni se propone quedarse en el Uruguay (y, ciertamente, no considera la posibilidad de adquirir la nacionalidad uruguaya o argentina.) De lo que se trata, antes que de la adhesión a una sola comunidad nacional, es del reconocimiento de una íntima alteridad y del cuestionamiento de un modo —el hegemónico— de entender las relaciones entre las naciones y las culturas en la era imperial y burguesa. Por cierto, en *The Purple Land*, el progreso del peregrino (y, en su acepción original, "progreso" es un viaje de ida y vuelta) no describe el tránsito ejemplar de la ceguera chauvinista a una suerte de lucidez cosmopolita y tolerante. Esa lectura, que convertiría a la novela en la mera ilustración de un mensaje edificante, tendría el costo de ignorar el cambio crucial que en la ficción experimenta el personaje: si la caracterización del joven chauvinista remite a las convenciones de la picaresca, el hombre que ha cubierto su travesía tiene ya el perfil de un aventurero romántico. Así, pasa de un linaje artístico a otro: el ascenso moral y existencial de Lamb —que la ilusión de realidad propia de la ficción hace percibir como un fenómeno subjetivo— es el resultado de una operación narrativa que promueve al protagonista a un rango casi heroico. La índole misma de Lamb se torna otra cuando al joven no lo define ya la lucha por la subsistencia, sino la defensa del honor y la expresión intensa de los sentimientos: el paso de la trama ennoblece al protagonista. Sin duda, ese cambio en la valoración estética y ética del prota-

---

that the French and British forced the Uruguayan government in 1861 to consolidate payment of the claims into a debt of 4 million pesos. Three years later, Brazilians would demand the same treatment, backed by military intervention, and would in turn receive their own Comisión Mixta in 1867. The British, French, and Brazilians, then, shared a special status established through diplomatic accord--a form of extraterritoriality that their consuls would seek to protect and widen in responding to citizens' complaints and particular legal cases" (2009: s/p).

gonista depende, de un modo ostensible, de lo que Borges consideró el argumento "íntimo, invisible" de *The Purple Land*: el "venturoso acriollamiento de Lamb" (1996: II, 112).

La evolución del protagonista puede, en efecto, leerse a la luz de un proceso de aceptación de los hábitos, las normas y la sensibilidad del medio rural uruguayo. Lamb, que ya hablaba fluidamente el idioma y conocía bien la pampa, no tiene que aprender cómo desenvolverse en la sociedad pastoril y guerrera de la Banda Oriental. Su aprendizaje es, más bien, moral y existencial: paulatina pero intensamente, el personaje admite e incorpora la idiosincrasia de quienes juzgaba bárbaros. Como señala Agnes Heller, la filosofía de la historia dominante en el siglo XIX europeo se sostiene y cimenta en la ideología del progreso: en el camino ascendente y lineal hacia la conquista plena de la libertad y la victoria absoluta sobre la necesidad, unas sociedades están más adelantadas que otras.[11] Esa teleología moderna justifica la empresa imperial de Occidente, pues el expansionismo se entiende como una cruzada secular en la que las fuerzas de la modernidad no solo encarnan el bien, sino que se orientan de acuerdo a las leyes de la razón, lo cual hace que sus adversarios deban ser juzgados como seres irracionales o, en el mejor de los casos, regidos por sus emociones. El romanticismo, con su crítica radical a los límites de la razón instrumental, interpela el mito de lo moderno en el seno mismo de la modernidad. No es difícil notar el peso y la influencia de la visión romántica en Hudson, pero con frecuencia se le ha juzgado como si su obra y su vida probaran espontánea y naturalmente la validez de la ética y la poética que, entre otros, elaboraron Coleridge y Wordsworth. La nostalgia por un pasado libre de los rigores de la civilización burguesa, la exaltación de la libertad del individuo y el culto a la naturaleza no eran, en absoluto, actitudes y sentimientos polémicos cuando Hudson publicó *The Purple Land* y, de hecho, los valores

11. De ahí el contraste, común en el siglo XIX y favorable a la potencia contemporánea, entre la Gran Bretaña victoriana y Roma, el gran imperio de la antigüedad clásica. Como señala Edward Said: "It had become almost a commonplace of British imperial theory that the British empire was different from (and better than) the Roman Empire in that it was a rigorous system in which order and law prevailed, whereas the latter was mere robbery and profit" (1994: 154).

y las actitudes de los románticos eran ya parte del capital de la cultura letrada. Acaso para eludir el riesgo de considerarlo —injustamente, sin duda— como un representante epigonal y tardío de una corriente cuya marea más alta había ocurrido en las primeras décadas del siglo XIX, ha sido casi rutinario calificar al escritor de "primitivo". H. J. Massingham escribió, sintomáticamente: "Pero desde el principio hasta el fin él fue el gran primitivo, completamente distanciado de la comunidad urbana e industrial en medio de la cual vino a vivir desde las pampas salvajes, y separado también del alcance de la sociedad rural que la precedió" (1941: 76). La observación quiere ser elogiosa, pero resulta más bien paternalista y condescendiente; lo mismo puede decirse de la de Fernando Pozzo, que afirma: "En verdad que su físico era el de un hombre primitivo y transportado por el azar a nuestro mundo civilizado" (1941: 21). La imagen, en su extravagancia, hace pensar en un argumento de ciencia ficción concebido por algún literato darwinista. Más esclarecedora parece la aproximación de Hugo Manning: "Me interesa principalmente la posición de Hudson en el Viejo Mundo, porque quiero verlo como un embajador cultural e intérprete romántico del Mundo Nuevo, que pregonaba sus tentadoras mercancías a la puerta del Viejo" (1941: 82-83). No hay necesidad de atribuirle intenciones mercenarias a Hudson, aunque sí hay que librarlo del estereotipo que lo imagina cándido y elemental, para comprender que el ejercicio de la literatura era para él tanto un modo de expresión como una fuente de ingresos. La expectativa de convertirse en un autor profesional y vivir de su obra anima a Hudson: por eso es tan apta la imagen, solo en parte metafórica, con la cual Manning cierra el párrafo. Los aprietos financieros que Hudson sufrió en el año de la publicación del libro avivaron la esperanza del autor en un éxito editorial que, para su desconsuelo, no ocurrió entonces.[12] Por lo demás, esos mismos apremios explican que Hudson sintiera, angus-

---

12. El año 1885 fue, para Hudson, de extremas penurias; *The Purple Land* era su única posibilidad de remediar la precariedad de la situación en la cual se hallaba: "Throughout the winter of 1885/6 he had to endure not only semi-starvation and exile from the country, but what must have been from its timing the worst blow of his career: the failure of his first book. It was the climax of many lesser disappointments" (Tomalin 1982: 124).

tiosamente, que su destino se jugaba en el mercado literario: para el autor primerizo y paupérrimo, el libro era la carta del prestigio, pero también (y, se diría, sobre todo) de la supervivencia. En 1885, Hudson era casi un completo desconocido en el medio literario inglés, lo cual sin duda da la medida de la importancia que tuvo para él en ese momento la amistad del novelista George Gissing.[13] No es impertinente, entonces, recordar que Gissing publicaría unos años después, en 1881, *New Grub Street*, que con minucioso realismo retrata las miserias cotidianas de la franja más frágil de la *intelligentsia* inglesa: como en *Les illusions perdues*, de Balzac, el nexo problemático entre el dinero y la palabra escrita se ubica en el centro mismo de la novela, que ilustra una de las preocupaciones centrales de su autor.

Cierta imagen casi hagiográfica de Hudson, reproducida por una parte de la crítica, obliga a recalcar lo obvio: lejos de ser un náufrago perplejo de los tiempos arcaicos en la Inglaterra capitalista, el autor de *The Purple Land* pone en escena, irónica y dramáticamente, las discontinuidades y desencuentros que engendra el contacto entre individuos formados en órdenes simbólicos y materiales radicalmente distintos: el de la modernidad burguesa y el de la tradición precapitalista. A propósito de este punto —que, desde el *Facundo*, de Sarmiento, se formula a través de la dicotomía "civilización y barbarie"— resulta revelador y emblemático el capítulo que se titula, casi como un espejo de la novela, "Tales of the Purple Land": en ese episodio —que consta de una velada en la cual Lamb y cuatro gauchos intercambian narraciones sobre experiencias extrañas y extremas—, el relato de Hudson contempla autorreflexivamente la práctica de narrar y los modos de la

---

13. Tomalin cuenta, en su biografía de Hudson, que el autor de *The Purple Land* conoció a Gissing en 1884. Si bien no menciona *New Grub Street*, apunta lo siguiente: "At the time, conscious of his powers, Hudson could not resign himself to failure, or tolerate Gissing's bitter jokes about their lack of prospects. Gissing would pretend to accept defeat as inevitable, and to look forward with amusement to a future in Marylebone workhouse. For Hudson and Emily, between 1884 and 1886, the joke would have become reality had they not preferred to endure hunger — 'so very different', as Gissing wrote, 'from appetite'—in silence" (Tomalin 1982: 122).

recepción. Los narradores gauchos cuentan, en una secuencia que comienza centrándose en curiosidades macabras y se extiende hasta los horrores de ultratumba, cuatro relatos en los cuales figuran serpientes legendarias, conciliábulos de hechicería, fantasmas rencorosos y, por último, el mismo Satanás. Las historias reciben la aprobación y la fe de los oyentes, pero la quinta narración, que está a cargo de Lamb, provoca el descrédito del narrador y merece la incredulidad de quienes la escuchan. A la galería de seres y sucesos extraordinarios o sobrenaturales en la Banda Oriental, el protagonista quiere sumar una anécdota de su pubertad en Inglaterra:

> "My friends", I began at length, "I am only a young man; also a native of the country where marvelous things do not often happen, so that I can tell you nothing to equal in interest the stories I have heard. I can only relate a little incident which happened to me in my own country before I left it. It is trivial, perhaps, but will lead me to tell you something about London--that great city you have all heard of" (*The Purple Land* 227).

La benevolencia que capta en su introducción le dura poco, porque los gauchos pierden pronto el interés y la paciencia. De todas maneras, uno intuye que el relato trunco hubiera sido un *bildungsroman* conciso o un relato de aventuras compacto, al menos si se toma como indicio la edad del personaje: "I was very young —only fourteen years old" (227), dice Lamb. Catorce son los años de Jim Hawkins, el narrador y protagonista de *The Treasure Island* (1881), que fue una de las obras de mayor éxito comercial en la década en la que Hudson publicó su primer libro; a esa edad empieza también la historia de Fabio Cáceres, el héroe y cronista de *Don Segundo Sombra* (1926), con la que Borges habría de comparar, favorablemente, a *The Purple Land*.

Los rústicos oyentes de la narración oral de Lamb juzgan inadmisibles varios detalles atmosféricos y escenográficos. Que en Londres enero sea un mes invernal, que una neblina negra la cubra de día y que entre sus edificios más notables se encuentre un palacio de cristal resulta tan inverosímil que el pacto entre el narrador y los oyentes se rompe: "Surely, friend, you do not consider us such simple persons in the Banda Oriental as not to know truth from fable?" (230), le reprocha uno de sus compañeros de ruta, que acaba de contar con toda seriedad los pormenores de un duelo nocturno con el diablo. La inversión de roles es aparatosamente cómica y, sin duda, la escena busca la risueña complicidad entre el autor y su lector ideal. Hilarante y paradójica, la incredulidad del gaucho crédulo sirve para deslindar dos mentalidades y dos campos de experiencia. Como Lamb, el conjetural destinatario inglés podrá apreciar el humor en la escena de la narración: para el poblador de la periferia precapitalista y arcaica, lo sobrenatural es más fácil de concebir que la modernidad. Por obra de esa ironía, la gran capital del capitalismo en el siglo XIX se convierte en un territorio de fantasía. Significativamente, la neblina negra —el smog— es un efecto de la revolución industrial y el vasto edificio transparente al que alude al narrador no es otro que el Crystal Palace, construido por Joseph Paxton para albergar la Gran Exposición Internacional de 1851; esa construcción fue, en su siglo, un icono del adelanto tecnológico y del culto moderno por lo nuevo: "Only the Brooklyn Bridge and the Eiffel Tower, a generation later, will match its lyrical expression of the potentialities of an industrial era" escribe Marshall Berman (1988: 237), a propósito del edificio que el radical ruso Nikolai Chernyshevsky celebra en la novela favorita de Lenin, ¿Qué hacer?, y que exaspera al tortuoso protagonista de las *Memorias del subsuelo*, de Dostoievski.[14] El Peterbursgo decimonónico, esa urbe tensa y convulsa, es el teatro y el laboratorio de lo que Berman llama "el modernismo del subdesarrollo" (ibíd.: 175); por su parte, las cuchillas de la Banda Oriental son, en *The Purple Land*, reductos de un modo de vivir y sentir que ignora —con ingenua autenticidad— al mundo moderno.

Poco después del torneo de historias en el que pierde la atención de sus compañeros, Richard Lamb mata por primera vez. Ese acto letal consagra el vínculo del personaje con la Arcadia feroz que, en la ficción, es el Uruguay rural en la década de 1860. El individuo al que Lamb da muerte es ruin y abyecto, pero no carece de dotes de observación. Si se propone arrestar al protagonista, es porque lo identifica

---

14. Véase: "Afterword: The Crystal Palace, Fact and Symbol" (235-248) en *All That Is Solid Melts Into Air* (1988), donde Berman sitúa la obra de Paxton en el medio inglés y contrasta con agudeza las visiones que el edificio londinense fomenta en la *intelligentsia* rusa pre-revolucionaria.

y reconoce: "What, do you dare to say that I did not see you at San Paulo--that you are not an officer of Santa Coloma? Look, rebel, I will swear on this cross that I saw you there" (*The Purple Land* 239). Sin duda, ya sería llamativo que a un viajero inglés se le confunda con un paisano que combate en las filas nacionalistas y rurales de los Blancos;[15] más impresionante aún es que, en este caso, no haya equivocación. El desenlace violento, por lo demás, rubrica la alianza entre el protagonista y el medio donde han sucedido sus peripecias. Lamb, sarcásticamente, les dice a los camaradas de su fallido captor que les deja "como regalo" (*The Purple Land* 240) los restos de este. Ese gesto es revelador y así lo advierte el propio Lamb, que no quiere ser malinterpretado: "Some readers might imagine, after what I have related, that my sojourn in the Purple Land had quite brutalised me; I am happy to inform them that it was not so" (240). Para desmentir la conjetura de los hipotéticos lectores, el narrador se justifica diciendo que, si su adversario hubiera sido un caballero francés, se habría comportado de otro modo. La aclaración delata y desnuda al narrador de un modo que este (y, se diría, el propio Hudson) no parece prever. El protagonista no declara explícitamente que en las antípodas del imaginario aristócrata francés se halla un bárbaro uruguayo. A este último, de hecho, no lo representa como un paisano típico, sino como un sujeto de aspecto singularmente ominoso; además, alude a él por su apellido, Gandara, pese a haberlo oído una sola vez, con lo que resalta su individualidad. A pesar de esas reservas, resulta claro que el duelo es análogo a una conversación: se podría decir, parafraseando a Clausewitz, que es la continuación del diálogo por otros medios. El encuentro letal con el adversario puede leerse, en un relato donde proliferan las inversiones y las simetrías, como el envés y el complemento de esas otras

---

15. En la arena política rioplatense, las simpatías de Hudson no están del lado de los unitarios argentinos y su contraparte uruguaya, los colorados. Como dice Felipe Arocena: "He (Hudson) also brings in his own political sympathies, which, like those of his father, who had the portrait of Rosas in the main room of the house, are on the side of federalism and the provinces. He stands with the country people and the gauchos, and in the book these are represented by the *Blancos* in the Banda Oriental and by Rosas in Argentina" (2003: 61).

ocasiones en las que Lamb está en íntima y estrecha proximidad con personas —y, en especial, con mujeres— del país. En el mundo de la novela, los extremos del amor y la muerte tienen un carácter diferente, pero un mismo sentido: así, el idilio trunco con Dolores Zelaya, la ahijada del caudillo Santos Coloma, y el litigio fatal con Gandara, el enemigo del líder Blanco, son la cara y el sello de la transformación de Lamb. En las páginas de *The Purple Land*, las márgenes de la experiencia no solo ordenan el cauce de la maduración del sujeto, sino que orientan la sensibilidad y los valores de este.

De las pruebas por las que pasa el protagonista no surge, sin embargo, convertido en un hijo adoptivo de la nación uruguaya y en un vástago pródigo de la sociedad británica. El narrador, en el acto mismo de ofrecer su relato, se incluye en una misma comunidad con sus lectores ingleses, pero su apología de la periferia y su crítica de las certidumbres de la modernidad lo afilian al bando de una disidencia que desconfía del ethos imperial y capitalista. En la disyuntiva entre una civilización burguesa que aspira al dominio global y una sociedad tradicional que se aferra a sus fueros, Lamb (y el autor que, a través de él, se oculta y se revela) no se alinea en ninguno de los campos. En vez de ocupar un sitio fijo y definido, lo que distingue al cronista es su cualidad transitiva, su capacidad de mediar entre órdenes distintos y de cubrir distancias que son tanto físicas como simbólicas. Significativamente, la experiencia del viaje y el ejercicio de la escritura son las que informan y dan autoridad al novelista y a su alter ego. Ni marginal ni tránsfuga, el sujeto de la palabra se propone intervenir en la esfera literaria inglesa como un interlocutor válido y valioso: el texto que da a conocer solicita, tácita pero inequívocamente, el reconocimiento. Eso, sin duda, lo diferencia radicalmente del anfitrión escocés que, en el camino de retorno a Montevideo, lo acogió en un rancho donde la ley cotidiana imponía el rechazo tanto a la higiene como al alfabeto. Hostil a esos pilares de la civilidad victoriana, el migrante británico ha elegido desafiliarse de su cultura e incorporarse a otro medio. "All we think in the old country are books, cleanliness, clothes; what's good for soul, brain, stomach, and we make 'em miserable. Liberty for everyone —that's my rule" (*The Purple Land* 248) declara (y, casi se diría, declama) el europeo que ha renunciado a los objetos y los hábitos de lo que para sus contemporáneos era la vida civilizada. Que los libros ocupen el primer lugar de la lista de sus rechazos muestra, sin duda, la magnitud de la diferencia entre su opción —la del exilio voluntario a un orden pastoral— y la de su accidental visitante. Precisamente, es el relato escrito lo que deja constancia de la experiencia de Lamb, así como es el libro impreso la deseada llave de la inserción de Hudson en el mercado cultural inglés: el impulso que conecta al narrador con el autor no es, claramente, el del aislamiento y la renuncia a la modernidad occidental. Lo que ambos ofrecen es la novedad —es decir, la aventura— de sus andanzas en los dominios de un ethos precapitalista y una geografía lejana.

En 1904, cuando la versión corregida y definitiva de *The Purple Land* encontró el favor de los lectores,[16] entre los admiradores y amigos de Hudson estaban ya R. B. Cunninghame Graham y Joseph Conrad, que en el mismo año publicó *Nostromo*, esa compleja y panorámica crónica de la guerra civil en la cual el Estado Occidental se desprende de la imaginaria república sudamericana de Costaguana. Hudson, por cierto, no apreció en absoluto la novela de Conrad.[17] *The Purple Land* y *Nostromo* son novelas vastamente distintas en sus estrategias y sus escalas, pero no por eso es ilícito relacionar a Richard Lamb con una de las figuras centrales en la galería humana de *Nostromo*: Charles Gould, el propietario de la mina de plata de San Tomé y patrocinador de la empresa independentista que convierte a Sulaco en

16. Apunta Ruth Tomalin: "*Green Mansions* came out in the spring of 1904; and that autumn a new edition of *The Purple Land* received the acclaim it had missed nineteen years earlier" (1982: 200).

17. En *The Oxford Reader's Companion to Conrad* se puede leer lo siguiente: "Conrad read and admired Hudson's work, had a special liking for *Idle Days in Patagonia* (1893), and remained a permanent admirer of his style. In 'A Glance at Two Books' (*Last Essays*), he reviewed *Green Mansions* (1904) in the year of its publication, comparing Hudson to Turgenev and admiring 'the presence of a fine and sincere, of a deep and pellucid personality'. Hudson's opinion of Conrad's work was evidently less favourable. In 1904, he begged to differ from the critical praise lavished on *Nostromo*, while in 1914 he found the Marlow of *Chance* a 'bore' and the ending of the novel 'hugely comical' in its melodrama" (Knowles/Moore 2000: 162).

la capital de una república próspera. En Sulaco, la ciudad costera que es el principal escenario de la intriga, Charles Gould es más que un residente importante: él es quien, para proteger la mina que es el centro y la obsesión de su existencia, financia e impulsa la gestación de un Estado. Así, Gould no será solamente uno de los primeros hijos de la nueva patria, sino uno de sus padres fundadores. En un sentido literal, el protagonista engendra su propia nacionalidad.

Antes de eso, sin embargo, Gould no era un extranjero en Costaguana, la tierra de su nacimiento, aunque tampoco tuvo esa condición durante su estadía en Inglaterra, donde realizó sus estudios y conoció a Emilia, su esposa. Una ambigüedad persistente complica la filiación de Gould. La primera referencia a él en la novela lo presenta como "the Englishman who managed the silver-mine in the mountains three leagues from the town" (*Nostromo* 33), pero esa información está filtrada por la conciencia de un extranjero, el garibaldino Giorgio Viola; poco después, sin embargo, un inglés —el ingeniero a cargo del tendido de la línea ferroviaria— identifica a Gould como su compatriota: "He's English, and, besides, he must be immensely wealthy" (46). Unas páginas más adelante, ya en el sexto capítulo de la novela, el narrador ofrece la primera semblanza de Charles Gould, que contradice —o, si se prefiere, corrige enérgicamente— las versiones previas: "Born in the country, as his father before him, spare and tall, with a flaming mustache, a neat chin, clear blue eyes, auburn hair, and a thin, fresh, red face, Charles Gould looked like a new arrival from over the sea" (52). Con un abuelo británico que luchó al lado de Simón Bolívar y un tío que fue presidente de la provincia de Sulaco en tiempos federalistas, Gould pertenece a la capa más alta de la sociedad local. La elite de la región lo reconoce como uno de los suyos, pero el pueblo ve en él a un extranjero: "With such a family record, no one could be more of a Costaguanero than don Carlos Gould; but his aspect was so characteristic that in the talk of common people he was just the Inglez--the Englishman of Sulaco" (52). El "inglés de Sulaco" se siente comprometido con el destino de la sociedad en la que nació y, de hecho, a pesar de los años vividos en Inglaterra, no desea otro lugar de residencia que el de su nacimiento. A la esposa de Charles Gould, la vida política de Costaguana —que, sin duda, es violenta y volátil— le parece "a puerile and blood-thirsty game of murder and rapine played with terrible earnestness by depraved children" (54). Cuando Emilia, que es inglesa por nacimiento y crianza, deplora la barbarie del país, la réplica de Charles Gould es cordial, pero lapidaria: "My dear, you seem to forget that I was born here" (54), dice el dueño de la mina de San Tomé. El reproche es más revelador porque lo enuncia un hombre tan reacio a expresar emociones, patrióticas o de cualquier otra índole, que incluso sus allegados lo consideran casi hermético e indescifrable. En la novela de Conrad —y lo vemos también en el caso del afrancesado Decoud, que pese a su cinismo es el ideólogo y uno de los próceres de la nueva nación, o en el del patriótico doctor Avellanos, autor de *Fifty Years of Misrule*, la historia de Costaguana que el autor afirmará haber consultado—, el sentimiento nacionalista de los ciudadanos del país periférico es problemático y paradójico, pero no trivial. La sociedad entre Gould y Holroyd, el empresario estadounidense que quiere inundar a un continente que juzga atrasado con biblias protestantes y capitales norteamericanos, puede verse como el acuerdo entre una oligarquía nativa y un poder imperial en la era que inaugura la hegemonía hemisférica de los Estados Unidos. Esa descripción sumaria, sin embargo, no le hace justicia a la índole, a la vez trágica e irónica, del relato de Conrad. Gould no obra meramente en función de su beneficio personal o el de su clase: el dueño de la mina de plata es menos el poseedor de un bien valioso que el poseso de una idea. "Charles Gould's fits of abstraction depicted the energetic concentration of a will haunted by a fixed idea. A man haunted by a fixed idea is insane. He is dangerous even if that idea is an idea of justice" (*Nostromo* 422), señala el narrador —esa figura que cultiva una omnisciencia ambigua y opaca— en un pasaje de la tercera y última parte de la novela, dándole forma así a lo que podría confundirse con un comentario autorial, pero es en realidad la intuición de un personaje —Emilia Gould— que sufre por las acciones y omisiones del gestor del Estado Occidental.

La "idea fija" que asedia y rige al personaje no es otra que la del progreso, como lo declara casi al principio de la novela: "What is wanted here is law, good faith, order, security. Any one can declaim about these things, but I pin my faith to material interests. Only let the material interests once get a firm footing, and they are bound to impose the conditions on which alone they can continue to exist. That's how your money-making is justified here in the face of lawlessness and disorder" (93). La retórica del hombre de acción es llana y explícita: sin rodeos, Gould confiesa cuál es su programa y qué rol le atribuye a la explotación de los recursos productivos del país. Así, el estado de derecho y la construcción de las instituciones seculares dependen del desarrollo del capitalismo en Costaguana. Cuando las autoridades políticas de Costaguana —los partidarios de lo que, sin disimular su racismo, la novela llama "Negro liberalism"— pongan en peligro la mina de San Tomé, Gould no vacilará en reducir la envergadura de su misión y hará posible, con el mineral precioso de su yacimiento, la secesión de Sulaco y la provincia Occidental. El cotejo con Richard Lamb muestra hasta qué punto ambos personajes, aunque bilingües y biculturales, encarnan condiciones opuestas y situaciones contrarias: Lamb es, en *The Purple Land*, un extranjero sin recursos que descubre, en su travesía, una simpatía inequívoca por los valores y los usos de una sociedad que está aún al margen del mundo moderno y capitalista; Gould, por su parte, es un millonario que reivindica su arraigo en la región periférica donde nació y a la que, con determinación, aspira a modernizar.

Una ironía ominosa, sin embargo, se cierne sobre el éxito final de la misión del personaje de *Nostromo*, pues la fuerza de los "intereses materiales" es, al mismo tiempo, formativa y destructiva: la dialéctica que estos engendran y animan impide arraigarse en un estado de satisfacción y plenitud, en una apoteosis de la razón y la ley. Paradójicamente, las luces de la civilización no alumbran un futuro de orden y progreso. Por el contrario, revelan las grietas sociales y muestran los problemas que ensombrecen el fuero interno de los personajes. El final de *Nostromo*, sombrío y luctuoso, marca con una coda trágica la epopeya del nacimiento de una nación sudamericana que, a diferencia de la mayoría de sus contemporáneas, tendría en regla las credenciales para ser aceptada como un modelo exitoso por las potencias metropolitanas.

En contraste, *The Purple Land* es —pese a la tristeza, más bien declamatoria, que el narrador asegura haber sentido al perder a su amada— una novela en la que alienta un impulso celebratorio. Las paradojas y perplejidades que en *Nostromo* se plasman mediante la orquestación compleja de puntos de vista y las diestras discontinuidades de la cronología no inquietan *The Purple Land*, donde asumen la forma de oposiciones binarias que se resuelven satisfactoriamente en los planos del discurso y de la historia: el retornado al seno de Inglaterra afirma su filiación en el acto de la escritura y, al mismo tiempo, reivindica su intimidad pasada con un orden premoderno al que prestigia la nostalgia. En la realidad imaginaria de *The Purple Land*, antes que en el orden de la existencia material, las vicisitudes y los esfuerzos del alter ego del novelista se transforman en marcas de una identidad estable. Así, la historia narrada retrata al personaje como un súbdito inglés que aprende a valorar el romance de lo arcaico; la relación escrita, por su parte, inscribe al narrador —y, por extensión, al autor— en el vasto mercado y la amplia biblioteca de la literatura inglesa.

Bibliografía y recursos electrónicos

Arocena, Felipe. *William Henry Hudson. Life, Literature, and Science.* Trad. Richard Manning. Mc Farland & Co.: Jefferson, NC, 2003.

Bakhtin, Mikhail. *The Dialogic Imagination. Four Essays.* Ed. de Michael Holquist. Trad. De Caryl Emerson y Michael Holquist. Austin: University of Texas Press, 1981.

Barrán, Jose Pedro. *Apogeo y crisis del Uruguay pastoril y caudillesco, 1838-1875* .Montevideo: Banda Oriental, 1974.

Benton, Lauren. "The Laws of this Country: Foreigners and the Legal Construction of Sovereignty in Uruguay, 1830-1875". En: *Law and History Review,* 19, 3 (2001), 479-512, 68 pars., <http://www.historycooperative.org/journals/LHR/19.3/Benton %20HTML> (17 de noviembre 2011).

Berman, Marshall. *All That Is Solid Melts Into Air. The Experience of Modernity.* New York: Penguin Books, 1988.

Borges, Jorge Luis. "La poesia gauchesca". En: *Obras completas I.* Buenos Aires: Emecé, [1932] 1996, 179-197.

— "Sobre *The Purple Land*". En: *Obras completas II.* Buenos Aires: Emecé, [1952] 1996, 111-114.

CHABON, Michael. *Maps & Legends. Reading and Writing Along the Borderlands.* New York: Harper Perennial, 2009.

CONRAD, Joseph. *Nostromo.* New York: The Modern Library, [1904] 1951.

GÓMEZ, Leila. "Tránsfugas y conversos. El viaje bicultural de Hudson y Borges". En: Dabove, Juan Pablo (ed.). *Jorge Luis Borges: Políticas de la literatura.* Pittsburgh: Instituto Internacional de Literatura Iberoamericana, 2009, 43-60.

HUDSON, William Henry. *The Purple Land that England Lost: Travels and Adventures in the Banda Oriental, South America,* 1. London: Sampson Low, 1885.

—*The Purple Land: Being the Narrative of one Richard Lamb's Adventures in the Banda Oriental, in South America, as told by Himself.* New York: E. P. Dutton and Co., [1904] 1916.

— *South American Romances. Green Mansions, The Purple Land, El Ombú & Other Stories.* London: Gerald Duckworth, 1966.

KNOWLES, Owen y MOORE, Gene M. *The Oxford Reader's Companion to Conrad.* Oxford/New York: Oxford University Press, 2000.

LANDAU, Aaron. "Decolonising Travel in W. H. Hudson's *The Purple Land*". En: *Studies in Travel Writing,* 10 (2006), 27-56.

MANNING, Hugo. "Significación e influencia futura de Hudson". En: Pozzo, Fernando, Ezequiel Martínez Estrada, Jorge Casares, Jorge Luis Borges, H. J. Massingham, V. S. Pritchett y Hugo Manning. *Antologia de Guillermo Enrique Hudson precedida de estudios críticos sobre su vida y su obra.* Buenos Aires: Losada, 1941, 81-99.

MASSINGHAM, H. J. "Hudson, el gran primitivo". En: Pozzo, Fernando, Ezequiel Martínez Estrada, Jorge Casares, Jorge Luis Borges, H. J. Massingham, V. S. Pritchett y Hugo Manning. *Antologia de Guillermo Enrique Hudson precedida de estudios críticos sobre su vida y su obra.* Buenos Aires: Losada, 1941, 75-80.

POZZO, Fernando. "Semblanza de Hudson". En: Pozzo, Fernando, Ezequiel Martínez Estrada, Jorge Casares, Jorge Luis Borges, H. J. Massingham, V. S. Pritchett y Hugo Manning. *Antologia de Guillermo Enrique Hudson precedida de estudios críticos sobre su vida y su obra.* Buenos Aires: Losada, 1941, 9-31.

SAID, Edward W. *Orientalism.* New York: Vintage Books, 1979.

— *Culture and Imperialism.* London: Vintage Books, 1994.

Sayre, Robert y Löwy, Michael. "Figures of Romantic Anti-Capitalism". En: *New German Critique,* 32 (1984), 42-92.

Steiner, George. *Extraterritorial.* New York: Atheneum, 1976.

Tomalin, Ruth. *W. H. Hudson. A Biography.* London: Faber and Faber, 1982.

Wilson, Jason. *W. H. Hudson: The Colonial's Revenge.* London: University of London/Institute of Latin American Studies, 1981.

Proyección de Hudson en la narrativa argentina contemporánea: el caso Aira

Ricardo Gutiérrez-Mouat
Emory University

A los casi treinta y tres años de edad, en 1874, W. H. Hudson abandonó el territorio argentino y se estableció en Londres para convertirse en un hombre de letras o, simplemente, porque después de morir el padre unos años antes, se había quedado sin vínculos emocionales con su país natal y sin grandes prospectos económicos. Terminaba, además, el Gobierno de Sarmiento y la pampa comenzaba a alambrarse y a ser atravesada por las vías del ferrocarril, poniendo en segundo plano la vida salvaje que Hudson tanto admiraba. Comenzaba también la inmigración del sur de Europa, que poblaría la llanura rioplatense con cientos de miles de emigrados. Según Paul Theroux y Bruce Chatwin, cuyo bisabuelo partió desde Piacenza a la Argentina (aunque terminó asentándose en Nueva York porque en ese tiempo Buenos Aires estaba asolada por la fiebre amarilla), había tantos italianos en la pampa que Hudson se convenció que la vida al aire libre se había estropeado para siempre, y una de las razones que dio para nunca regresar a la Argentina —seguramente con la ironía típica del excéntrico, si la cita es fidedigna— fue que los italianos interferían con la vida alada (Theroux/Chatwin 1992: 29).

Los primeros años en Londres fueron de penuria y anonimato. Intentó sin éxito la ficción y la poesía (incluyendo la primera versión de *The Purple Land*) pero en la década del 90 se hizo de un pequeño renombre al publicar una serie de estudios ornitológicos y libros basados en sus observaciones de la naturaleza referidas tanto a la pampa argentina como a la Patagonia y a ciertas comarcas de Inglaterra. Entre estos libros destacan *The Naturalist in La Plata* (1892) y *Idle Days in Patagonia* (1893). En los próximos años siguió cultivando un género que mezclaba el ensayo con la anécdota personal y con la observación de la naturaleza (*Afoot in England*, 1909, es quizás el libro mejor conocido de este periodo) pero también volvió a la ficción y obtuvo su mayor éxito con *Green Mansions*, de 1904. Ya para entonces se había rodeado de amistades literarias y más adelante obtendría el reconocimiento de algunos de los puntales del *establishment* literario británico, aunque hoy día solo se lo recuerda en las letras inglesas como el autor de aquel "South American romance" que es *Green Mansions*. De hecho, V. S. Pritchett incluye a Hudson en la "escuela sudamericana" de las letras inglesas (1941: 67).

Hudson tuvo entonces una fortuna relativa en el medio cultural británico a pesar de que escribió toda su obra en inglés. Parece que no dominaba muy bien el castellano escrito, aunque Felipe Arocena señala que el uso de la lengua inglesa se debió a una decisión deliberada del escritor: "[...] uno de los amigos de Hudson, George Keen, le preguntó por qué razón utilizaba el inglés para escribir las obras que transcurrían en la Argentina o en el Uruguay, y no el lenguaje propio de esos países. Le responde que si lo hiciese así, entonces su obra con seguridad no tendría ninguna difusión y moriría anónima junto con los gauchos" (2000: 87). Un comentario parecido aparece hacia el final de *The Purple Land* cuando el narrador le dice a Demetria que escribirá sus aventuras en inglés y solo por el placer que tal transcripción podrá proporcionar a sus hijos, si alguna vez los tiene.[1]

---

1. Roberto Ignacio Díaz cita y comenta este pasaje en *Unhomely Rooms* señalando que el narrador no tendrá hijos y que el lugar del lector queda vacante. Esa vacante no la llena ni el lector sudamericano ni (plenamente) el lector inglés —aunque es claro que Hudson se dirigía a un público inglés— sino una figura que Díaz caracteriza como el lector rioplatense, "a hybrid whose bicultural condition —linguistic, literary— is especially in tune with the virtually invisible nuances of Hudson's practice of writing" (2002: 124 y ss.).

La decisión de escribir exclusivamente en inglés resultó ser doblemente irónica porque, en primer lugar y con el correr del tiempo, Hudson hizo mayor fortuna en traducción que en la lengua original de sus obras, y también porque su inglés tenía dejos incultos, como apunta Graciela Montaldo: "Según cuenta su biógrafo, Morley Roberts, la causa del frecuente (y angustiante) rechazo que las direcciones de revistas hacían de los artículos que Hudson escribía eran los errores en su escritura debidos a su infancia bilingüe [...]. Según esta hipótesis, el inglés no parece ser una naturaleza para Hudson y frente a las escrituras de sus contemporáneos, aparece como opaco y elusivo" (1999: 127). También hay testimonios de que Hudson intercalaba de vez en cuando frases en español en su inglés consuetudinario y que uno de sus conocidos se refería a él como "el Argentino."[2] Dado el "salvajismo" lingüístico de un escritor que se identificaba con la vida primitiva y la naturaleza salvaje, no resulta descarriado un comentario de Piglia sobre el "spanglish" de Hudson. Piglia recuerda a Hudson durante una estadía suya en el norte de California y en un contexto cultural en que se entreverá la cultura latina de barrio con lecturas de novelas de Dashiell Hammet y Philip Dick. En ese ambiente, que hace sentirse al autor de *Respiración artificial* no un escritor latinoamericano sino ítalo-argentino y por lo tanto "un falso europeo," dice Piglia: "estoy leyendo a W. H. Hudson (*Días de ocio en la Patagonia*), otro falso argentino, un europeo que nació en Quilmes, en la provincia de Buenos Aires, y se crió entre gauchos hablando lo que fue seguramente una versión prehistórica del *spanglish*" (Piglia 2001: s/p.). Esa identificación entre dos "falsos argentinos" es solo el comienzo de

2. "En la conversación intercalaba el uso de la lengua nativa. En el retrato que entrega a su más constante amigo Morley Roberts, se suscribe 'su amigo' en español. Cuando enfermo y lejos de la esposa, a pesar de que en su arrogancia 'quería morir solo como un guanaco,' cita a un clásico castellano diciendo: 'Es amargo al final de la vida caminar triste y solo,' frase de Meléndez Valdés, poeta que ensalzó (¡naturalmente!) a la alondra y al jilguero..." (Casares 1941: 61). Era Cunninghame Graham quien se refería a Hudson como "el Argentino". Casares también señala que sobre la chimenea del hogar de Hudson colgaba una acuarela del ave nacional argentina, el hornero.

una serie de identificaciones excéntricas en que cultura, lengua, nación y territorio dejan de coincidir: Hudson es "una extraña versión de Conrad" porque eran amigos y porque "Hudson estuvo siempre desajustado y solo y fuera de lugar", pero también evoca a Witold Gombrowicz, el escritor polaco que terminó quedándose en Buenos Aires por un cuarto de siglo al estallar la Segunda Guerra Mundial pero que nunca escribió en castellano y terminó sus días en el sur de Francia: "Para mí," continúa Piglia, "Hudson y Gombrowicz producen efectos raros en la literatura argentina porque hacen entrar una voz próxima, un fantasma familiar, que se mueve invisible en un terreno conocido" (ibíd.: s/p.). Lo *uncanny* en ambos casos se produce al leer lo propio en traducción: "Hay una tensión entre lo que se lee en la lengua propia y lo que se lee fuera de la lengua materna" agrega Piglia (ibíd.: s/p.).

Las primeras traducciones de Hudson al castellano son tardías (las obras principales se traducen entre 1928 y 1956) pero la recepción de Hudson en las letras argentinas comienza más temprano con el ensayo de Borges sobre *The Purple Land* incluido en *El tamaño de mi esperanza* (1926), que destaca la facilidad de los ingleses para acriollarse en distintas geografías, argumento con el cual Borges prepara el terreno para llamar a la obra de Hudson la "novela primordial del criollismo", "libro más nuestro que una pena, solo alejado de nosotros por el idioma inglés, de donde habrá que restituirlo algún día al purísimo criollo en que fue pensado" (Borges 1926: 32). Como señala Eva-Lynn Jagoe en su libro sobre los discursos identitarios de la Argentina meridional, Borges aquí alude a un concepto de lo criollo que no se funda en la raza ni en la etnicidad (tampoco en el lenguaje ni en la nacionalidad) sino en una herencia que puede encontrarse en la literatura (2008: 129). Yo diría que a Borges le interesaba proponer un criollismo cosmopolita, sobre todo en un texto posterior sobre Hudson, incluido en *Otras inquisiciones,* en que Borges reitera su valoración de *The Purple Land* como una novela "fundamentalmente criolla" y agrega que quizás "ninguna de las obras de la literatura gauchesca aventaje a *The Purple Land*" a pesar de algunas distracciones topográficas "y tres o cuatro errores o erratas" (Borges 1960: 195). Aunque nosotros hayamos utilizado la edición de Emecé de 1960, el texto de Borges está fechado en

1941, fecha más próxima a su ensayo sobre "El escritor argentino y la tradición" y cuando ya hacía años que se había traducido la novela de Hudson al castellano con el título de *La tierra purpúrea* y no "La tierra cárdena", como había escrito Borges en el ensayo de *El tamaño de mi esperanza*.[3] En esta segunda entrega Borges no se refiere en ningún momento al título de la novela de Hudson en castellano, y evita pronunciarse sobre cuestiones de traducción, como sí lo hicieron otros lectores y críticos. Estas cuestiones sobre el estilo de las traducciones ponen en evidencia la identidad cultural de Hudson como escritor "entre dos orillas" y acercan su obra a algunos problemas actuales del latinoamericanismo, como por ejemplo la formación de cánones, el estatuto de las literaturas post-nacionales y el heterolingüismo. Incluso la conectan con poéticas narrativas vanguardistas como la de César Aira, a la que aludiremos más adelante.

En *De Quilmes a Hyde Park* Felipe Arocena recoge testimonios valiosos referentes a las distintas traducciones de *El ombú* (que apareció por vez primera y con ese mismo título en Londres en 1902) y de *The Purple Land* (1885, 1904). El primero es de Raúl Boero, traductor de la edición Arca de *El ombú* (1969), que corrige la traducción original de Eduardo Hillman publicada en Buenos Aires por Anaconda en 1928. Boero omite los giros locales que abundan en la traducción de Hillman y dice del original de Hudson: "Estos cuentos gauchescos están escritos en un inglés muy puro, pero algo barroco en las adjetivaciones y en la *estructura* (el énfasis es del original). Dan la impresión de haber sido escritos por un *extranjero* (ídem) que maneja muy bien el inglés, por lo cual se ha comparado a este autor con Conrad, desde este punto de vista. Por otra parte, esta característica de estilo se aviene perfectamente al material —exótico para el lector inglés— tratado por Hudson. El punto de mira cambia por completo, sin embargo, al traducir los cuentos al castellano, pues para el lector de Sudamérica el material deja de ser exótico y se convierte en familiar" (Arocena

---

3. La primera traducción de *The Purple Land* fue hecha por Eduardo Hillman y fue publicada en Madrid en 1928. Su título completo fue *La tierra purpúrea: un idilio uruguayo*. Esta misma traducción fue publicada en Buenos Aires en 1941 (Biblioteca Pluma de Oro).

2000: 100-101). Boero no le reprocha directamente a Hillman el haber incurrido en el color local pero Horacio Quiroga sí lo hace, haciendo notar (en las palabras de Arocena) que un escritor de ambiente "no necesita llenar de localismos su texto para transmitirle al lector el tono exacto del contexto y la manera de ver las cosas de sus personajes" (ibíd.: 101). Arocena también señala que las mismas estrategias contrapuestas se perciben en la comparación de dos traducciones de *The Purple Land*, la original del mismo Hillman y la de Idea Vilariño publicada en la Biblioteca Ayacucho (1980).

Este debate en sí no es actual, pues no quedan dudas de que en las letras contemporáneas se declararía vencedora a la traducción llana, pero así y todo es notable cómo las reflexiones de Piglia antes citadas reiteran los énfasis de Boero. Este caracteriza el inglés de Hudson como muy puro y lo compara con Conrad. Piglia también compara a Hudson con Conrad (considerando al primero "una versión extraña" del segundo) y también destaca la calidad de la prosa inglesa de Hudson, aunque lo hace para distinguir y luego mezclar la lengua oral del escritor (que "se crió entre gauchos hablando de lo que fue seguramente una versión prehistórica del *spanglish*") con su versión escrita. Hudson, sin embargo, es menos *barroco* que Conrad, según Piglia, adjetivo que Boero también usa para referirse al efecto de la prosa de Hudson.

Boero también se topa con el problema del exotismo al traducir las ficciones extraterritoriales de Hudson. Esto no significa que la estética de Hudson responda al exotismo (como la de ciertos escritores y pintores franceses de fines del siglo XIX) sino que Boero acude al concepto de exotismo para sintetizar lo que para Piglia es lo *uncanny* de Hudson, o sea, la mezcla de lo extraño y lo familiar. Pero es en la poética de César Aira, y dentro del horizonte del exotismo, que las paradojas del heterolingüismo se trabajan al máximo.

La narrativa de Aira, en textos como *La liebre* y *Un episodio en la vida del pintor viajero*, incorpora desde muy temprano la figura del naturalista y del viajero europeo que recorre el desierto argentino, y ciertos pasajes de *Ema, la cautiva* reproducen el discurso y la mirada de *El naturalista en el Plata* de Hudson (Contreras 2002: 50). Estas "reproducciones" de la literatura del desierto son, por cierto, simulacros.

En *La liebre* los indios pampas despliegan los más exquisitos modales de la civilización ante el naturalista inglés que los visita: le sirven té, juegan a un deporte que se parece al polo, y se entretienen con una cacería de liebres, que evoca la cacería de zorros que tanto divertía a las clases aristocráticas del imperio. En el *Pintor viajero*, los indios escenifican un malón y exhiben cautivas para el artista que los observa, como si hubieran leído los textos fundacionales de la literatura argentina y actuaran con plena conciencia de lo que se espera de ellos. Y en *Ema* los indios se especializan en el arte de la pintura corporal, como los caduveo de Lévi-Strauss, de cuyo texto (*Tristes tropiques*) provienen. También son eximios cortesanos, como los nobles nipones de Sei Shonagon, cuyo *Libro de la almohada* fue traducido por Borges y María Kodama. Pero en *La costurera y el viento*, novelita menos exótica que sus congéneres pero no menos interesada en el viaje y la aventura, Aira cita explícitamente *Días de ocio en la Patagonia*, aunque el ocio del naturalista varado por un accidente (que es como comienza el relato de Hudson) se traslada al ocio del turista en París, del escritor que se sienta en un café a escribir la novela que estamos leyendo: "Estas últimas semanas, ya desde antes de venir a París, he estado buscando un argumento para la novela que quiero escribir: una novela de aventuras, sucesiva, llena de prodigios e invenciones. Hasta ahora no se me ocurrió nada, fuera del título [...]: 'La costurera y el viento'" (*La costurera* 7). Las invenciones de la novela son mecánicas, surrealistas, artificiales y subvierten el naturalismo de Hudson. El tatú gigante y prehistórico que encuentra uno de los personajes, por ejemplo, se convierte en un artefacto rousselliano (el "paleomóvil") en vez de dar lugar a las reflexiones científicas o meditaciones filosóficas de Hudson. Y la Patagonia de Aira se parece más a las mesetas deleuzianas que al desierto gris de Hudson y otros viajeros patagónicos.[4]

---

4. Hay sutiles vínculos intertextuales entre ambos textos (como el naufragio —literal— de Hudson y el —figurado— de la madre que busca al hijo perdido en el desierto) pero más cercano al texto de Aira, como improbable fuente narrativa, está un pasaje de otro libro de Hudson, *Afoot in England*, que relata cómo el autor encontró albergue en un día de viento y lluvia en el hogar de una costurera que se desvivía por su hijo: "She worked with her needle to support herself and her

Pero así y todo la conexión entre Hudson y el Aira de *La costurera* no es despreciable. El relato de Aira está fechado en 1991 en París, mismo año en que Aira publica sus *Nouvelles impressions du Petit Maroc* como resultado de su estadía en la *Maison des écrivains etrangères et des traducteurs de Saint Nazaire*. En ese texto Aira desarrolla su teoría de lo exótico y recupera este trillado concepto no al nivel de la representación sino de la lengua, o más bien, del heterolingüismo. Aira escribe: "aquí, al otro lado del Atlántico, represento la distancia, y me veo obligado a hilvanar teorías de lo exótico. *René Leys*, la novela de Segalen, que he leído estos días, me ha hecho pensar si acaso el futuro de la literatura, de toda la literatura, no estará en el exotismo" (*Nouvelles impressions* 63). Aunque Aira había intentado su propia novela china antes de leer a Segalen, su exotismo no es el exotismo estereotípico que se perfecciona en Loti ni tampoco la estética de la diversidad que bosqueja Segalen en su conocido ensayo sobre el tema.[5] Para Aira el exotismo es cuestión de estilo y el estilo es cuestión de lengua, de una lengua específicamente *extranjera* que se recorta contra la lengua materna *porque es la misma lengua* pero subvirtiendo su función comunicativa. Cita Aira el aforismo de Proust: "Los libros que amamos parecen escritos en una lengua extranjera" ¿Y acaso no son *Ema, la cautiva, La liebre* y *Un episodio en la vida del pintor viajero* novelas extranjeras escritas en el idioma argentino e identificadas con la literatura fundacional de la nación? *Ema* es una novela simbolista protagonizada por los indios pampas y situada en los alrededores de Pringles en el siglo

---

one child, a little boy of ten... He was so much to his mother, who, por soul, had nobody else in the world to love, that she was always haunted by the fear of losing him..." (55). Con la presunta desaparición del hijo de la costurera comienza la novelita de Aira. Además, el marido de la costurera de Hudson se convierte en un ocioso cuando su mujer se comienza a ganar la vida con la aguja. El marido de la costurera de Aira tiene reputación de ocioso en el barrio. La relación entre estos textos no es genética sino un efecto de lectura. También impresiona como posibilidad intertextual el capítulo sobre el viento en *A Hind in Richmond Park* (1922), aunque los ventarrones de Aira son mucho más alocados que las ventoleras de Hudson.

5. Véase Segalen (2002).

pasado; *La liebre* es una novela inglesa en que el protagonista —un naturalista inglés— descubre después de un complicado rodeo por la pampa que es de sangre indígena; y *Un episodio en la vida del pintor viajero* se disfraza de biografía artística —la de Mauricio Rugendas, el famoso discípulo de Humboldt— para narrar escenas ya narradas por Esteban Echeverría, para cuyo poema Rugendas aportó veinticinco ilustraciones, algunas basadas en el texto de *La cautiva* y otras adaptadas de Chateaubriand. Quizás este exótico procedimiento para volver a narrar la literatura del desierto explique el curioso contrapunto que Aira establece entre Loti y Mário de Andrade, el autor de *Macunaíma*: "Loti, en su rol de productor de libros para lectores que los reclamaban, puso la literatura del lado del status quo, y la usó para no volverse japonés, para seguir siendo francés. Mientras que Mário hizo de su obra una máquina para volverse brasileño [...]. Y esta es la definición última con la que yo trabajo: la literatura es el medio por el que un brasileño se hace brasileño, un argentino argentino" (Contreras 2002: 86).

La propuesta de Aira en torno al exotismo, entonces, crea un cortocircuito en la lengua nacional y materna. Volvamos a ese texto sobre la novela china de Segalen: "Como género o moda nacido en cierta época de la historia europea (el barroco) el exotismo tiene un elemento común con la naturaleza, de la que los ecologistas dicen en todos los tonos de la alarma que es 'no renovable'. Lo exótico también: se agota. Usarlo es agotarlo. Es la lógica de lo irreversible, como en la vida individual. Todo lo que se usa se agota, y el modelo de todo uso es la lengua materna... Pero René Leys es el profesor de chino de Segalen. La lengua materna se abre, en su agotamiento de origen, a las lenguas extranjeras en las que podrá escribirse la novela [...]" (*Nouvelles impressions* 64). No hay que ser bilingüe, sin embargo, para ser escritor. Basta con ser latinoamericano: "La frase de Proust ['Los libros que amamos parecen escritos en una lengua extranjera'] tiene una maravillosa realización en los países hispanoamericanos. Si algo tuvo de bueno nuestra balcanización, fue generar veinte o treinta lenguas extranjeras dentro de la misma lengua. Los libros cubanos que amamos los argentinos parecen escritos en una lengua extranjera; claro que para el buen lector argentino, Borges también parece escrito en una lengua extranjera. El continente, sus distancias y sus historias, reduplica el trabajo del escritor individual, y el continente mismo se vuelve escritor, su lengua igual y diferente se vuelve literatura ready-made" ("Lo incomprensible" s/p.). Para Hudson, el heterolingüismo se resuelve en un contrapunto entre dos lenguas; en Aira, se trata de una lengua que al desdoblarse o multiplicarse se enajena y produce el goce literario.

Pero si la lengua nacional o materna absorbe o produce lo exótico, ¿hay entonces lenguas extranjeras? Aquí interviene el proceso de traducción y es notable cómo la representación de lo exótico convencional (las islas de la Polinesia, el Japón, y —¿por qué no?— los uniformes napoleónicos de Henri Christophe citados por Carpentier en su conocido ensayo sobre lo real maravilloso) involucra problemas de lenguaje parecidos a los que se enfrentan los traductores de Hudson cuando tienen que dar cuenta de sus ficciones extraterritoriales, es decir, traducir lo lejano en términos de lo cercano y viceversa. Así como los traductores de Hudson tienen que decidir con qué grado de especificidad localizar el lenguaje en estratos regionales o populares para un público nacional, exotistas como Pierre Loti, según Todorov, se preguntan cómo representar en una lengua familiar —el francés— la extrañeza de una noche polinesia. Todorov recalca que aquel profesional del exotismo intentó varias soluciones hasta que se decidió por simplemente *rotular* las sensaciones e impresiones extrañas sin intentar describirlas: "In *Madame Chrysanthème* alone, a contemporary journalist counted thrity-three occurrences of the word étrange, twenty-two uses of *bizarre*, eighteen uses of *drôle*, and numerous repetitions of words such as *original* (original), *saugrenu* (preposterous), *pittoresque* (picturesque), *fantastique* (fantastic), *inimaginable* (inconceivable), *indicible* (unspeakable)" (Todorov 1993: 311). No existe un cómputo parecido, aparentemente, para las obras de Segalen, quien sí advirtió —en las palabras de Todorov— que dentro de una forma artística dada, el uso de un estilo insólito puede producir el mismo efecto de exotismo y desfamiliarización (ibíd.: 324). Y de esto se trata en la prosa inglesa de Hudson, que según testimonios citados aquí no es ni tan familiar ni del todo extraña para la comunidad de habla inglesa, así como sus traducciones al castellano pueden resultar desorientadoras. No la traducción literal, quizás, pero sí la lectura de Hudson por un "nativo" de la pampa.

Un último aspecto a considerar en el contexto del bilingüismo de Hudson y del paradójico heterolingüismo de Aira es el tema de la "antropología inversa" que se desprende tanto de la lectura de Hudson como de la poética de Aira. Dice Felipe Arocena: "[...] estas dos ideas son claves [sic] en toda la estructura de la obra de Hudson: en primer lugar la importancia que permanentemente adjudica a la mirada capaz de cambiar de punto de vista, revelando aquello que de tan familiar pueda pasar inadvertido. La otra es la recurrencia a esa figura del hombre primitivo, que debe ser entendida simbólicamente como la necesidad de vivir en armonía con la naturaleza y los sentidos; también como un intento permanente de desarrollar una especie de antropología inversa, interrogando al hombre occidental desde orientaciones de vida diferentes" (2000: 54-55). En su ensayo sobre *Copi* afirma Aira que a través de la óptica de las novelas de Jane Austen se puede aprender mucho sobre las tribus exóticas que habitan las islas británicas (*Copi* 21). Y en *La liebre* los indios son tan exóticos que minan cualquier punto de vista externo desde el cual el etnógrafo pueda observarlos, y el naturalista termina siendo naturalizado (Clarke se vuelve indio). En vista de que Aira radicaliza la "antropología inversa" que se detecta en las obras de Hudson, no resulta extraño que la crítica ya haya resaltado la filiación entre esa novela de Aira y *The Purple Land*: "[...] si admitimos que [...] *La liebre* reescribe una fábula de identidad nacional, hay que decir entonces que lo hace, en principio, según la perspectiva inglesa-argentina de ese idilio y de esa aventura "uruguaya" que es *The Purple Land* de William Hudson" (Contreras 2002: 53), porque —como agrega la autora, citando al Borges de *Otras inquisiciones*— la trama secreta de esa novela es el "venturoso acriollamiento" de Richard Lamb.

La misma Sandra Contreras afirma que el exotismo es para Aira la forma de convertirse en lo que ya se es a través de la ficción y el simulacro (ibíd.: 86), pero se debe agregar que este ejercicio que irrita la ambigüedad entre lo propio y lo foráneo tiene mayor densidad en el interior de una tradición nacional como la argentina que se presta a interpretaciones nacionalistas y cosmopolitas.

¿Cuándo comienza verdaderamente la literatura nacional, si los textos fundadores de la literatura argentina se montaron sobre el discurso de los viajeros europeos? ¿Y cuándo termina? O reformulando estas preguntas: ¿consigue el diálogo entre Aira y Hudson naturalizar —una vez más— a este último, o, al revés, desterritorializar al primero? Hudson no es nuestro contemporáneo pero regresar a su obra implica replantearse en términos actuales la ambigüedad de los desplazamientos que convirtieron a este hombre en el máximo representante de la "escuela sudamericana de las letras inglesas".

Bibliografía y recursos electrónicos

AIRA, César. *Copi*. Rosario: Beatriz Viterbo, 1991.

— *Nouvelles impressions du Petit Maroc*. Saint Nazaire: M.E.E.T., 1991.

— *La costurera y el viento*. Rosario: Beatriz Viterbo, 1994.

— "Lo incomprensible". En: *El Malpensante,* 24: noviembre-diciembre, 1999 <http://www.elmalpensante.com/index.htm>.

AROCENA, Felipe. *De Quilmes a Hyde Park: las fronteras culturales en la vida y la obra de W. H. Hudson*. Montevideo: Banda Oriental, 2000.

BORGES, Jorge Luis. "La tierra cárdena". En: *El tamaño de mi esperanza*. Buenos Aires: Proa, 1926, 31-35.

— "Sobre *The Purple Land*". En: *Otras inquisiciones*. Buenos Aires: Emecé, 1960, 193-198.

CASARES, Jorge. "Hudson y su amor a los pájaros". En: Pozzo, Fernando, Ezequiel Martínez Estrada, Jorge Casares, Jorge Luis Borges, H. J. Massingham, V. S. Pritchett y Hugo Manning. *Antologia de Guillermo Enrique Hudson precedida de estudios críticos sobre su vida y su obra.* Buenos Aires: Losada, 1941: 47-63.

CONTRERAS, Sandra. *Las vueltas de César Aira*. Rosario: Beatriz Viterbo, 2002.

DÍAZ, Roberto Ignacio. *Unhomely Rooms: Foreign Tongues and Spanish American Literature*. Lewisburg/London: Bucknell University Press/Associated University Presses, 2002.

HUDSON, William Henry. *Afoot in England.* New York: Alfred A. Knopf, 1922.

JAGOE, Eva-Lynn Alicia. *The End of the World As They Knew It: Writing Experiences of the Argentine South.* Lewisburg: Bucknell University Press, 2008.

MONTALDO, Graciela. *Ficciones culturales y fábulas de identidad en América Latina.* Rosario: Beatriz Viterbo, 1999.

PIGLIA, Ricardo. "Extranjeros del Cono Sur: conversación entre Ricardo Piglia y Roberto Bolaño". En: Suplemento cultural "Babelia", *El País* (nº 484, 3 de marzo 2001): 6-7.

PRITCHETT, V. S. "Hudson el naturalista". En: Pozzo, Fernando, Ezequiel Martínez Estrada, Jorge Casares, Jorge Luis Borges, H. J. Massingham, V. S. Pritchett y Hugo Manning. *Antologia de Guillermo Enrique Hudson precedida de estudios críticos sobre su vida y su obra.* Buenos Aires: Losada, 1941, 67-74.

SEGALEN, Victor. *Essay on Exoticism: An Aesthetics of Diversity.* Trad. Yaël Rachel Schlik. Durham: Duke University Press, 2002.

THEROUX, Paul y CHATWIN, Bruce. *Nowhere is a Place: Travels in Patagonia.* San Francisco: Sierra Club Books, 1992.

TODOROV, Tzvetan. *On Human Diversity: Nationalism, Racism, and Exoticism in French Thought.* Trad. Catherine Porter. Cambridge: Harvard University Press, 1993.

EPÍLOGO
El legado de Hudson en clave poscolonial

Ricardo D. Salvatore
Universidad Torcuato Di Tella

Cuando las editoras me contactaron para escribir un epílogo para este volumen accedí gustoso, honrado por el encargo. Dudaba, sin embargo, sobre la contribución que un historiador no demasiado inclinado por la literatura —aunque preocupado por la relación entre imperio y saberes— podría aportar a la lectura e interpretación de la obra de William Henry Hudson. Los autores de los ensayos críticos habían realizado ya la tarea de situar la obra de Hudson en el presente, de discutir los géneros y argumentos de sus principales obras, de examinar las influencias del romanticismo y del iluminismo sobre su escritura, de conectar detalles de su biografía con su escritura, de cuestionar los conceptos de naturaleza, historia y cultura implícitos en la obra de Hudson. En suma, parecía difícil encontrar un aspecto no abordado por las contribuciones. Podía tratar de calibrar mejor la historicidad de algunos de los relatos, pero esto agregaría poco a ensayos ricos en detalles, razones y argumentos. Por ello, decidí limitar mi contribución a unos breves comentarios sobre los aportes de este volumen en relación a tres problemáticas: la crítica poscolonial, la subalternidad, y la cuestión imperial.

He aprendido mucho leyendo estos ensayos. Aprendí que tempranamente Borges y Martínez Estrada reconocieron en W. H. Hudson a un gran narrador de la cultura criolla y del mundo rural rioplatense. Ya por entonces, en las décadas de 1920 y 1940, se hicieron las primeras preguntas relevantes: ¿Cómo era posible que un autor inglés, escribiendo en su lengua, hubiese reflejado tan bien la "criolledad" rioplatense? Leí con mucha atención los comentarios sobre Borges y su discusión acerca de la arbitrariedad o carácter poco representativo de los "poetas nacionales". En aquellos años era importante rescatar la extraña extranjería de Hudson para confrontar con los esencialismos del nacionalismo cultural local. Aprendí que lecturas críticas más contemporáneas ofrecidas por Piglia, Arocena, Franco, Miller, Wilson, Nouzeilles y otros pusieron la obra de Hudson en relación con una gama de temas de naturaleza más general o transnacional: la ciencia, el naturalismo, los habitantes originarios, el conservacionismo ambientalista, la teoría evolucionista, el europeismo, la ilustración, etc. Descubrí que Hudson no solo fue elogiado por prestigiosos escritores ingleses, como V. Woolf, T. E. Lawrence y E. Pound, sino también que su obra conversaba cómodamente con los escritos de Darwin, Humboldt y Thoureau.

Aunque la crítica anterior había examinado a Hudson como naturalista, había algo diferente en estos ensayos. Me interesaron en particular aquellos ensayos que presentaban a Hudson como un naturalista en lucha con la emergente ciencia del laboratorio, defendiendo especies en peligro de extinción, e imaginando en medio del desierto patagónico la mirada y el pensar del habitante originario. Estas conexiones —y sobre todo las referencias a las obras de E. Said y Mary Louise Pratt— me pusieron en la pista de lo que sería el centro de mi argumento: que las nuevas lecturas privilegiaban una perspectiva poscolonial. Otros ensayos ponían la obra de Hudson en conexión con autores latinoamericanos contemporáneos. El interés era aquí diferente, privilegiándose lecturas cercanas que dilucidaran problemas literarios no necesariamente ligados con la relación literatura/imperialismo. Estética y territorio, población y pertenencia son temas centrales en la obra de Hudson que atraen el interés de la crítica literaria. En conexión a estas grandes temáticas aparecen otras que se prestan a comparaciones con otras narrativas, diferentes en espacio y tiempo: el destierro, la otredad, el viaje, la pertenencia nacional, la infancia y la vejez, la descripción de la naturaleza, la relación entre animales y humanos, los pueblos originarios, etc. En este sentido, aún cuando los ensayos no se centraban en las conexiones imperiales entre Inglaterra y Sudamérica, su lectura resultaba atrapante.

Aprendí también que el legado de Hudson en Argentina fue muy importante. Así lo indicaban los trabajos biográficos de A. Jurado, H. Jofre Barroso, Luis H. Velázquez y otros y el creciente número de ensayos críticos sobre la obra de Hudson. En mis notas, apunté una docena de referencias que debía agregar a mi lista de lecturas. Una búsqueda ligera por Internet me permitió comprobar que Hudson había además impactado fuertemente en el mundo de los coleccionistas y de los aficionados a la fauna. Varios museos en Argentina y Uruguay llevaban su nombre. La memoria de William H. Hudson parece estar en muchos lugares de la Argentina, no solo en el museo del parque Pereyra Iraola. Me quedó la intriga por investigar si en el presente, las obras naturalistas de Hudson ejercen el influjo que evidentemente tuvieron en el pasado. Sería interesante saber cuánto pagan los coleccionistas por primeras ediciones de los libros de Hudson, cuánta gente se involucra en traducir sus obras aún no traducidas, y qué resonancias tienen hoy las descripciones que hizo Hudson sobre las aves y los mamíferos de la pampa y la Patagonia. ¿Tienen nuestros escolares acceso a sus ilustraciones del puma, el ñandú y la calandria?

Temáticas centrales

¿De qué tratan estos ensayos? De estética y territorio, de poblaciones y pertenencia, pero además, de ciencia, de europeísmo y de imperio. Varios de los capítulos abordan dos problemáticas centrales: la cuestión de la pertenencia nacional y emocional de Hudson; y la localización apropiada de su obra literaria. Con respecto a lo primero se discute si sus recuerdos de infancia, sus viajes y observaciones sobre Argentina y Uruguay ayudan a comprender la identificación de Hudson con su tierra electiva, Inglaterra. O, lo que es lo mismo, si su nostálgica mirada sobre su propia infancia, la puesta en valor de las pampas y la Patagonia norte, lo convierten en un mediador entre culturas con una pertenencia ambivalente. Aunque se enfatiza por momentos en el carácter nepántlico de la escritura de Hudson (su locación en múltiples "in-between"), la respuesta que dan buena parte de los ensayos es negativa. Su identidad es clara: William H. Hudson es un autor que escribe en inglés, desde Londres, para lectores ingleses. Solo que su obra realiza una notable traducción de las costumbres y el paisaje rioplatense. En todo caso, su valorización de la flora y fauna rioplatenses y de los valores que encarnan los personajes criollos de esta región produjo un reconocimiento de destacados críticos argentinos a su obra. Pero esta circunstancia en modo alguno altera su pertenencia a Inglaterra y su cultura literaria.

El segundo punto también está claro. Hudson se esforzó por construir una voz y una poética desde donde interpelar al lector inglés de su tiempo, y obtuvo como recompensa el reconocimiento de importantes referentes del mundo literario inglés (J. Conrad, T. E. Lawrence, E. Pound, V. Woolf, entre otros). Con estos apoyos, Hudson entró en el canon literario inglés, luego de ser reconocido como un naturalista amateur. Sabemos muy poco sobre la circulación de su obra en el mundo de la Commonwealth británica; si su obra se leyó principalmente en las islas o también alcanzó a los lectores de Canadá, Australia, Nueva Zelanda y Sudáfrica. Pero está claro que la elección de la lengua —el inglés— y lo tardío de las traducciones al castellano postergaron el reconocimiento de su obra en Sudamérica. La favorable acogida que dio Jorge L. Borges a *La tierra púrpurea*, así como el notable esfuerzo de Martínez Estrada por incorporar *Allá lejos y hace tiempo* al canon literario argentino no lograron alterar aquella localización literaria. La obra de Hudson pudo leerse como la de un extranjero que mejor representó —por su distanciamiento— a la cultura rural rioplatense, pero esto de por sí no lo integró a las corrientes literarias que trabajosa e imitativamente trataron de construir una "literatura argentina". En todo caso, este reconocimiento y este intento de integración fue tardío. Ya cuando se publicó *Far Away and Long Ago* (1918), nos dice J. Anderman, la memoria autobiográfica en forma de novela parecía un anacronismo: rememoraba un pasado perdido, en una tierra lejana, en una colonia que no fue. La comparación que establece Piglia entre Hudson y Güiraldes es sugerente, pero las obras en si no contienen claves (inter-textualidades) que permitan establecer firmemente este vínculo.

Tal vez, me hubiese gustado leer algún ensayo sobre la relación de Hudson con los románticos argentinos. Domingo F. Sarmiento es mencionado en un par de ensayos, pero las otras figuras descollantes (Juan Bautista Alberdi, Esteban Echeverría, Bartolomé Mitre, José Mármol, etc.), que contribuyeron a poner la literatura al servicio de la política —primero para desprestigiar al gobierno de Juan M. de Rosas, y luego para sostener el proyecto de construcción de una nación más organizada— no aparecen mencionadas. Sería interesante ver en qué medida esta "literatura facciosa" que estableció la doble mirada de la que escribió David Viñas dejó huellas en la forma en que Hudson construyó su narrativa de las guerras civiles en Uruguay. De manera similar, llama la atención que la comparación no se haya extendido a autores como Lucio V. Mansilla y Estanilao. S. Zeballos, autores que exploraron la relación entre blancos e indígenas y que representan la transición entre la mirada romántica y el cientificismo evolucionista. Sabemos que Hudson partió de la Argentina en 1874 en un viaje sin retorno. Sería importante saber qué libros de autores locales llevó en su maleta. Y también, si entre 1874 y la Primera Guerra Mundial, un extenso periodo que coincidió con la revolucionaria modernización de la sociedad, la economía y la cultura argentinas, nuestro autor continuó leyendo obras de autores rioplatenses.[1]

El giro poscolonial

Estas relecturas de la obra de William H. Hudson proponen recalibrar la ubicación de este prominente escritor en el canon literario rioplatense e inglés y, también, en el espacio de las tensiones entre los diseños imperiales y las culturas locales. En este sentido uno podría argumentar que ha habido un giro en la interpretación de las "novelas

1. Solo en la medida que lo hizo —es decir, continuar literariamente conectado con las sociedades rioplatenses— podría uno atinar a considerarlo un escritor "argentino".

sudamericanas" de Hudson desde los juicios de Borges y Martínez Estrada. Ahora estas novelas se analizan no solo en relación a la posición ambivalente del autor con respecto a sus dos hogares o patrias (Inglaterra y la región del Plata), sino también en conexión con la inserción de Sudamérica dentro del proyecto de la ciencia europea y en relación a las ambiciones imperiales británicas. En este sentido, podríamos decir que estas nuevas miradas responden a la interpelación de los estudios poscoloniales.

De manera explícita, el ensayo de Celina Manzoni compara las *Mansiones verdes* de Hudson con *El corazón de las tinieblas* de Conrad, tal vez la obra más representativa del procesamiento cultural del imperialismo europeo de los territorios y poblaciones del mundo no-europeo. En este libro, la selva tropical venezolana funciona como un espacio de iniciación y pasaje para el héroe occidental. La selva es una construcción arquitectónica superior que provee refugio al occidental de los mitos aterradores de los indígenas. Como en la obra maestra de Conrad, aquí también se producen revelaciones desmesuradas —desastres naturales, terror, alucinaciones, descontrol, locura— en un contexto natural y salvaje, donde el protagonista civilizado debe confrontar con fuerzas sobrenaturales, más notoriamente, con la presencia de mujeres-ave. Aunque la inmensidad de la selva tropical y sus numerosos peligros impiden una fácil apropiación e integración en la economía-mundo europea, la interacción ficcional entre el hombre blanco civilizado (Abel) y la mujer-naturaleza (Rima) anticipa una futura domesticación de este mundo resistente a la colonización económica o política.

Álvaro Fernández Bravo, en su ensayo, nos propone rescatar a Hudson del "secuestro" de la crítica nacional para presentarlo en su dimensión transnacional. En particular, la labor coleccionista de Hudson sirvió para poner en valor un mundo biológico en proceso de extinción (el puma y el ñandú, pero también la calandria y el colibrí) y, a la vez, exhibir las novedades que estas especies sudamericanas podrían contribuir a la ciencia europea. Imbuido de una visión romántico-imperial, Hudson denunció la gradual desaparición de especies animales como un efecto del progreso y la civilización europeas. Dirigió sus ataques a los terratenientes pampeanos, a los colonos italianos, y a los propios coleccionistas científicos. Y trató, como compensación —para preservar este mundo animal en extinción— de dar vida social a los animales, de dotarlos de "biografías". Sus libros naturalistas (*The Naturalist in The Plata* y *Birds of La Plata*) funcionaron así como archivos para la ciencia metropolitana y, a la vez, como denuncias contra el progreso que emanaba de Europa. En Sudamérica, propuso Hudson, se estaba perdiendo la convivencia armónica entre humanos y animales, algo que en Inglaterra el industrialismo había destruido hacia ya tiempo.

El ensayo de Javier Uriarte posiciona de manera más directa la obra de Hudson (en particular *La tierra púrpurea*) dentro del espacio del "imperio informal" británico. La obra alude explícitamente al intento fallido de Inglaterra de conquistar el Río de la Plata en 1806-1807. A partir de entonces, es casi continua la interferencia británica en los asuntos del Plata. Gran Bretaña intervino de forma directa en la construcción del Estado Oriental como un "Estado colchón" entre las ambiciones de Argentina y Brasil. Al abrir los ríos del Plata a la navegación internacional, el imperio abrió las puertas de la región al comercio y el progreso europeos. Sobre esta tierra, "que Inglaterra perdió", Hudson construyó una subjetividad cambiante o nomádica. Richard Lamb es un inglés que, como resultado de sus deambulaciones por el interior de la Banda Oriental, comienza a acriollarse, transformándose al final en un sujeto antimperial. Para Uriarte, la violencia de las guerras civiles es el factor que produce esta transformación. Lamb mata, se involucra en la guerra, y al hacerlo, aprende a amar su tierra adoptiva. Su nueva conciencia lo mueve a tomar distancia de la colonia británica en Uruguay y a rechazar toda ambición imperial británica en la región. La "tierra púrpurea", la novela parece decir, debe preservarse independiente, libre del progreso capitalista y en estado de barbarie natural, es decir, gobernada por las pasiones.

Los trabajos de los críticos poscoloniales han provocado en América Latina, como reacción, una demanda por revisar algunos de los elementos valiosos de posiciones críticas previas, como la teoría de la dependencia, el estructuralismo Cepalino, o la teología de la liberación.[2]

2. Algunos han sugerido que este sendero crítico fue anterior a los textos ahora canónicos de Said, Spivak, Bhabha (véase en particular Mabel Moraña, Enrique

Los historiadores también han recuperado, con modificaciones y variantes la noción una "situación neocolonial" para la América hispánica y portuguesa de la posindependencia. Pero este énfasis en la dominación a través del comercio, las finanzas, y los flujos de tecnología que generaron formas incompletas o alternativas de modernidad en la periferia sudamericana no encuentra un referente claro en la obra de William H. Hudson. En este sentido, el giro hacia lecturas poscoloniales queda a medio camino, posiblemente porque los silencios y omisiones de la obra de Hudson no iluminan sobre aspectos centrales a una "colonia informal".

Para poder comparar Hudson con *The Heart of Darkness* de Conrad uno tendría que encontrar personajes ingleses o europeos actuando como gerentes de compañías ferroviarias, firmas de exportación/importación, aseguradoras londinenses, modernos frigoríficos, especuladores en tierras, o directores de empresas de transporte marítimo. Estos sujetos verdaderamente modernos, propios de la inserción de la región del Plata al mercado internacional, brillan por su ausencia. Richard Lamb no califica para este propósito. Es más bien un personaje propio de un tiempo anterior; del periodo de las guerras civiles, donde la aventura del comercio era una y otra vez interrumpida por el devenir de la guerra. Sobre estas inmaduras repúblicas, en trabajoso proceso de autoconstitución, el agente neocolonial (de ficción o no) solo podía proyectar una mirada reprobatoria: se involucraría necesariamente en una discusión sobre la razones de la falta de modernidad política en las nuevas repúblicas, antes de internarse en la crítica de su modernidad económica y social.

Como lo advirtieron Mary Louise Pratt y Jean Franco, los viajeros ingleses no pueden sino advertir la tensión que existe entre los inmensos recursos no explotados en la región y las dificultades políticas que vuelven altamente riesgosa cualquier inversión productiva. La avaricia del capitalismo extractivo ni siquiera puede ser sujeta a crítica, porque después de la crisis de 1825, las guerras civiles argentinas y uruguayas

---

Dussel y Carlos A. Jáuregui (eds.). *Coloniality at Large. Latin America and the Postcolonial Debate*. Durham/London: Duke University Press, 2008).

alejaron al capital británico de esta posible o potencial colonia informal. Los pocos escoceses, irlandeses e ingleses que se quedaron en la Confederación Argentina o en la Banda Oriental después de este periodo contribuyeron individual y trabajosamente al alumbramiento de una economía de mercado, con relaciones salariales, pero fuertemente afectada por los vaivenes de las guerras civiles y de la política. Y, también es bueno recordar que las propias armadas británica y francesa contribuyeron su cuota a la prolongación de los conflictos armados y a los gobiernos de excepción.

Subalternidades ficcionales

Resituar a Hudson en una posición a camino (*in-between*) entre el cosmopolitismo rioplatense de Borges y la crítica antimperial de Conrad puede proveer una primera solución tentativa. Pero el problema de la correcta ubicación de Hudson, como los ensayos de este volumen lo muestran, es más complejo. Porque Hudson construyó formas narrativas funcionales a múltiples propósitos. Hudson aspiró a que la ciencia y luego el mundo literario inglés reconocieran su obra. Reclamó valor para el amateurismo científico del coleccionista y del observador. Se posicionó en la larga guerra cultural contra el industrialismo y la inevitabilidad del progreso. Trató de rescatar valores premodernos en una sociedad en franco proceso civilizatorio. Y procesó un fracaso imperial no debidamente tratado por las letras inglesas: la pérdida de la región del Plata. Por ello, es de esperar que la obra de Hudson nos ofrezca múltiples ambivalencias, tensiones y posiciones intermedias, antes que una o dos.

No se trata solamente de calibrar la ubicación de Hudson en las literaturas nacionales o en los proyectos imperiales, sino de preguntarse en que medida fue este autor testigo fiel de su tiempo, sobre todo en su relación con las transformaciones y las luchas de los pueblos de Sudamérica. Necesitamos saber si Hudson logró reflejar las voces y el sentir de las varias subjetividades que hicieron la historia de las repúblicas sudamericanas, y dotaron de sentido a las ideas "europeas" de libertad, igualdad y fraternidad. Y en este sentido, entiendo que el impulso poscolonial no basta; que la crítica debe ir un paso más allá y preguntarse por los silencios, ausencias y supresiones que las obras de Hudson contienen. Me refiero aquí a la cuestión de si sus subalternidades ficcionales fueron capaces de captar el sentido profundo de los procesos políticos y culturales de la posindependencia en las repúblicas del Plata, así como la traumática desarticulación y marginalización de los pueblos indígenas que trajo el progreso.

La crítica de la "negación de contemporaneidad" es un comienzo. Al hacerlo, al poner a Uruguay, la pampa de Buenos Aires y la Patagonia en un pasado anterior al europeo, y al colocar a los pueblos indígenas en la Antigüedad, Hudson impuso una distancia infranqueable entre los sujetos poríferos sudamericanos y los sujetos europeos modernos: el naturalista, el viajero, el industrial, el gran comerciante, el escritor. Pero más allá de esta diferencia temporal inventada hay en su obra una voluntad de no ver lo que mira y de no registrar lo que ve. Hay una tendencia a traducir el territorio y la población de la periferia rioplatense en términos europeos. Se evitan los nombres indígenas, son mínimos los encuentros con indios vivos. Se recurre más bien a leyendas de pueblos supuestamente desaparecidos, o se leen conciencias de habitantes prehistóricos en cráneos llenos de arena. Las novelas se componen con personajes criollos, que parecen no ser naturales de ningún lugar en particular. Se inventa una geografía funcional al relato que evapora la densidad de procesos históricos relevantes para los sujetos locales: batallas, pronunciamientos, legislación, propuestas políticas, etc. En suma, se evocan fantasmas que no cargan armas, ni hablan de política.

Las nuevas repúblicas del Plata, durante sus periodos de luchas internas y de consolidación como naciones, proporcionan al buen lector abundante material sobre subalternidad, política y derechos. En medio de las guerras civiles se produce un empoderamiento de grupos subalternos que, con armas en la mano, o a través de la justicia, comienzan a demandar derechos y cierta mayor participación a la que estaban acostumbrados durante el periodo colonial. Este riquísimo proceso de participación subalterna en la formación de las repúblicas del Plata, recientemente problematizado por los historiadores, tuvo limitada resonancia en la literatura de viajeros, y casi ninguna en las narrativas y las obras naturalistas de Hudson. En esto, el silencio de Hudson sobre estos sujetos subalternos es notorio, aun en comparación con otros escritores contemporáneos. Veamos qué nos dicen las contribuciones de este volumen sobre este problema.

Si Hudson fue un maravilloso pintor de la "criolledad", sus personajes criollos carecieron de especificidad y de protagonismo histórico. Fueron personajes de leyenda, dotados de atributos generales de los que se suponía participaban todos los criollos, todos los gauchos, todos los orientales. Inmersos en geografías difusas, sin lugares definidos, peleando a veces batallas ficticias, estos personajes representan la hibridez del mestizaje, de los cuales se derivan formas asociativas y políticas particulares a Sudamérica. Pero, a diferencia del *Facundo, o civilización y barbarie*, de Domingo F. Sarmiento, no hay aquí un tratamiento específico de la relación clara entre el sujeto nativo y su medio ambiente, es decir, cómo lo uno se deriva de lo otro. Son sujetos que, aunque localistas, no defienden a sus patrias con argumentos. Destilan una violencia elemental que no está sostenida por razones.

Curiosamente, Hudson debió de ser testigo o escuchar sobre un evento de trascendental importancia para la comunidad británica en la región del Plata: la masacre de Tandil de 1872. Ese año, fanáticos católicos liderados por un milenarista criollo, Tata Dios, atacaron y dieron muerte a varias decenas de extranjeros, entre ellos varios ingleses. Según el historiador John Lynch, este evento resintió notablemente las relaciones anglo-argentinas y detuvo prácticamente la emigración de ingleses a la región. Es curioso que Hudson, habiendo estado por entonces en las inmediaciones de Azul, no registrara este evento de violencia anticolonial. Tampoco es posible encontrar en las obras de Hudson referencia alguna a la batalla de Obligado, donde los federales defendieron la autodeterminación de su patria frente a la ofensiva colonial de las escuadras francesa e inglesa. Este también es un silencio muy notorio.

Con respecto a los indígenas, por entonces en guerra contra el Estado argentino, la violencia semántica es mayor. Hudson, como otros naturalistas (más notablemente E. S. Zeballos y Francisco P. Moreno), se relacionó con los restos de habitantes originarios —que el consideraba en proceso de desaparición— pero se abstuvo de dar voz o protagonismo a los indios vivos. El ensayo de Roberto Ignacio Díaz evalúa críticamente este doble estándar. En su obra *Días de ocio en la Patagonia*, Hudson trata de imaginar como vería o conceptualizaría el paisaje el habitante originario y, al hacerlo, entra en un estado de trance desde el cual proclama que se siente igualado con el "salvaje". Hudson encuentra maravilloso el efecto de suspensión del pensar que produce el desierto —un estado de alerta permanente que interrumpe y detiene la reflexión racional—. Al referirse a los indios vivos, su posición es otra: condena sus prácticas incivilizadas y salvajes, subrayando escenas que causan horror y escándalo al lector europeo: por ejemplo, beber la sangre caliente de los potros. Hudson, se dice, humaniza al habitante originario, dotando a sus artesanías de belleza y valorizando su relación con el mundo animal. Pero está claro que esto en modo alguno reduce la superioridad occidental; se trata de un mero gesto nostálgico en relación a una raza que se presume en desaparición.

El problema está en que, las naciones indígenas, lejos estaban de desaparecer hacia principios de la década de 1870. Por el contrario, habían formado alianzas importantes que bajo el reinado de Calfucurá amenazaron seriamente la soberanía y el territorio de la nación argentina, quitándoles a los cristianos una importante cantidad de tierras y ganado. Hacia 1870 L.V. Mansilla emprendía su célebre negociación con Mariano Rosas, jefe de los Ranqueles, para solo obtener recriminaciones sobre las mentiras blancas y la falta de cumplimiento del Estado argentino. Más tarde, hacia 1879 E. S. Zeballos seguiría las huellas de la reciente Campaña del Desierto del general Roca, encontrando en el camino centenares de caciques y guerreros derrotados a punto de ser trasladados a sus respectivos destierros y prisiones. Fue difícil para Zeballos hacer desaparecer a estas presencias indígenas. La relación de Hudson con los indígenas es tan o más problemática: porque produce una ausencia en momentos en que estas tribus son aún soberanas del territorio.

En *The Naturalist in La Plata*, nos informa Fernández Bravo, Hudson pudo observar a la distancia un grupo de guerreros indígenas que vigilaban sus movimientos. Pero, en lugar de tratar de interactuar o comunicarse con ellos, los inscribe como parte de la naturaleza. Los presenta como "bronze men on strange horse-shaped pedestals". Este distanciamiento puede leerse como un rechazo a reconocer esta otredad que aún batalla con armas y organización política contra dos Estados nacionales (Chile y Argentina) y que resulta tal vez no asimilable al tipo de progreso y civilización que Hudson representa, aunque críticamente. Es que la empatía de Hudson con el "hombre primitivo" es un efecto de ficción, un ingrediente para la composición de una visión romántica sobre un territorio literariamente vaciado de indígenas. Los habitantes originarios de Hudson son una excusa o un motivo para la autoconstitución de un sujeto europeo superior, no solo a los "salvajes patagónicos" —tan en extinción como las aves y los mamíferos— sino también con relación a los gauchos o criollos, otra subalternidad de ficción.

¿Un naturalista imperial?

Interrogar la obra de Hudson desde una perspectiva poscolonial o neocolonial implicaría preguntarse en qué medida su obra contribuyó a extender la noción de la superioridad intelectual y cultural europea sobre Sudamérica. En este sentido, es importante examinar la obra de Hudson como naturalista en perspectiva comparada. Sus obras difieren de otras obras de naturalistas de su tiempo en algunos aspectos: su intento de dar vida "social" a los animales, su preocupación por la desaparición de algunas especies, sus comentarios sobre los sonidos de los pájaros y los aromas de las flores, y su valorización de un tiempo pretérito en que humanos y animales vivían en mayor interacción y armonía. Todas estas preocupaciones parecen informadas por un progresismo ambientalista poco común para su época. Hudson trató de dotar a la naturaleza sudamericana de características especiales y de ofrecer esto como un valor de enseñanza al sujeto moderno inglés, agobiado por la sociedad industrial y la competencia por la vida.[3]

3. La naturaleza sudamericana, sugiere Navarro Floria, es más abrumadora y estridente en la Patagonia y en la pampa que en las islas británicas. Los pájaros británicos suenan como una banda de instrumentos de viento, mientras que los pájaros patagónicos son una verdadera orquesta que emiten sonidos de muchos tipos de instrumentos.

Pero este nostálgico conservacionismo tuvo otro costado menos progresista. Me refiero aquí a sus intentos de vender colecciones y especímenes a los museos europeos y norteamericanos, su esfuerzo por fundir las presencias indígenas en el paisaje patagónico, al afán taxonómico de sus colecciones y descripciones de aves, su desinterés por contribuir a la formación de las ciencias naturales en Argentina y en Uruguay, su desprecio por los agricultores italianos que diezmaban las aves. Hay mucho de imperial en su forma de coleccionar y de narrar la fauna y la flora rioplatense. ¿Es que tal vez este modo artesanal de contribuir al conocimiento es por naturaleza imperial? Es decir, contribuye a poner en disponibilidad —en comparatividad visual— a los paisajes naturales y las faunas de la periferia de Europa. Y, al hacerlo, propende a centralizar los esfuerzos de comprensión de la naturaleza en Europa: en sus universidades, sus museos y sus sociedades científicas. La ciencia europea no tiene fronteras, trata de conquistar e incorporar toda la naturaleza. A pesar de que Hudson no consiguió incorporarse a la ciencia profesional en Inglaterra, sus colecciones y narraciones sobre fauna y flora contribuyeron a dar visibilidad a los territorios que Inglaterra no pudo conquistar o no consiguió retener.

Sabemos que Hudson escribió mucho sobre ornitología, describiendo pájaros de la región del Plata como pájaros cuyo hábitat era Escocia, Gales, o las Midlands. Sabemos además que su preocupación se centró en ciertas especies en peligro de extinción. Pero el peligro que enfrentaban los pájaros en las islas británicas no era el mismo que el que amenazaba a las aves de la región del Plata. Aquellos estaban en retirada por procesos de expansión territorial y contaminación propios de la revolución industrial, mientras que las segundas veían retroceder su hábitat por influjo de las migraciones masivas y la expansión de la agricultura capitalista. Necesitamos saber más sobre cómo Hudson resolvió la comparación de estos peligros ambientales —si trató a ambos problemas como equivalentes— para precisar en qué medida sus obras naturalistas contribuyeron a la colonialidad o imperialidad.

* * *

La crítica poscolonial nos invita a dar una segunda mirada a la relación entre literatura e imperialismo/colonialismo. Para un historiador, esta es una invitación a mirar lo obvio: la presencia inevitable hacia fines del siglo XIX de las fuerzas de los estados imperiales, de las formas tempranas del capitalismo transnacional, y de la presión por incorporar al mercado zonas productoras de alimentos, minerales, y materias primas. Para la temática que nos convoca, esto significa reconocer que William H. Hudson, como sus contemporáneos, vivió en tiempos saturados por la emergencia del nuevo imperialismo y por el fenómeno de flujos internacionales de comercio, capital financiero y migraciones internacionales que algunos autores han denominado "primera globalización". En obras de carácter literario, ubicar y ponderar adecuadamente la presencia y relevancia de estos significantes es bastante más complejo. Críticos atentos a las lecciones de los estudios poscoloniales pueden, sin embargo, partir de una premisa bastante general. Es dable pensar que a autores como Hudson, pertenecientes al mundo de los saberes y las letras en Inglaterra, les era difícil evitar reflexionar sobre temáticas que ahora invocamos con términos tales como diseños imperiales, eurocentrismo, superioridad cultural, occidentalismo, representaciones imperiales, etc. Los ensayos que se incluyen en este volumen contribuyen a comprender a Hudson y su obra desde una perspectiva poscolonial, es decir, ponen a sus romances sudamericanos y a sus obras naturalistas en relación a problemas donde el colonialismo y el imperialismo adquieren de nuevo la relevancia que se merecen.

Precisamente porque las repúblicas del Plata no se convirtieron en colonias formales del imperio británico, su inserción literaria no pudo seguir los derroteros literarios marcados por Conrad y Kipling. El relato nostálgico y costumbrista permitió extender una mirada distante sobre tierras que, en un pasado ya lejano fueron manchadas por la sangre de las guerras civiles y sobre tierras que, porque permanecieron atrapadas en un pasado premoderno, sirvieron de escenario ideal para el crecimiento de un niño. Pero siendo estos territorios partes del imperio informal británico, aún resulta llamativa la ausencia de ferrocarriles, frigoríficos, cercamientos, y buques a vapor, los instrumentos materiales que trajo el progreso y la incorporación de Argentina y Uruguay en la economía-mundo europea. Como Hudson no fue un observador directo de estos procesos de crecimiento económico y transformación tecnológica, las referencias tal vez sean necesariamente vagas e imprecisas. Pero también es dable especular que Hudson se refugió en la contemplación de la naturaleza (los desiertos, las aves, los mamíferos) y en los restos de habitantes supuestamente desaparecidos, para evitar la presencia molesta de otros procesos coloniales que llevaron violencias a los pueblos indígenas. Es esta desaparición, en modo alguno inevitable hacia 1870, que hoy preocupa a críticos literarios e historiadores.

CODA
Cámac y la memoria emocionada: entrecruces de William Henry Hudson y José María Arguedas

Sara Castro-Klarén
Johns Hopkins University

> I remember —better than any orchard, grove, or wood I have ever entered or seen, do I remember that shady oasis of trees at my new home on the illimitable grassy plain.
>
> This was the world in which I moved and had my being.
> WILLIAM HENRY HUDSON, *Far Away and Long Ago. A History of My Early Life* [1918] (1931: 45 y 52).[1]

> Los ríos fueron siempre míos; los arbustos que crecen en las faldas de las montañas, aun las casas de los pequeños pueblos con su tejado rojo cruzado de rayas de cal; los campos azules de alfalfa, las doradas pampas de *maíz* (67).
> JOSÉ MARÍA ARGUEDAS, *Los ríos profundos* (1958: 67)

Debo a la lectura de Ezequiel Martínez Estrada (1895-1964), a su revisión de la historia geocultural de la pampa y al aprendizaje de la memoria emocionada en los inolvidables paisajes de José María Arguedas (1911-1969), mi larga afición por la obra de William Henry Hudson (1841-1911). Inicialmente, *Radiografía de la pampa* (1933), con su incinerante análisis de la geohistoria americana, figuró en mi lectura como parte de la problemática de la gauchesca y del discurso sobre la nación en la tradición argentina. Después, en conjunción con la visión ocular de la pampa de Domingo F. Sarmiento (1811-1888) pasó, *Radiografía de la pampa*, a formar una pareja indispensable, aunque siempre dispareja, con varios otros textos sobre la pampa y la cultura gauchesca. Entre ellos, más allá del *Martín Fierro* (1872) y *Don Segundo Sombra* (1926), me encontré con *El mundo maravilloso de Guillermo Enrique Hudson* (1951) e inmediatamente con *Far Away and Long Ago* (1918) libro que me llevó a la lectura de *The Purple Land* (1885).

El orden cronológicamente inverso de mis lecturas en relación a las fechas de publicación de estos libros de Hudson dejó en mi memoria el efecto de una extendida biografía en dos volúmenes, borrando así las distinciones entre esa *History of my early life* y el carácter débilmente ficticio de *The Purple Land that England Lost.* Atribuyo esta lectura biográfica, este desliz crítico, este productivo *misreading* a un factor predominante en la obra de Hudson, el cual consiste en la evocación consistente y avasalladora de la pampa, no solo como paisaje (*landscape*) sino más bien como *a place of being*. Es decir, que como Hudson mismo lo entiende, en una inversión impresionante de los valores del *Facundo, o civilización y barbarie* (1845), la extensión de la ilimitada pampa no es una amenaza, sino que por el contrario, para la voz infantil que hace memoria: "This was the world in which I moved and had my being, within the limits of the old rat-haunted foss, among the enchated trees" (*Far Away and Long Ago* 52-53). Creo que esta construcción de la pampa como *place of being* (morada) es lo que produce y justifica pensar en una afinidad acronológica con la obra de José María Arguedas. Para ambos hombres la línea de defensa frente al acoso del mundo era el campo, los ríos, algún árbol, es decir, ese *foss* (fosa) afable en donde anidaban las ratas amigas, los sapos semienterrados, los flamencos impasibles al niño que absorbido en su belleza los observa en tiempo fuera del tiempo cotidiano. Ese *foss* de Hudson metaforiza el sentimiento de convergencia con la naturaleza expresado por Arguedas cuando escribe: "yo lo sentía tan mío aun lo ajeno" (*Los ríos profundos* 67).[1]

El gran hallazgo de Hudson, tal como en el caso de Arguedas, es haber creado un lenguaje, pero en especial haber sabido dejar fluir la emoción y la sensibilidades de esa entonces infantil conciencia (ese *far away and long ago*, ese momento irrecuperable de sensibilidades y convicciones "otras" a las racionalidades del adulto) sobre los accidentes y gentes de la pampa en que su *being* se dio. Es tal vez esta cualidad en la prosa de Hudson que Borges detecta, y junto con Martínez Estrada, admira y consagra. Comparte Hudson con Arguedas la sensibilidad de los niños solos y errantes; huérfanos accidentalmente liberados de los determinantes de los mayores.[2] Así se reconoce Arguedas en la trémula escena en que despide al padre e imagina los espacios y paisajes que se podrían ver y sentir desde el otro lado del abra. La voz del niño se confunde con la situación de forastero del padre. El forasterismo del padre también pesa en Hudson. Comparte el sentimiento de orfandad con el padre en la Argentina ya que nunca se aclara la razón por la cual la familia inmigró. Arguedas imagina y se identifica con el sentimiento del padre: "En su calidad de forastero recién llegado,

1. La cita completa y exacta dice así: "Ningún pensamiento, ningún recuerdo podía llegar hasta el aislamiento mortal en que durante ese tiempo me separaba del mundo. Yo que sentía tan mío aun lo ajeno" (*Los ríos profundos* 67).
2. Aunque ni Hudson ni Arguedas fueron técnicamente huérfanos, ambos comparten la conciencia de la ausencia o del padre o de la madre. Arguedas fue huérfano de madre y sufrió una cierta orfandad en referencia al padre, pues no lo tuvo jamás en casa sino más bien este lo dejó con la fría e imperial madrastra. Hudson tuvo al padre y a la madre en casa, pero el padre aparece siempre como una presencia borrosa, hasta distante y poco directiva. Con la madre sí tuvo una relación afectiva importante. Pero aunque compartió con ella sus afectos e intereses por el mundo natural y la pampa que rodeaba al hogar, el rumbear libre de Hudson por la pampa, el no estar matriculado en ningún colegio y haber crecido como por su cuenta, hace de él una figura comparable al niño y joven Arguedas que busca sus amigos entre los locales, los indios y sufre más bien un gran choque y desubicación cuando entra al colegio en la adolescencia. El ser arrancado de esa querencia natural no constituye el enfoque de Hudson quien parece volver a casa cuando se repatria a Inglaterra, pero sí marca la nostalgia del recuerdo por aquella originaria morada de una persona poco tocada por la sociabilidad institucionalizada.

sentiría mi ausencia, yo exploraría, palmo a palmo el gran valle y el pueblo; recibiría la corriente poderosa y triste que golpea a los niños cuando deben enfrentarse solos a un mundo cargado de monstruos y de fuego, y de los grandes ríos que cantan con la música más hermosa al chocar contra las piedras y las islas" (*Los ríos profundos* 43). La altísima calidad sensorial del lenguaje, la carga sinestésica de esa "corriente poderosa y triste" entrecruzada con el goce y alegría de la música de los ríos de Arguedas, es lo que la crítica reconoce en Hudson con el nombre de emoción estética del recuerdo.

La carga visual y olfatoria de un campo de alfalfa en Hudson, pudo haber sido cantada a dúo con la voz lírica de Arguedas ante un alfalfar florecido en los Andes. Inmediatamente después de recordar la fosa, feliz escondite de las ratas, en donde él sustenta su *being* y no muy lejos de las mezclas "raras" de la sensibilidad andina de Arguedas (la gozosa y gozada felicidad de las ratas, la transformativa inteligencia de un chancho, la sabiduría de los sapos), Hudson poetiza, es decir, interioriza, un alfalfar en la pampa: "There was a field of alfalfa about half an acre in size, which flowered three times a year, and during the flowering time it drew the butterflies from all the sorrounding plain with its luscious bean-like fragance, until the field was full of them, red, black yellow and white butterflies, fluttering in flocks round every blue spike" (*Far Away and Long Ago* 53). A dúo, Arguedas escribe 40 años más tarde y desde otra vertiente cultural: "Los ríos fueron siempre míos, los campos azules de alfalfa, los doradas pampas de maíz. Pero... al anochecer, se desprendía de mis ojos la maternal imagen del mundo" (*Los ríos profundos* 67). En ambos amorosos amantes de la naturaleza, la percepción de la luz, el color y la maravilla del espectáculo inunda de goce la escena y su ser (*being*). Se da una transferencia, como la del chancho con Arguedas en *El zorro de arriba y el zorro de abajo* (1971).[4] Rara vez, Hudson registra el momento que la luz merma, en que la noche borra la imagen en el ojo, en que la tristeza y a la melancolía arrancan del recuerdo su gran alivio y consuelo como es casi siempre el caso en Arguedas.

4. Véase Castro-Klarén (2001/2002: 25-39).

Creo que desde sus muy propias y muy distintas perspectivas, como Leila Gómez lo demuestra en su estudio sobre la entronización de Hudson en el canon nacional argentino, tanto Borges como Martínez Estrada reconocen este hallazgo en la voz y el lenguaje de Hudson.[5] Sin embargo, cada uno lo llama del modo en que era posible reconocerlo dentro de los parámetros de la polémica por definir y redefinir la nación en la primera mitad del siglo XX. A este respecto Gómez apunta en *Iluminados y tránsfugas* que "la estética de Hudson fue el lenguaje racional de lo sensitivo irracional" (2009: 58). Añade Gómez que "con genial intuición Martínez Estrada hablaba de la preeminencia de los sentidos en obra de Hudson" (ibíd.: 59).

Martínez Estrada, tan duro e inmisericordioso con otros soñadores de la pampa, encuentra en Hudson valores que los otros no supieron representar o tal vez ni siquiera detectar. En el capítulo dedicado al "Mundo de Hudson" (140-198), el crítico de la Trapalanda se muestra encantado con los paisajes y personajes de la pampa de Hudson porque el angloargentino percibe "el encanto que hay en lo silvestre y lo rústico, en lo que no se ajusta a ningún canon de la belleza convencional" (Martínez Estrada 1951: 144). En este sentido, Hudson no es único. En la memoria de lecturas de Martínez Estrada, este don y capacidad, ausente en la gauchesca, es compartido por los viajeros ingleses (ibíd.: 144) para quienes "la naturaleza de nuestras pobres llanuras, inclusive los aspectos desolados de ellas y de sus habitantes, tenían un atractivo intenso" (ibíd.: 144). No comparto la memoria ni la apreciación de Martínez Estrada sobre la ceguera de la gauchesca respecto a la pampa en cuanto paisaje falto de encanto. Para mí siempre fue al revés, la gauchesca, incluyendo a Güiraldes, me entregó una visión rica en colorido, valores táctiles y accidentes geográficos fascinantes e indelebles. De hecho, leí a Hudson en un continuo pampeano sin ruptura. En conjunto, la gauchesca produjo en mi memoria e imaginación, precisamente el encanto que para el autor de *Radiografía de la pampa* brilla por su ausencia en las páginas escritas en castellano por los argentinos nativos. Debido a esta preferencia marcada por la

5. Véase Gómez (2009: 73-105).

prosa de los ingleses, Martínez Estrada privilegia hasta la seca prosa de Darwin (ibíd.: 144) porque el científico siempre encuentra algo que "admirar donde los otros no veían nada de interés" (ibíd.: 144). Martínez Estrada pone las perspectivas y abordajes que informan los saberes de Darwin en un mismo plano con Hudson, el naturalista. Es una especie de traslado (*shift*) canónico, Hudson pasa ser ubicado no en la tradición de la gauchesca sino del discurso del naturalismo inglés. Se da aquí una operación de desubicación que permite una modificación notable en la hermenéutica en relación a Hudson. Así es que por el camino de Darwin, "penetra más honda y lejanamente Hudson y aquí hace su descubriendo para siempre" (ibíd.: 144).

Puntualmente diferencia aquí Martínez Estrada la mirada inteligente, "penetradora" de Hudson de la los ciegos "jardineros" que no supieron distinguir entre la belleza silvestre y única de la pampa y los jardines en serie de las tarjetas postales. En este traslado hermenéutico, la mirada de Hudson está en línea con Galileo, con la perspectiva de los hombres cuya curiosidad y contemplación no ha sido cegada por "la civilización". Esta mirada ve en la naturaleza un orden sensible, aprensible no solo por la inteligencia sino por una sensibilidad delicadamente afinada a su objeto de contemplación. Por lo tanto, "la más grande aportación de Hudson a la cultura es la de haber hecho de la sensibilidad una forma de pensar intelectual con no menores exigencias y satisfacciones que la del pensar científico" (ibíd.: 144).

Salvando la raigambre europea del pensamiento científico-sensible en Hudson, nada más y nada menos se podría decir y, en algunos casos ya se ha dicho, del pensamiento andino cuya concepción de la naturaleza *difiere* de la europea pero no por eso es (fue) menos inteligente o "científica", es decir, sistemática, atenta al más mínimo detalle y experimental en sus observaciones. Son estos saberes andinos, en que la información recogida por los aparatos sensoriales no rechazan la afectividad del momento cognitivo sino que más bien lo buscan a manera de complemento y/o meollo, los que aparecen en las escenas naturalistas de Hudson y en las tomas de las retamas colgantes, los eucaliptos y bandas de loros en el mundo de Arguedas. Esta aproximación andina, a veces tildada de chamánica, en que se busca la compenetración con una espiritualidad que se da en niveles de conocimiento *otros* en relación a la conciencia de lo cotidiano occidental, son los que informan la sensibilidad particular de prosa de José María Arguedas. A su vez es la plasmación de estos *otros* niveles de conocimiento sensible los que permiten o, más bien, invitan a una comparación entre la mirada o sentir de Hudson y la del autor de *Los ríos profundos* (1958). Este abordaje comparativo no intenta igualarlos; más bien trata de investigar las dimensiones hasta ahora no elucidadas de las pertenencias y diferencias que les confieren su lugar único en el canon de la literatura moderna.

En "Como chancho cuando piensa" (2001) estudié las dimensiones y dinámicas del afecto cognitivo en *El zorro de arriba y el zorro de abajo* (1971). Tomando como paradigma la escena en que el narrador cavila sobre su deseo de llegar a "ser" o más bien o transformase en "un chancho cuando piensa", llevé adelante la idea de que Arguedas opera no solo en esta escena, sino en muchos otros momentos de su escritura, una transvaluación, una operación de transvaciamiento que permite accesos de conciencia entre una especie en otra. Estos accesos inter-especie constituyen un aspecto clave del chamanismo y así lo apropian y despliegan Gilles Deleuze y Félix Guatari en *A Thousand Plateaus: Capitalism and Schizophrenia* (1987) cuando hablan de estados de conciencia que constituyen un *becoming.* "Ser" o "actuar" como chancho cuando piensa, en cuanto planteamiento que dilucide esa característica única e indeleble de la prosa naturalista de Hudson o las evocaciones de campos, personas o montañas en Arguedas, no apoya la tesis de Martínez Estrada respecto al hallazgo de un abordaje científico en Hudson y ausente en los escritores argentino. Esta idea de un acceso de tipo chamánico a *otros* estados de conciencia sí sustenta la intuición del autor de *Radiografía de la pampa* en apuntar a *otra* raigambre en el pensar/sentir de Hudson. Esa raigambre no es la ciencia, ni claro está, el empirismo, ni menos el realismo de la novela regionalista. Es algo diferente, una mezcla, más arguediana, es decir, más cercana al afecto cognitivo chamánico, y menos cultivada en el adentro de los marcos clasificatorios de la tradición europea.

En mi estudio sobre lo que podría significar "pensar como chancho" en Arguedas, demuestro que lo que ocurre en esa escena en *El zorro de arriba y el zorro de abajo* y repercute a través de la posibilidad/

imposibilidad de la escritura de la novela/autobiografía, es el registro de "una conciencia afectada por la expansión, ocupación y contagio con la multiplicidad" (Castro-Klarén 2001/2002: 34) del cosmos. Esta multiplicidad es alcanzada por el *cámac,* por un estado o modo de ser (*being*) de alma-cuerpo (ibíd.: 31) que constituye el meollo de la concepción del cosmos andino. *Cámac* no corresponde a la división oposicional racional/irracional de occidente.[6] Es la plasmación lingüística de ese contagio, ese transvaciamiento mutuo entre hombre y "immensenly tall, white and rose-colored birds" (*A Far Away and Long Ago* 78), entre el niño y "the sweet green silences" (111) ,entre William Henry y en el "wild solitary spot where I could spend hours watching the birds (54), o entre el errante muchacho y "the sacred flowers" de la retama (228) lo que cautiva la imaginación y los afectos de Borges y Martínez Estrada por la pampa de Hudson.

Hudson pone su *cámac* diariamente en sus recorridos sin rumbo en la ilimitada pampa y en sus días perdido entre la visión física y la ensoñación de la planicie sin fin. Años después, recupera ese estado de conciencia contaminada en las páginas en que textualiza la memoria. Por su parte Arguedas lucha contra el olvido y la borradura de la memoria de sus vivencias infantiles, de sus momentos de *cámac* desde sus primeros cuentos en que se propone contarlo "tal cual es" y no tergiversado por los parámetros y usos del castellano. Después de la lectura remecedora de los mitos de Huarochirí, vislumbra que cuando el cuerpo-alma se pone a trabajar, lo que se produce es un (peligroso) *pachacuti*, un convertirse en animal, en dulce verde, en tierno arroyo, en chancho. Estos errantes niños, en su abandono y libertad viajan por varios y múltiples estados de conciencia. Esa errancia anclada en su *being*, en la "maternal imagen del mundo" (*Los ríos profundos* 67), les permite escapar los sedimentos y límites de la conciencia práctica de la vida burguesa.

A esos estados de conciencia, Hudson les llama animismo y Arguedas los conoce como la concepción-sentimiento del cuerpo-alma

6. Véase al respecto el análisis de *cámac* de Frank Salomon en su introducción a su edición del manuscrito de Huarochirí (1991).

andina. Arguedas, tal y como rechaza el apelativo de transculturación para su *being* y sus saberes y artes, rechazaría plenamente la idea de que en estos estados de conciencia, la aprehensión del mundo que busca plasmar en español —a pesar de las deficiencias de este idioma para la tarea del *cámac*—, podrían ser descritos con el término "animismo".

En cuanto concepto que viene de la antropología jerarquizante del siglo XIX, además de ser inexacto, para Arguedas sería reconocido como parte de la máquina arrolladora de denigración de las culturas indígenas americanas. "Animismo" hubiera recibido el pleno rechazo de Arguedas. En vista de toda la crítica actual al eurocentrismo, es claro que hoy en día, tampoco sirve ese concepto. Pero Hudson, lo aceptó en su tiempo, porque en parte no había otra cosa, y el maduro naturalista adscribía ese estado de conciencia a su infancia, como manera de encontrar alguna explicación que tuviera sentido dentro de los marcos epistemológicos en su entorno.

En el capítulo "A Boy's Animism" en *Far Away and Long Ago*, Hudson busca una explicación a la calidad afectiva de sus indelebles memorias. La memoria de una culebra negra molesta la solaz presencia de otras memorias más tiernas y amables: "These serpent memories, particularly the enduring image of that black serpent which when recalled restores most vividly the emotion experienced at the time" (224). Hudson dice que esa operación de la subjetividad en que se da tanto la ponderosa evocación de la imagen como la vivencia repetida de la emoción primera se llama animismo. "This is animism, or that sense that something in nature which to the enlightened or civilized man is not there, and in the civilized man's child, if it admitted that he has it at all, is but a faint survival of a phase of the primitive mind" (224). No es pues de llamar la atención que tanto Borges como Martínez Estrada avanzaran la sugerencia y argumentos de Hudson sobre su animismo y le llamaran el gran primitivo. Pero valdría la pena preguntarse si la prosa de un personaje como Arguedas escribiendo desde y sobre la pampa Argentina hubiera merecido el encomio que justifica el clasificarlo no de primitivo sino de "gran primitivo" en el orden de las cosas de Borges. El "gran primitivo" en boca de Borges se enriquece de las alusiones a Whitman comprendido como el "amistoso y elocuente salvaje" de *Leaves of Grass* (1855) (2009b: 422), de las miradas al conocido panteísmo del compatriota de Hudson. Como bien observa Leila Gómez, "tanto en el campo intelectual inglés como en el rioplatense, Hudson será conocido por como 'el gran primitivo' (Manning 1941) y en eso consistirá su capital simbólico" (Gómez 2009: 44).

No obstante, Hudson oscila entre distanciar y abrazar las sobrevivencias de la mente primitiva de sus capacidades perceptivas a las que prefiere llamar animismo. Distingue entre la "theory that there is a soul in nature" (las creencias de la mente primitiva) y la "tendency or impulse or instinct, in which all myth originates, to animate all things; *the projection of ourselves into nature* (el énfasis es mío); the sense and apprehension of an intelligence like our own but more powerful in all visible things" (*Far Away and Long Ago* 224-225). Esta apreciación de Hudson —"the projection of ourselves into nature"— queda mucho más cerca de la experiencia del chaman o del saber afectivo andino que del animismo. La explicación de Hudson no deja, sin embargo, de ser teológica a la manera tomística. Es decir, que en una operación de proyección del ser humano percibimos el orden y la perfección divina que Dios pone en la naturaleza de la cual formamos parte. En este sentido el animismo de Hudson roza con el deísmo rousseauniano de Whitman y difiere así de la relación andina evocada por Arguedas. En la ambición arguediana de "pensar como chancho" no se borra la diferencia con lo otro. Lo que es, es un convertirse (no en el otro al estilo de Ovidio) sino con el otro (mezclarse, entrelazarse sin hibridarse, diría Arguedas. El momento arguediano es a-teológico, tal y como lo fue la religión (valga la paradoja) andina. El alma, "the soul" de que habla Hudson, no es comparable al alma-cuerpo del *cámac*.

A pesar de la diferencia entre el *cámac* y el alma, creo que Hudson, no teniendo otros medios intelectuales a su alcance en la época en que la antropología de Sir Edward B. Tylor (1871) había inventado el animismo como recurso para entender las religiones "primitivas", cuando abraza el termino *primitive* para referirse a sus estados de afecto cognitivo, habla no del animismo de Tylor sino más bien de algo parecido al momento *cámac* de Arguedas. Hudson vive admirado de no haber perdido su "animismo" a pesar de que en su primera tesis sobre el asunto atribuyera el "animismo" a los efectos ambientales de vivir "in rural sorroundings, where there are hills and woods and rocks and streams and walterfalls, these being the conditions that are most favorable to it" (*Far Away and Long Ago* 225). Ya viejo, en Inglaterra, y haciendo memoria para escribir *Far Away and Long Ago* se encuentra pensando que "I know that in me, old as I am, this same primitive faculty which manifested itself in my early boyhood, still persists, and in those early years was so powerful that I am almost afraid to say how deeply I was moved by it" (225). Ese miedo hecho irresistible porque viene mezclado con una "ternura feroz" (2009b: 423) es la dimensión afecto-cognitiva que imanta a Hudson con Arguedas, a pesar de que en Hudson es únicamente individual y en Arguedas lo sea individual y cultural. Al respecto Borges observa con agudeza muy propia que lo indispensable en Whitman no es el deseo de ser y hablar todo y por todos sino más bien la insólita calidad de la memoria con que plasma los bosques de América el poeta norteño. En "El otro Whitman" Borges descubre que, citando a Whitman como va escribiendo la corta nota, la singular marca del poeta es la "simplificación final del recuerdo, inconocibilidad y pudor de nuestro vivir, negación de los esquemas intelectuales y aprecio de las noticias primarias de los sentidos" (2009a: 386). Hago aquí este descubriendo extenso a Hudson, a ese Hudson que supo en la figura de Richard Lamb "recibir todas las vicisitudes del ser, amigas o aciagas" (Borges 2009c: 102). Es este encuentro con el esplendor de inconocibilidad de las cosas, incluso de nosotros mismos, el recibimiento de todas las vicisitudes del ser y del acaecer, el que anima la prosa de Hudson y lo emparenta con Arguedas. El parentesco Hudson-Arguedas emula al momento chancho cuando piensa, iluminado, paradójicamente por momentos de inconocibilidad.

No podría cerrar este ensayo sobre encuentros y parentescos sin puntualizar, aunque sea brevemente sobre el bilingüismo en ambos amorosos amantes de la inconocibilidad. Aunque no lo declare abiertamente es inevitable pensar que cuando Borges escribe que "quizá ninguna de las obras de la literatura gauchesca aventaje a *The Purple Land* (ibíd.: 101) está pensando en las capacidades expresivas que el legado lingüístico-cultural inglés le presta a Hudson. Como ya se ha notado en varios de los ensayos en este volumen, el concepto borgeano de criollo para la tradición argentina es la contaminación (la mejora) del castellano con otras lenguas europeas. Así pues, afirma que *The Purple Land* es fundamentalmente criolla, imbuida de una moral cimarrona, más allá de la ley que la restringe. Estas cualidades fronterizas le permiten pensar y sentir en los extramuros de lo establecido, romper con los moldes y restricciones de la monotonía, la repetición y el asentamiento estéril. Borges casi llega a instituir como causa o valor indispensable en el logro de Hudson la idiosincrasia de la cultura inglesa. Así lo escribe al cerrar "Sobre *The Purple Land*": "Una observación última. Percibir o no los matices criollos es quizá baladí, pero el hecho es que de todos los extranjeros (sin excluir por cierto a los españoles) nadie los percibe sino el inglés. Miller, Roberston, Burton, Cunninghame Graham, Hudson" (102). Ninguno de los críticos que tan agudamente escriben sobre Hudson en este volumen menciona que en la recepción de la obra de Hudson en el mundo de habla inglesa se hiciera cuestión de un acriollamiento de su inglés debido a la estancia en la Argentina y a sus años de hispanohablante. El inglés en la obra de Hudson se toma como una lengua siempre y desde ya hegemónica e integrada a sus propias coordenadas, o atenta a un afuera como en el caso de criollismo que Borges le atribuye al inglés de Hudson, ya que no hay que olvidar que cuando se habla de Hudson en la Argentina no es posible saber si se habla del original en inglés o de las traducciones al castellano. De todas maneras lo que importa aquí es el hecho de que el bilingüismo en Hudson tiene un valor neutro en el mundo angloparlante y merece, por el contrario, una plusvalía en la recepción "criolla" que le otorgan Borges y Martínez Estrada. Desde entonces los letrados políglotas estarán englobados en el mundo maravilloso y no constituirán una amenaza a la nación del criollismo de Lugones (Gómez 2009: 80).

Ningún cuadro podría expresar un contraste más marcado con el caso del bilingüismo en Arguedas. Es bien sabido que el mismo autor de *Todas las sangres* luchó infernalmente, desde la infancia, con su bilingüismo, no porque en sí fuera un detrimento sino porque en el mundo de valores en que habitaba, en el lugar donde tenía su *being* existía un abismo desgarrador entre saberse en quechua y saberse en castellano. Lenguas y mundo en guerra. Hudson por el contrario, parece inmune a esta diferencia. Él atraviesa el mundo del hogar en inglés a la pampa y sus amigos gauchos de la forma más llana y natural. Para él no hay disputa entre el castellano y el inglés y ni el uno ni el otro le reclama lealtades o posibilidades afecto-cognitivas diferentes. Para Arguedas salir del mundo amoroso del quechua es todo un trauma. Encuentra el castellano reacio a sus necesidades expresivas. El castellano heredado en cuanto tradición literaria le parece duro, tieso, poco maleable, lleno de voces imperativas, falto de la ternura feroz que parece existir naturalmente en el quechua.

El bilingüismo de Arguedas requiere una infusión forzada del quechua en el castellano lo cual imbrica una lucha feroz. Para Hudson, nunca hubo problema. La escritura se hacía o se iba a hacer en inglés, tal y como se hacían las lecturas en casa. El drama de Arguedas está ausente en Hudson y marca, por así decirlo, la felicidad de sus libros. Es importante señalar aquí que una de las más notables diferencias entre Arguedas y Hudson es que la desigualdad entre los idiomas no está compenetrada, no encarna a la del universo de lucha sin tregua de la colonialidad para Hudson. A este respecto creo válidas las advertencias que Ricardo Salvatore hace respecto a los estudios de Hudson, en que no se señala ni se analiza el hecho de que Hudson no se ocupa en lo más mínimo de la vida y su contacto con los indígenas de la pampa que fueron sus contemporáneos y hasta sus compañeros de juegos. Hudson establece una "distancia infranqueable" entre su tiempo y el "nuestro" y los indígenas de la antigüedad (véase el epílogo de Salvatore). Está muy en lo cierto Salvatore cuando indica que "hay en su obra una voluntad de no ver lo que mira y de no registrar lo que ve [...]. Se evitan los nombres indígenas, son mínimos los encuentros con indios vivos. Se recurre más a las leyendas de pueblos supuestamente desparecidos o se leen conciencias de habitantes prehistóricos en cráneos llenos de arena". Tal vez este vaciamiento de conflictos de la historia que avanzan hacia el presente haya sido otro de los atractivos que la pampa de Hudson ofrecía al autor de Trapalanda como también a Borges.

Para concluir con este cuadro de entrecruces habría que decir algo sobre los públicos lectores que le dieron sus diferentes lugares canónicos a estos dos amantes de la pachamama. Si Hudson lucha por ocupar un lugar entre los naturalistas y viajeros del mundo inglés, Arguedas debe luchar por un público lector en un país propio que no lo hubiera leído si hubiera escrito en quechua, la matriz del sentir del mundo que plasma en su ficción. Ambos enamorados de la pachamama, del mundo prístino de su infancia, ambos niños errantes entre dos culturas, terminan siendo también traductores culturales. Traducen a muchos niveles además del estrictamente lingüístico y cultural. Traducen en especial las coordenadas y esplendor del mundo percibido desde la apertura de la infancia al mundo trajinado y fatigado de los adultos y restauran así el encanto y la ferocidad primarios al abatido mundo de la racionalidad moderna. Es esa traducción y esa capacidad de trajinar por varios mundos, por diferentes estados de conciencia, por momentos de inconocibilidad, lo que les vale ocupar otra vez nuestra lectura.

Bibliografía

Arguedas, José María. *Los ríos profundos*. Buenos Aires: Losada, 1958.

Borges, Jorge Luis. "El otro Whitman". En: *Obras completas I (1923-1949)*. Buenos Aires: Emecé 2009a, 384-386.

— "Nota sobre Walt Whitman". En: *Obras completas I. (1923-1972)*. Buenos Aires: Emecé, 2009b, 421-425.

— "Sobre *The Purple Land*". En: *Obras completas II (1952-1972)*. Buenos Aires: Emecé, 2009c, 100-102.

Castro-Klarén, Sara. "'Como chancho cuando piensa'. El afecto cognitivo en Arguedas y el con-vertir en animal". En: *Revista Canadiense de Estudios Hispanicos,* xxvi, 1-2 (otoño/invierno 2001/2002), 25-39.

Gómez, Leila. *Iluminados y tránsfugas. Relatos de viajeros y ficciones nacionales en Argentina, Paraguay y Perú*. Madrid/Frankfurt am Main: Iberoamericana/Vervuert, 2009.

Hudson, William Henry. *Far Away and Long Ago. A History of My Early Life*. New York: E. P. Dutton and Co., 1931.

Manning, Hugo. "Significación e influencia futura de Hudson". En: Pozzo, Fernando, Ezequiel Martínez Estrada, Jorge Casares, Jorge Luis Borges, H. J. Massingham, V. S. Pritchett y Hugo Manning.

Antologia de Guillermo Enrique Hudson precedida de estudios críticos sobre su vida y su obra. Buenos Aires: Losada, 1941, 81-99.

MARTÍNEZ ESTRADA, Ezequiel. *El mundo maravilloso de Guillermo Enrique Hudson.* México: FCE, 1951.

SALOMON, Frank (ed.). *The Huarochiri Manuscript: A testament of Ancient and Colonial Andean religion.* Trad. Jorge Urioste. Austin: University of Texas Press, 1991.

TYLOR, Edward B. *Primitive Culture: Researches into the Development of Mythology, Religion, Language, Arts and Custom.* New York: Brentano, 1871.

Sobre los autores

Jens Andermann es profesor titular de Estudios Latinoamericanos y Luso-Brasileños en la Universidad de Zúrich. Anteriormente se ha desempeñado como docente en Birkbeck College, Universidad de Londres y en las universidades de Buenos Aires, Río de Janeiro (UFRJ), Princeton y Duke. Es editor del *Journal of Latin American Cultural Studies* y autor de los libros *New Argentine Cinema* (2011), *The Optic of the State: Visuality and Power in Argentina and Brazil* (2007) y *Mapas de poder: una arqueología literaria del espacio argentino* (2000). Actualmente trabaja sobre relaciones entre modernidad y paisaje en América Latina y sobre nuevas configuraciones de lo real en el cine argentino y brasileño.

Jean-Philippe Barnabé es profesor de Literatura Hispanoamericana en la Universidad de Picardie (Amiens, Francia). Tras su tesis doctoral sobre los procesos de creación en Felisberto Hernández (1997), desarrolló luego, en esta misma línea, diversos estudios de genética textual *(Cuentos y leyendas de Miguel Ángel Asturias,* 2000). Ha publicado, asimismo, numerosos artículos sobre autores del continente, y ha sido co-organizador en Uruguay de la serie anual de coloquios "Montevideana", particularmente de la edición de 2004, enteramente dedicada a *The Purple Land*, de William Henry Hudson.

Sara Castro-Klarén es profesora de Literatura y Cultura Latinoamericana en la Universidad de Johns Hopkins. Ha publicado copiosamente sobre la novela latinoamericana, la teoría postcolonial y sobre temas coloniales andinos e historiografía contemporánea, en referencia especial a los estudios subalternos y a los discursos imperiales. Sus libros son: *El mundo mágico de José María Arguedas* (1973), *Escritura y transgresión en la literatura Latino Americana* (1989), *Understanding Mario Vargas Llosa* (1990), *The Narrow Pass of Our Nerves* (2011). Ha editado antologías para las que ha escrito introducciones y capítulos. Entre las más notables están *Women's Writing in Latin America. An Anthology* (1991), *Beyond Imagined Communities: Reading and Writing the Nation in Nineteenth Century Latin America* (2004) y *Blackwell Companion to Latin American Culture and Literature* (2008).

FERNANDO DEGIOVANNI se desempeña como profesor asociado de Lenguas y Literaturas Romances y director del Programa de Estudios Latinoamericanos de Wesleyan University. Es autor de *Los textos de la patria: nacionalismo, políticas culturales y canon en Argentina* (2007), libro distinguido con el Premio Alfredo Roggiano de Crítica Literaria y Cultural Latinoamericana que otorga el Instituto Internacional de Literatura Iberoamericana (IILI). Ha sido becario del Fondo Nacional de las Artes, de la Fundación Antorchas, del Consejo de Investigaciones Científicas y de la Agencia Córdoba Ciencia. En la actualidad escribe un libro sobre la constitución del campo de los estudios literarios latinoamericanos.

ROBERTO IGNACIO DÍAZ es profesor asociado de Español y Literatura Comparada en la Universidad del Sur de California. Es autor de *Unhomely Rooms: Foreign Tongues and Spanish American Literature* y está escribiendo un libro sobre la ópera como práctica y metáfora en la historia cultural de Latinoamérica.

PETER ELMORE, doctor en Literatura Latinoamericana por la Universidad de Texas en Austin, es profesor principal en la Universidad de Colorado-Boulder. Ha escrito los libros de crítica y ensayo *Los muros invisibles. Lima y la modernidad en la novela peruana del siglo* XX (1993), *La fábrica de la memoria. Las crisis de la representación en la novela latinoamericana del siglo* XX (1995), *El perfil de la palabra. La obra* *de Julio Ramón Ribeyro (2001)* y *La estación de los encuentros* (2010). Es autor de las novelas *Enigma de los cuerpos* (1995), *Las pruebas del fuego* (1999) y *El fondo de las aguas* (2006). Con el grupo Yuyachkani, el colectivo teatral más prestigioso del Perú, ha coescrito *Encuentro de zorros* (1984), *Hasta cuándo corazón* (1995), *Santiago* (2000) y *El último ensayo* (2008).

ÁLVARO FERNÁNDEZ BRAVO es director de New York University Buenos Aires e investigador del CONICET, Argentina. Es investigador asociado en el Departamento de Humanidades de la Universidad de San Andrés. Obtuvo su Licenciatura en Letras en la Universidad de Buenos Aires, maestría y doctorado en la Universidad de Princeton, Estados Unidos y posdoctorado en la Universidade Federal de Minas Gerais, Brasil. Fue profesor las universidades de Temple, Buenos Aires, Mar del Plata y Rosario. Publicó *Literatura y Frontera* (1999), *La invención de la nación* (2000) *Sujetos en tránsito* (2003), *El valor de la cultura* (2007) y *Episodios en la formación de las redes culturales en América Latina* (2010), así como artículos en libros y revistas académicas internacionales sobre patrimonio cultural, latinoamericanismo y teoría literaria.

LEILA GÓMEZ es profesora de Literatura Latinoamericana en la Universidad de Colorado en Boulder, Estados Unidos. Obtuvo su doctorado en la Universidad de Johns Hopkins en 2004. Se especializa en el estudio de viajeros científicos de los imperios informales y su incidencia en la formación de los discursos nacionales latinoamericanos del siglo XIX y XX. Su interés principal es explorar la relación entre la ciencia metropolitana y la definición del patrimonio nacional en la literatura, la antropología, la arqueología, la fotografía y los museos. Ha publicado *Iluminados y tránsfugas: Relatos de viajeros y ficciones nacionales en Argentina, Paraguay y Perú* (2009), *La piedra del escándalo: Darwin en Argentina, 1845-1909* (2008), libro que ha sido traducido y publicado en inglés en 2011 con el título *Darwinism in Argentina*. Ha editado volúmenes y publicado artículos sobre la literatura de viajes, el discurso del imperio y escritores como Jorge Luis Borges y Augusto Roa Bastos.

RICARDO GUTIÉRREZ-MOUAT es profesor de Literatura Latinoamericana y director del Programa de Estudios Latinoamericanos de la Emory University. Es autor de *José Donoso: impostura e impostación* y de otros libros y artículos de crítica literaria y estudios culturales publicados en los medios profesionales de los Estados Unidos, México y España. Sus intereses actuales son las teorías de la globalizazión y el cosmopolitismo y la literatura latinoamericana de los derechos humanos. Sus últimas publicaciones comprenden una edición de tres novelas cortas de José Donoso (*Mascarada: Tres novelas cosmopolitas* [2006]) y un estudio del cosmopolitismo "vernacular" en *Travesuras de la niña mala,* de Vargas Llosa.

AMANDA HOLMES es profesora asociada en el Departamento de Estudios Hispánicos en McGill University, Canadá. Es autora de *City Fictions: Language, Body, and Spanish American Urban Space* (2007), y coeditora de *Cultures of the City: Mediating Identities in Urban Latin/o America* (2010). Ha publicado artículos sobre lo exótico contemporáneo, paisaje y cine, violencia política y ciudad, autobiografía e identidad regional, y lo misterioso urbano desde perspectivas comparatistas.

EVA-LYNN JAGOE es profesora asociada de la Universidad de Toronto, donde forma parte del Departamento de Español y Portugués, del Programa de Literatura Comparada, y del Instituto de Estudios de Cine. Su primer libro, *The End of the World as They Knew It: Writing Experiences of the Argentine South* (2008), analiza representaciones del sur en textos argentinos e ingleses del siglo XIX al presente e insiste en que la narración de ese espacio es fundacional en la construcción del una memoria e historia colectiva argentina. Desde la publicación de ese libro, ha publicado artículos sobre cine, arte visual, y literatura argentina. Actualmente está escribiendo un libro ensayístico sobre la cuestión del desborde en el psicoanálisis, el saber y el narrar.

CELINA MANZONI es profesora titular consulta de Literatura Latinoamericana, secretaria académica del Instituto de Literatura Hispanoamericana y directora del Grupo de Estudios Caribeños en la Universidad de Buenos Aires. Su trabajo ha sido distinguido con el Premio de Ensayo Internacional 2000 por Casa de las Américas, La Habana. Ha publicado numerosos artículos en libros y revistas de la especialidad. Ha dictado cursos y conferencias en América Latina, Estados Unidos y Europa. Sus libros son: *Un dilema cubano. Nacionalismo y vanguardia* (2001), *Roberto Bolaño: la escritura como tauromaquia* (2002), *La fugitiva contemporaneidad. Narrativa latinoamericana* (2003), *Violencia y silencio. Literatura latinoamericana contemporánea* (2005), *Errancia y escritura en la narrativa latinoamericana contemporánea* (2009) y *Rupturas*, volumen 7 de la *Historia crítica de la literatura argentina* (2009).

Silvia Rosman enseña Literatura Latinoamericana en la Universidad de Illinois, Chicago. Es autora de *Dislocaciones culturales: nación, sujeto y comunidad en América Latina,* además de numerosos artículos sobre literatura y cultura mexicana, cubana y rioplatense, teoría cultural y política en castellano, inglés y portugués. Actualmente prepara un manuscrito sobre viajes transatlánticos y cuestiones epistemológicas, antropológicas y artísticas en México y Brasil.

Ricardo Salvatore es doctor en Economía por la Universidad de Texas, en Austin, y licenciado en Economía por la Universidad Nacional de Córdoba. Ha ocupado numerosas posiciones académicas y recibido importantes distinciones, entre ellas la beca Guggenheim (2004). Actualmente es profesor de Historia en la Universidad Torcuato Di Tella. Su libro más reciente se titula *Subalternos, derechos y justicia penal* (2010). Antes de esto publicó *Wandering Paysanos. State, Order and Subaltern Experience In Buenos Aires Province During The Rosas Era* (2003) e *Imágenes de un imperio* (2006). Ha coeditado los siguientes libros: *The Birth of The Penitentiary In Latin America* (1996); *Close encounters of empire. Writing the cultural history of us-latin american relations* (1998); *Caudillismos Rioplatenses. Nuevas Miradas a un Viejo Problema* (1998); y *Crime and Punishment In Latin America* (2001). Ha publicado además numerosos artículos sobre control social, criminología, historia del delito, relaciones estado-campesinos, y sobre estudios pos-coloniales y hemisféricos en América Latina. El profesor Salvatore se encuentra finalizando un libro sobre las empresas del conocimiento estadounidense en América latina entre 1890 y 1945 que llevará por título *Disciplinary Interventions*.

MÓNICA SZURMUK es investigadora del CONICET con sede en la Universidad de Buenos Aires. Es autora de *Mujeres en viaje*; *Women in Argentina, Early Travel Narratives* (publicado en español como *Miradas cruzadas: Narrativas de viaje de mujeres en la Argentina 1850-1930*). Ha coeditado *Memoria y ciudadanía* y el *Diccionario de estudios culturales latinoamericanos*.

JAVIER URIARTE es profesor visitante en Stonybrook University, Estados Unidos. Obtuvo su doctorado en New York University y su licenciatura en la Universidad de la República, Uruguay. En su tesis doctoral trabajó sobre las relaciones entre literatura de viajes, guerras y Estados en Sudamérica. Es co-editor invitado del número especial de la revista *Cahiers de Li.Ri.Co.* (Universidad de París 8) titulado *Los raros uruguayos: nuevas miradas* (2011). Ha publicado artículos en libros y revistas académicas en Brasil, Estados Unidos, Francia, Reino Unido y Uruguay.

GUSTAVO VERDESIO obtuvo su doctorado en Northwestern University en 1992. Es *associate professor* del Departamento de Lengua y Literatura y del Programa de Cultura Americana en la Universidad de Michigan. Da clases sobre la época colonial latinoamericana, sociedades indígenas precolombinas, y cultura popular. Una versión corregida y aumentada de su libro *La invención del Uruguay* (1996) ha aparecido como *Forgotten Conquests* (2001). Es coeditor (junto a Álvaro F. Bolaños) del libro *Colonialism Past and Present* (2002). Ha editado un número de la revista *Dispositio/n* (#52, 2005) dedicado a la evaluación del legado del Grupo Latinoamericano de Estudios Subalternos (Latin American Subaltern Studies Group). Sus artículos han aparecido en diversas revistas especializadas tanto de literatura y estudios culturales como de arqueología: *Trabajos de Arqueología del Paisaje, Arqueología Suramericana, Bulletin of Hispanic Studies, Revista de Estudios Hispánicos, y Revista Iberoamericana*, entre muchas otras.